弢翁古書經眼錄標注

周叔弢 撰
趙嘉 王振偉 郭漢臣 齊彩虹 標注

中國歷代書目題跋叢書

圖書在版編目(CIP)數據

弢翁古書經眼録標注 / 周叔弢撰；趙嘉，王振偉標注．—上海：上海古籍出版社，2021.12
（中國歷代書目題跋叢書）
ISBN 978-7-5732-0196-6

Ⅰ.①弢… Ⅱ.①周… ②趙… ③王… Ⅲ.①古籍-善本-圖書目録-中國 Ⅳ.①Z838

中國版本圖書館CIP數據核字(2021)第247084號

中國歷代書目題跋叢書
弢翁古書經眼録標注
周叔弢　撰
趙　嘉　王振偉　標注
上海古籍出版社出版發行
（上海市閔行區號景路159弄1-5號A座5F　郵政編碼201101）
（1）網址：www.guji.com.cn
（2）E-mail：guji1@guji.com.cn
（3）易文網網址：www.ewen.co
蘇州市越洋印刷有限公司印刷
開本850×1168　1/32　印張20.5　插頁7　字數364,000
2021年12月第1版　2021年12月第1次印刷
印數：1—1,500
ISBN 978-7-5732-0196-6
K·3110　定價：98.00元
如有質量問題，請與承印公司聯繫

周叔弢先生像（摄於二十世纪四十年代末）

宋刻監本纂圖重言重意互注點校毛詩士禮居舊藏原有黃蕘圃手跋不知何時佚去江劍霞氏曾見原跋於趙靜涵家并云此書已不可得余初得此書時見有求古居印又七卷六葉三行浮字改注字遂定為士禮居故物乃乞篤文道兄依蕘圃藏書題識補錄黃氏跋語以誌其源流今年春正月北平書友王揖青忽郵寄黃氏毛詩手跋兩通喜不自勝忻此書所佚著其徒喬景熹新得之蘇州當返趙氏散出合浦珠還為之大喜遂望匝命工補綴裝之首冊雖索值奇昂亦不遑諧價矣

庚辰正月二十日至德周暹記於自莊嚴堪

弢翁題跋真跡

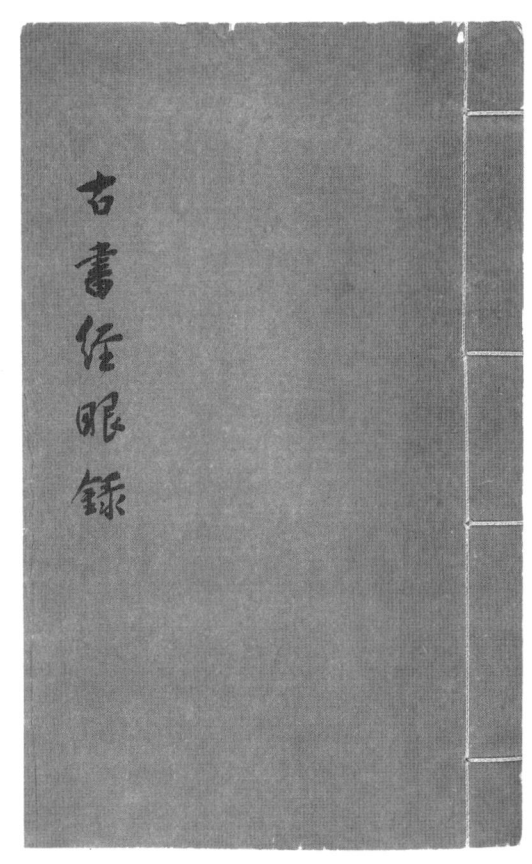

《古書經眼錄》書衣

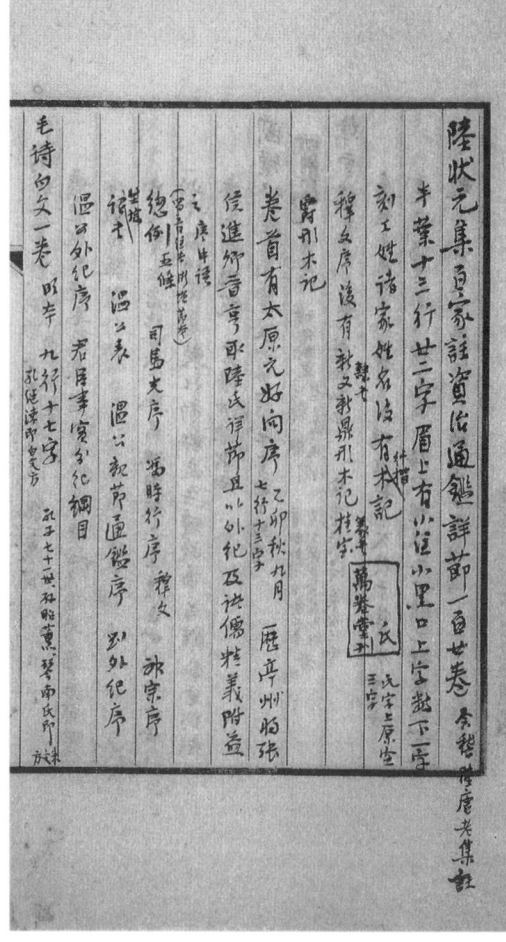

《古書經眼錄》卷端

《中國歷代書目題跋叢書》出版説明

漢代劉向、劉歆父子編撰《別録》《七略》,目録之學自此濫觴,在傳統學術中發揮了重要作用。歷代典籍浩繁龐雜,官私藏書目録依類編次,繩貫珠聯,所謂「類例既分,學術自明」(《通志·校讎略》),學者自可「即類求書,因書究學」(《校讎通義·互著》),實爲讀書治學之門户。而我國典籍屢經流散之厄,許多圖書真容難睹,甚至天壤不存,書目題跋所録書名、撰者、卷數、版本、内容即爲訪書求古的重要綫索,至於藏書家於題跋中校訂版本異同、考述版本淵源、判定版本優劣、追述藏弄流傳,更是不乏真知灼見,足以津逮後學。

我社素重書目題跋著作的出版,早在二十世紀五十年代,我社就排印出版了歷代書目題跋著作二十二種,後彙編爲《中國歷代書目題跋叢書》第一輯。此後,我社又與學界通力合作,精選歷代有代表性和影響較大的書目題跋著作,約請專家學者點校整理。至二〇一五年,先後推出《中國歷

出版説明

一

弢翁古書經眼錄標注

《代書目題跋叢書》第二至四輯，共收書目題跋著作四十六種，加上第一輯的二十二種，計六十八種，極大地普及了版本目錄之學。面對廣大讀者的需求，我社將該叢書陸續重版，並擇要選入新品種，對原版進行訂補，以饗讀者。

上海古籍出版社
二〇一八年八月

古書經眼錄標注序

李國慶

2009年9月5日，周景良先生寄贈影印本《周叔弢古書經眼錄》一書，上下二册。這部書的内容，包括周叔弢先生早年撰寫的《古書經眼錄》《宋刻工姓名錄》《壬午鬻書記》《自莊嚴堪書目》《歷年收書目録》《弢翁〈歷年收書目録〉注釋》及附録，合計七種資料，於2009年7月由國家圖書館出版社影印出版。

這七種資料的内容，悉與藏書家周叔弢先生訪書、購書與藏書有關。這是研究周叔弢先生藏書事蹟的重要文獻。其中，《古書經眼錄》是周叔弢先生早年撰寫的一部經眼古籍善本書目，稿本，今藏周家。正文用「建德周叔弢自莊嚴堪製」仿古籍版式的格紙繕寫而成。正文收録周叔弢先生經眼的歷代善本古籍四百餘種，始《陸狀元集百家注資治通鑒詳節》一百廿卷，終《臞仙肘後神樞》三卷。每種書著録書名、卷數、行款格式、牌記、藏書印章、完殘程度、前序後跋、藏家題識等與鑒定版本有關事項。

周景良先生在影印本《周叔弢古書經眼錄》卷首「出版前言」裏講道：「關於我父親手稿《古書經

眼錄》四冊，是冀淑英先生提醒我有此事，並說她曾借閱過，我於是仔細翻檢遺物找出。這四冊《古書經眼錄》中著錄有善本四百餘種。然而，只就他自己所藏善本而言已有七百多種了，可知不是他『經眼』善本的全部。我父親經營實業佔去很多時間和精力。加之，他又很謙虛，無意著述。即使所藏善本，題跋也不多。潛心版本，記錄一些經眼善本也是自然的。然此錄起止年代、取材範圍及其經過，已無法弄清了。我想現影印出版，供有關學者參考會是有益的。」周景良先生的介紹，使我們了解了這部稿本《古書經眼錄》的一些基本情況。特別是講到「此錄起止年代、取材範圍及其經過，已無法弄清了。我想現影印出版、供有關學者參考會是有益的」這段話，所言正是。這為我們研究此書，指明了問題所在。

趙嘉和王振偉兩位博士，有鑒於此，憑藉自己多年積累的研討歷代古籍傳本之學養、整理鑒別古籍版本之經驗，以及對歷代私人藏書家書目之熟諳，懷著對周叔弢先生的崇敬心，以「標注體」形式，對周叔弢先生《古書經眼錄》所載古籍，一一進行考索，旨在搞清楚《古書經眼錄》所涉及的若干問題，包括《古書經眼錄》的起止年代、取材範圍、看書經過，以及書歸何所、各家著錄等。歷時二載，日前脫稿，題名《古書經眼錄標注》。擬將這個新的研究成果，交付上海古籍出版社出版。

趙嘉和振偉兩位年輕人，乃河北大學學術骨幹。因我在河大曾與二君共事有年，彼此關係，亦師亦友。二君念余在館時，有幸司典守弢翁捐獻善本之職，目驗弢翁遺書亦夥，而拙作《弢翁藏書年譜》，亦列《標注》參考之書，故在《古書經眼錄標注》即將付梓之際，攜稿來津索序。自己奉稿疾閱一

二

過，認爲這是一部好書。喜而應允，執筆題序。

我認爲，這部《古書經眼錄標注》，搞清楚了有關《古書經眼錄》的若干問題。

其一，搞清楚了《古書經眼錄》所收古籍之年代及諸書排序問題。

經《標注》得知，弢翁《古書經眼錄》，基本上是按照時間順序記錄了其在二十世紀三四十年代所經眼的古籍。整部《古籍經眼錄》後三分之二所著錄的古籍，大部分可以在《歷年收書目録》《弢翁藏書年譜》中找到對應的具體經眼時間。所收諸書是按時間順序排列的。前三分之一是不見於這兩部書的。因此可以推知，前三分之一的藏書經眼的時間也應該是按順序排列的，且應當早於《歷年收書目録》所記録的第一年丙子(1936年)下限大致與《歷年收書目録》所記録的最後一年戊子(1948年)一致。因此，《古書經眼錄》所記録的是弢翁在二十世紀三四十年代所經眼的古籍。

其二，搞清楚了《古書經眼錄》書目類型問題，指出這是一部選購書目。《古書經眼錄》在體例上與常見的經眼錄類的訪書目録無二，主要記録了書名、卷數以及版本特徵，但是弢翁在其中一些書名之前加以圈識，核對這些帶有標識的書籍，發現其中大部分見於《自莊嚴堪善本書目》之中。也就是說，這部《古書經眼錄》極有可能就是弢翁當時有購買意向的書籍目録，在此基礎上加以遴選，最後確定所要購買書籍的。從這一點看，《古書經眼錄》與當時藏書家的鬻書目録、書賈的售書目録都不相同，此前未見。

其三，搞清楚了《古書經眼錄》所收諸書的來龍去脈與授受源流問題。在《古書經眼錄》所著錄的經《標注》得知，弢翁《古書經眼錄》與古籍訪求及交易活動緊密相聯。四百多種古籍中，有相當一部分古籍見於書賈王文進的《文祿堂訪書記》、鄒百耐的《雲間韓氏藏書題識彙錄》與王子霖的《古籍善本經眼錄》中。特別是弢翁在《古書經眼錄》中曾專門注明「自此以下，皆王晉卿新從上海收來松江韓氏書」，進一步指出其《古書經眼錄》所錄書籍與當時古籍交易的緊密聯繫。以上幾部書賈所編目錄與弢翁《古書經眼錄》共同反映出當時古籍流通的主要集散地：北平、天津、上海，彼此之間亦形成了一張聯繫緊密的網絡，這爲研究民國時期古籍流布與遞藏提供了啓示。

其四，搞清楚了《古書經眼錄》所見之罕覯善本問題。

經《標注》得知，弢翁《古書經眼錄》著錄了一些罕見善本古籍。雖然弢翁的《古書經眼錄》著錄的古籍中有很多也見於當時其他書賈、藏書家的書目中，但是其中亦有不見於他家書目著錄的罕見書籍。比如海源閣舊藏宋本《新定三禮圖》，除海源閣自家《宋存書室宋元秘本書目》《海源閣秘本書目》著錄外，當時其他書目皆未著錄；常熟翁氏舊藏宋本《論語集說》、宋本《昌黎先生集》、元本《爾雅》亦如此。《古書經眼錄》對此類未見當時其他書目著錄的古籍的著錄，對於研究該書的遞藏源流經過是十分重要的。

我認爲，這部《古書經眼錄標注》的功用及價值，蓋有以下三點：

四

其一，對稿本《古書經眼録》進行點校和標注，通過這種系統的整理，完成了變稿本爲整理本的轉化，爲學人研讀此書提供了一個通行本。由於弢翁的《古書經眼録》本身是一部手稿，所以無論在字跡、書寫順序、標識等方面都會對普通讀者利用該書造成不便，因此對該手稿加以整理尤爲重要。通過對手稿在內容上加以釋讀、校對，在格式上加以調整，使其變成一部眉目清晰、便於使用的目録。對其著録的題跋內容，盡量與原書題跋加以核對，以做到著録內容的準確可靠。

其二，對《古書經眼録》中所收諸書，一一進行尋蹤研究，幾乎摸清了每一書的來龍去脈與授受源流。這標誌著弢翁《古書經眼録》這部高質量的標注本的產生。

著録善本古籍數量豐富，是弢翁《古書經眼録》一書的特點之一。但如果僅僅是對其所著録的內容加以基本的校注，並不能夠體現出其中一些古籍在版本上的價值。而通過對這些古籍在遞藏源流上加以標注，指出這些古籍曾經藏於何處、今藏何處，曾經何人收藏、經眼，這些對於明確民國時期古籍遞藏流通的特點是大有裨益的。此書乃繼邵懿辰《四庫簡明目録標注》、杜澤遜《四庫存目標注》之後產生的又一部以「標注」方式整理的古籍善本書目。尤其是其在尋覓一書之流傳軌跡方面，其周密細緻之精巧，或有超出二書之上者。

其三，通過比對一書在各家書目中的著録情況，發現弢翁《古書經眼録》在著録方面確有過人之處，這爲我們考察弢翁古籍版本目録學思想提供了重要依據。

弢翁在《古書經眼録》中，除了已見於黃丕烈《蕘圃藏書題識》者不再抄録外，其餘所見大都細緻

抄錄，亦詳及藏印。這一做法在當時已不少見，但將其與《文祿堂訪書記》《雲間韓氏藏書題識彙錄》《古籍善本經眼錄》所錄同本書比較，再結合原書的實際情況，可知弢翁所錄往往準確無誤、原原本本，與原書一致。

筆者掩卷思忖：弢翁是一位名重宇內的著名藏書家，研究其藏書是一個重大課題。目前，弢翁藏書的基礎性工作基本完成，包括冀淑英編《自莊嚴堪善本書目》、周一良編《自莊嚴堪善本圖錄》、李國慶《弢翁藏書年譜》，以及影印本《周叔弢批校古籍選刊》和《周叔弢古書經眼錄》等。這些基礎性成果的陸續完成，為開展對弢翁藏書的深入研究提供了條件。弢翁藏書之富、善本之精、價值之高及其捐獻之舉、愛國之情，堪稱前無古人後無來者。我們這些晚生後輩，應該在此基礎上，進行深入研究，探幽索隱，不斷取得新成果，發揮藏書作用，服務社會，推動學術發展，弘揚傳統文化，褒彰弢翁懿德，以告慰弢翁在天之靈。

今趙嘉和振偉兩位博士，選擇《古書經眼錄》為研究對象，歷二年之功，完成標注，對每一部書作了梳理和交代，取得了令人信服的研究成果。我認為這是深入研究弢翁藏書的一個良好開端。二君學有專長，年輕有為，尤其是對弢翁藏書情有獨鍾，若能再設專題，潛心用功，取得更有分量的研究成果將指日可待。

茲閱畢《古書經眼錄標注》，從是書解決之若干學術問題、功用及價值等方面略作推介，冠於簡端，以為序。

整理說明

周叔弢（1891—1984），譜名明揚，改名暹，以字行。原籍建德（今安徽東至），生於江蘇揚州。是周馥之孫、周學海之子、周達之弟，與徐乃昌、葉景葵、張允亮、袁克文等都有姻親關係。歷任青島華新紗廠董事、唐山華新紗廠經理、天津華新紗廠經理、啟新洋灰公司總經理，還兼任耀華玻璃公司、江南水泥廠等企業董事。中華人民共和國成立後，歷任公私合營啟新洋灰公司董事長、中央人民政務院財經委員會委員、華北行政委員會委員、天津市副市長、天津市政協副主席、天津市佛教協會名譽會長、天津市圖書館學會名譽會長、天津市文物保管委員會主任委員等職。

弢翁一生經營企業所得，大都用來購買古籍善本，先後聚書達四萬餘冊，著重收藏宋、元、明刻本及精抄精校本，晚年又致力於活字本收藏。早年曾獲宋刻本《寒山子詩》，就以「寒在堂」作爲其室名。其藏書力求盡善盡美，提出「版刻好、紙張好、題跋好、收藏印章好、裝潢好」五好要求。其藏書處除「寒在堂」外，另有「自莊嚴堪」「一卷經堂」「半雨樓」等。藏書印有「曾在周叔弢處」「建德周氏藏書」「孝經一卷人家」「寒在堂」「弢翁珍秘」等。

冀淑英先生依據弢翁捐獻給北京圖書館（今國家圖書館）的藏書編有《自莊嚴堪善本書目》，周一良先

弢翁古書經眼錄標註

弢翁先後多次把他和家族的藏書捐獻給國家。1950 年將周氏孝友堂六萬餘册圖書捐贈南開大學圖書館。1952 年將生平所收珍貴罕見的宋、元、明刻本和抄校本 715 種 2672 册捐獻給北京圖書館（今國家圖書館）。1954 年捐獻中外文圖書三千餘册，收藏於天津圖書館。1982 年將 9196 册古籍和包括敦煌經卷在內的 1262 件文物全部捐獻國家，分别藏於天津圖書館和天津市藝術博物館。

《弢翁古書經眼錄標註》所依據的底本爲周叔弢先生所撰《古書經眼錄》稿本，4 册，是國家圖書館出版社 2009 年影印出版《周叔弢古書經眼錄》中的一部分。

《古書經眼錄》共著錄古籍 414 部（有多部書合裝 1 册者計 1 部的情況）[1]，是周叔弢先生（以下簡稱「弢翁」）歷年經眼古籍的彙集，手稿本，正文用「建德周叔弢自莊嚴堪製」格紙繕寫而成，共 4 册[2]。《古書經眼錄》與另外 4 種弢翁手稿合編爲《周叔弢古書經眼錄》，於 2009 年影印出版。通過對其中《古書經眼錄》的整理，我們發現其不僅與同時期經眼版本目錄關係緊密，更具有獨特的文獻學價值，爲民國時期的藏書研究提供了新的資料和視角。

弢翁又依據《自莊嚴堪善本書目》編有《自莊嚴堪善本書影》。

[一] 按，弢翁在《古書經眼錄》中著錄 419 部古籍，但其中《三孔清江文集》、元本《爾雅》、景宋鈔本《漢書》、殘宋本《咸淳臨安志》、《北溪先生大全文集》重複著錄兩次，故實際著錄 414 部古籍。另外，《誠齋牡丹百詠》《誠齋梅花百詠》《誠齋玉堂春百詠》以及《妙法蓮華經》亦著錄兩次，雖在版刻時代、行款相同，但其他可供參考的信息較少，不能簡單判斷爲重複著錄。

[二] 弢翁在每册封面題「古書經眼錄」，但在第三册、第四册卷端題名「自莊嚴堪古書經眼錄」。

《古書經眼録》在著録古籍數量和内容上都較爲豐富，但弢翁在稿本中未直接寫明編寫時間。周景良先生在《周叔弢古書經眼録》一書《整理前言》中說：「然此録起止年代、取材範圍及其經過，已無法弄清楚了。」在整理《古書經眼録》的過程中，我們根據手稿中出現的提示時間線索，結合其他參考資料，進一步明晰了該書的編寫時間和取材的時間範圍。

一、《古書經眼録》的編寫時間

弢翁在《古書經眼録》中有三處提示時間的内在線索，分别是：

① 第一册《佩觿》條頁眉上有弢翁批註：「自此以下，皆王晉卿新從上海收來松江韓氏書。」

② 第三册《絶妙古今》條頁眉上有弢翁批註：「壬午（1942 年）三月，鬻明本書百餘種以爲衣食之資，而書友送閲之書仍多明本，乃詳記之，聊以慰情耳。」

③ 第四册卷端題名下有弢翁署時間：「壬午（1942 年）三月。」

《弢翁藏書題跋（年譜）》一書中記録有一部弢翁題跋本的《雲間韓氏藏書目》，其中弢翁題跋爲：

王晉卿自滬攜鈔校本數十種來，選購三十種，乃費七千餘金，爲余從來未有之豪舉，而所得皆非上乘也。癸酉（1933 年）十月中旬，韓氏書在上海散出，余爲事所羈，手中又極窘，不得親往搜羅，坐失良機，可歎！可歎！此七千餘金，以宋本《通鑑綱目》抵二千餘元，可云癡矣。萬事有緣，何獨收書！强而行之，自招尤悔。韓氏書中宋、元刻本余未得一册，亦命也夫。戊寅（1938

由此可知，弢翁於1933年雲間韓氏藏書在上海散書後，通過北平書商王文進購得部分韓氏藏書。檢《古書經眼錄》，第一册自第34號《佩觽》起，至第103號《仁山金先生文集》止，共計69部，當即《古書經眼錄》内在時間綫索①所指王氏所收韓氏藏書。因此可以推斷，綫索①所在的時間不會早於1933年，《古書經眼錄》第一册共著錄古籍103部，大部分寫在1933年或之後。

《古書經眼錄》内在時間綫索②位於第三册第310號《妙絶古今》的頁眉上，該册自第212號《吹劍錄》起，至第324號《史通訓詁》止。内在時間綫索②所指的是弢翁因經濟窘迫，在1942年將所藏部分明版書售予陳一甫，編有《壬午鬻書記》。因此可知第三册的部分内容寫在1942年3月以後。

《古書經眼錄》内在時間綫索③説明第四册起筆於1942年3月，該册自第325號《鐵崖文集》起，至第417號《臞仙肘後神樞》止。其中第409號元本《爾雅》爲弢翁購藏，見於其自撰《戊子新收書目》中。因此可以推斷，第四册的結束時間不會早於戊子年（1948年）。

《古書經眼錄》第二册自第104號《虎鈐經》起，至211號《宋元人詞》止。因該册中未見弢翁書寫

〔一〕李國慶《弢翁藏書題跋（年譜）》，紫禁城出版社，2007年，第101頁。

年）十月十九日記。〔一〕

時間或提示線索，因此尚不知曉此册的編寫時間。

總之，四册《古書經眼録》手稿中，第一册大部分寫在1933年或之後，第三册的部分内容寫在1942年3月以後，第四册寫在1942年3月以後，結束時間不會早於1948年，第二册的編寫時間雖尚不明確，但應該介於第一册與第三册之間。

二、《古書經眼録》的取材時間範圍

弢翁《古書經眼録》共著録古籍414部，其中有107部爲其所有。通過對107部古籍的得書或經眼時間加以梳理，我們發現該書的取材時間範圍大都不早於1933年，詳見表一（依《古書經眼録》著録先後順序排列，書名前有〇者爲弢翁所加）。

表一 《古書經眼録》著録弢翁藏本相關時間信息表

編號	《古書經眼録》序號	書　名	相關時間信息
1	3	〇江南野史十卷	無
2	9	〇新編翰苑新書	《弢翁藏書題跋》"（1934年）是年，致王晉卿書，索閱《翰苑新書》"。

整理説明

五

弢翁古書經眼錄標注

續表

編號	《古書經眼錄》序號	書 名	相關時間信息
3	11	○唐張司業詩集	《弢翁藏書題跋》：(1934年)是年，致王晉卿書，委託代爲裝訂此本。亦見於《壬午鬻書記》。
4	12	注心賦四卷	
5	13	○余忠宣集六卷	獲贈。據弢翁題跋，獲贈時間爲1944年。
6	14	○節孝先生事實一卷文集三十卷語錄一卷	見於《壬午鬻書記》。
7	17	○(淳熙)新安志	無
8	19	○玉井樵唱三卷	無
9	20	○箚史	無
10	21	○宋遺民錄十五卷	《弢翁藏書題跋》載1934年弢翁致王晉卿書，索閱此書。
11	30	韓文公別傳注	無
12	32	○高季迪賦姑蘇雜詠一卷	《藏園群書經眼錄》「乙亥(1935年)正月六日見，周叔弢藏」。

六

续表

編號	《古書經眼錄》序號	書　名	相關時間信息
13	34	佩觿	無
14	36	藍田吕氏遺書二卷	無
15	37	急就篇	無
16	38	淮海先生文集四十卷後集六卷長短句三卷	弢翁有題識，購於1935年。
17	39	水經注四十卷	《藏園群書經眼録》「癸酉（1933年）十一月十二日見，周叔弢藏」。
18	53	溶水文集二十卷	《藏園群書經眼録》「癸酉（1933年）十一月十二日見，周叔弢藏」。
19	54	冀越集記二卷附相宅管説	《藏園群書經眼録》「癸酉（1933年）十一月十二日見，周叔弢藏」。
20	55	吕忠穆公奏議三卷	《藏園群書經眼録》「癸酉（1933年）十一月十二日見，周叔弢藏」。
21	56	四六談塵一卷　王公四六話二卷	無

續表

編號	《古書經眼錄》序號	書　名	相關時間信息
22	57	白雲集三卷	無
23	58	疑砿錄二卷	無
24	59	經鉏堂雜誌八卷	《藏園群書經眼錄》「癸酉(1933年)十一月十二日見，周叔弢藏」。
25	60	謝宣城集五卷	《藏園群書經眼錄》「癸酉(1933年)十一月十二日見，周叔弢藏」。
26	62	梅磵詩話三卷	《藏園群書經眼錄》「癸酉(1933年)十一月十二日見，周叔弢藏」。
27	63	甘白先生文集六卷	《弢翁藏書題跋》載1934年弢翁致王晉卿信劄中即有此本。
28	64	演繁露十六卷續集六卷	《弢翁藏書題跋》載1934年弢翁致王晉卿信劄，請其代購書目中即有此本。
29	65	南濠居士文跋四卷	無
30	66	大唐西域記十二卷	無
31	67	禮注彙辯二卷	無

續表

編號	《古書經眼錄》序號	書　名	相關時間信息
32	69	韓非子二十卷	《蕘翁藏書題跋》載1934年蕘翁致王晉卿信劄中即有此本。
33	70	九域志十卷	《蕘翁藏書題跋》載1934年蕘翁致王晉卿信劄中即有此本。
34	71	所安遺集一卷	無
35	72	新定九域志十卷	無
36	73	許白雲先生文集四卷 補遺附錄	《藏園群書經眼錄》「癸酉（1933年）十一月十二日見，周叔弢藏」。
37	74	肇域記六卷	無
38	75	二老堂雜誌五卷	《藏園群書經眼錄》「癸酉（1933年）十一月十二日見，周叔弢藏」。
39	76	李氏易傳十七卷	無
40	77	李氏易傳十七卷（另一本）	無

整理説明

九

續表

編號	《古書經眼錄》序號	書　名	相關時間信息
41	79	芝秀堂鈔澄懷錄　附登西臺慟哭記　平江記事	據題跋，弢翁購藏時間爲1934年。
42	83	河東先生集十五卷	無
43	87	頤堂先生糖霜譜一卷	無
44	90	蛻岩詞二卷	無
45	94	歐陽文忠公居士全集八十卷	據題跋，弢翁購藏時間爲1935年。
46	97	水經注四十卷	據題跋，弢翁購藏時間爲1935年。
47	98	國策節本	題跋作於1938年，見於《戊寅新收書目》。
48	99	月泉吟社	題跋作於1938年，見於《戊寅新收書目》。
49	100	建炎復辟記	題跋作於1938年，見於《戊寅新收書目》。
50	115	○蘭亭續考二卷	據題跋，購藏於1933年末，1934年初抄補完畢。

續表

編號	《古書經眼錄》序號	書 名	相關時間信息
51	132	○演山先生詞二卷	無
52	133	○相山居士詞一卷	見於《丁丑新收書目》。
53	134	○蘭雪集二卷	見於《丁丑新收書目》。
54	135	○鶴山長短句一卷	見於《丁丑新收書目》。
55	136	○金荃集七卷別集一卷	無
56	145	○宋學士文粹十卷補遺一卷	見於《壬午鬻書記》。
57	146	甫田集十五卷	見於《癸未新收書目》。
58	150	○王無功文集五卷	無
59	152	○國語廿一卷	《叕翁藏書題跋》1934年載叕翁致王文進手劄有「《國語》價稍貴,唯陸敕先校本運處尚無,只可忍痛收之,便中希帶下爲荷」。
60	156	○世德堂六子	無

整理說明

續表

編號	《古書經眼錄》序號	書　名	相關時間信息
61	157	○化書六卷	無
62	159	○鶡冠子三卷	無
63	161	○歷代鐘鼎彝器款識法帖二十卷	無
64	162	○畫墁錄一卷	據題跋，購藏於1934年末。
65	163	○鬍子知言六卷　附錄一卷　鬍子知言疑義一卷	無
66	164	○復古編二卷	據題跋，購藏於1934年小除夕。
67	182	○新定三禮圖廿卷	無
68	187	○緯略四卷	據題跋，購藏於1935年。
69	195	○拱和居士詩集一卷附錄一卷	無
70	200	○張司業詩集八卷	見於《丙子新收書目》。

續表

編號	《古書經眼錄》序號	書　　名	相關時間信息
71	209	○妙法蓮華經	無
72	212	○吹劍錄一卷	見於《丙子新收書目》。
73	213	○玉照新志五卷	見於《丙子新收書目》。
74	227	○龜巢稿十七卷	見於《丁丑新收書目》。
75	228	○唐張處士詩集六卷	見於《丁丑新收書目》。
76	229	○閑閑老人滏水文集廿卷	見於《丁丑新收書目》。
77	232	○新刊山堂先生章宮講考索	見於《丙子新收書目》,亦見於《壬午鬻書記》。
78	233	熊士選集一卷	見於《丙子新收書目》。
79	238	○北狩見聞錄一卷　北狩行錄一卷　建炎復辟記一卷　採石瓜洲斃亮記一卷	見於《丁丑新收書目》。
80	241	○河嶽英靈集二卷	見於《丁丑新收書目》。

續表

編號	《古書經眼錄》序號	書　名	相關時間信息
81	244	○顏氏家訓二卷	見於《戊寅新收書目》。
82	248	○賈浪仙長江集十卷	見於《戊寅新收書目》。
83	249	○剪綃集上下二卷　梅花衲一卷	見於《戊寅新收書目》。
84	251	○增節標目音注精義資治通鑒一百廿卷	見於《己卯新收書目》。
85	252	○唐甫里先生文集二十卷	見於《戊寅新收書目》。
86	258	○劉隨州文集十一卷	見於《戊寅新收書目》。
87	261	○儒志編一卷	無
88	262	○宋待制徐文清公家傳附毅齋詩集別錄	見於《戊寅新收書目》。
89	264	古賢小字錄（名賢小字錄）	見於《己卯新收書目》。
90	281	山谷詩注	見於《辛巳新收書目》。

續表

編號	《古書經眼錄》序號	書　名	相關時間信息
91	284	歷代紀元曆七卷　又外卷一卷	見於《辛巳新收書目》。
92	295	○師山先生文集	見於《辛巳新收書目》。
93	298	○思庵文粹十一卷	見於《辛巳新收書目》。
94	319	義勇武安王集八卷	見於《壬午新收書目》。
95	328	○梅溪先生文集五十四卷　廷試策并奏議共五卷　詩文前集二十卷　詩文後集二十九卷	見於《壬午新收書目》。
96	349	爾雅三卷	無
97	350	○揭文安公文粹一卷	見於《癸未新收書目》。
98	352	○齊乘六卷	見於《癸未新收書目》。
99	353	○新編孔子家語句解十卷	見於《癸未新收書目》。

整理說明

一五

續表

編號	《古書經眼錄》序號	書　名	相關時間信息
100	357	○説苑二十卷	見於《癸未新收書目》。
101	358	○三教出興頌	見於《癸未新收書目》。
102	359	○環溪詩話三卷	見於《癸未新收書目》。
103	368	文場備用排字禮部韻注五卷	獲贈，見於《甲申新收書目》。
104	376	趙清獻公文集十六卷	見於《甲申新收書目》。
105	406	○周禮	見於《丁亥新收書目》。
106	407	春秋經傳集解	據題跋，勞翁配齊此本後於1947年轉讓故宮博物院。
107	409	○爾雅三卷	見於《戊子新收書目》。

通過上表，可知在這批古籍中，最早有明確購入時間的是宋本《蘭亭續考》(第 50 號)，爲勞翁在 1933 年末購自文禄堂書店。因原書殘缺第二卷，勞翁遂倩勞健補抄。勞氏在 1934 年初抄補完畢並寫有題跋：

癸酉(1933年)歲暮，叔弢復得諸北平文禄堂書鋪，以示健，屬爲依知不足齋刻本補寫足之。……拙書續貂陋劣，愧不相稱。幸佚冊儻猶在人間，會有延津劍合之時，姑視此爲筌蹄以俟異日覆瓿可耳。甲戌(1934年)正月桐鄉勞健篤文書於唐山。[一]

最晚的是1948年2月購入的元本《爾雅》(第107號)，見於其所編《戊子新收書目》。可知，弢翁得到這批古籍的時間應該在1933—1948年這一段時間。107部古籍在《古書經眼録》全部414部古籍中的分佈並不集中，因此可以説全書的取材範圍亦在1933—1948年，絕大部分不早於1933年。

另外，弢翁在《古書經眼録》中用○○、○以及無符號對414部古籍加以標識，但其未説明這些符號的含義。經過數量統計及書目核對，情況如下：

標○○者僅1部，爲《李衛公文集》，是書今不知藏於何處；

標○者共58部，除《妙法蓮華經》(第71號)未找到爲弢翁藏本的依據外，其餘均見於《自莊嚴堪善本書目》《壬午鬻書記》或歷年《新收書目》，説明這57部皆爲弢翁所有；

無符號者360部，其中有49部爲弢翁購藏，見於《自莊嚴堪善本書目》《壬午鬻書記》或歷年《新收書目》，其餘311部爲弢翁經眼。

[一] 周一良《自莊嚴堪善本書影》，國家圖書館出版社，2010年，第564頁。

以上數據説明，除○○者含義不明外，加○者最有可能表示爲弢翁購藏，但無○者中亦有爲弢翁購藏者。根據上表，這種同爲弢翁藏本而標識不同的情況應該和購藏時間的先後無關[二]。目前，我們未能從現有資料中找到這三種不同標識的確切含義。

三、《古書經眼録》的特點

弢翁《古書經眼録》約編寫於 1933—1948 年間，著録的範圍亦在 1933—1948 年間，與當時同是經眼録類的目録相比，具有以下獨特之處：

（一）是一部具有選購性質的購書目録

在目録學史上，有藏書家因出售藏書而編寫的鬻書目録，如鄧邦述《寒瘦山房鬻存善本書録》、張乃熊《菦圃善本書目》等；有書賈經眼歷年售賣所及編寫的販賣目録，如孫殿起《販書偶記》、嚴寳善《販書經眼録》等；有學者經眼諸家藏書而編寫的經眼訪書目録，如傅增湘《藏園群書經眼録》等。但却未有過如同弢翁《古書經眼録》這樣以古籍購買者身份來編寫的具有選購性質的購書目録。

[一] 如表中所列《古書經眼録》中有○者，如《唐張處士詩集》（第 228 號），見於弢翁《丁丑新收書目》；有○者《閑閑老人滏水文集》（第 229 號）見於弢翁《丙子新收書目》，却排在《閑閑老人滏水文集》之前。而同樣見於《丁丑新收書目》的《熊士選集》（第 233 號）却無○。這説明有○與否和購書時間先後無關。

由《弢翁藏書題跋（年譜）》中收錄的弢翁信劄及題跋可知，通過經營舊書店的書賈來購藏古籍是其藏書的途徑之一。弢翁《古書經眼錄》共著錄古籍414部，經過初步統計，這些古籍中僅是見於書賈王文進《文祿堂訪書記》、鄒百耐《雲間韓氏藏書題識彙錄》、王子霖《古籍善本經眼錄》以及弢翁歷年《新收書目》者就有167部，這一特點和比例在已知藏書家的經眼類目錄中是絕無僅有的。

同時，弢翁經眼的以上古籍中，除確爲其購藏者，其餘亦有曾經弢翁試圖購買而未果，以及爲同時期其他藏家所有者。

1. 曾經弢翁試圖購買而未果者

如《古書經眼錄》所著錄《史記集解》（第26號），爲海源閣「四經四史齋」所藏三種宋本《史記》之第二種。弢翁在《楹書隅錄》是書旁批註有：

此書頗思購之，頃聞已歸東萊銀行劉氏矣。

再如《古書經眼錄》所著錄《論語集說》（第369號）、《爾雅》（第373號），皆爲翁氏藏本。弢翁在《甲申新收書目》後有題識：

見宋湖頖本《論語集說》、元雪窗本《爾雅》而不能得。

又在1945年致趙萬里信劄中提道：

整理説明

一九

弢翁古書經眼錄標注

一年以來，除翁氏書外，未見佳槧。《論語集說》《爾雅》曾商讓未許。[1]

以上材料說明，弢翁《古書經眼錄》著錄的古籍中，有些是被其納入購買計劃中的。

2. 爲同時期其他藏家所有者

全書中除弢翁購藏者外，有據可證爲邢之襄購藏者 7 部，爲陳清華購藏者 5 部，爲趙元方購藏者 12 部[2]。

如上文中提到《古書經眼錄》自第 34 號至 103 號爲弢翁經眼的王文進帶回的雲間韓氏藏書，其中有 5 部爲邢之襄購得：

(1)《三孔清江文集》(第 35 號)，傅增湘《藏園群書經眼錄》亦著錄是本「邢贊亭新收，甲戌(1934 年)四月見」。

(2)《朝野類要》(第 40 號)，有邢氏藏印可證爲其藏書。

(3)《王無功集》(第 44 號)，《弢翁藏書題跋》載 1934 年弢翁致王文進信劄，言及欲以廉價購

---

[1]《弢翁藏書題跋(年譜)》第 240 頁。

[2] 按邢之襄所購 7 部爲：《三孔清江集》三十卷《朝野類要》五卷、《王無功集》二卷、《笠澤叢書》八卷、《漢官儀》三卷、《張説之文集》廿五卷、《高漫士詩集》十一卷；陳清華所購 5 部爲：《孟東野詩集》十卷、《後漢書》存三十卷、《新刊山堂先生章宫講考索》十一卷、《儒門經濟長短經》九卷、《王梅邊集》一卷；趙元方所購 12 部：《青瑣高議》前集十卷後集十卷别集七卷、《唐四十四家詩》、《醉翁琴趣外編》六卷《溧陽路總管水鏡元公詩集》不分卷、《清波别志》、《可齋詞》七卷、《鹽鐵論》十卷、《後山先生集》三十卷、《蜀檮杌》一卷、《道園遺稿》六卷、《渭南文集》五十卷、《程氏演繁露》十六卷、《續繁露》六卷。

買此本。

(4)《笠澤叢書》(第48號)，有邢氏藏印可證爲其藏書。

(5)《漢官儀》(第82號)，有邢氏藏印可證爲其藏書。

以上資料中，材料(1)說明邢之襄購得此書的時間與弢翁經眼時間幾乎同時，都是在1933年前後；材料(3)則直接說明弢翁亦曾有意欲廉價購買此書，但結果是此書最終歸邢氏所有。這說明弢翁《古書經眼錄》記録的這些古籍是來自其作爲候選的購書單，這些古籍處於待價而沽的階段。

總之，弢翁《古書經眼錄》既是其經眼古籍的記録，同時又是對當時古籍交易環節的記録，這部經眼錄反映了當時藏書家購藏古籍與古籍交易之間的密切聯繫。

(二) 著録細節帶有古籍交易的特點

古籍交易往往具有秘而不宣、交易過程隱秘的特點，弢翁《古書經眼録》雖然詳細著録了所見古籍在行款、題跋、鈐印等方面的特徵，但亦在細節中體現出了古籍交易的特點。

1. 著録藏印有時略去近人的鈐印

如民國時期的藏書家吳重憙(1838—1918)，其身故後不久藏書即流散廠肆。弢翁《古書經眼録》中共著録其藏書《文公家禮會通》《新安志》《高季迪賦姑蘇雜詠》《蛻岩詞》《徐孝穆文集》《演雅》《隸釋》(與《隸續》合一部)7部。核對原書及後人著録，知7部書中皆有吳氏藏印，然弢翁均未著録，當是

有意略去[一]。

類似者還有諸如叟翁在《古書經眼錄》中略去了蔣汝藻密韻樓、李盛鐸木犀軒、傅增湘雙鑑樓、董康、常熟翁氏等藏家印記。

這是因爲這些古籍多處於待價而沽的階段，加之古籍交易隱秘性的特點，是不便透露過多當下賣家信息的，因此被叟翁故意略去近人的藏書印了。與之形成對比的是，雲間韓氏藏書屬於公開售賣，所以叟翁在《古書經眼錄》中並未略去對韓氏藏印的著錄。

2. 著錄略去觀書時間、地點等信息

同樣是藏書家所編寫的經眼類目錄，傅增湘先生《藏園群書經眼錄》多在經篇古籍之後注有觀書的時間、地點；如果該書已歸其所有，則標以「余藏」說明。叟翁《古書經眼錄》則通篇不注時間，書中僅在最後部分的3部書中提到了與之有關的舊書店，其餘不注地點；即便是已購書籍，亦無任何文字說明，惟有查閱叟翁的藏書目錄、藏書題跋等資料，方知叟翁購得此書的經過及時間。

我們認爲，叟翁在《古書經眼錄》這種略去時間、地點等信息的原因亦與古籍交易有關。從事古籍交易的買家及中介同樣需要採取一定的保密手段，從而使得古籍交易的活動能夠長期持續運行。

另外，叟翁所購書籍中有些雖是得自各書賈處，其中卻有未見於書賈所編目錄者。如《古書經眼

[一] 按「7部書中前6部皆藏國家圖書館，我們核對原書電子版或原書膠片，找到了吳氏藏印」。第7部《隸釋》（含《隸續》）今不知藏於何處，但章鈺有鈔本（藏國家圖書館）以及《章氏四當齋書目》亦著錄此本信息，可據。

二三

錄》著錄有《畫墁錄》(第162號)，此書爲弢翁購藏，書中有弢翁題跋：

甲戌(1934年)冬，文禄堂主人王晉卿從蘇州購此書至，只重其爲明抄，未知校出誰氏手。余審是胡氏手跡，因以重價收之。黑紙書衣，金雲莊家舊裝皆如是。韓淥卿嘗問之黃氏滂喜園火友朱某者，此藏書家之故實，不可不記。書中「愛閒居士」「桐軒主人」藏書印二印疑是金氏圖記，俟再考之。甲戌十二月弢翁志。

由題跋可知交易完成於甲戌年(1934)，而在王文進《文禄堂訪書記》中却未著錄此書[1]。同樣，《古書經眼錄》著錄有《因話錄》(第416號)，注觀書地點爲「藻玉」。「藻玉」即指藻玉堂舊書店，主人爲王子霖，其《古籍善本經眼錄》中未著錄此本；《古書經眼錄》著錄有《國策節本》(第98號)，爲雲間韓氏藏書，書中有鄒百耐「百耐眼福」藏書印，其《雲間韓氏藏書題識彙錄》亦未著錄此本。總之，民國時期的藏書目，出於某些原因，可能在著錄上被有意無意地略去了一些當時可見的信息。因此我們在研究利用這一時期的目錄時要盡可能地廣泛利用其他書目及資料以爲輔助，以避免盲從和遺漏。

(三) 記錄内容較書賈所編目錄更可靠

上文提到弢翁《古書經眼錄》著錄之本多見於書賈所編書目，然比較二者，可知弢翁所錄更爲可靠。

[1] 按，《文禄堂訪書記》由王文進在1942年自刊，爲該書最早的版本，之後的版本皆據此整理。

弢翁古書經眼錄標注

傳統經眼類目錄中常有對古籍題跋和藏印的著録，受到種種主觀、客觀條件的制約，抄録的題跋和藏印信息往往會出現些許的訛誤，這些現象較爲常見並且通常不會對讀者產生較大的誤導。我們在整理《古書經眼録》時，發現弢翁所記與書賈所録有差異較大者。

如《古書經眼録》著録的《演繁露》(第 64 號)，爲明代姚舜咨手抄本，又有清人沈欽韓題跋。經核對，弢翁所録與原文一致：

《容齋五筆》冗贅語多，却少謬妄，此則敢於詆訾先儒，橫肆胸臆，要諸《史》《漢》之書，皆未能貫串，妄欲評斷古今，深誤後學，故卷中略辯之。學者於此等書不觀可也。沈欽韓識。

鄒百耐《雲間韓氏藏書題識彙録》、王文進《文禄堂訪書記》亦著録是本及沈氏題跋，但所録題跋皆有訛誤，其中《文禄堂訪書記》還有闕文及改寫之處：

《容齋五筆》冗贅語多，却少謬妄，此則敢於詆訾先儒，橫肆胸臆，要諸《史》《漢》之書，皆未能貫串，妄□評斷古今，深誤後學，故□略辯之。學者於此等書，不可觀也。沈欽韓識。[一]

諸如此類者還有《高東溪文集》《梅磵詩話》《甘白先生文集》《韓非子》《復古編》《龜巢稿》《花間集》等。

[一] 王文進《文禄堂訪書記》，中華書局，2019 年，第 231 頁。

二四

在藏印著錄方面，如《古書經眼錄》著錄的《默齋遺稿》（第 112 號），曾爲清代藏書家顧錫麒收藏，書中有其「謖聞齋」藏印，王子霖《古籍善本經眼錄》著錄爲「談聞齋」[1]。

通過以上的差異比較，可知同樣是以「經眼錄」爲名的訪書類目錄，其著錄內容的特點與作者身份相關。在古籍交易中，書賈對古籍價值的判定未必準確可靠，其所記錄的「經眼」內容甚至可能並非本人所作，這些目錄的目的多在於招攬潛在的買家[2]。而作爲交易中購買的一方，自然要對所見之本的各個方面做到盡可能的準確詳細，這樣才能權衡一書的價值幾何，所以由買方編寫的目錄在內容上更爲可靠。

四、對民國藏書研究資料的補充

通過弢翁在《古書經眼錄》中對經眼古籍的記錄，能夠爲當今的民國藏書研究提供資料上的補充，僅以其中較爲顯見者爲例。

（一）關於雲間韓氏藏書的流散

雲間韓氏藏書流散在二十世紀三十年代，記錄其藏書數量較爲豐富的當屬書賈鄒百耐所編《雲間韓氏藏書題識彙錄》，共著錄韓氏藏書 406 部。王文進將韓氏藏書中的其中一部分攜至北方售賣，

[一] 《古籍善本經眼錄》，第 106 頁。
[二] 按，沈津先生在《書城風弦錄》一書中撰有《王文進與〈文祿堂訪書記〉》一文，提及王氏曾就該書的編纂向顧廷龍先生求助，且《文祿堂訪書記》當時已經他人修改過，非王氏一人所作。廣西師範大學出版社，2006 年，第 166—172 頁。

整理説明

二五

發翁古書經眼錄標注

然而其所攜韓氏藏書數量、版本情況在其《文禄堂訪書記》中並不多見。

發翁《古書經眼錄》集中記錄了一批王文進北上所攜韓氏藏書，同時還分散記錄了零星的韓氏藏書，反映了韓氏藏書北上流傳的狀況。上文中提到發翁《古書經眼錄》第34號至103號爲發翁經眼的王文進帶回的雲間韓氏藏書，計69部；此後又在書中分散記錄了12部雲間韓氏藏書，合計81部。發翁詳細地著錄了其所經眼的每一部古籍的版本情況，如行款、題跋、藏印等。這批古籍或歸發翁購藏，或爲平津其他藏家所有，或繼續流落廠肆，豐富了這批北上書籍在遞藏源流上的環節。

發翁《古書經眼錄》所集中記錄王文進北上所攜韓氏藏書，爲深入研究其收藏韓氏藏書的經過提供了新的參考。《發翁藏書題跋（年譜）》記載了發翁藏有一部《雲間韓氏藏書目》，上有發翁題識（題跋見上文），且夾紙二片，爲發翁所寫一簡目，簡目包含題名、册數及價錢。此目共著錄藏書36種，92册，合計7510元。整理者據簡目在著錄書籍數量及價格上符合發翁題跋所謂「王晉卿自滬攜鈔校本數十種來，乃費七千餘金，爲余從來未有之豪舉，而所得皆非上乘也」認爲此簡目當是其購買王氏所攜韓氏藏書的清單[1]。

[1] 按，36種書目爲：《後村詩集》《百經考》《糖霜譜》《山居新語》《稼圃輯》《三禮圖》《草蘇州集》《歐陽文忠公全集》《人身圖說》《鶴林玉露》《建炎復辟記》《契丹國志》《應是二書》《契丹國志》《大金國志》《燕對錄》《陳伯玉集》《李翰林集》《周易參義》《六經奧論》《泰軒易傳》《梅花字香》《省心雜言》《寓圃雜記》《山村遺稿》《娛書詩話》《歲寒詩話》《吳地記》《李文溪陶詩》《墓銘舉例》《留史》《柳唐外集》《四書箋異》《桐譜》《括異》《歐陽年譜》《復古編》。

據《古書經眼錄》及《自莊嚴堪善本書目》，可知弢翁共購得王文進集中北上攜來的韓氏藏書共36部（除去其中第90號非韓氏書者）；《弢翁藏書題跋（年譜）》中弢翁所寫簡目雖亦爲36部，但其中僅有5部見於《古書經眼錄》，有10部與《自莊嚴堪善本書目》著錄書名相同，有6部爲雲間韓氏舊藏，這顯然與弢翁題跋所言購得均爲韓氏藏書不符[一]。至於弢翁所寫紙片簡目，應該是其擬購來自其他渠道的書單，亦屬於選購書單，而非已購清單。

（二）關於弢翁藏書目錄的整理

目前，我們主要通過弢翁自編《歷年新收書目》（1936—1948年）、《壬午鬻書記》《自莊嚴堪書目》以及冀淑英先生所編《自莊嚴堪善本書目》這四部目錄來瞭解弢翁藏書的規模和特點。我們在整理弢翁《古書經眼錄》時發現，其作爲弢翁藏書目錄具有以上幾部目錄所不能替代的作用。

《古書經眼錄》在時間上延伸了弢翁自編目錄的時間上限，在數量上豐富了收錄的古籍。《歷年新收書目》《壬午鬻書記》《自莊嚴堪書目》作爲弢翁自編目錄，具有第一手資料的參考價值，但是《歷年新收書目》記錄的時間範圍是1936—1948年期間弢翁收購部分藏書的記錄；而《壬午鬻書記》記

[一] 5部見於《古書經眼錄》：《糖霜譜》《歐陽文忠公全集》《鶴林玉露》《建炎復辟記》《墓銘舉例》10部與《自莊嚴堪善本書目》書名相同：《糖霜譜》《歐陽文忠公全集》《鶴林玉露》《建炎復辟記》《墓銘舉例》《梅花字香》《後村詩集》《契丹大金國志》《陳伯玉文集》《李太白文集》；6部爲雲間韓氏舊藏：《糖霜譜》《歐陽文忠公全集》《鶴林玉露》《建炎復辟記》《墓銘舉例》《李太白文集》。如《梅花字香》，《自莊嚴堪善本書目》僅著錄一部，爲海源閣舊藏，非雲間韓氏藏書，是書有弢翁題跋，言得書於1938年。

弢翁古書經眼錄標注

錄的只是1942年弢翁出讓100部明本書的記錄，《自莊嚴堪書目》著錄古籍369部，其中有少量書籍被重複著錄，僅著錄書名、版本及册數。該書目具體編寫的時間不明，因弢翁後將藏書捐出，該書目並未編完[二]。以上三者在時間範圍及著錄數量上都不及其《古書經眼錄》。

上文提到弢翁《古書經眼錄》的著錄古籍414部，購藏古籍168部，其時間範圍約是1933—1948年。具體來說，弢翁《古書經眼錄》著錄的《張司業集》是第1部見於《古書經眼錄》的古籍，位於該書第200號；《歷年新收書目》著錄書籍在200部左右（含書法作品、近世影印書籍及新書），其見於《古書經眼錄》著錄者僅有40部；《自莊嚴堪書目》所著錄的古籍沒有時間信息，著錄的信息也較爲簡略。由此可知，弢翁《古書經眼錄》無論在著錄的時間範圍還是數量上，都是弢翁自編目錄中不可忽視且非常重要的。

冀淑英先生所編《自莊嚴堪善本書目》著錄其所藏古籍726種，反映的是弢翁於1952年將藏書捐獻國家後的狀態；弢翁《古書經眼錄》著錄其購藏古籍168部，在數量上雖不及前者，但却反映出了藏書家藏書的動態過程。這一動態過程主要體現在《古書經眼錄》著錄了3部不見於《自莊嚴堪善本書目》中的弢翁舊藏古籍（此3部非弢翁售予陳一甫者）。這些古籍有：

(1)《宋待制徐文清公家傳》(第262號)，《自莊嚴堪善本書目》未著錄，但收錄有弢翁所作題跋，

[二] 關於弢翁編寫《自莊嚴堪書目》的細節，可參考《周叔弢古書經眼錄》一書的《出版前言》以及史睿《從藏書家到史學家——周叔弢、周一良父子的藏書、讀書與著書》(《文匯學人》2016. 8. 12)。

知曾爲弢翁所有。

（2）《齊乘》（第352號），《自莊嚴堪善本書目》未著錄。《癸未新收書目》著錄此本，知曾爲弢翁所有。

（3）《文場備用排字禮部韻注五卷》（第368號），《自莊嚴堪善本書目》未著錄。此本今藏臺北「國家圖書館」，「國立中央圖書館」金元本圖錄》著錄此本中有弢翁鈐印。《甲申新收書目》亦著錄此本。知曾爲弢翁所有。

以上3部古籍曾爲弢翁所有，當在其捐獻國家之前流出，故而未被《自莊嚴堪善本書目》著錄，若無稿本《古書經眼錄》、歷年《新收書目》等相關資料的提示，我們將很難察覺到弢翁藏書的動態過程。所以，弢翁《古書經眼錄》對於弢翁藏書目錄的整理是有重要價值的。

總之，通過以上從各方面對弢翁《古書經眼錄》的梳理，爲我們深入了解民國時期的藏書目錄提供了一個新的視角。處於古籍交易日趨頻繁的背景下，無論是售書方還是購書方，抑或是中間的書賈，其所編寫的目錄雖然在形制上保留了之前傳統目錄的特點，但同時也受到了新要素的影響，在編寫目的上已有變化。因此，我們在使用這一時期的目錄時，應該注意到這一變化，利用相關資料，挖掘其中的價值。

在本書的出版過程中，首先是得到了周叔弢先生後人的大力支持與授權，其次是得到了原天津

二九

整理說明

圖書館研究員李國慶先生的幫助，最後還得到了上海古籍出版社郭沖編輯的邀請以及河北大學燕趙文化高等研究院在出版經費上的支持。在整理過程中，得到了國家圖書館善本閲覽室各位領導、老師以及其他藏館同仁的幫助。在校理過程中，得到了同學苑學正、朱學博、袁子微、戎默以及學生牛成哲、謝穎、趙維敏、李照諸君的幫助。特此致謝。囿於見聞，整理工作仍不免疏誤，請讀者批評指正。

趙嘉　2021年3月31日

整理凡例

一、此次整理，在內容上依據弢翁《古書經眼録》録入，同時爲了便於閱讀，在格式上對稿本進行了適當調整；

二、標注部分主要側重兩個方面，一是對弢翁《古書經眼録》的校定，二是對《古書經眼録》著録的古籍展開調查，將其中可見者標明館藏地（後注索書號）、版本情況、其他書目的著録情況等以案語附入，間附考證，以顯示這些古籍在民國時期的遞藏痕跡；

三、本書整理的重點在版本梳理，而對於書籍作者及內容的多不涉及，偶有涉及遞藏源流考證說明者，一併附入案語；

四、《古書經眼録》所著録之古籍，儘量核對原書或膠片、電子版核對，將其中差異以校記列出，做到實事求是，原原本本；

五、所録題跋中個別生僻字因少見改爲通行字體外，其餘均保留原樣；

六、文中一些難以辨識之字，或是弢翁所書而不可辨者，或是弢翁描摹所見古籍中不可辨者，皆

七、因弢翁所作《歷年收書目錄》可與其《古書經眼錄》中的部分内容互爲印證，且篇幅不大，故亦將其附錄於本書之後；

八、原書未分卷次，本次整理依原書裝訂之起訖分爲「古書經眼錄」一至四。

九、《弢翁古書經眼錄標注》所用主要參考用書版本信息如下：

《國立中央圖書館金元本圖録》，臺北「國立中央圖書館」編，中華叢書編審委員會 1961 年出版；

《莐圃善本書目》，張乃熊撰，臺灣廣文書局 1969 年出版；

《國立中央圖書館善本題跋真跡》，臺北「國立中央圖書館」編印，1982 年出版；

《自莊嚴堪善本書目》，冀淑英編，天津古籍出版社 1985 年出版；

《藏園群書題記》，傅增湘撰，上海古籍出版社 1989 年出版；

《標點善本題跋集録》，「國立中央圖書館」編印，1992 年出版；

《天祿琳琅書目》（清）于敏中等撰，中華書局 1995 年出版（《清人書目題跋叢刊十》）；

《天祿琳琅書目後編》，（清）彭元瑞等撰，中華書局 1995 年出版（《清人書目題跋叢刊十》）；

《西諦書跋》，鄭振鐸撰，文物出版社 1998 年出版；

《著硯樓讀書記》，潘景鄭著，遼寧教育出版社 2002 年出版；

《祁陽陳澄中舊藏善本古籍圖録》，中國國家圖書館、上海圖書館、中國嘉德國際拍賣有限公司合

《王子霖古籍善本經眼錄》，王雨著，上海古籍出版社 2006 年出版；

《弢翁藏書題跋》，李國慶編著，紫禁城出版社 2007 年出版；

《周叔弢古書經眼錄》，周叔弢著，國家圖書館出版社 2009 年出版；

《周叔弢批注楹書隅錄》，楊紹和撰，周叔弢批註，國家圖書館出版社 2009 年出版；

《藏園訂補邵亭知見傳本書目》，傅增湘撰，中華書局 2009 年出版；

《自莊嚴堪善本書影》，周一良主編，國家圖書館出版社 2010 年出版；

《雲間韓氏藏書題識彙録》，鄒百耐纂，石菲整理，上海古籍出版社 2013 年出版；

《中國古籍總目》，中國古籍總目編纂委員會，中華書局、上海古籍出版社 2009—2013 年出版；

《上海圖書館善本題跋真蹟》，上海圖書館編，上海辭書出版社 2013 年出版；

《明代刊工姓名全録》，李國慶編，上海古籍出版社 2014 年出版；

《蕭山朱氏舊藏目録》，朱家溍編，故宫出版社 2014 年出版；

《原國立北平圖書館甲庫善本叢書》，中國國家圖書館編，國家圖書館出版社 2014 年出版；

《上海圖書館善本題跋輯録》，陳先行、郭立暄編著，上海辭書出版社 2017 年出版；

《文禄堂訪書記》，王文進著，柳向春整理，中華書局 2019 年出版；

《藏園群書經眼録》，傅增湘撰，中華書局 2019 年出版；

《國家圖書館宋元善本圖録》,《國家圖書館宋元善本圖録》編纂出版委員會編,浙江古籍出版社2019年出版;

《古籍善本》(修訂版),陳先行著,上海人民出版社2020年出版。

目錄

古書經眼錄標注序 ………………… 李國慶 一
整理說明 ………………………………………… 一
整理凡例 ………………………………………… 一

古書經眼錄一 …………………………………… 一

001 陸狀元集百家註資治通鑒詳節一百廿卷 …………… 一
002 毛詩白文一卷 ………………………………… 二
003 ○江南野史十卷 ……………………………… 三
004 國語廿一卷 …………………………………… 四
005 絳雲樓書目二卷 ……………………………… 四
006 南宋院畫錄八卷 ……………………………… 五
007 文公家禮會通十卷 …………………………… 五
008 法書攷 ………………………………………… 六
009 ○新編翰苑新書卷之三十九 ………………… 九
010 古今紀要十九卷 ……………………………… 一○
011 ○唐張司業詩集 ……………………………… 一一
012 注心賦四卷 …………………………………… 一二
013 ○余忠宣集六卷 ……………………………… 一五
014 ○節孝先生事實一卷文集三十卷 …………… 一六
015 石壁精舍音注唐書詳節 ……………………… 一七

荛翁古書經眼錄標注

016 明書傳集八卷 .... 一八
017 ○新安志 .... 一九
018 角葉全譜 .... 二〇
019 ○玉井樵唱三卷 .... 二一
020 ○籀史 .... 二二
021 ○宋遺民錄十五卷 .... 二三
022 桯史十五卷 .... 二四
023 元郭天錫手書日記真跡 .... 二五
024 國史唯疑十二卷 .... 二七
025 咸淳臨安志 .... 二八
026 史記集解 .... 三〇
027 竇氏聯珠集 .... 三二
028 東國史略　百夷傳 .... 三四
029 爾雅注疏十一卷 .... 三五
030 ○韓文公別傳注 .... 三六

031 新刊臨川王荊公先生文集一百卷 .... 三七
032 ○高季迪賦姑蘇雜詠一卷 .... 三七
033 禮記 .... 三九
034 佩觿 .... 四〇
035 三孔清江集三十卷 .... 四二
036 藍田呂氏遺書二卷 .... 四三
037 急就篇 .... 四四
038 淮海先生文集四十卷後集六卷長短句三卷 .... 四八
039 水經注四十卷 .... 五二
040 朝野類要五卷 .... 五五
041 朝野類要五卷 .... 五六
042 宋貞士羅滄洲先生集五卷 .... 五七
043 高東溪文集二卷 .... 五九

二

044	王無功集二卷	六〇
045	雲峰胡先生文集四卷	六一
046	樂府雅詞二卷拾遺二卷	六三
047	管子廿四卷	六四
048	笠澤叢書八卷	六四
049	談藝録一卷	六六
050	二妙集	六六
051	三孔清江文集三十卷	六八
052	汲古閣題跋二卷	六八
053	潏水文集二十卷	六九
054	冀越集記二卷附相宅管説	七二
055	呂忠穆公奏議三卷	七五
056	四六談麈一卷 王公四六話二卷	七六
057	白雲集三卷	七七
058	疑砭録二卷	七八
059	經鉏堂雜志八卷	七九
060	謝宣城集五卷	八〇
061	湛淵静語二卷	八一
062	梅磵詩話三卷	八二
063	甘白先生文集六卷	八五
064	演繁露十六卷續集六卷	八六
065	南濠居士文跋四卷	八八
066	大唐西域記十二卷	八八
067	禮注彙辯二卷	九二
068	尹和靖論語解二卷	九三
069	韓非子二十卷	九三
070	九域志十卷	九九
071	所安遺集一卷	一〇〇
072	新定九域志十卷	一〇一

弢翁古書經眼錄標注

073 許白雲先生文集四卷　補遺附錄 …… 一〇一
074 肇域記六卷 …………………………… 一〇三
075 二老堂雜誌五卷 ……………………… 一〇七
076 李氏易傳十七卷 ……………………… 一〇八
077 李氏易傳十七卷 ……………………… 一〇九
078 清河書畫舫十一卷 …………………… 一一一
079 芝秀堂鈔澄懷錄　附登西臺慟哭記 … 一一二
080 平江記事 ……………………………… 一一三
081 新刊大元混一平宋寔錄三卷 ………… 一一三
082 使西日記二卷 ………………………… 一一四
083 漢官儀三卷 …………………………… 一一五
084 河東先生集十五卷 …………………… 一一六
　　太學博士陳用之入經論語全解
　　十卷 ………………………………… 一一七

085 四書箋義 ……………………………… 一一八
086 讀四書叢說 …………………………… 一一九
087 頤堂先生糖霜譜一卷 ………………… 一二〇
088 烘堂集　審齋詞　壽域詞　知稼詞 … 一二一
089 查藥師手鈔陶杜詩選 ………………… 一二二
090 蛻巖詞二卷 …………………………… 一二三
091 瀛京雜詠一卷 ………………………… 一二四
092 竹居癡語　僑庵詩餘　渭川居士
　　詞　初寮詞　空洞詞　知稼翁詞
　　集　和石湖詞　附北樂府　菊軒
　　樂府　東浦詞 ……………………… 一二七
093 孟東野詩集十卷 ……………………… 一二九
094 歐陽文忠公居士全集八十卷 ………… 一三一
095 後村居士集二十卷 …………………… 一三五

四

096 陳伯玉集二卷	一三六
097 水經注四十卷	一三八
098 國策節本	一四二
099 月泉吟社	一四四
100 建炎復辟記	一四六
101 雪磯叢稿五卷	一四七
102 吳地記	一四八
103 仁山金先生文集三卷	一五〇

古書經眼録二

104 虎鈐經二十卷	一五二
105 政和五禮新儀二百四十卷目録 六卷	一五四
106 離騷經講録	一五四
107 張說之文集廿五卷	一五五
108 元次山集十卷拾遺二卷	一五七
109 徐孝穆文集八卷	一五七
110 默庵安先生文集五卷	一六〇
111 陵陽先生詩四卷	一六〇
112 默齋遺稿	一六一
113 演雅四卷	一六二
114 高麗史一百三十卷	一六二
115 〇蘭亭續考二卷	一六三
116 古史	一六五
117 新雕皇朝文鑑百五十卷目録二卷	一六六
118 增廣注釋音辯唐柳先生集四十五 卷外集二卷附録一卷年譜一卷	一六六
119 三朝北盟會編二百五十卷	一六九

編號	書名	頁碼
120	尚書(孔氏傳)十三卷	一七〇
121	青瑣高議前集十卷後集十卷別集七卷	一七一
122	硯北雜錄	一七二
123	玉山名勝集二册	一七三
124	山窗餘稿一卷	一七三
125	道情鼓子詞 梅屋詩餘 梅詞	一七四
126	五峰詞	一七五
127	曉庵先生遺書	一七六
128	朝鮮志二卷	一七七
129	東泉誌四卷	一七八
130	河道平治議	一七八
131	河紀二卷	一七九
131	重廣眉山三蘇先生文集八十卷	一七九
132	○演山先生詞二卷	一八二
133	○相山居士詞一卷	一八三
134	○蘭雪集二卷	一八四
135	○鶴山長短句一卷	一八六
136	○金荃集七卷別集一卷	一八八
137	校正新刊標題釋文十八史略二卷	一八八
138	唐詩四十家	一八九
139	寶晉英光集六卷	一九〇
140	河南先生文集廿七卷附錄一卷	一九一
141	劉賓客文集三十卷	一九二
142	古今律曆考七十二卷	一九三
143	閒適劇談五卷	一九四
144	李文山詩集上中下三卷附錄一卷	一九四

145 ○宋學士文粹十卷補遺一卷	一九四
146 甫田集十五卷	一九六
147 宋遺民錄十五卷	一九七
148 三元延壽參贊書五卷	一九九
149 古文尚書冤詞補正一卷	二○○
150 ○王無功文集五卷	二○一
151 前後漢書	二○二
152 ○國語廿一卷	二○五
153 隸釋廿七卷 隸續十九卷	二一三
154 李石疊集四卷	二一六
155 華陽國志十二卷	二一六
156 ○世德堂六子	二一八
157 ○化書六卷	二二○
158 鶴林玉露十六卷	二二一
159 ○鶡冠子三卷	二二一
160 杜審言集三卷	二二四
161 ○歷代鐘鼎彝器款識法帖二十卷	二二五
162 ○畫墁錄一卷	二二五
163 ○胡子知言六卷 附錄一卷 胡子知言疑義一卷	二二六
164 ○復古編二卷	二二七
165 大乘百法明門論解二卷	二三○
166 津夫詩鈔二卷	二三○
167 增廣注釋音辨唐柳先生集	二三一
168 猗覺寮雜記二卷	二三二
169 翠屏集四卷	二三三
170 皇甫持正文集六卷	二三五

目錄

七

171 太上靈寶感應篇三教至言詳解 ……………… 一二六
172 昭明太子集五卷 ………………………………… 一三八
173 漢書 ……………………………………………… 一四〇
174 後漢書 …………………………………………… 一四一
175 梅屋詩餘一卷　石屏長短句一卷 ……………… 一四二
176 盤洲樂府三卷 …………………………………… 一四五
177 可齋詞　可齋雜稿　可齋續稿前　可齋續稿後 … 一四七
178 閑齋琴趣外篇六卷 ……………………………… 一四八
179 晁氏琴趣外編六卷 ……………………………… 一四九
180 醉翁琴趣外編六卷 ……………………………… 一五〇
181 咸平集三十卷 …………………………………… 一五一
182 ○新定三禮圖廿卷 ……………………………… 一五二
183 集千家注批點杜工部詩集二十卷 ……………… 一五五
184 咸淳臨安志 ……………………………………… 一五六
185 淮海集四十卷　後序六卷　長短句三卷 ……… 一五七
186 漢隸分韻七卷 …………………………………… 一五八
187 ○緯略四卷 ……………………………………… 一五九
188 金子有集一卷　子坤集附六卷 ………………… 一六〇
189 賈浪仙文集十卷 ………………………………… 一六一
190 吳都文粹十卷 …………………………………… 一六三
191 策選四冊 ………………………………………… 一六五
192 吳郡志五十卷 …………………………………… 一六六
193 北夢瑣言廿卷 …………………………………… 一六八
194 嫣蜼子集六卷 …………………………………… 一七〇

195 ○拱和居士詩集一卷附錄一卷	二八三
196 鼪巢稿十七卷	
197 朱絃集四卷	
198 唐風集三卷	
199 鶴年先生詩集三卷	
200 ○張司業詩集八卷	
201 重校添注音辯唐柳先生文集四十五卷外集二卷	
202 三蘇先生文粹七十卷	
203 李衛公文集二十卷別集十卷外集四卷	
204 爾雅正義	
205 爾雅義疏	
206 漢雋	二八二

古書經眼錄三

207 楊仲弘詩集八卷	二八三
208 四明志	二八三
209 ○妙法蓮華經七卷	二八五
210 毛詩四卷	二八六
211 宋元人詞七十家	二八六
212 ○吹劍錄一卷	二九七
213 ○玉照新志五卷	二九七
214 文選六十卷	二九八
215 錦繡萬花谷別集三十卷	三〇一
216 雪崖先生詩集五卷	三〇一
217 石刻鋪叙二卷附二王帖目錄評釋一卷	三〇二
218 張文潛文集十三卷	三〇四

目錄

九

219 宣和奉使高麗圖經四十卷 ……三〇六
220 列女傳八卷 ……三〇七
221 畫上人集十卷 ……三〇八
222 猗覺寮雜記二卷 ……三〇九
223 春秋金鎖匙一卷 ……三一一
224 五峰集六卷 ……三一二
225 元草堂詩餘三卷 ……三一三
226 張右史文集六十卷 ……三一四
227 ○罋巢稿十七卷 ……三一五
228 ○唐張處士詩集六卷 ……三一七
229 ○閑閑老人滏水文集廿卷 ……三一八
230 宋遺民錄十五卷 ……三一九
231 韋蘇州集十卷 ……三二〇
232 ○新刊山堂先生章宮講考索 ……三二一

233 熊士選集一卷 ……三二一
234 蘇學士集十六卷 ……三二二
235 儒門經濟長短經九卷 ……三二四
236 唐漫叟文集十卷 拾遺 拾遺續 ……三二五
237 陳眉公吳寧野精校青蓮露六牋 ……三二五
238 ○北狩見聞錄一卷 建炎復辟記一卷 北狩行錄一卷 瓜洲䇲亮記一卷 采石 六卷 ……三二六
239 韓詩外傳十卷 ……三二七
240 後漢書 ……三二八
241 ○河岳英靈集二卷 ……三三二
242 圭塘欸乃 ……三三三
243 遺山先生詩集廿卷 ……三三五
244 ○顏氏家訓二卷 ……三三六

245 經進新註唐陸宣公奏議二十卷 ……………………… 三三七
246 硯箋四卷 ………………………………………………… 三三九
247 金剛般若波羅蜜經二卷 ………………………………… 三四〇
248 ○賈浪仙長江集十卷 …………………………………… 三四一
249 ○剪綃集上下二卷　梅花衲一卷
250 海巢集三卷 ……………………………………………… 三四二
251 ○增節標目音注精義資治通鑑一百廿卷 ……………… 三四三
252 ○唐甫里先生文集二十卷 ……………………………… 三四六
253 孔子家語十卷 …………………………………………… 三四八
254 集注太玄經四卷 ………………………………………… 三四八
255 歲寒堂詩話（松江韓氏） ……………………………… 三四九
256 止齋先生奧論八卷（松江韓氏） ……………………… 三四九

257 碧雲集　李羣玉集（松江韓氏） ……………………… 三五〇
258 ○劉隨州文集十一卷 …………………………………… 三五一
259 花間集二卷 ……………………………………………… 三五二
260 比玉集 …………………………………………………… 三五五
261 ○儒志編一卷（松江韓氏） …………………………… 三五七
262 ○宋待制徐文清公家傳　附毅
　　齋詩集別錄（松江韓氏） …………………………… 三五七
263 唐陸宣公集二十二卷 …………………………………… 三五八
264 古賢小字錄 ……………………………………………… 三五九
265 先進遺風兩卷 …………………………………………… 三六〇
266 至正庚午唱和集 ………………………………………… 三六一
267 南征紀略 ………………………………………………… 三六一
268 溧陽路總管水鏡元公詩集 ……………………………… 三六二

目錄

一一

269 江淮異人録	三六三	
270 清波別志二卷	三六四	
271 春秋繁露十七卷	三六五	
272 程氏演繁露十六卷　續演繁露六卷	三六六	
273 蒲庵集六卷　幻庵詩一卷	三六七	
274 昌平山水記二卷（松江韓氏）	三六八	
275 鶴林玉露六卷（松江韓氏）	三六九	
276 釣磯立談（松江韓氏）	三七〇	
277 雲台編三卷	三七二	
278 鹽鐵論十卷	三七二	
279 師竹堂集三十七卷目録二卷	三七四	
280 後山先生集三十集	三七六	
281 山谷詩注	三八〇	
282 澠水燕談録十卷	三八一	
283 十家宮詞十二卷	三八三	
284 歷代紀元曆七卷又外卷一卷	三八四	
285 簹齋印集十一卷	三八五	
286 元音十二卷	三八六	
287 魯齋王文憲公文集二十卷	三八七	
288 隸續二十一卷	三八七	
289 北溪先生大全文集五十卷外集一卷	三八九	
290 南華真經十卷	三九〇	
291 王梅邊集一卷	三九一	
292 雲間清嘯集一卷　桂軒詩集一卷	三九三	

293 揚子法言十三卷音義一卷…… 三九四
294 尚書十三卷 孔氏傳 …… 三九五
295 ○師山先生文集 …… 三九七
296 大易粹言七十卷 總論三卷（松江韓氏書） …… 三九八
297 浮溪集十五卷 …… 四〇〇
298 ○思菴文粹十一卷 …… 四〇一
299 孟子十四卷 …… 四〇三
300 姓氏急救篇上下二卷 …… 四〇三
301 河南程氏外書十二卷 …… 四〇四
302 盧仝詩集二卷 集外詩一卷 …… 四〇四
303 類編層瀾文選前集十卷後集十卷續集十卷別集十卷 …… 四〇五
304 金華文統十三卷 …… 四〇七

305 玉臺新詠 附續集 …… 四〇七
306 金石古文八卷 …… 四〇八
307 文章正宗二十四卷 …… 四〇九
308 五代史記七十四卷（松江韓氏書） …… 四一〇
309 纂圖互注南華真經十卷 …… 四一二
310 妙絕古今不分卷 …… 四一三
311 孔子家語八卷 …… 四一三
312 詞致錄十六卷 …… 四一四
313 皇極玄玄集六卷 …… 四一五
314 唐詩紀事八十一卷 …… 四一六
315 誠齋牡丹百詠 誠齋梅花百詠 …… 四一六
316 誠齋玉堂春百詠 …… 四一七
317 十七史詳節 …… 四一七
何大復先生集三十八卷 ……

318 空同先生集……四一八
319 義勇武王安集八卷……四一八
320 重廣補注黃帝內經素問二十四卷……四一九
321 文選纂注十二卷……四二〇
322 孫尚書內簡尺牘編注十卷……四二一
323 二禮集解……四二一
324 史通訓詁二十卷……四二二
325 鐵崖文集五卷……四二四
326 陸清獻公文集十卷……四二四
327 陶靖節集十卷……四二五

古書經眼錄四………

328 ○梅溪先生文集五十四卷 廷試

329 策並奏議共五卷 詩文前集二十卷 詩文後集二十九卷……四二六
330 匜山先生集二十五卷……四二七
331 呂氏春秋二十六卷……四二七
332 高漫士詩集十一卷……四二八
333 化書六卷……四二九
334 河南程氏經說七卷……四二九
335 元公周先生濂溪集十二卷……四三一
336 周易兼義……四三一
337 周易本義十二卷……四三一
338 大戴禮記……四三二
339 吳中水利通志……四三三
340 北溪先生大全文集五十卷 外集一卷……四三四
○妙法蓮華經七卷……四三五

341 人物志三卷	四三五
342 論衡三十卷	四三六
343 忠愍公詩三卷	四三七
344 姬侍類偶不分卷	四三七
345 白雪齋選訂樂府吳騷合編	四三八
346 順齋先生閒居叢稿二十六卷 目錄一卷	四四〇
347 岳陽風土記一卷	四四一
348 龍筋鳳髓判二卷	四四一
349 爾雅三卷	四四二
350 ○揭文安公文粹一卷	四四三
351 ○○李衛公文集二十卷 別集十卷 外集四卷(韓氏書)	四四四
352 ○齊乘六卷	四四五
353 ○新編孔子家語句解十卷	四四七
354 草堂雅集十卷	四四八
355 漢書字句四冊	四四九
356 附釋文互注禮部韻略五卷	四五一
357 ○說苑二十卷	四五三
358 ○三教出興頌	四五五
359 ○環溪詩話三卷	四五五
360 欒城集八十四卷	四五六
361 靖康孤臣泣血錄一卷	四五七
362 宋丞相李忠定公奏議六十九卷 附錄九卷	四五七
363 吳越春秋十卷	四五八
364 師山先生文集八卷 遺文五卷 附錄一卷	四五九
365 四書或問	四六〇
366 翠屏集	四六〇

367 聞過齋集四卷	四六二
368 文場備用排字禮部韻注五卷	四六三
369 論語集説十卷	四六五
370 昌黎先生集　釋音一卷	四六七
371 述異記	四六七
372 元豐類稿	四六九
373 爾雅	四六九
374 資治通鑒	四七一
375 昌黎先生文集	四七一
376 趙清獻公文集十六卷	四七二
377 五朝名臣言行録十卷前集　三朝名臣言行録十四卷後集　皇朝名臣言行録八卷續集　皇朝名臣言行録十三卷別集　皇朝名臣言行録別集下十三卷　皇朝道學名臣言行外録十七卷	四七五
378 周易參義	四七七
379 蜀檮杌一卷	四七七
380 杜審言集二卷	四七九
381 元釋集	四八二
382 危太樸雲林集二卷	四八二
383 説學齋稿不分卷	四八四
384 禮記	四八四
385 監本纂圖春秋經傳集解	四八五
386 潛虛一卷	四八六
387 韻補五卷	四八六
388 育德堂奏議六卷	四八七
389 陸宣公文集	四八八

390 箋注陶淵明集十卷	四八九
391 道園遺藁六卷	四九〇
392 司空表聖文集十卷	四九一
393 景德傳燈錄三十卷	四九三
394 新刊名臣碑傳琬琰之集	四九五
395 丞相魏公譚訓十卷	四九六
396 西庵集十卷	四九九
397 吳下冢墓遺文三卷	五〇〇
398 渭南文集五十卷	五〇一
399 淵穎吳先生集十二卷	五〇三
400 唐王右丞詩集劉須溪校本六卷	五〇四
401 婚禮新編二十卷	五〇五
402 易傳六卷	五〇七
403 春秋經傳三十卷	五〇八
404 栖碧先生黃楊集三卷補遺一卷	五〇九
405 誠齋牡丹百詠一卷 誠齋梅花百詠一卷 誠齋玉堂春百詠一卷	五一〇
406 〇周禮 附錄一卷	五一一
407 春秋經傳集解	五一二
408 墨池編六卷	五一四
409 〇爾雅三卷	五一五
410 宋季三朝政要六卷	五一六
411 元雪窗書院本爾雅	五一七
412 新刊嵩山居士文全集五十四卷	五一九
413 昌黎先生文集	五一九
414 昌黎先生集	五二〇

415 洛陽伽藍記 .... 五二一
416 因話録六卷 .... 五二四
417 嘉隆新例附萬曆 .... 五二五
418 新編博物策會十七卷 ..... 五二五
419 朦仙肘後神樞三卷 .... 五二六

附録 歷年收書目録

丙子新收書目 .... 五二七
丁丑新收書目 .... 五三一
戊寅新收書目 .... 五三四
己卯新收書目 .... 五三八
庚辰新收書目 .... 五四二
辛巳新收書目 .... 五四八
壬午新收書目 .... 五五六
癸未新收書目 .... 五六二
甲申新收書目 .... 五六六
乙酉新收書目 .... 五六九
丙戌新收書目 .... 五七〇
丁亥新收書目 .... 五七二
戊子新收書目 .... 五七六

書名索引 1

古書經眼錄一

001 陸狀元集百家註資治通鑑詳節一百廿卷

會稽陸唐老集註。

半葉十三行，廿二字。眉上有小注。小黑口。上字數，下一字刻工姓。諸家姓名後有行楷木記 萬卷堂刊氏，「氏」字上原空三字。《釋文序》後有「新又新」鼎形木記隸書，「桂室」爵形木記篆書。

卷首有太原元好問序。乙卯秋九月。七行十三字。歷亭州將張侯進卿晉亨取陸氏《詳節》[二]，且以《外紀》及諸儒精義附益之。序中語。司馬光序、馮時行序釋文、神宗序、獎諭詔書、溫公表、溫公親節通鑑序、劉外紀序、溫公外紀序、君臣事實分紀綱目。總例、五條。蜀音注本、浙增節本。

〔二〕張晉亨，字進卿，冀州南宮人，武人，《元史》有傳。

【案】此本今不知藏於何處。

王文進《文祿堂訪書記》(第 99 頁)、傅增湘《藏園群書經眼錄》(第 208 頁)、王子霖《古籍善本經眼錄》(第 182 頁)皆著錄此本。《藏園群書經眼錄》言及此書由來：

此南皮張氏書散出者，保萃齋送來看。癸亥(1932 年)。

《古籍善本經眼錄》言及是書價格：

卅六冊，千六百元。考紙似元印，黃麻紙補抄六卷，首有「蒙叟主人」「清俸買來」兩印。

《藏園群書經眼錄》《文祿堂訪書記》著錄書中鈐印爲「蒙庵主人」「清俸買來」，《古籍善本經眼錄》則著錄爲「蒙叟主人」，原書不可見，印記正誤不可知。

002 毛詩白文一卷

明本。

九行十七字。

孔子七十一世」孫昭薰」琴南氏印朱文方 孔繼涑印白文方

二

003 〇[一]江南野史十卷

知聖道齋鈔本。附《江南別録》一卷。結一廬藏。

《野史》跋見《讀書跋尾》[二]，題款如下：芸楣甲辰孟夏齋宿藤花廳左

《江南別録》跋：

《宋史·藝文志》作四卷，蓋義祖、烈祖、元宗、後主四代各一篇也。此書叙次完善，較《江南野史》《五國故事》爲勝。鈔自明刻本，亦鮮訛脱。芸楣甲辰谷雨前一日

[一] 〇爲彶翁所加，具體含義未做説明。推斷當爲購得之意，詳前《整理説明》。

[二]《讀書跋尾》，指清代彭元瑞《知聖道齋讀書跋尾》。

【案】《江南野史》及《江南別録》皆爲彶翁購藏，見於《自莊嚴堪善本書影》（第 262—264 頁）。《江南野史》著録爲清彭氏知聖道齋抄本，一册，清彭元瑞校並跋，九行二十字；《江南別録》著録爲清彭氏知聖道齋抄本，一册，清彭元瑞跋，八行二十一字。今藏國家圖書館，中華古籍資源庫收録，《江南野史》索書號 08035，《江南別録》索書號 08036。

004　國語廿一卷

明本。九行廿字。下有刻工姓名。

第三行：

明侍御史　蜀張一鯤　虞部郎豫章郭子章選閱
　　　　　楚李時成　選部郎東粵周光鎬校

【案】據《中國古籍善本書目》（史1第220頁），此爲萬曆張一鯤刻本。

005　絳雲樓書目二卷

藍格鈔本。宗炎一校讀 朱文方印

康熙壬寅五月廿一日，甫里周鴻歷啓元父校于佳日堂。 墨筆

是書編次無法，複見錯出，踳駁錯誤，不可勝乙，姑舉所知略校一二。嘉慶丁丑七月九日晚聞手書。 朱筆

【案】此本現藏臺北「國家圖書館」，《「國立中央圖書館」善本題跋真跡》（04988，

第970頁）收錄是書題跋書影，著錄爲清錢謙益撰，清康熙間藍格鈔本，清康熙六十一年周鴻歷、嘉慶二十二年王宗炎手校並跋，又無名氏手書題記。該館《標點善本題跋集錄》（第204頁）亦收錄此書及跋。據《善本題跋真跡》（第970頁），補錄無名氏題跋一則：

王宗炎字以除，號穀塍，蕭山人，生於乾隆二十年，卒於道光六年。性淡退。通籍後杜門不出，築十萬卷樓，以文自娛，有《晚聞居士集》。

006 南宋院畫錄八卷

厲鶚。鈔本，羅以智校，八千卷樓藏書。

007 文公家禮會通十卷

金陵後學蘄陽湯鐸編輯。

十一行，廿二字，四周雙邊。

朱子序後有檽散道人湯鐸謹白八行楷書小牌子[二]，卷十後楷書大牌子……

> 景德元年歲次庚
> 午孟春之閏金陵
> 湯氏執中堂刊行

謝允 朱文方　德和 朱文方　樓印 朱文長方
中印 朱文方　　　　　　　　　　四門 朱文長方

〔一〕檢原書，「湯鐸謹白」當作「湯鐸敬白」。

【案】國家圖書館中華古籍資源庫收錄編號 12974 者（明景泰本，四冊），有「謝允中印」「四門」「德和樓」三方藏印，同時尚有吳重憙藏印「重憙鑑賞」白文、「石蓮闇所藏書」朱文藏書印，當即是弢翁所見者，其未著錄吳氏鈐印。吳重憙（1838—1918）山東海豐人，號石蓮。吳氏藏書以名家抄本居多。吳氏身故不久，其藏書即流入廠肆，倫明曾購藏其所藏精品幾十種。

008 法書攷

曹刻何小山校。

康熙戊戌仲秋，鹽官馬寒中持張伯起手鈔本來，破費半日功夫校一過。張本向藏倦圃先生，先生歿後，此冊又將舊鈔宋元板五百冊質於高江邨，竹垞先生倍其直而有之。此冊亦在數中。壬子、癸丑間，竹垞寓居昭慶僧房，此冊又歸寒中，故可以粗校。時毛斧季、王受桓皆鈔得一本，後假鹽使曹公刻出。竹垞既歿，此冊又適在行囊。惜書不甚良，又錯亂謬誤處張氏亦不能勘正爾。小山仲子記。

【案】此本現藏臺北「國家圖書館」（307.206686），著錄爲清曹棟亭揚州詩局刊本，清何煌手書題記，其古籍影像檢索系統可見題跋原文。

《藏園群書經眼錄》（第533頁）著錄爲清曹寅刊本，失名臨何小山校本。當與毳翁所見爲同一本，且傅氏著錄此本中有「先農部公遺金石書畫記」白文印。

《國立中央圖書館》善本題跋真跡」僅收錄此篇跋文書影，知毳翁所錄跋文有誤，傅氏《藏園群書經眼錄》所記亦有偏差，故將原文抄錄如下：

康熙戊戌仲秋，鹽官馬寒中持張伯起手鈔本來，破費半日功夫校一過。張本向藏倦圃先生，先生歿後，將舊鈔宋元版書五百冊質於高江邨，竹垞先生倍其直而有之。此冊亦在數中。

壬午、癸未間，竹垞寓居慧慶僧房，此冊適在行囊。時毛斧季、

王受桓皆鈔得一本，後付鹽使曹公刻出。竹垞既歿，此冊又歸寒中，故得可以粗校。惜書不甚良，又錯亂誤謬張氏亦不能勘正爾。小山仲子記。（第1285頁）

又，此本爲雲間韓氏藏書，書衣上有韓應陛跋文，但書衣已殘破，文字殘缺不全，故附錄《標點善本題跋集錄》中韓氏題跋：

咸豐五年八月，湖州書友□松持有《棟亭十二種》不全本，曰《法書攷》、曰《琴史》、曰《梅苑》、曰《禁扁》，凡四種。《法書攷》序前有小山仲子記語一則，蓋據張伯起抄本手校者。［闕文］記語一條，係渠從子輩據照宋款鈔本校者，後□書亦皆經校勘者，顧皆不著校者之人及所據之本，審其筆迹，似與小山仲子記語一條者相似，不知果出一手否也，又不得當爲注入。十月八日記。應陛。

小山仲子疑係何小山先生，義門先生弟也，名煌。學問雖亞於兄，而校書之勤，伯仲相似。八年十一月廿五日識。（第291頁）

鄒百耐所編《雲間韓氏藏書題識彙錄》（第103頁）亦輯錄此跋，且完整無缺，與《標點善本題跋集錄》相較，「湖州書友□松」作「湖州書友來松」；闕文作「琴史」末有小山仲子朱筆」；「後□書亦皆經校勘者」作「後二書亦皆經校勘者」。

009 ○新編翰苑新書卷之三十九

存三十九至四十六。宋本。

小板心，半頁十四行，廿二字，大字占兩行，約一格半，左欄外有耳，黑線口，四周雙邊。

【案】此書爲弢翁購藏，爲《新編翰苑新書》前集，見於《自莊嚴堪善本書影》（第803頁），著錄爲宋刻本，二册，存八卷（卷三十九至四十六），大字七行字不等，小字十四至十六行二十二字。今藏國家圖書館（8288），《國家圖書館宋元善本圖錄》（第3990頁）收錄。傅增湘《藏園訂補邵亭知見傳本書目》：

周叔弢有前集殘本，爲卷三十九至四十六。（第794頁）

《弢翁藏書題跋（年譜）》：

（1934年）是年，致王晉卿書，索閱《翰苑新書》。（第109頁）

據此可知，弢翁經眼此書當不早於1934年。

010 古今紀要十九卷

慈溪黃震東發。明初本。

半頁十行，廿字左右，雙邊，中版心，有數，卷首有刻工姓名。虞亮、陳厚、劉本、虞子得、張壽、余長壽、葉丙、范彥從、余長、黃保、虞厚、子中、吳福、劉宣、朱堯、原良、徐田、劉保、周壽、肖寄、景中、士通、士達、王保、林安、彥成、付資、虞孟淳、江圓、劉侍者、付名仲。

華亭沈氏竹東世_{朱文長方}
續家傳書籍之記

武職官_{朱文長方}　竹官_{朱文方}　藝學軒_{朱文方}　張印_{朱文方}葆采

張仲
實甫〔一〕_{白文方}

〔一〕張葆采，張敦仁次子，字子實，一字仲實，號筠生，又號敬梅庵主。嘉慶乙卯（1819年）舉人，曾任甘肅伏羌縣、福建福甯知縣。

【案】國家圖書館中華古籍資源庫收錄編號05833者，僅存一卷，著錄爲明初刻本，亦鈐有「華亭沈氏竹東世續家傳書籍之記」「武職官」藏印，此外尚有「陽城張氏與古樓收藏經籍記」（白文，張敦仁印）「子實寓目」（白文）「竹東」（朱文），説明此書曾經張氏父子遞藏，當即是弢翁寓目之書，然今已殘，目錄不全，卷首刻工葉不存。

一〇

011 〇唐張司業詩集

不分卷。明成化本。

分體：

第一行：五言古詩 七言古詩 五言律詩 五言排律 七言律詩 五言絕句 七言絕句

第二行：翰林學士中書舍人張泊編輯。

第三行：監察御史河中劉成德增次。

半頁十行，十六字，白口，單邊，小號通連。正德乙亥七月劉成德序。

【案】弢翁在此書前加圈，表示購藏，當即《周叔弢一九四二年售予陳一甫明版書書影》(第1626頁)所錄者，著錄爲明正德十年劉成德刻本，半葉十行十六字，二冊，有「士禮居藏」白方印。

今藏國家圖書館，中華古籍資源庫收錄(09864)。中華古籍資源庫所收著錄爲正德十年本，前有劉成德序，後有張泊序，全書不分卷，所收詩爲八卷本前六卷。《四部叢刊初編》第703冊所收爲明刻本者，前爲張泊序，後爲劉成德序，文末有失名跋，所收詩爲八卷。此版本據跋知在嘉靖二十九年蔣孝刻本基礎上所增，前六卷與嘉靖本同。弢翁經眼

此本時不知为何定为成化本,當是最初誤判。

又,《弢翁藏書題跋(年譜)》載1934年弢翁致王晉卿信札:

今日由郵局寄上《張司業集》二冊,祈爲裝訂。原來所補之紙,均須換去,所缺兩頁缺字亦補好望覓一好手鈔補,不知圖書館有底子否?如無同樣之書,即照《四部叢刊》本鈔錄可也。(第120頁)

當即指此本。

012 注心賦四卷

疑是元覆宋本,與余藏本行款不合,字體甚似。後附《注心賦釋音》,字體迥別。錢怡治庚午四月序。

半葉九行,大十五字,小注雙行廿一字,上字數,黑口,左右雙邊。

第二行:杭州慧日永明寺智覺禪師延壽述

板心:心賦幾。

一切吉羊 朱文長方　　立 朱文方　　性吾 朱文長方　　三界散人 白文方　　觀如道人 朱文長方　　夫山

川

一二

山人（朱文長方） 安樂堂（一）藏書記（朱文長方） 明善堂（一）珍藏書（一）畫印記（朱文長方） 是名（一）小樹（白文方） 補處堂（白文長方） 高陽（一）槐里（一）世家（朱文方） 玄之（一）又玄（白文方） 夢子（一）學人（白文方）

許印（白方） 嚴（白文方）

元基（白方） 烈

宋存（白文方） 東郡宋存（朱文長方） 東郡楊（一）紹和字（一）彥合藏（一）書之印（朱文方） 國（朱文方）

書室珍藏 書室（一）覺（朱文方） 雅

海印（白文方） 又玄齋（一）收藏畫（一）書印[二] 慧

齋居

每卷末有助刊姓氏及錢數，卷四末裁去，或有元時紀年。

明州在城天寧禪寺住持 昌國寶陀羅寺住山 奉化雪竇禪寺 明州翠山禪寺 四明山信士 明州衛總旗 紹興府餘姚縣竹溪湖庵

[一] 據《自莊嚴堪善本書影》，此印是白文方印。

【案】此本是怡親王府舊藏，海源閣故物，弢翁初見時為李典臣所有，後由李氏轉贈周氏。弢翁另藏有宋刻《永明智覺禪師方丈實錄》之卷四《注心賦》，故有「與余藏本行款不合」之言。今藏國家圖書館（08312）。

《自莊嚴堪善本書影》(第858頁)著錄此本爲元刻本,二册,周叔弢跋,九行十四或十五字,小字雙行二十一字。

《文祿堂訪書記》亦著錄此本:

惟治序。

又元刻本。半葉九行,行十六字,注雙行二十一字。黑口。板心上記字數。錢楊紹和字彥合藏書」「東郡宋存書室珍藏」各印。(第279頁)

有「覺慧」「觀如道人」「又玄齋考藏」「安樂堂藏書記」「明善堂珍藏書畫記」「東郡

又,弢翁書於此本之題跋,詳道此書由來,據《自莊嚴堪善本書目》抄錄如下:

甲申又四月,李典臣十兄斥售藏書於孫氏,浼余估值。去書之日,檢此書爲贈,蓋以數年前余曾借閱也。此是元代刻本,卷四末搯殘一葉,《音釋》缺一葉,當有刊刻時地,爲書估撤去以充宋刻。余藏宋紹興三十年杭州刻本,版匡字體與此本極相似,惟宋本每葉少二行,版心只作「心幾」,無大小字數及黑線口,題名無「杭州慧日永明寺」七字,《音釋》大字不橫列排齊,爲不同耳。元本遞藏秦氏玄又玄齋、怡府安樂堂、楊氏海源閣,而《楹書隅錄》及《海源閣宋元秘本書目》皆不著錄。獨潘文勤手批《竹汀日記》稱

一四

辛未五月見此書於楊氏，知其從楊氏散出，當在同治十年以後。余曩得抄本《寶晉山林集拾遺》，亦不載楊氏書目，而爲李氏所斥賣者。據《楹書偶錄》校本《寶晉英光集》楊鳳阿先生注語，此乃楊氏贈潘文勤之書。或《注心賦》亦同歸潘氏，而復從潘氏散佚歟？近年頗見楊氏藏書，皆善保舊裝，不輕改易，此書則因輾轉流傳遂橫遭割裂，而裝池更污損，非復舊觀。既命工略加補綴，爰記數語以寄慨云。五月九日叔翁記。（第125—126頁）

翁所得此册爲李典臣售書予大中銀行孫仲山請其估值所贈，《叔翁藏書題跋（年譜）》（第231頁）記錄了其中的一些經過細節。然此時叔翁初次經眼此書時，尚未獲贈。

李典臣爲李士鉁之子，李氏有藏書樓延古堂，見於倫明《辛亥以來藏書紀事詩》。叔

013 ○余忠宣集六卷

明嘉靖本，合肥刻本。

十行廿二字，白口，單邊。版心上作「忠宣文集卷幾」。

嘉靖三十三年吉水羅洪先序。豐城雷迨跋。陳嘉謨跋。

第二行：門人淮西郭奎子章輯。

第三行：合肥縣學教諭洪大濱重校。

張　燮　白文方　莞　朱文方　友　曾藏一張蓉一鏡家朱文方　張子龢一珎藏書一畫圖記朱文方

014 ○節孝先生事實一卷文集三十卷語錄一卷

明鈔本。

半頁十行，廿字，白棉紙。

【案】此本爲邈翁購藏，見於《周叔邈一九四二年售予陳一甫明版書書影》（第1640頁），著錄爲明嘉靖三十三年雷逵洪大濱刻本。今藏國家圖書館（13343）。

張定 朱文方　秋樹齋 朱文長方　味經書 白文長方　玉堂合 士書 省郎官 朱文

球印 朱文方　藏書印

松 朱文方　蘿摩 朱白文方　喬印 白文方　鶴 朱文方　顯月 朱文方

年　亭長　松年　僧　齋主

未 朱文方　錢氏 朱文方　孝里潘 賜叔脃 壽孳 一堂書畫 朱文

寶　藏

澱紫 白文方　南州 白文方　七十二峰 深處 朱文長方　玉柱金庭境界 青山湖上人家 朱文長方

山樵　之交

南州孺子 藏書印 白文長方　碧山 朱方　甲 朱文方　毛氏 朱文方　毛晉 朱文方

　　　　　　　　　　　　草堂　宋本 朱文橢　　　　子晉　　之印

汲古 朱文方　毛晉 朱文方　　　　
主人 朱文方　　私印 朱文方　　汲古閣 朱文方　子晉 朱文方　
子晉 朱文連珠　邊繼祖印 白文方　一字佩文 朱文方　毛晉 朱文連珠　之印 朱文方　子晉 朱文方　汲古閣 朱文長方

迪功郎淮安州州學教授翁蒙正

景定甲子孟秋初吉重行編次校定　此兩行在目錄後。

【案】此爲歿翁購藏，見於《自莊嚴堪善本書影》（第1117頁），著錄爲明抄本，十冊。

今藏國家圖書館，中華古籍資源庫收錄（08447）。

015 石壁精舍音注唐書詳節

存五十四至五十七、百廿二至廿三。

宋巾箱本，半葉九行，十八字，左闌有耳，白口，左右雙邊。宋諱缺筆。

【案】此本第四十七卷今藏國家圖書館（06498），《國家圖書館宋元善本圖錄》收錄（第3090頁），著錄爲宋刻本。

《文祿堂訪書記》亦著錄此本……

宋建刻巾箱本。存卷五十四至五十八,卷六十二至六十四,卷一百二十二、三。半葉九行,行十八字。線口。左欄外刊小題。宋諱「匡」「讓」「恒」「貞」「徵」字,皆缺筆。(第93頁)

又,《弢翁藏書題跋(年譜)》載1934年弢翁至王進卿書:

《唐書詳節》一百元,分文不能加。(第119頁)

或即指此本而言。

016 明書傳集八卷

鈔本。唐翰題跋二則。起洪武,終成化十二年。檇李草莽臣沈起仲方氏撰述[一]。

[一]「仲方」當作「仲芳」。

【案】當時諸家書目中惟有藻玉堂主人王子霖《古籍善本經眼錄》著錄是書,抄錄如下:

明崇禎檇李沈仲芳著此書,爲明末極有價值之著作。世無刻本。標題效《春秋》,

叙事效《左传》。雖稍有摹擬痕跡，然夾敘夾議，情文相生，褒貶嚴正，詞致古茂。明痛社稷之亡於廠衛，而絕筆於「始設西廠」尤具特議。兹節錄其自序二段，可以窺見其主旨之一斑。（上略）「學《春秋》者，有文、有質、有顯、有諱、有微、有復，是為六德。有不可已而始，有不得已而終，是為二法。」（中略）「粵稽《尚書》有《文侯之命》。虛四十九年，而託始於隱公。豐沛起事澤中，越二歲而紀年而灞上。維我祖發跡滌和，延至戊申，始履尊位。而作書必始於渡江之日者，當華無主，人心厭亂。君子讀發卦而歎曰：復，其見天地之心乎？一陽初生，群陰震散。其不始滌和，猶夫不始豐沛也。不始戊申，猶夫不始氾南也。特以人望攸屬，天道好還，適與灞上相符，故必變。」此書係其手稿定本，間有校正處，亦係先生親筆。其著書大旨，係為明之亡，不亡於流寇，而亡於廠衛，遂絕筆焉。此與宣聖絕筆獲麟，後先輝映，亦可以見其抱負之偉大矣。（第2冊，第30頁）可知此書輾轉於書肆之中。

017 ○新安志

鈔本。

吳兔床藏書，十行廿字。

小桐豀 白文方　兔床 朱文方

　　　　　經眼

寒可無衣饑可無食至於書一不可一日失此昔人詒厥之名言一是可爲拜經拙藏之雅

則朱文長方　真一率一會 白文方

【案】此書爲叜翁購藏，見於《自莊嚴堪善本書影》（第355頁），著錄爲清抄本，四册，清唐翰題跋。今藏國家圖書館（08082）。

書中尚有唐翰題「唐翰題」、吳重憙「石蓮閣所藏書」等印。

另有唐翰題題跋一則：

　　拜經樓影宋乾道《新安志》十卷，舊抄本，有「兔床經眼」朱文記、「小桐溪」「露鈔雪購」諸記，錄入《題跋記》卷三地志目。庚午四月重檢記。

018 角葉全譜 [一]

鈔本。

康熙六十一年德星堂主人序。　董益謙齋

019 ○玉井樵唱三卷

知不足齋黑格鈔本。十行廿一字。翰林院官印。

【案】此書爲弢翁購藏，見於《自莊嚴堪善本書影》（第1301頁），著錄爲清乾隆三十三年鮑氏知不足齋抄本，一册，四庫底本。今藏國家圖書館（08513）。此本曾經劉喜海收藏，有「燕庭」「燕庭藏書」等印記。傅增湘《藏園群書經眼錄》亦著錄是本：

舊寫本，十行二十一字，版心有「知不足齋正本」六字。前有廷高書先君竹坡詩一段，又錄《元詩選》小傳，傳後附考一則。鈐有「翰林院印」滿漢文大官印，又「清愛堂」「劉喜海」「燕庭」「燕庭藏書」各印。庚午十月（第1100頁）

庚午即1930年。

[一]書名當作《角葉全譜解》。

【案】《中國古籍總目》著錄《角葉全譜解》，清抄本，僅一部，今藏國家圖書館（58775）。

020 ○ 籯史

「東武劉氏味經書屋藏書」。黑格鈔本。

乾隆四十年余抄得是書，後晤武林鮑以文，云毛斧季書目載此書，乃是全本，惜其書不知散佚何處矣。友生王範賢與毛氏有連，曾有是書，今亦散佚，未知是全書否耳。珠還劍合，何日得遂，書此以志奢望。

吳翌鳳記。 時辛丑冬盡。

此跋劉燕庭手錄。

【案】此書爲弢翁購藏，見於《自莊嚴堪善本書影》（第421頁），著錄爲清東武劉氏味經書屋抄本，一册，清劉喜海錄吳翌鳳跋，存一卷（卷上），八行十七字。今藏國家圖書館，中華古籍資源庫收錄（08111）。

021 ○ 宋遺民錄十五卷

吳枚庵手鈔本。

秘本朱文長方 吳枚庵朱文長方 翌鳳朱文方
　　　　　　　校定本　　　　鈔藏

右書傳自武林鮑氏，係陸平原采薇堂舊鈔，蓋善本也。惟末二葉斷爛不全，俟得別本足之。戊戌又六月，久旱得雨，新涼拂几，爲之爽然。棘人吳翌鳳識。

篁墩先生輯此書成，未及刊布，越嘉靖乙酉冬，休寧率溪程曾方校勘刻之。今其本已不可得而見矣。吾友黃蕘圃氏曾蓄舊鈔，即從元本印摹者，近又得毛斧季朱墨手校本，頗爲精審。

嘉慶甲戌九月廿一日，一目生吳翌鳳記，時年七十有三。

【案】此爲弢翁購藏，見於《自莊嚴堪善本書影》（第305頁），著錄爲清乾隆四十三年吳翌鳳抄本，二册，清吳翌鳳校跋並臨黃丕烈校跋，八行二十字。今藏國家圖書館（08067）。《善本書影》中收有此二跋書影，據以核對，弢翁所錄不誤。王文進《文禄堂訪書記》亦著錄是本，除抄錄弢翁所錄二跋外，又輯錄三則：

（一）舊鈔本。九行十七字。格即元刻款式也。鳳記。

（二）黃氏手跋曰：「嘉慶甲戌新秋，收得毛子晉家藏鈔本，經斧季朱墨手校者，同取向儲舊鈔本臨校一過，九月五日校畢此册，時已二更。復翁。」

（三）越一日，校畢此册，燒燭至二更餘矣。復翁。（第138頁）

核對原書膠片，跋（一）位於《宋遺民錄》天頭批注；跋（二）位於卷六末，且有訛誤：「嘉慶甲戌新秋」中「新」字衍，「毛子晉家藏鈔本」中「鈔本」當作「舊鈔本」，「同取向儲鈔本臨校一過」中「同」當作「因」，「鈔本」當作「舊鈔本」；跋（三）位於十五卷末。

又，《菦翁藏書題跋（年譜）》載1934年菦翁致王晉卿書：

連得手書並書影二頁收到。……《宋遺民錄》望寄全書來看，合適即留照三百元，不合適當日寄還也。（第120頁）

可知菦翁經眼此書當不晚於1934年，交易書估即爲文祿堂主人王文進。

022 桯史十五卷

嘉靖本，浙臬司錢如京刻。

十行廿字，軟體，語涉宋朝空一格。陳璧文東評點。

嘉靖乙酉相溪錢如京公溥叙。

成化十一年建安江泝序。刻於廣東。

【案】《戩翁藏書題跋（年譜）》載1934年戩翁致王晉卿書：

前次曾看明嘉靖本《程史》，印工甚好，請將全書寄下一閱爲荷。（第122頁）

可知戩翁經眼此書當不晚於1934年，交易書估即爲文禄堂主人王文進。

023 元郭天錫手書日記真跡

紅格鈔本。八行廿四字。

嘉慶己未冬月某泉居士趙之玉寫於星鳳閣[一]之印[二]白文方

[一]「某」是「梅」在金文上的象形字，互通，「某泉居士」即「梅泉居士」，趙之玉號梅泉可證。

[二]核對原書電子版，此處鈐印是：父印。白。

【案】此本今藏國家圖書館，著録爲清嘉慶四年抄本，趙輯寧跋、清鮑廷博校，二册，中華古籍資源庫收録（A01296）。

書中尚有「老屋三間賜書萬卷」（朱文）、「歙西長塘鮑氏知不足齋藏書印」（朱文）、「知不足齋藏書」（朱文）、「曾在碧琳琅館藏過」（白文）、「國立北平圖書館收藏」（朱文）諸印。

王文進《文祿堂訪書記》(第133頁)、傅增湘《藏園群書經眼錄》亦著錄此書及跋文，核對原書電子版，可知《文祿堂訪書記》所錄跋文有較多訛脫，恐是轉錄，非是目見；《藏園群書經眼錄》所記無誤，特錄於左：

（一）嘉慶庚申四月初九日錢唐趙素門先生抄贈，知元跡在宋芝山先生處。十一日偕周松泉五兄訪芝山於剪刀巷寓館，以真跡不在行篋中，出手鈔副本見借，即趙本所從出也。袖歸舟次，校勘竟日，五鼓次大麻始畢，記此以誌良友之惠。

（二）余少具書癖，聞父執厲樊榭先生有手錄郭天錫日記，未克一見，既而為吾友鮑淥飲刻入叢書，然僅客杭一卷，惜當日樊榭未錄其全也。今春密友宋君芝山招余小飲，出手錄全帙見示，酒邊展卷，狂喜不可遏。攜歸靜讀，覺朋友之往來，風氣之好尚，歷歷在目，不啻追隨古人於朝夕，而數十年所未遂者于是大暢，天下事殆有不求而自得者耶！芝山云，此書宜贈淥飲，以廣其傳，蓋淥飲所好篤，所校精，而且勇於從事，余因急命長男之玉日夜抄錄，行款悉依原文，間有字體草草，未能識者，芝山僅據墨跡，不可不闕疑也。錄成亟以還之。時嘉慶庚申春日錢唐趙輯寧跋于竹影庵。

按：卷中朱筆校改各處審是鮑淥飲延博手跡，趙跋亦經鮑氏改易，似備付刊之底帳也。沅叔記。丁卯（第310頁）

024 國史唯疑十二卷

鈔本。

《國史唯疑》四本，共十二卷，係晉江黃東崖相國景昉撰著。辛未夏秋偶客三山，從閩人高兆雲客借鈔。虹亭識。

虹亭 朱文方　徐 白文方　菊 朱文方
　　　　　　 釚　　　 莊

【案】此本今藏上海圖書館，著錄爲清徐釚家抄本，清徐釚跋，四册（T03649－52）。《上海圖書館善本題跋真跡》（第4册，第429頁）收錄此本及徐氏題跋，經對比可知弢翁所錄不誤。

由《題跋真跡》所收書影，可見書中鈐有「杭州葉氏藏書」（朱文）、「合衆圖書館藏書印」（朱文），可知此本曾經葉景葵購藏，後捐贈合衆圖書館。

傅增湘《藏園群書經眼錄》亦著錄是本，附有傅氏案語如下：

丁卯即1927年。

此書記明代朝政多有異聞，起洪武至天啓朝。卷一洪武、建文一百五十條，卷二永樂、洪熙、宣德一百四十六條，卷三正統、景泰、天順一百四十四條，卷四成化、弘治一百四十九條，卷五正德一百四十八條，卷六嘉靖一百四十八條，卷七嘉靖一百四十六條，卷八隆慶、萬曆一百五十條，卷九萬曆一百四十六條，卷十萬曆一百五十條，卷十一萬曆、泰昌、天啓一百五十九條，卷十二補遺一百九十八條，通計得一千八百四十條，可謂繁富矣。余擬借錄副本，然約共十六萬字，亦須耗三十餘元也。鈐有「徐釚」白、「菊莊」朱、「虹亭」朱、「友蘐」白諸印。癸酉（第259頁）

025 咸淳臨安志

宋本。

十行廿字，白口，左右雙邊。上字數，下刻工。趙、盛允中刊。

【案】此爲殘本，今藏國家圖書館（08673）。

據《國家圖書館宋元善本圖錄》（第7册，第2738頁）記述，此本曾經朱彝尊、季振宜、

癸酉即1933年。

百齡、楊氏海源閣先後寶藏，庚午（1930）後海源閣藏書散出，其中二十二卷（卷二十一—二一、二四—二五、三三—四五、七五—七九）經董康之、王獻唐歸江安傅增湘；卷六十一—六三、六五—七四、八十—八三"1933 年經趙萬里歸旌德江紹杰；此十六卷與卷二二—二三、二九—三二合爲二十四卷，烏程蔣氏密韻樓、潘宗周寶禮堂先後珍藏。此三部分今均藏國家圖書館。

據傅增湘《藏園群書題記》（第 214 頁），宋本《咸淳臨安志》共有三部：一爲皕宋樓舊藏，後歸日本靜嘉堂；一爲八千卷樓丁氏藏書，後歸盋山圖書館（今南京圖書館）；一爲海源閣舊藏，後經戰亂，流落四方，散見於書肆。

王文進《文祿堂訪書記》（第 146 頁）即著錄有海源閣舊藏宋本零册，可知孼翁所見者，當爲海源閣藏書。

又，《藏園群書題記》記錄藏園老人從書肆共計收得此書十一册，又言江漢珊得九册，文求堂書肆有一册，廠市流傳尚一册。《文祿堂訪書記》中所著錄之本有江氏藏印，可知江氏藏本後亦流入書肆。

又，此本與後 184 號《咸淳臨安志》爲同一書。

026 史記集解

宋本，中版心。字體是建本之圓潤者，誤字甚多，有校改。黃紙。半頁十二行，大廿三字，注卅字。白口，左右雙邊。又有十三行，廿六、七字之卷。內中配小字本數卷，半頁十四行，廿七八字，白紙，極精。裴駰序後有剗痕。

目錄標題：大字史記目錄【帝紀十二卷。

劉氏 白文方
家藏 玉孺 白文方
漢 慶澤 白文方
流芳 之 敬 朱文方
和 汝 朱文方

友 白文方
荊 毛鳳 朱白文方
苞印 子晉 朱白文方
氏 字 朱文方
子 朱文方
晉 毛 朱文方

毛子－九讀－書記 朱文方
汲古 朱文方
閣 毛氏藏書 朱文長方
子孫永寶

中吳毛斧 朱文長方大印
季圖書記 毛扆 白文方
之印 斧 朱文方
季 朱文方
汲古閣 朱文長方
藏書記

在在處處－有神物－護持 白文方
收藏印 毛斧季 朱文長方
扆 毛 朱文方
斧 白文方
季

毛扆 白文方　斧 白文方　毛氏各印皆不經見。
之印　　　季

宋本 朱文欄　臣印 白文印　汪 朱文圓
　　　文琛

文 白文方　平陽汪氏 白文長方　民　部尚　書郎 朱文　汪印 白文方　閬源 白文長方
琛　　藏書印　　　　　　　　　　　　　　　　　　　　　　　　　士鐘　　　　　審定

楊以增字　益之又字　至堂晚　號冬樵 朱文　東郡楊氏　宋存書　室珍藏 白文方
祿易書千萬値　小胥鈔良友詒　閣主人清白吏　讀曾經學何事　愧蠹魚未食字

遺子孫承此志 朱文方　　　　　楊東樵 朱文欄　關西節度 白文長方　日講　官起　居注 朱文
　　　　讀　　　　　　　　　系　關　西　　　楊紹和 白文方
　　　　過　　　　　　　　　　　　　　　　　讀　過

楊紹和　曾敬觀　天祿琳　琅秘籍 朱文方
彥合 朱文方　　　　　楊紹和　審定 朱白文長方
珍玩

【案】此本今藏國家圖書館，著錄爲宋淳熙三年張杅桐川郡齋刻八年耿秉重修本，二十四册(07884)。《國家圖書館宋元善本圖錄》(第 4 册，第 1497 頁)收錄。此即海源閣「四經四史齋」所藏三種宋本《史記》之第二種，宋淳熙三年張杅桐

川郡齋刻八年耿秉重修本。弢翁文中「大字史記目錄【帝紀十二卷】」是該本的顯著特徵。

王文進《文祿堂訪書記》（第 84 頁）、傅增湘《藏園群書經眼錄》（第 143 頁）均著錄是本。《藏園群書經眼錄》注有「甲戌九月十二日見於陶蘭泉所」。《周叔弢批註楹書隅錄》（第 197 頁）有識語「此書頗思購之，頃聞已歸東萊銀行劉氏矣」。劉氏即劉少山，建國後劉氏將此書捐出，今藏國家圖書館。説明弢翁本擬收購此書，未能如願。

027 竇氏聯珠集

袁氏貞節堂鈔本，錄何義門校語。

九行十七字，版心下有「袁氏貞節堂鈔本」七字，藍格，共五十二葉，字體工整。

《竇氏聯珠集》宋本藏余家，此鈔即從出者，末錄毛跋，此壽階所增也。宋本《竇常集》末多《杏山館聽子規》一首，毛刻所無，想所據本脱葉，中有硃筆校勘，乃義門手筆。余所藏有一舊鈔，亦脱是首，可知世所行本除宋本外，此爲近真之本矣。

復翁。〔一〕

貞節一堂圖一書印朱文方　五硯樓朱文長方　袁印白文方　廷檮　壽朱文方　階　宋本朱文

[一]《上海圖書館善本題跋輯錄·版本考》(第940頁)云「《善目》未著錄黃丕烈題跋，疑其偽也，茲以存疑著錄」。《善目》指《中國古籍善本書目》。

【案】此本今藏上海圖書館，著錄爲清袁氏貞節堂抄本，清袁廷檮校，清黃丕烈跋(存疑)，清唐翰題題識(828246)。

《上海圖書館善本題跋真跡》著錄是本，除收錄黃跋書影外，尚有唐翰題作於書衣題記：

《賓常集》末有《杏山館聽子規》一首，此陳徵君持贈拜經之本，影宋鈔，何義門先生校，後有黃蕘圃跋，曾藏袁壽階五硯樓，又歸陳簡莊，均有印。(第16冊，第331頁)

王文進《文祿堂訪書記》(第460頁)、王子霖《古籍善本經眼錄》(第120頁)、傅增湘《藏園群書經眼錄》皆著錄是本。其中《文祿堂訪書記》此條中輯錄黃丕烈跋文有誤，將「賓常」誤記作「賓章」。賓常(746—825)，字中行，平陵人。大中年間，由褚藏言編賓

氏兄弟五人詩爲《寶氏聯珠集》。王子霖《古籍善本經眼錄》著錄是本鈐印及黃丕烈題跋。

傅增湘《藏園群書經眼錄》另有傅氏案語：

義門卒于雍正年間，袁氏爲乾隆末年，時代不相應。義門校本在余家，校于汲古初刻本上，此校筆當爲過錄，想唐氏屬筆偶誤耳。藏園附記（癸酉九月三十日）。（第1262頁）

癸酉即1933年。

028 東國史略　百夷傳

鈔本，孔葒谷鈔校本。

乾隆三十八年冬十二月，大學士兩江總督高晉送到遺書，内有汲古閣抄本，於周林汲兄處假一校，補一頁有半，并錄毛氏跋於右。時四十二年上祀日，孔繼涵記於燕京宣武門内聖人府後貝纓銜之壽云簃。是日自戴東原檢討寓歸，任主事。松齋名

基振自南來。

《東國史略》後，所錄乃錢遵王跋，疑誤寫毛氏。[一]

〔一〕荛翁注中謂「所錄乃錢遵王跋」，是指錢曾有關於《東國史略》之題跋，孔繼涵在跋文中誤將其歸於汲古閣毛氏名下，荛翁因此懷疑是孔氏筆誤。

【案】《「國立中央圖書館」善本題跋真跡》（第681頁）著錄有《東國史略》一部，六卷，二冊，舊鈔本，清乾隆間孔繼涵手校並跋，乾隆五十年戚學標手跋，但收錄題跋書影中並無荛翁所錄者。《標點善本題跋集錄》（第132頁）亦著錄此書中之題跋，然亦無荛翁所錄者。因無書影及電子本可據，不知臺北所藏本是否即是荛翁所經眼者。

029 爾雅注疏十一卷

汲古閣本，毛氏手校。

一名 朱白文方 字 白文方 子九

鳳苞 朱白文方

紅豆 白文方 毛琢 白文方 寶 白文方 之 白文方 壽君 白文長方 雨齋 朱文方 紅豆 朱文長方 生

辭人 私印 白文方

豹子 朱文橢小 印 白文方小 小毛 白文方小 公 琢 朱文圓小 卧 寶 朱文方小 之 毛琢 朱文方 印信

030 ○韓文公別傳注

元本[一]。

半葉十一行,廿字,左右雙邊,上下黑口。

孟簡集。祥邁注。

至元己卯翰林學士安藏序。

如意比丘祥邁序。宇文虛中作別傳序。

客 毛豹 萬
  白文方 朱文方 白文方小
    子 福

逮
白文方

[一] 此書今斷爲明刻本。

【案】此本爲彂翁購藏,見於《自莊嚴堪善本書影》(第872頁),著錄爲明刻本,一册。

今藏國家圖書館,中華古籍資源庫收錄(08317)。

此書舊藏清內府,副葉黏附乾隆五十八年裝修籤條,據《善本書影》所收書影迻錄,內容如下:

《韓文公別傳》，原一套二本，五十八年十一月十七日，上發下去襯紙，改插套一本。乃唐韓愈本傳之外，收錄其與大顛和尚辯論之言以成此書。金朝學士宇文虛中譔，元朝至元年間學士安藏序，比丘祥邁註。元板。

書中有「李書勛印」(白文)藏書印。

031　新刊臨川王荊公先生文集一百卷

明本。

半葉十一行，廿二字，四周雙邊，白口。

卷一百後有楷書牌子：

　歲次甲午年仲
　春安正堂新刊

032　〇高季迪賦姑蘇雜詠一卷

郡人周傳叔訓編。

半葉十三行,廿字,四周雙邊,無直格。

洪武四年高啓序。隸書,半葉八行,十五字。

洪武三十一年周傳識。

【案】此本爲蕘翁購藏,見於《自莊嚴堪善本書影》(第1411頁),著錄爲明洪武三十一年蔡伯庸刻本。書中鈐印有「檇李項藥師藏」(朱文)、「堯峰山人」(朱文)、「鳳皇池上人」(白文)、「秀水朱氏潛采堂圖書」(朱文)、「海豐吳重憙印」(白文)、「嘉興新豐鄉人唐翰題收藏印」(朱文)等。今藏國家圖書館(08854)。

王子霖《古籍善本經眼錄》(第111頁)、傅增湘《藏園群書經眼錄》(第1161頁)亦著錄此本,傅氏記錄經眼時間地點爲「乙亥正月六日見,周叔弢藏」,即1935年。王氏專門記錄書中唐翰題跋文三則,但與原文有差異,今據《善本書影》原文書影抄錄如下:

是册刻於洪武四年,印本亦出一時,竹簾寬寸許,與余昔年所見虞山張氏所藏建文官册紙印宋刻《隋書》同,則以竹簾定宋印本者,未爲確據,附書於此以告同嗜者。

丁卯六月,新豐鄉人記於洞庭西山靈佑觀之東軒。觀爲神景宮故址,宋天禧五年通判軍州兼管内堤堰橋道勸農事借緋夏侯圭「建觀年月」斷碑尚存東牆隅,爲高太史

《雜詠》中所未及者，爲記大略於此。（鈐「硯石山長」朱文印）

《梅花喜神譜》爲吳中宋槧本之最著名者，今歸文登于漢卿太守。甲子夏日，曾觀于泰州寓次，亦明初寬簾竹紙印本，刻既潦草，墨色亦闇淡，余定爲元繙本坊刻，同時出示蘇公《嘉祐集》小字本，乃眞北宋精刻精印，不可多得之秘籍也。偶記及之，附書於此。

鴞又記，初八日燈下。

越四年，歲庚午四月八日，偶讀阮文達《經進書提要》，乃知《梅花喜神譜》果有景定辛酉金華雙桂堂重刻本，文達所進乃影宋本，或即從吳中舊傳本錄出。

033 禮記

宋本，黃紙印，不精。李木老藏[一]。

半頁十一行，十九字。附釋音重言重意。左右雙邊。

周印 朱文方　毘陵周氏九松 朱文長方
良金　　　迂叟藏書記

【案】此本今藏北京大學圖書館，《北京大學圖書館藏善本書錄》（第 13 頁）收錄，著

[一] 李木老，即李盛鐸，清末至民初著名藏書家，藏書處有木犀軒。

錄行款與弢翁著錄相同，小字雙行，行二十五字，卷十一有缺葉。

王文進《文祿堂訪書記》(第29頁)、陶湘《涉園書影》第一輯(《禮記鄭註》)皆收錄此本，其中《文祿堂訪書記》著錄行款爲十二行，行二十字，注雙行二十六字，有誤；《涉園書影》中有文字説明，言李氏木犀軒藏書曾抵押給潘宗周，而《文祿堂訪書記》則是直接記錄當時用於交易的古籍，可知弢翁經眼時，此書已在售賣尋主中。

又，《木犀軒收藏舊本書目》(第10頁)著錄「《禮記鄭註》二十卷，宋刊本，八册」下有佚名批注「2000」(當指價格)，或即此本。

034 佩觿

<small>自此以下，皆王晉卿新從上海收來松江韓氏書。</small>

何小山校本。

<small>康熙五十八年正月初八日，用趙清常鈔本、萬玉堂刻本粗校一過，明刻此書所見者三本，而萬玉堂爲勝，趙氏本云借鈔於孫唐卿，惜無從見之也。平夫煌記。　朱書，在卷末。</small>

【案】王晉卿，即王文進，琉璃廠文祿堂主人。松江韓氏，即雲間韓氏，初代主人毛爺季一生不曾見宋槧《佩觿》。

爲韓應陛（1813或1815—1860，李軍《松江讀有用書齋韓氏家世考》據其藏印「韓應陛字鳴唐號綠卿行三嘉慶癸酉生」定爲1813年。載《中國典籍與文化》，2012年第4期），字鳴唐，一字對虞，號綠卿。道光二十四年舉人，官内閣中書。喜藏書，著有《讀有用書齋雜著》。民國時書賈鄒百耐編有《雲間韓氏藏書題識彙錄》，著錄韓氏藏書四百零六部。

《弢翁藏書題跋（年譜）》載《雲間韓氏藏書目》弢翁題跋：

王晉卿自滬携鈔校本數十種來，選購三十種，乃費七千餘金，爲余從來未有之豪舉，而所得皆非上乘也。癸酉（1933年）十月中旬，韓氏書在上海散出，余爲事所羈，手中又極窘，不得親往搜羅，坐失良機，可歎可歎。此七千餘金，以宋本《通鑒綱目》抵二千餘元，可云癡矣。萬事有緣，何獨收書！強而行之，自招尤悔。韓氏書中宋、元刻本余未得一册，亦命也夫。戊寅（1938年）十月十九日記。（第101頁）

又，《弢翁藏書題跋（年譜）》載弢翁《讀有用書齋雜著》題識：

癸酉十月，韓氏書在上海散出，聞宋本《荀子》歸陳氏，黃蕘圃手校書多歸張氏、蔣氏，余因在天津坐失良機，只收得鈔校本三十種，所費已不貲矣。頃見此册購之，

此題識作於1933年。《古書經眼錄》所記韓氏書多鈔校本，與題識吻合。

此本爲黃翁購藏，見於《自莊嚴堪善本書影》（第136頁），今藏國家圖書館（07976）。

此本爲康熙四十九年張士俊刻澤存堂本，何煌（何煌號小山）校並跋，三卷，一册。半葉八行十七至十八字，小字雙行約二十六字。黃翁抄錄之文與原文相符。此本雖爲黃翁購藏，但在《經眼錄》中未加○。

又，王文進《文祿堂訪書記》（第65頁）、鄒百耐《雲間韓氏藏書題識彙錄》（第13頁）亦著錄此本，其中鄒氏輯錄之文與黃翁同。王氏輯錄跋文中「平夫」作「□夫」。

035 三孔清江集三十卷 [一]

知不足齋藏鈔本。

天都鮑 | 氏困學 | 齋圖籍 朱文方印

[一] 黃翁簡略書名，此書全名《三孔先生清江文集》。

【案】此本今藏國家圖書館，著錄爲清抄本，四册（10370）。《宋集珍本叢刊》據以影

以備省覽，亦翰墨緣也。十一月黃記。（第104頁）

印（第十六冊之第一種）。

鄒百耐《雲間韓氏藏書題識彙錄》對此本有較詳著錄：

舊鈔本。宋孔文仲、武仲、平仲撰。周必大序。每半葉九行，行十八字。藏章有「天都鮑氏困學齋圖籍」朱文方印。（第181頁）

傅增湘《藏園群書經眼錄》（第1281頁）亦著錄是本，且言「邢贊亭新收，甲戌四月見」。邢贊亭即邢之襄（1880—1972），近代藏書家。甲戌即1934年。由此可知，此本由王文進由上海收來，轉售邢之襄。

此本與後051號爲同一本，弢翁重複記錄。

036　藍田呂氏遺書二卷

明本。

九行十八字，板心下方有「丹徒縣刊」四字。

上鄉約，下鄉儀。

第二行：呂大鈞和叔著。

第三行：三原王承裕校勘。

正德庚辰楊一清序。正德五年庚午王承裕跋。正德十四年李東跋。刻於丹徒，重刻王本。

正德十五年靳貴跋。

古妻……印記 朱文長方 [一] 甲子……難記 朱文長方 [二] 吳岫 朱文長方

【案】此本爲弢翁購藏，見於《自莊嚴堪善本書影》（第 502 頁），著録爲明正德十四年李東刻本。今藏國家圖書館，中華古籍資源庫收録（08143）。此本雖爲弢翁購藏，但在《經眼録》中未加〇。

[一] 弢翁簡省印文，原印記爲：古妻韓氏應陞載陽父子珍藏善本書籍印記。下同。
[二] 弢翁簡省印文，原印記爲：甲子丙寅韓德均錢潤文夫婦兩度攜書避難記。下同。

037 急就篇

黃蕘圃手校。

藍格竹紙舊鈔本，半頁十四行，廿二字。

此舊鈔本《急就篇》顏氏注本也。是書有皇象書碑本，凡三十二章，顏注因之。

《齊國》《山陽》二章，後漢人所續，宋太宗書本爲三十四章者是也。余得此書舊鈔[一]，適故人洞庭鈕非石訪余，謂曾見趙文敏正書墨跡，其文實從皇象本出，有可據趙本以證顔本之謬者。古「升」「斗」字形相近，趙本作「蟲斗參升」、「蟲」與「麗」聲相近，則「蟲斗參升」猶「兩斗三升」耳，而顔本「斗」亦作「升」。又「祠祀社保蒐獵奉」，蓋因疾病而禱祀社保，則「社」者鄉社也，「保」亦其類；而顔本「保」作「稷」，訓爲「先農」，似亦失考。略舉二條以見古本之精。余感故人餉我之厚，即載其語以見此書顔注本尚非精者，惜其所鈔《急就篇》一時檢尋未得，不及借觀爲憾耳。葉石林臨本《急就篇》今存者一千三百九十九字，明初宋仲溫補六百一十六字[二]，合之凡二千一十五字，正統間吉水楊君政刻於石，今在華亭，其文與趙本多合，蓋同出皇象本[三]，足以參考，此亦非石爲余言者，附識於此。乙亥端午後四日，復翁記，時梅雨初下，未知能霑足否。

墨筆，在卷首。

此舊鈔《急就篇》顔注本也，苦無別本相勘。己卯夏季，小讀書堆書出，因見有毛藏鈔本，審之乃浚儀王應麟伯厚補注本也，與此顔注本時有異同，竭幾日力校之，雖兩本各自爲書，未可強合，然伯厚所補注者首行亦題「顔氏注」則其不同者大都在音釋之有增益耳。最後有「齊國給獻」以下百二十八字，爲後漢人所續，御書有，顔注

无，王本附于篇末，兹不附录焉。罗愿及王应麟二篇后序，亦不录入。己卯立秋日校毕，荛翁识。小读书堆索直甚昂，如可收得，当两存之，否则于此亦可见其梗概也。墨笔，在卷末。

书赵文敏正书《急就篇》后。　钮树玉〔四〕

树玉顿首：

荛翁大兄大人，前适有琐事，不及专候为罪。尊作及鄙著《急就篇》跋录上，希鉴收。其所钞赵本《急就篇》徧寻不得，俟检出再呈。率此附请

晨安　九月二十九日　钮札附卷末

何焯　朱文方　甲子丙寅韩德均钱润文夫妇两度携书避难记
之印　白文长方

〔一〕核对黄氏题跋原文，王欣夫《荛圃藏书题识续录》邹百耐《云间韩氏藏书题识汇录》"余得此书旧钞本"一句均脱"书"字。荛翁所录不误。

〔二〕核对黄氏题跋原文，"宋仲温"误，当作"宋温仲"。

[三] 核對黃氏題跋原文，「蓋同出皇象本」一句衍「象」字。王欣夫《蕘圃藏書題識續錄》、鄒百耐《雲間韓氏藏書題識彙錄》不誤。

[四] 弢翁只是抄錄鈕氏題跋標題，內容並未抄錄。

【案】此本爲弢翁購藏，見於《自莊嚴堪善本書影》（第97頁）。今藏國家圖書館，著錄爲明抄本，清黃丕烈校並跋，一冊（07956）。

又，《雲間韓氏藏書題識彙錄》輯錄弢翁所略之鈕氏跋文（第13頁），核之原文，小有異同，故抄錄原文如下：

嘉慶辛未六月，余遊廣陵，汪君孟慈出其家藏趙文敏正書《急就篇》墨跡見示，末有王覺斯跋，云此冊出自內府。余爲審定，其文實從皇象碑本者，以王伯厚所稱碑本第七章全缺，又稱碑本「屏廁」句在「鏨鑿」句上，「變化」句在「姦邪」句上，而此本悉與之合也。亟假細錄一通，并列異同於後。蓋碑本與顏合者，王氏但著顏，不更出碑本，其與顏本異而王氏未著八十餘字。又王稱碑本與趙書不合者十餘字，恐傳刻有訛也。然趙所見碑本已有殘缺，其缺而空者九字，失空者七字，凡缺一十六字而王注不云碑缺，以之相校，足正其訛舛，則此冊之足寶貴不僅書法精妙也，蓋其略也。古「升」「斗」字形相近，趙本作「蟊斗參升」；「蟊」與「麗」聲相近，則

038 淮海先生文集四十卷後集六卷長短句三卷

舊鈔本。半頁十二行，廿六字，鈔手極雅。

虛止閣校一之四十朱筆　黄蕘圃墨筆校　用殘宋本十二之廿五長短句　韓淥卿校南宋本《閒居集》一之十

嘉靖乙巳江都盛儀序。

序中稱張世文刻此集於鄂，考之在嘉靖己亥秋九月，蓋抵乙巳重刻止七年耳。

世文名綎，有序一篇，今不鈔。虛止閣識。

又綎序中云山東新刻不全，今世有本止四十卷，無後集暨詞集者，疑即其本

也。　西齋有竹軒又識。_{以上兩跋朱筆在盛序後。}

自此卷至三十五卷以奚子將假去，六月七日始取歸補校。讀書堂西齋虛止道人元之志。_{朱筆，在卷三十末。〔一〕}

自十二至二十五卷，偶得宋本殘帙，藏篋中久矣。茲將此舊鈔出爲對勘，用墨筆識之。惜缺葉連篇，仍多漏略。蓂夫。

以舊藏殘宋本《淮海長短句》校宋本，皆有調無題，此鈔又一本也。面目稍異，茲不悉改，但記異字。蓂夫_{墨筆《長短句》下末。}_{在二十五卷末。}

余向借無錫秦氏所藏《淮海集》宋本，手校一過，頗精審，惜爲人購去。其底本係明細字刻本，忘其爲何時刻本矣〔二〕。篋中但有宋刻後印《文集》一册。又宋刻宋印，與《文集》同行款之《長短句》殘帙，皆非秦氏藏本之宋刻。想宋時必非一刻也。此鈔本出香嚴書屋，因有孫潛印，故收之。《文集》四十卷，《後集》六卷，《詞》三卷，較爲全備。及收又有《淮海閒居集》十卷，向爲顧氏物，而今歸蔣氏藏者，似與秦本同。此外明刻字刻本，忘其爲何時刻本矣。得，命長孫取舊藏殘宋對勘，并搜得《文集》四十卷，鈔手更舊，亦出孫潛所藏，遂取對勘，始知余所藏者即孫潛據以鈔錄之本，而茲所云校者亦即是本也。故校止於四十卷，《後集》及《詞》又別據鈔錄矣。明刻四十卷及《後集》亦有藏本，向已遺忘，暇當出

之，以資對勘。因此益思宋刻不置云。蕘夫。在卷末。

右詞十五首，見《草堂詩餘》，本集不見，疑軼出者錄之。孫預志。在《長短句補遺》

後（孫預疑即手錄此書者之名）。

咸豐九年七月廿四日，用宋板《淮海閒居集》十卷校，書友匆匆持去，草略已甚。宋本每半板九行，行十五字，小字同。每卷首有元官印。應陛

應陛 白文小方 應陛 白文小方

手記印 手校

書友蔣姓，原約二十五日清晨取去，乃後辭之，至廿六日酉時，得兩日之力，又重校一過。自問庶無遺憾矣。其書現在上海郁氏。廿六申刻

咸豐戊午六月朔日得之潺喜園黃氏。十一月冬至前一日屬施姓重裝。

應陛 白文小方

手記印

書中朱筆據序後識語曰「虛止閣」，曰「西齋有竹軒」，三十卷後跋曰「讀書堂西齋虛止道人元之」，不知究係何許人也。記以俟攷。

應陛 讀有用書齋 白文長方 藍筆 墨筆，小隸書

以上兩跋，藍筆，在《目錄》前。

按序後朱筆稱世文有序一篇，今不鈔，其筆意與書首序傳等同，疑道人即抄書

五〇

人也。書中筆迹非一手，要爲道人屬抄者耳。據黃跋，此本出於孫潛藏鈔本，何以此本亦有孫潛藏書印也。豈道人即孫懋？抑其後此書并歸孫懋？又記。應陛白文

此書書面紙原用黑紙，黃氏舊火朱秋田云金雲莊家書用黑紙裝面，歷驗果然。書中顧未有金氏印記，現已改裝，無從認得，特記此俾人知所由來也。應陛手記。朱

小方聯珠　藍筆

筆 以上四跋在書面。

孫潛白文方　　黃印　　茇朱文方

丕烈朱文方　　圉朱文方　　古婁韓氏應陛一載陽父子珍藏一善本書籍印記朱

文長方

松江讀有用書齋金山守山閣兩後人韓德均錢潤文夫婦之印白文長方

【案】此本爲荛翁購藏，見於《自莊嚴堪善本書影》（第1160頁）。今藏國家圖書館，

〔一〕核對原書電子掃描件，未見此跋。

〔二〕核對原書電子掃描件，「忘其爲何時刻本矣」一句衍「本」字，當作「忘其爲何時刻矣」。

中華古籍資源庫收錄（08460）。此本雖爲荛翁購藏，但在《經眼錄》中未加○。

傅增湘《藏園群書經眼錄》（第994頁）著錄此本，有「癸酉十一月十二日見，周叔弢

039 水經注四十卷

韓綠卿據朱謀㙔本校。

明鈔本，藍格，白棉紙。半頁十一行，廿二字。

芳艸朱文長方

《水經》余向有善本，藏於松陵月滿樓中，甲寅兵後遂失之。今購此聊備繙閲，但藏」。弢翁所録題書衣題跋，不見於電子掃描件，見於《善本書影》圖片，核對無誤。

鄒百耐《雲間韓氏藏書題識彙録》中著録有部分黃丕烈、韓應陛題跋，較之弢翁所記，少《目録》前韓氏題跋兩則以及卷中各題記；然尚多韓氏題跋一則，未言位置，録於下：

《淮海集》誤攜別鈔本，屬令更正。及持來，見以黑紙裝書面，因詢伊此種裝訂頗多，係何家散出，稱出金雲莊家。此書亦黑紙裝，因誌於此。黃氏書友朱秋田。韓應陛記。按此本款式字體，似係明翻宋本。十一月十九日記。應陛。（第150頁）

然核對原書電子版及膠片，未見此跋。由國家圖書館工作人員代爲核對原書，亦未見此跋。疑爲鄒氏誤收他本題跋於此。

苦遺謬甚多，不遑校讐，姑存諸以俟歸畊之暇再定丹黄可耳。

丙辰夏五竹醉日西皐主人識。

名在〔一漢〕人中白文方　亢心〔一〕朱文方　□古〔一〕朱文方　此跋在卷首。

此本雖舊鈔，字多粗率，訛謬寔繁，中有前修校正之筆，亦未盡當。乾隆戊寅夏初，余甫自東粵歸，將赴修門，詑出海昌之石漾，登先外祖宮詹查公澹遠堂，獲之書賈，匆匆北上，未暇細讎，旋補沸臬，又以案牘勞形，不遑觸手。今日偶閒，一爲檢視，家藏項氏綱刊本以未攜不能校對，又聞同年全吉士祖望、族兄徵士炳謙均有訂本，尋當假以改正。書此爲左券云。是歲九日後五日，仁和沈廷芳志於臬署之挹華齋。〔二〕

　　臣　鹽蒙　朱白文方
　　廷芳　居士　朱白文方

酈氏之學，素未從事，咸豐七年臘月，湖州書友顧姓持此書來，收之。書係舊鈔本，首有丙辰夏五西皐主人題，末有乾隆戊寅九月仁和沈椒園廷芳誌語。書爲坊間人重編，失次不免，手爲更正，因取舊存朱南州謀瑋箋評本略爲對勘，朱本十八卷，第一條「又東逕武功縣北」，注「長安人劉終於崩」，下即接「志也，惠公、孝公立，是穆公之後」云云，於「崩」下箋云「此下文理不屬，蓋脫簡也」。按，朱固以謝耳伯宋

本及元本校正者，而亦缺此，即本書朱筆。（此本所指「韓藏朱刻本」中校語　發）校者亦謂刻本遺落，須尋別本校對，是此處脫簡各本皆同而此本乃獨多二十一行，上下脈絡俱貫。又朱所引宋本多與此鈔同者，而多爲朱筆抹去，因隨手籤出各條黏上方，據知此本係從別刻完善宋本未經脫簡者鈔出[三]，而朱筆所據刻本改「於」爲「云」，即屬宋本亦係脫簡後校改本耳。即如十八卷內一條，朱筆據刻本改「於」爲「云」，「云崩下」增「亡也」二字。蓋中既脫去廿一行「於崩志也」四字接連。「志」字又或以形近「忘」字致訛，校者以「劉終於崩忘也」作「亡」，而又改「於」爲「云」，而「鎦」終竟變爲注釋人。「長安」以下數字又將變爲注語，事雖可笑，亦其校改致訛之由，具有條理可尋也。書中朱、墨筆校字不著所據之本，當係疏漏或亦原本已自錄入另紙，裝書時爲人失去故耳。余年老，精神衰憊，溫習舊業且不足，豈能更從事新學。惟雖不復事此而固能知此本之佳，因書此以告世之喜此學者，俾知此本之可貴耳。

應陛五日燈下。

手記印 應陛 白文方　應陛 朱文方
手校

韓應陛　一字鳴唐　號淥卿　行三　嘉慶癸酉生 白文小方

韓應陛鑒藏―宋元名鈔名校―各善本於讀―有用書齋印記（朱文長方）

沈印（白文方）　園父（朱文方）　古柱（朱文方）　李更―生字―南枝（朱文方）

廷芳　椒　下史

［一］此印即「亢心希古」。
［二］彀翁所鈔此跋與原文相同，鄒百耐《雲間韓氏藏書題識彙錄》（第32頁）亦收錄此跋，其中「中有前修校正之筆」一句，「修」作「後」。
［三］「據知此本」誤，原文作「據此知本」。

【案】此本為彀翁購藏，今藏國家圖書館（08097）。《自莊嚴堪善本書影》（第388頁）著錄為明抄本，清沈廷芳、韓應陛校並跋，半葉十一行二十二字，十二冊。且《善本書影》中有彀翁抄錄題跋之書影，以資核對。此本雖為彀翁購藏，但在《經眼錄》中未加○。又，傅增湘《藏園群書經眼錄》亦著錄是本，注為「癸酉十一月十二日，周叔弢藏」（第378頁）。癸酉即1933年。

鄒百耐《雲間韓氏藏書題識彙錄》輯錄韓氏跋，然有誤（第32頁）。

040 朝野類要五卷

舊鈔本，黑格，半頁十一行，廿四字。語涉宋帝皆空格。

滂喜園又見開萬樓藏鈔本，與此款式不同，兼有遺失條。

咸豐八年六月一日得之滂喜園。應陛手記印（白文小方，小隸書。）九月九日。

以上韓氏手跋二則在書面。

松江讀有用書齋金山守山閣兩後人韓德均錢潤文夫婦之印（朱文長方）

平江－黃氏－圖書（朱文方） 古婁韓氏應陛－載陽父子珍藏－善本書籍印記（朱文長方）

【案】此本今藏國家圖書館，著錄爲清鈔本（10137）。

鄒百耐《雲間韓氏藏書題識彙錄》（第43頁）亦著錄此本，但未錄「咸豐八年」之跋。

傅增湘《藏園群書經眼錄》（第626頁）亦著錄此本。

核對原書，書中尚有「百耐眼福」朱文印、「邢印之襄」朱文印、「南宮邢氏珍藏善本」朱文印，可知此本遞經黃丕烈、雲間韓氏、邢之襄收藏。

041 朝野類要五卷

舊鈔本，半葉九行，十八字。

竹垞 朱文長方　開萬樓 朱文長方　黃印 朱文方　蕘 朱文方

藏書印　丕烈　圃

【案】此本今藏國家圖書館。著錄爲清抄本，一册（10136）。此本即上一部書中韓氏所謂「滂喜園又見開萬樓藏鈔本，與此款式不同」者。書中尚有雲間韓氏藏印，可知曾皆爲韓氏藏本。傅增湘《藏園群書經眼録》（第 626 頁）亦著録此本。

042 宋貞士羅滄洲先生集五卷

舊鈔本，九行廿字，戈小蓮校。前有丙子廬陵遺民須溪劉辰翁序，後有癸亥至日書於京邸跋，失名。

宋禮部侍郎廬陵鄧中齋中甫批點
明翰林國史修撰七世宗孫倫校正
明廣東廉州知府童昌鏡秉鑒刊行　此三行在卷一首。

瑱川吳一氏收藏　圖書 朱文方　戈小蓮秘笈印 朱文長方　半樹齋　戈氏　藏書印 朱文方

臣印 白文方　順 朱文方　德均 朱文方

戈載　卿 朱文方　所藏　又韓氏兩長方印

止道人戈襄記。小 朱文方

蓮

嘉慶六年歲次辛酉正月三日己，午二時校讀一過，錯字尚多，惜無善本一勘。真

【案】此本今藏上海圖書館，著錄爲清抄本，清戈宙襄校并跋（T02590）。

《上海圖書館善本題跋真跡》（第12册，第417頁）收錄此本，中有戈氏題跋書影，據

以核對，弢翁所錄不誤。

書中尚有鄒百耐「百耐眼福」朱文印、葉景葵「景葵所得善本」朱文印、「合衆圖書館藏

書印」朱文印。説明此本經葉氏購藏，後入合衆圖書館。

《雲間韓氏藏書題識彙錄》（第160頁）、傅增湘《藏園群書經眼錄》（第1075頁）、王文

進《文禄堂訪書記》（第376頁）皆著錄此本，但以弢翁所記最爲詳細。鄒百耐《雲間韓氏

藏書題識彙錄》錄「宋貞士」誤作「宋員士」。

043 高東溪文集二卷

舊鈔本,半葉八行十七字,何氏手鈔。

戊子夏日抄。 何錫 章 九
　　　　　　　袞印白文方　　朱文方在卷末。

咸豐戊午六月朔日,得之滂喜園黃氏;十一月十七日,施姓裝。應陛記。

咸豐八年六月一日,由士禮居轉入讀有用書齋。

應　陛
手記印 袞印白文方

應　陛
手記印 韓氏手跋二則,小隸書,在書面。

曩歲江陰繆少薇嘗以舊鈔本《高東溪集》寄眎。上書一卷,詩一卷,雜文二卷,詞一卷,表啓一卷,附錄一卷,凡作七卷。然統計不及六十葉,屑屑分卷,疑非原本。後於湖估處借得一本,祇分二卷,較五卷本稍完善,賴以校正間脫誤甚夥,姑置之。適錢鼎卿廣文補刻《藝海珠塵》,編入壬集。今歲韓脫誤數處,其空缺不能悉補也。即二卷本而前缺林希元序末三十字及黃直序,後缺《漳郡淥卿中翰復以藏本畀余,亦志》本傳一條及徐興公、宋葆淳兩跋,脫誤處及空缺亦更多於五卷本。然亦有此本不

誤而五卷本誤者。既詳校於《藝海》刻本，復識其粲於此。南匯張文虎朱筆，在卷首。

【案】此本今藏復旦大學圖書館，館藏古籍稿抄本數字化資源收錄爲抄本，二册。

鄒百耐《雲間韓氏藏書題識彙錄》（第176頁）、王文進《文禄堂訪書記》（第373頁）亦著録此本。將三者所録張文虎跋文與數字掃描件核對，除弢翁所記不誤，其餘二者皆有謬誤，其中《文禄堂訪書記》訛誤較多。

044 王無功集二卷

舊鈔本，黑格竹紙，半葉十行廿五字，格上有欄。

附蘇東坡《書東皋子傳後》一篇。

右《王無功集》，家大父手録，藏之篋中久矣。近得其軼詩三首，皆表表耳目，而是集不載，因附記于此。萬曆壬寅季夏朔，雲鳳書於吳興沈氏之西樓。

林雲 白文方　若 白文方[一]
鳳印　　　撫父

庚寅借得爛溪潘氏影宋寫本校讀。煒記。何義一門批一校本 朱文方

此跋及印皆僞。

[二] 鄒百耐《雲間韓氏藏書題識彙錄》(第115頁)亦著錄此本,此處藏印著錄爲「若撫氏」。核對原書膠片,此印當作「若撫父」。跋文在卷尾。

045 雲峰胡先生文集四卷

舊鈔本,半葉八行十八字。

【案】此本今藏國家圖書館,著錄爲明抄本,一册(10184)。

王文進《文禄堂書籍目》亦著錄是本:

明鈔本,松江韓德均藏印,後有何義門批校本印。竹紙一册。一百元。(第100頁)

書中尚有「百耐眼福」朱文印、「邢印之襄」朱文印、「南宮邢氏珍藏善本」朱文印,說明此書曾爲邢之襄收藏。

又,《弢翁藏書題跋(年譜)》(第121頁)載1934年弢翁致王文進信札,言及欲以廉價購買此本。

己未十月二十九日得之蘇州金順甫，價洋一元。應陞 白文長方 青棠書屋 朱文方印

此跋在書面。

澄江……之印 白文長方〔一〕　　甲子……難記 白文長方

〔一〕弢翁簡省印文，原印記爲：松江讀有用書齋金山守山閣兩後人韓德均錢潤文夫婦之印。弢翁誤「松江」作「澄江」。

【案】此本現藏國家圖書館，著錄爲清抄本，二册（普通古籍 104464）。弢翁所錄韓氏書衣題跋，未見他家書目著錄。

鄒百耐《雲間韓氏藏書題識彙錄》著錄此本書名爲「胡雲峰先生集」，檢諸家書目，皆作「雲峰胡先生文集」。又《雲間韓氏藏書題識彙錄》從另一角度記述此本價值，抄錄如下：

洪武三年孫濬序，末附《元史本傳》，又洪武四年何歆後序。有「青棠書屋」朱文方印。按《四庫》收十卷，此祇四卷，或另一本。（第 164 頁）

核對原書，弢翁及鄒百耐所錄不誤。

046 樂府雅詞三卷拾遺二卷

舊鈔本,半頁九行廿字。韓氏「甲子」云云白文印。[一]

咸豐八年八月初六日,得之嘉禾沈秋泉,價洋八角。

梅坪查二三兩冊皆有夾籖,應録入各冊面。韓氏手跋二通,在書面。

[一] 弢翁簡省印文,原印記爲:甲子丙寅韓德均錢潤文夫婦兩度携書避難記。

【案】弢翁所見之本不見於其他書目,鄒百耐《雲間韓氏藏書題識彙録》亦未收録,此本不知今在何處。

又《雲間韓氏藏書目》著録有:「《樂府雅詞》三卷,拾遺二卷,舊鈔本。」與弢翁所見之本卷數不合。

曹元忠《箋經室所見宋元書題跋》(第357頁)中《秦刻樂府雅詞跋》:「去年見讀有用書齋所藏竹垞傳鈔本,今歲又從鶴廬借得士禮居舊藏明鈔本。……兩本同是半葉八行,每行十六字。」行款亦與弢翁所見本不同。

047 管子廿四卷

景鈔明本,半葉十行廿字。劉績補注。

【案】鄒百耐《雲間韓氏藏書題識彙錄》亦著錄是本如下:

明抄影宋本。每半葉十行,每行十九、二十字不等。宋諱皆缺末筆。(第73頁)

因此本無其他版式特徵及藏印信息,故難以確定今藏何處。

048 笠澤叢書八卷

有朱筆校字。

舊鈔本,竹紙,半葉十行廿字[1]。是國初鈔本。

《讀書敏求記》曰:「《叢書》爲陸魯望卧病松陵時雜著。元符庚辰樊開序而鏤諸板。政和改元,毗陵朱袞又爲後序刊行,止分上下二卷,補遺一卷。今人所鈔元時刻本已蠭爲甲、乙、丙、丁四卷,銓次棼亂,兼少《憶白菊》《間吟》二絶句,非經讐勘,無從知此本之善矣。」按,此册連補遺分八卷,更不分甲、乙、丙、丁四卷矣。然比四卷本詮

六四

次多不同,而有《憶白菊》《間吟》二詩,比錢本詮次同不同未知何如耳。咸豐九年六月十四日記。韓應陛。讀有用書齋_{白文方印}

蘇州書友持來戈順卿用宋蜀本校時本,略檢此,多同者。戊午十月應陛。應陛

咸豐八年六月一日得之滂喜園。 _{在卷面。[二]}

甲子云云_{白文長方印[三]}

_{白文長方　韓氏手跋二則在卷末。}

【案】

[一] 王文進《文祿堂訪書記》(第336頁)著錄是本行款爲九行二十字。檢原書,行款確爲九行二十字,弢翁所記有誤。

[二]《文祿堂訪書記》著錄韓氏書衣題跋此句前尚多「《笠澤叢書》八卷,明鈔本。朱筆校疑係明人」一句。核對原書,所記不誤。且題識下有「應陛手記印」白文印。

[三] 弢翁簡省印文,原印記爲:甲子丙寅韓德均錢潤文夫婦兩度攜書避難記。

此本今藏國家圖書館,著錄爲清抄本,一册(10245)。核對原書,除雲間韓氏藏印外,尚有「南宮邢氏珍藏善本」朱文印、「邢印之襄」朱文印。可知此本後歸邢之襄收藏。

049 談藝錄 一卷

黑格舊鈔本。

紅豆齋鈔本，咸豐八年六月一日得之蘇州潦喜園。應陛 白文小方印聯珠

甲子云云 白文長方 [一] 韓氏手跋小隸書，在書面。

[一] 弢翁簡省印文，原印記爲：甲子丙寅韓德均錢潤文夫婦兩度携書避難記。

【案】此本今藏上海圖書館，著錄爲清抄本，一册（線善763318）。鄒百耐《雲間韓氏藏書題識彙錄》雖著錄此本，却未著錄韓氏書衣題跋。其著錄內容爲：

明徐楨卿撰。舊鈔本。板匡黑口，每葉左下有「紅豆齋藏書抄本」七字。（第95頁）

050 二妙集

《遯庵》六卷 《菊軒》五卷

舊鈔本,半葉九行十八字。

嘉慶十三年歲在戊辰閏月下旬,歙西長塘鮑氏知不足齋鈔傳。_{此行在卷末。}

長塘鮑氏知不足齋鈔本,咸豐八年七月三日得之嘉禾書友沈秋泉。_{小隸書。}應陛

按,《讀書敏求記》尺鳧抄本及刻本皆作「段氏《二妙集》八卷」,此共得十一卷,是係分合異否,抑彼非足本也。七月四日。_{在書面。}

白文長方

清烟紅_{朱文橢}　釣水樵山－耕雲讀雪－酌酒看花－吟風弄月_{朱文方}

雨山房

韓應陛鑒藏－宋元明鈔名校－各善本於讀－有用書齋印記_{朱文長方}

長劍一倚一天外_{朱文方}　古妻……印記_{朱文長方}

【案】檢《中國古籍總目》,未著錄有十一卷本《二妙集》,此本今不知藏於何處。又,鄒百耐《雲間韓氏藏書題識彙錄》(第183頁)著錄此本書名爲《段氏二妙集》,且僅輯錄韓氏七月四日題記。

051 三孔清江文集三十卷

舊鈔本，半葉九行十八字。

天都鮑⼀氏困學⼀齋圖記 朱文方[二]

【案】此本與前035號爲同一部，弢翁重複記錄。

[二] 弢翁此處著錄鮑氏印文有誤，當是「天都鮑⼀氏困學⼀齋圖籍」。

052 汲古閣題跋二卷

原刻楷字，小板心。

南隅叔子藏本 朱文長方

【案】《清史稿·藝文志》著錄《汲古閣題跋初集續集》。上海圖書館藏有崇禎六年《題跋》一卷，崇禎十五年《題跋續集》一卷。

《中國古籍善本書目》（第1388頁）著錄《汲古閣題跋》二卷，明毛晉撰，明崇禎毛氏汲古閣刻本、清道光二十一年沈氏鳴野山房鈔本。

053 揅水文集二十卷

就堂和尚手抄本，墨格竹紙，半葉十行廿字，何義門、黃蕘圃手校。

予所有《揅水集》傳於朱竹垞前輩，復借汲古毛氏本對勘，二本無大異同，獨此本間有多一二句者，意此本乃閑閑公之舊，朱氏本則後人病其冗而頗加刪削，然間有失其本意處，不如以下缺，此何氏手跋朱筆，在卷末。

余向藏《揅水集》爲碧鳳坊顧氏鈔本，頗精。今夏自都門歸，五柳主人攜此本示余，余取與顧本對勘，覺不如此本遠甚，遂以白金二兩易此，而顧本歸諸疏雨劉氏。此本末有朱字四行，識是義門筆，未知書何來。秋八月初旬，香嚴周君過訪，談及此書爲飲馬橋貯書樓藏書。始見時，物主因是何批本，故索重值，未之買。後聞其家書籍散失，已恝置之。春夏之交，有書友攜來，未及收而君已歸，聞已歸君矣。蓋此書實爲就堂上人所鈔，君其寶之。因誌其源流如此。

中秋前一日 蕘翁丕烈。

翁朱文方

癸亥秋七月廿一日，過五柳居主人，以新從揚州估人易得書兩種出示，一爲義門先生手批陸文量《菽園雜記》，一即《閑閑老人揅水文集》也，末有朱之赤長跋云是僧

荛翁古书经眼录标注

南潜所遗本，遂取以覆校此本。此本虽经义门校勘，然讹谬尚多，颇多是正，惜中阙七、八、九卷，无从对勘为恨耳。金人文集传者绝少，此集亦止系传写异，安得版行旧本一正鲁鱼耶？中秋前十日校毕，连日病足疾，枯坐百宋一廛中，谢绝酬应，始得竣事。 荛翁记。 荛圃手校 朱文方

此集既收得两本，后又见西沚王光禄家藏本，因照朱本行款补所缺失。王本遂转归同郡某，未及细校也。顷书友从玉峰趋考，获有钞本《滏水集》，上钤「张位之印」。彼初不知为谁何，因携示余。余曰此张青芝先生手笔也，遂收之。适病腹疾肠秘，眠食不安，今日始能起坐书斋，拟为校勘。且义门即系青芝之师，或当日传本亦出义门所。 复翁记。 盖此书义门跋云传于朱而校以毛者，固自有别本在也。为志其源流如此。

癸亥秋八月，时嘉庆己巳秋九月二十有三日。 黄跋，墨笔，在卷首。

就堂和尚钞本校。 黄跋三则，墨笔，在卷末。

抑时有前后，致有不同欤。应陛按，先于潺喜园得《清和书画舫》，据题知系就堂和尚抄，笔意端楷，与此不同，不知谁真。

义门先生朱笔校

末有跋四行，失去尾，据黄跋知系何。

蕘翁墨筆用朱之赤鈔本校。

咸豐八年十一月十五日得之金順甫，價洋四元。應陞記。 以上三行小隸書。

應　陞 手記印 白文方　　淥卿 白

文長方　　韓氏手記在封面。

蕘圃 朱文方　　讀未見書 長洲汪文琛
手校　　齋收藏 朱文長方　　鑑藏書畫印 朱文長方
汪士鐘 朱文長方　　韓應陛鑒藏－宋元明鈔名校－各善本於讀－有用書齋印記 朱文長方
曾讀

甲子……難記 白文長方　　松江……夫婦之印 白文長方 [二]

〔一〕弢翁簡省印文，原印全文爲：松江讀有用書齋金山守山閣兩後人韓德均錢潤文夫婦之印。
下同。

【案】此本爲弢翁購藏，今藏國家圖書館(08500)。見於《自莊嚴堪善本書影》(第1274頁)著錄爲清初抄本，三冊，清何焯、黃丕烈校並跋，韓應陛跋。《善本書影》中有韓氏書衣題跋、何氏題跋、黃氏題跋可供核對。此本雖爲弢翁購藏，但在《經眼錄》中未加〇。
鄒百耐《雲間韓氏藏書題識彙錄》(第161頁)著錄是本書名爲《閑閑老人滏水文集》，

七一

檢原書，卷端題名爲《滏水文集》，與弢翁所記同。然未錄韓氏購書手記。經與原書題跋核對，可知王文進《文禄堂訪書記》(第399頁)中所著錄此本之題跋多有訛謬。

又，傅增湘《藏園群書經眼錄》(第1077頁)亦著錄此本，且注「周叔弢藏，癸酉十一月十二日見」。癸酉即1933年。

此本曾爲朱文鈞(1882—1937)收藏，《蕭山朱氏六唐人齋藏書錄》卷四著錄。

054 冀越集記二卷附相宅管説

吴枚庵手鈔本，黄蕘圃校。半葉十行十八字。

至正乙未豫章熊太古自序。

余初得一舊刻本《冀越集》不分卷數，因上有不寐道人印，知爲金孝章所藏，其書必非無用者。後閲錢辛楣先生《補元史藝文志》，於雜家類載有熊太古《冀越集記》二卷，疑此非全書。後果收得吴枚庵手抄本，又有《後集》，并多序文一通。檢枚庵跋，知無後卷者乃伍氏刻本也。緣校刻本異同於前卷，且抄本殊勝刻本。想抄所自出定爲

元刻矣。甲子十一月冬至前夕新寒,昨莫得微雪,霽色映窗。蕘翁書。丕烈_{白文方 墨} 黃

筆,在卷上末。

案余所見舊鈔題曰「冀越集記」,正與此合,分前卷後卷。[一] _{朱筆,在前跋眉上。}

舊鈔本校著於上方。 _{朱筆,在卷下末。}

戊辰四月二十有二日,至上津橋骨董鋪觀西莊王氏所散之書,中有舊鈔本熊太古《冀越集記》二册,携歸校閱,紀其同異於上方。舊鈔每葉十八行,每行廿字,本文較標題空一格,有擡頭處出格也。每卷首題「冀越集記」次行、三行多撰校人名,載其式如右。余案此鈔所自出,遇「世皇」等出格,似元刻,然開卷「元朝軍制」、「元」不稱「國」,又何耶?抑鈔者後改耶?再「虞城程金鉅野校」,不知何朝人,俟考之。 復翁

黃丕烈識。 _{朱筆,在卷末。}

右《冀越集》二卷,元熊太古撰。太古,豐城人,天慵先生朋來之子,篇末所引《瑟譜》及《家集》皆朋來所著也。予舊藏明伍氏刻本無後卷。乾隆壬寅六月,借蔣氏賦琴樓所藏吳匏庵本錄全。是年九月,又得武林鮑氏知不足齋本校讐訛脫,遂并錄而識之如此。太古表字莫考,所書《二十幸》可作小傳讀,不啻太史公之《自序》云。明

弢翁古書經眼錄標注

年二月晦日雨窗，吳翌鳳書。[二]

冀越集古歡堂鈔本。黃氏以舊鈔本校。咸豐八年得之滂喜園。應陛白文聯珠小方印。[三]

在封面。

甲子……記 白文長方

鈔書 白文長方 枚庵一流覽一所及 朱文方 蕘圃 朱文方 手校 古婁……印記 朱文長方

古歡堂 白文長方

〔一〕弢翁所錄此條跋語不見他書（《黃跋》《雲間韓氏藏書題識彙錄》）記錄，核對原書膠片，弢翁所記不誤。

〔二〕弢翁所錄吳氏題跋與《黃跋》有異，核對原書膠片，弢翁所記不誤。

〔三〕弢翁所記此條不見於他書《黃跋》《雲間韓氏藏書題識彙錄》記錄。核對原書，此跋題於內書衣上。

【案】此本爲弢翁購藏，見於《自莊嚴堪善本書影》（第704頁），著錄爲乾隆四十七年吳翌鳳鈔本，一冊，吳翌鳳、黃丕烈批校並跋。今藏國家圖書館（08242）。此本雖爲弢翁購藏，但在《經眼錄》中未加〇。

王文進《文祿堂訪書記》（第260頁）、鄒百耐《雲間韓氏藏書題識彙錄》（第105頁）亦

七四　韓氏小隸書手跋

著錄此本，但著錄內容不及弢翁詳細，且《文禄堂訪書記》將書名《相宅管說》誤作《桐宅管說》，所錄韓跋中亦作「桐宅」。

是書分內外兩層書衣，弢翁所記者爲內書衣。核對原書，外書衣題識爲：

冀越集古歡堂鈔本 附相宅管說　黃蕘圃以舊鈔本校並跋　讀有用書齋白文印（倒印）

書中尚有鄒百耐「百耐眼福」朱文印。

又，傅增湘《藏園群書經眼錄》（第604頁）亦著錄是本，且注有「癸酉十一月十二日見，周叔弢藏」。癸酉即1933年。

055　呂忠穆公奏議三卷

明嘉靖本，半葉八行十六字。十二世孫呂清校刊。淳熙元年趙粹中序。《文集》十五卷、《遺事》五卷。

嘉靖庚子十三世孫呂欒跋。

咸豐八年六月朔日得之蘇州滂喜園。　應　陛 白文方[一]　手記印

黑筆小隸書，在封面。

季振宜‹朱文長方› 季印‹朱文方› 御史‹白文大方› 季印‹朱文大方› 滄‹朱文大方›
藏書 振宜‹朱文方› 之章‹白文大方› 振宜‹朱文大方› 葦

文長方
　　松江……之印‹白文長方›[二]

【案】此本爲弢翁購藏，見於《自莊嚴堪善本書影》（第 296 頁）著錄爲明嘉靖十九年呂清、呂鑾刻本。今藏國家圖書館，中華古籍資源庫收錄，但無書衣部分（08054）。此本雖爲弢翁購藏，但在《經眼錄》中未加○。

鄒百耐《雲間韓氏藏書題識彙錄》（第 37 頁）著錄是本，與弢翁相近，但記此本行款爲每半葉七行。核對原書，全書惟卷末末葉爲七行，其餘皆爲八行。

傅增湘《藏園群書經眼錄》（第 281 頁）亦著錄是本，且注有「癸酉十一月十二日見，周叔弢藏」。癸酉即 1933 年。

056　四六談麈一卷　王公四六話二卷

鈔本，板心下有「雲谷山堂」楷書四字，半葉十一行廿一字。

[一] 弢翁所記書衣題識，未見其他書目著錄，核對原書，無誤。
[二] 弢翁省印文，原印全文爲：松江讀有用書齋金山守山閣兩後人韓德均錢潤文夫婦之印。

甲子……難記 白文長方

【案】此本爲弢翁購藏,見於《自莊嚴堪善本書影》(第1520頁),著錄爲清雲谷山堂抄本,與《王公四六詩話》合一册。二書今藏國家圖書館,中華古籍資源庫收錄(08610、08611)。此本雖爲弢翁購藏,但在《經眼錄》中未加〇。

又,鄒百耐《雲間韓氏藏書題識彙錄》(第187頁)。著錄與弢翁相近,不復錄之。

057　白雲集三卷

錢唐釋英實存。

鈔本,半葉十行廿一字。

彭城中 朱文長方　甲子……難記 白文長方

子寀定

咸豐八年六月朔得之蘇州滂喜園黃氏。應陛 朱文長方　墨筆,在封面。

【案】此本爲弢翁購藏,見於《自莊嚴堪善本書影》(第1283頁),著錄爲清抄本,一册。今藏國家圖書館,中華古籍資源庫收錄(08503)。此本雖爲弢翁購藏,但在《經眼錄》中未加〇。

058 疑砭錄二卷

吳枚庵手抄本，藍格。

乾隆癸卯季秋月一傳海虞劉希聖本。 吳氏手跋二行，在卷末，墨筆。

古歡堂〔白文長方〕 鈔書 枚庵一流覽一所及〔朱文方〕

咸豐己未十一月朔日得之金順甫，價洋八角。應陛〔白文長方〕 墨筆，在封面。

【案】此本爲弢翁購藏，見於《自莊嚴堪善本書影》（第94頁），著錄爲清乾隆四十八年吳翌鳳抄本。一冊。九行二十字，藍格。今藏國家圖書館，中華古籍資源庫收錄（08631）。此本雖爲弢翁購藏，但在《經眼錄》中未加○。

鄒百耐《雲間韓氏藏書題識彙錄》（第92頁）、王文進《文祿堂訪書記》（第247頁）亦著錄此本，皆未錄韓氏收書題記。

059 經鉏堂雜志八卷

姚舜咨手鈔宋本，藍格，竹紙，板心下方有「茶夢齋鈔」楷書四字。半葉十行廿二字。

嘉靖癸亥秋七月借來，至甲子四月望始錄完上册。

臨安府棚北大街睦親坊巷口陳解元宅書籍鋪刊印。

嘉靖甲子五月廿三日寫起，至八月廿四 下册[二]。噫，難乎其為力哉！ 墨筆，在卷四末。

此錫山茶夢齋據書棚本抄出，審係姚舜欽手書，書末記年月一條。嘉靖甲子，姚年六十八矣。 甲子，姚年七十。[二]

戊午夏得之世經堂。 韓氏手跋二則，墨筆，在封面。

甲子……記 白文長方   松江……印 白文長方

[一] 核對原書膠片，「至八月廿四日」與「下册」之間有被挖補痕跡，缺字。

[二] 「甲子，姚年七十」為弢翁更正韓氏題跋所加注，原在底本地脚處。

【案】此書為弢翁購藏，見於《自莊嚴堪善本書影》（第671頁），著錄為明嘉靖四十

年姚咨抄本，兩冊，韓應陛跋。今藏國家圖書館（08231）。此本雖爲翁購藏，但在《經眼錄》中未加〇。

書中尚有「百耐眼福」朱文方印。

王文進《文禄堂訪書記》（第261頁）、鄒百耐《雲間韓氏藏書題識彙錄》（第91頁）亦著錄此本，但二者記錄不如翁詳細，且《文禄堂訪書記》將「嘉靖甲子五月廿三日寫起，至八月廿四」至「下冊」原缺之處徑直連綴，不成文。

又，傅增湘《藏園群書經眼錄》亦著錄此本，且注「癸酉十一月十二日見，周叔弢藏」（第591頁）。癸酉即1933年。

060 謝宣城集五卷

蔣篁亭手鈔本。半葉九行廿字。

康熙庚寅二月借義門師處校正《宣城詩集》，手錄一冊。香嚴小隱蔣杲。　墨筆，在卷末。

咸豐八年二月二十日，湖州書友持來汲古閣影宋鈔本，索價廿四千，還之。檢此書下方所稱「鈔本」「舊鈔本」皆如汲古本。此書鈔與舊鈔之異稱「又不知何說」。汲

古本末有跋，匆匆未録也。應陛。

此書於咸豐七年得之蘇州世經堂[一]，書友張姓。　墨筆，在卷末。

甲子……記　白文長方

[一] 核對原文，弢翁所記有遺漏，「七年」後脱「八月」；《雲間韓氏藏書題識彙録》不誤。

【案】此本爲弢翁購藏，見於《自莊嚴堪善本書影》(第964頁)，著録爲清康熙四十九年蔣杲抄本。清韓應陛跋，蔣杲跋並臨何焯校。一册。《書影》中收有韓氏書衣題跋。此本雖爲弢翁購藏，但在《經眼録》中未加○。今藏國家圖書館，中華古籍資源庫收録(08374)。王文進《文禄堂訪書記》(第301頁)、鄒百耐《雲間韓氏藏書題識彙録》(第115頁)均著録此本，但《文禄堂訪書記》收録題跋不全、印文有誤，《雲間韓氏藏書題識彙録》「檢此書下方所稱」一句「下方」誤作「各家」。

又，傅增湘《藏園群書經眼録》(第832頁)著録是本，且注「癸酉十一月十二日見，周叔弢藏」。癸酉即1933年。

061　湛淵静語二卷

張充之手鈔本。半葉九行廿二字。

按此冊與《鐵圍山叢談》蕘翁跋稱「張充之手抄者」筆跡相似，彼書每遇「位」字，皆缺末畫。此書「位」字偶檢幾處，末筆祇得半畫而止，與全缺一筆者用意當同，蓋避家諱耳。咸豐八年五月得之滂喜園，六月廿五日記。應陛 白文聯珠小方印

應陛考訂 白文長方
韓文印記

【案】此本今藏國家圖書館，中華古籍資源庫收錄（08238）。蕘翁輯錄之跋與原文核對，無誤。

[一] 蕘翁簡省印文，原印記爲：韓應陛鑒藏宋元名鈔名校各善本于讀有用書齋印記。下同。

王文進《文祿堂訪書記》（第 243 頁）、鄒百耐《雲間韓氏藏書題識彙錄》（第 91 頁）均著錄此本，然前者著錄行款誤作「行二十字」後者未著錄行款及鈐印信息。

062 梅磵詩話三卷

明棉紙鈔本，半葉十行廿字。

嘉靖戊申七月十九日，委門僕葛會摹之，齋中備覽。汝南袁表志。

天中山人 朱文長方　墨筆，在卷末。

韋居安號梅磵，宋末時人，所作《詩話》記宋室諸公爲多，其間頗有異聞，非近世雷同勦說之比。癸酉歲晚，越賈持售，收而藏之。二酉山人吳會飛卿識。 墨筆，在卷末。

峨嵋山人收藏圖書之印 朱文長方　瀛洲 朱文長方　仙史 朱文長方　一龍 朱文長方　顧飛卿印 朱文方

曹虛舟查准一六十六葉。 墨筆，在卷末。

袁陶齋 朱文長方楷書無邊　荷花館 朱文長方　邵濂 白文方　茂齋 白文方　吳越 白文方　王裔

汲古閣 朱文方　毛晉 朱文方　東吳毛氏圖書 朱文長方　子晉 朱文方　毛晉 朱文方　私印

毛氏子晉 朱文方　平江一黃氏一圖書 朱文方　古婁……記 朱文長方　甲子云云 白文長方

《梅磵詩話》三卷，嘉靖戊申年汝南袁表齋中抄本。上卷第七葉晁文元條末墨筆「磨字勝搬字」五字，是袁手書。自下斷語「戊申」，係嘉靖二十七年。另條識語署「飛

卿」字者，紀年「癸酉」，疑係萬曆元年。飛卿姓顧，起有「顧飛卿印」四字朱文章，又有「瀛洲仙史」印，觀其印色、位置，當出一手。識語下亦有此印，應係翰苑中人。旁又有「一龍」陽文印，印色亦相似。「一龍」是名，則「飛卿」當是號也。咸豐戊午七月朔

日識。 韓應陛。 應陛考訂 韓文印記 白文長方

卷中十四葉下四行有顧飛卿批語二行，筆意與書末識語相似。七月下旬。

曾見顧手抄《廣川書跋》[二]，連用「峨嵋山人」「瀛洲仙史」二印，與此無二，印色亦同，可無疑矣。九月十三日。 韓氏跋三則，墨筆，在卷末。

[二] 核對原文，《廣川書跋》誤，當作《廣川畫跋》。鄒百耐《雲間韓氏藏書題識彙錄》（第187頁）王文進《文祿堂訪書記》（第481頁）亦誤。

【案】此本爲弢翁購藏，見於《自莊嚴堪善本書影》（第1523頁），著錄爲明嘉靖二十七年葛會抄本，一冊。《善本書影》中收錄了弢翁所錄之全部內容，因據以核對。明袁表、清韓應陛跋，顧飛卿批並跋。今藏國家圖書館（08613）。此本雖爲弢翁購藏，但在《經眼錄》中未加○。

八四

鄒百耐《雲間韓氏藏書題識彙錄》、王文進《文祿堂訪書記》亦著錄此本，但所錄題跋在完整和準確程度上遜色於弢翁所記，其中《文祿堂訪書記》所記訛誤較多，對原文多有臆改，恐非親見原書。

又，傅增湘《藏園群書經眼錄》（第1328頁）著錄是本，且注「周叔弢藏，癸酉十一月十二日見」。癸酉即1933年。

063 甘白先生文集六卷

正統丁卯子收跋。詩文分爲十二卷。

就堂手鈔。墨格鈔本，板心下方陽面有「就堂藏書」楷書四字，半葉九行廿二字。

文瑞樓 白文方　結社 朱文方　家在-黃山白-岡之間 白文方　金星軺藏書記 朱文長方

溪山 朱文方

能忍自安 朱文長方　我思-古人實-獲我心 白文方

知足常樂

當怒讀則喜-當病讀則痊-恃此用爲命-縱橫堆滿前 朱文方　松江……之印 朱文長方

【案】此本爲弢翁購藏，見於《自莊嚴堪善本書影》（第1420頁），著錄爲清釋就堂抄本，一冊。今藏國家圖書館，中華古籍資源庫收錄（08560）。此本雖爲弢翁購藏，但在《經

眼錄》中未加○。

鄒百耐《雲間韓氏藏書題識彙錄》(第 176 頁)、王文進《文祿堂訪書記》(第 448 頁)亦著錄此本，但對書中「當怒讀則喜當病讀則痊恃此用爲命縱橫堆滿前」藏印的著錄皆誤，《雲間韓氏藏書題識彙錄》脱漏「恃此用爲命縱橫堆滿前」；《文祿堂訪書記》則著錄此印多空缺和誤字。弢翁所記與原書核對，無誤。

《弢翁藏書題跋(年譜)》(第 121 頁)載 1934 年弢翁致王晉卿信札，請其代購書目中即有此本。

064　演繁露十六卷續集六卷[一]

鈔本，卷一、二、三、五、六 前六頁，續卷四、五，是姚舜咨手鈔。半葉十一行廿一字。

嘉靖己酉餘姚陳塏序。

嘉靖辛亥族裔孫煦跋。

《容齋五筆》冗贅語多，却少謬妄。此則敢於詆訾先儒，橫肆胸臆，要諸《史》《漢》之書，皆未能貫串，妄欲評斷古今，深誤後學，故卷中略辯之。學者於此等書不觀可

也。沈欽韓識。纖簾﹝朱文方﹞過眼﹝朱文方﹞

舜咨﹝朱文聯珠方﹞ 茶夢主人收藏﹝朱文長方﹞ 姚伯子手校書﹝白文長方﹞

茶夢山人﹝白朱間文方﹞ 句吳布衣姚咨﹝朱文長方﹞ 茶夢主人收藏﹝白文長方﹞ 道在是齋中人﹝白文長方﹞ 屋﹝白文方﹞

芙蓉湖上人家﹝白文長方﹞ 韋布之士﹝朱文方﹞ 姚印﹝白文方﹞舜咨 潛坤居士﹝白朱間文方﹞ 胡重﹝白文方﹞

嵋峰﹝朱文方﹞ 胡㮶之印﹝白文方﹞ 甲子……難記﹝白文長方﹞

［一］核對原書，書名爲《程氏演繁露》。

【案】此本爲弢翁購藏，見於《自莊嚴堪善本書影》（第 718 頁），著錄爲明姚咨抄本，四册，清沈欽韓校注並跋。今藏國家圖書館（08247）。據《善本書影》所收圖片與弢翁所錄沈氏跋文核對，無誤。此本雖爲弢翁購藏，但在《經眼錄》中未加○。

鄒百耐《雲間韓氏藏書題識彙錄》（第 94 頁）、王文進《文祿堂訪書記》（第 231 頁）亦著錄此本，但所錄沈氏跋文皆有訛誤，其中《文祿堂訪書記》尚有缺字，恐非目驗原書。

065 南濠居士文跋四卷

明本，半葉十行十六字。

席鑑 白朱間文方　席氏 朱文方　楊 白文方　萸山 朱文方
之印　　　　　玉照　　　　庭　　　　珍本
韓應陛……印記 朱文長方　甲子……難記 白文長方

【案】此本爲弢翁購藏，見於《自莊嚴堪善本書影》(第456頁)，著錄爲明刻本，一册。今藏國家圖書館，中華古籍資源庫收錄(08121)。此本雖爲弢翁購藏，但在《經眼錄》中未加○。鄒百耐《雲間韓氏藏書題識彙錄》(第62頁)亦著錄是本，内容與弢翁所記相近。

《弢翁藏書題跋(年譜)》(第120頁)載1934年弢翁致王晉卿信札，請其代購書目中即有此本。且言「《演繁露》如太貴，可勿買」。所指當即此書。

066 大唐西域記十二卷

文氏鈔本，墨格竹紙，半頁十二行十七字。

《大唐西域記》向無善本，字多亥豕。嘉靖甲寅夏，偶從金陵假得宋本，攜歸玉蘭

堂，命子姪輩分手鈔錄，藏之篋笥。是歲重陽後一日，徵明識。

文印 白文方　辛夷 朱文方　玉蘭 白文方　梅谿 朱文方　滄葦 朱文方　御史 白文方

徵明 館印　堂　精舍　之章

季振宜 朱文長方　吾道在 朱文長方　滄洲　江州 白文方　司馬

藏書

鏡湖 朱文方　鏡湖伯瑎尤鋐 朱文長方　真懿 白文方　老人 白文方　世居一迴溪一之上 白文方

居士

尤鏡一湖改一號驚一風子 白文方　天下第二泉亭長尤鋐校 朱文楷書，無邊長方

尤伯 朱文方　醉茶 白文長方　徵仕 白文方　字伯 白文方　青蓮 白文方

子鋐　郎　聲　社

清白　卲州一牧尤一鋐印 白文扁方　尤氏一伯瑎 朱文方　小字 白文方

遺休　 申生

勿多一庵道一人印 朱文方　父壺　尤鋐 白文方　具艸　烏吟詩一夢醒茶一熟故人來 白

秋月 白文長方

梁溪尤一氏九世一四尚書印 白文方　尤氏三一世學一士之後 白文方

文方

天下第一二泉亭 一長尤鏜 白文方

御聘坊 朱文長方 玩墨 白文方

尤氏後 逃禪 硯癖 朱文方

慧香 白文方 尤氏逢 白文長方 白賠 朱文圓

居士 辰堂記

【案】此本爲彀翁購藏,見於《自莊嚴堪善本書影》(第406頁),著錄爲明抄本,沈惟賢跋,一册。此本今藏國家圖書館,中華古籍資源庫收錄(08102)。此本雖爲彀翁購藏,但在《經眼錄》中未加○。

核對原書,諸如「甲子丙寅韓德均錢潤文夫婦兩度携書避難記」雲間韓氏藏書印,彀翁未著錄。

鄒百耐《雲間韓氏藏書題識彙錄》(第52頁)、王文進《文禄堂訪書記》(第166頁)亦著錄此本,但《雲間韓氏藏書題識彙錄》著錄藏書印多有不可辨識之字,作框圍者較多;《文禄堂訪書記》著錄藏印則有出自臆改者。

又此本中有沈惟賢長跋一則,彀翁未錄,《雲間韓氏藏書題識彙錄》逸錄,且與原文一致:

惟古言天篤者,莫詳於釋辯機《西域記》,《新唐書》傳五天竺屬國,蓋取裁焉,第

就其通朝貢者爾。海外蕃庸大啓，載籍廑至，恭寧翰者，宜印度十年，饌爲圖誌，凡玄奘所歷，以朱界之，新化鄒君以譯。斯《記》自颷秣建至波謐羅，得今地九十有二，然嘗就大雪山安治士、新頭諸河間觳其部居，又可得什四五，洞若觀火無疑者。天篤今稱中亞細亞，《唐書》「幅員三萬里」，《記》則云「周九萬里」。魏默深謂《唐書》是圍員之數，圍三徑一，裁萬里耳。今自克什米爾至錫蘭山，南北得萬里，其東西則僅五千里。魏先生併兩藏、緬甸及波斯計之，非也。姚石甫謂玄奘以開方計，特少一「方」字，遂爲詬病。然開方法，方千里者，爲方一里者百萬。五印度姑以五千里計，得二千五百萬方里，九萬里多未盡矣。竊謂此《王制》，方十里者，爲方一里者百也。玄奘通四至計之，方九千里耳。是本前有燕公序，第十一卷有「大明永樂三年」至「無量功德」三百七十字，即《四庫》所收本矣。末錄徵明跋，殆就衡山先生藏笈影抄者。以守山閣本斠一過，小有出入，俱以此本爲長。昔左思就張氏借觀《秘記》，樗栎慚賦都之才；得鄴架佳本，藉闚阿㸌遺跡。且爲讀《新唐書・西域傳》彙篽，百朋之錫爲多矣。將歸趙璧，輒贅數語以識。揚生姻長先生道鑒。甲午重九，平原村人沈惟賢。

《文祿堂訪書記》所錄則訛謬較多，疑係輾轉抄錄。

067 禮注彙辯二卷[一]

鈔本。金匱吳鼎尊彝輯。有朱筆批校，疑是王鳳喈手跡。

王鳴盛 白文方　鳳喈 朱文方　鳴 白文方　喈 朱文方　鳳 白文方　曲 白文方　澹如 白文方

士禮居藏 朱文長方　松江……之印 白文長方　古婁韓氏應陛載陽父子珍藏善本書籍印 朱文長方

咸豐八年六月一日得之潑喜園。　韓氏手記小隸書，在封面。

【案】此本爲蕘翁購藏，見於《自莊嚴堪善本書影》（第 52 頁），著錄爲清抄本，王鳴盛批校，一册，十三行二十五字，小字雙行同，無格。今藏國家圖書館，中華古籍資源庫收錄（07931）。此本雖爲蕘翁購藏，但在《經眼錄》中未加〇。

鄒百耐《雲間韓氏藏書題識彙錄》（第 16 頁）亦著錄此本，書名作《禮記彙辯》。整理者以爲「鳳喈朱文」四字重出而被原作者抹去。然核對原書，確有蕘翁所記該印

[一] 核對原書，書名爲《禮注彙辨》。

068 尹和靖論語解二卷

淡生堂鈔本，藍格竹紙，半葉十行廿字，板心下方有「淡生堂鈔本」楷書五字。

尹和靖論語解淡生堂鈔本，二冊。

咸豐己未十一月朔日得之蘇州汪氏，金順甫持來，價洋一元七角。應陛 白文長方 在封面。

汪士鐘藏 白文長方　松江讀……之印 朱文長方

【案】此本今藏國家圖書館，中華古籍資源庫收錄（07941）。鄒百耐《雲間韓氏藏書題識彙錄》（第 12 頁）、王文進《文祿堂訪書記》（第 55 頁）亦著錄此本。《雲間韓氏藏書題識彙錄》記錄較爲簡略；《文祿堂訪書記》所錄韓氏書衣題識有訛誤，藏印著錄亦有誤。

069 韓非子二十卷

王小梧、戈小蓮手校本。

丙寅二月初八日，以藏本校此書於紅蕙山房，其有異同無關係者不著。王渭

記墨筆，在卷一末。

乙丑九月廿六日雨，坐目耕樓校注此一卷，盡午、未二時，苦齒痛而止。戈襄記。小蓮子白文長方　墨筆，在卷一末。

丙子六月廿五日申時再校，去初校時已十一年矣。小蓮記。戈襄朱文連珠小方印　朱筆，在卷一末。

己卯九月廿一日午後再校，錄入顧千里《識誤》八條，增己解五條。襄記。時年五十五。小蓮朱文楕　墨筆，在卷一末。

以後每卷皆有小跋，不盡錄。

僕讀此書十餘年矣，嘗苦其意難通[一]，擬注此書，以質有心於治理者。去乙丑冬，顧君澗蘋自江寧數以此書相督促[二]，今乃假小蓮《韓非子》校注其上，爲卒業焉。雖然，僕輩之勤勤於此書。豈真求古人之糟粕乎？義之既通，而後能用其意，意之能用，而後能參其變。苟以聖人忠厚之道爲主宰，則藉此以起一切泄沓之俗，誠濟時之上策也。《文中子》不云乎：「如有用我者，執此以往」丙寅五月廿一日渭校注畢記。

僕另有《書韓非子後》及《韓非子校畢記贈顧千里》二首，茲不錄。渭又記。王

小梧手跋兩則在卷末。

嘉慶七年，歲在壬戌九月中旬，假顧君澗蘋校定本對勘一過。戈襄記。朱筆，在卷末。

顧君將宋本對校，中有不可從者，余不注旁。又記。

丁巳冬十月，讀此書時已將顧子澗蘋校定本對勘一過，所校皆秦本、《藏》本及舊本、抄本、迂評本，有不佳者，余為去之。今復校錄於旁，同者十四五云。壬戌九月廿九日，戈襄再記。時年三十八。小蓮居士白文方 墨筆，在卷末。朱筆，在卷末。

馮巳蒼曰借葉林宗《道藏》本及秦季公及元齋校本對過。癸酉四月校臨。松崖。此戈氏手跡，在卷末。

凡文有復出而張鼎本少數字皆脫耳。二十三日覆校一過。馮稱「迂評」者，蓋凌氏刻本多臆改，不足據也。澗蘋記。九月十八日從綬階袁氏假正統十年《道藏》本校過，與張鼎文本多合，而與屏守老人所據葉林宗《道藏》本大不相同，故不一一標出，俟見後再定。澗蘋又記。戈載於別本錄此二則。墨筆，在卷末。

丙辰七月，讀竟《管》《韓》二書。丁巳十月，假顧子澗蘋本對校一過，內秦本、《藏》本為佳，迂評及舊本甚不善，即秦、《藏》本亦有可去取者，故予略有所刪云。小

蓮識。 男載錄。 以上三則戈順卿手跡，在卷末。

此書余初校於丁巳，再校於壬戌，皆有小跋在後，祗就顧君澗苹校定本對勘。顧君初用秦本[三]、《藏》本、舊鈔本，繼用朱本，內有不可從者，余不注旁。至乙丑歲復讀，旋出己意，考證因之。丙寅，王君小梧亦取此書，細究其意與詞，與余雖有同異，可以互通。小梧亦有一跋書後。越十一年丙子，余復取以訂其是非，朱書其上。顧君於數年間另有校本，余已將知者書上。今歲顧子刻《韓非子識誤》三卷[四]，頗多增益，而中多前存而今棄者。余復取精戮者百餘條記之，是余於此書已五校矣。蓋讀秦漢諸子有文法、句法、字法，迥與魏晉以後不同，非特字形假借，詞意煩曲，用虛字亦與後世律令大殊。故予謂子書有甚錯誤可證者注之，其他不得其解，似差謬，而當時作者理本如此，不可以今日諷誦不順，遽涂遽改，致真全書之真[五]。且又不可以別書之相似者悉行更正，緣此書有此書之讀法，而他書又有他書之讀法，古人本有同處，有不同處，存其面目，領其心思可也。余有《秦漢諸子讀法》、《韓子》亦其一種，今因重校此書，慨然於王子已亡，不能共讀。顧君新著，而《識誤》中所引小梧之說又甚寥寥，亦因澗苹未見余書，遂多遺漏。故余擬集小梧所論，附以愚解。澗苹雖已成書[六]，而前後之言的然精當者，亦皆採入，彙計小

梧共五百五十條，澗蘋共二百六十一條，已共七百十一條。澗蘋所以少者，在《識誤》中大半，不錄也。

右戈小蓮翁手記一紙，原幅長闊，兼前後塗乙，筆畫幾不可辨，因細爲尋繹，另錄附末。然究係草稿，字句有未盡酌定者，閱者取其意可也。戊午八月二日記。

咸豐八年五月得之元妙觀西書坊世經堂。八月初九日屬周杞亭重裝，原卷六缺十一、十三兩葉。周鈔補。[七]　韓氏手跋，小隸手記印 應陛

應陛 白文方　周振家書 墨筆，在卷末。

書，兩則，在封面。

戈襄 白文方　笠澤煙雲 白文長方　戈小蓮秘笈印 朱文長方　半樹齋　戈氏 藏書印 朱文方

之印　　　　　　　　　　　　　　　　　　　　　

小蓮 朱文方　戈 朱文白方　順 朱文方
校本　　　　載印　　　　卿

[一]　核對原書，「其意難通」有誤，「意」當作「義」。

【案】此本爲弢翁購藏，見於《自莊嚴堪善本書影》（第521頁），著錄爲明萬曆十年趙用賢刻《管韓合刻》本，二册，清戈襄、王渭校並跋，韓應陛跋，戈載錄顧廣圻題識，九行十九字。此本今藏國家圖書館，中華古籍資源庫收録（08152），可據以校對。此本雖爲弢翁購藏，但在《經眼録》中未加〇。

（二）核對原書，"數以此書相督促"衍"此"字，當作"數以書相督促"。
（三）核對原書，"初用秦本"脱"漢"字，當作"初用秦漢本"。
（四）核對原書，"韓非子識誤"衍"非"字，當作"韓子識誤"。
（五）核對原書，"致真全書之真"有誤，當作"致失全書之真"。
（六）核對原書，"雖已成書"脱"全"字，當作"雖已成全書"。
（七）核對原書，上册封面尚有"卷一至九　上　明萬曆趙用賢刊本　蘇州戈小蓮翁詳校本"，因封面殘損，其餘字句不可讀。

鄒百耐《雲間韓氏藏書題識彙録》（第73頁）、王文進《文禄堂訪書記》（第201頁）亦著録此本。與弢翁所記相較，《雲間韓氏藏書題識彙録》訛誤略少但所録題跋少於弢翁；《文禄堂訪書記》所録題跋殘缺、訛謬較多。

《弢翁藏書題跋（年譜）》（第120頁）載1934年弢翁致王晉卿信札，請其代購書目中即有此本，且言"以上各書，如價廉即購"。

070 九域志十卷

大字，舊鈔本，半頁七行，大十二字[二]，小十五字。有陳仲魚藍筆校字。

咸豐八年六月朔得之蘇州滂喜園。應陛。_{在封面。}

吳兔床_{朱文長方}　吳騫_{白文方}　陳_{白文方}　精校善本_{朱文長方}　古婁……印記_朱

書畫印　　　　過眼　　　鱸　　　　得者珍之

文長方　　　甲子……難記_{朱文長方}

　　　　　　　　魚_{朱文方}　仲

[一] 核對原書，弢翁所記行款有誤，每行大十一字。

【案】此本爲弢翁購藏，見於《自莊嚴堪善本書影》（第 338 頁），著錄爲清抄本，五册，清陳鱸校。今藏國家圖書館，中華古籍資源庫收錄（08075）。此本雖爲弢翁購藏，但在《經眼錄》中未加○。

鄒百耐《雲間韓氏藏書題識彙錄》（第 60 頁）亦著錄此本，但未記錄弢翁所錄書衣題跋。

《弢翁藏書題跋（年譜）》（第 122 頁）載 1934 年弢翁致王晉卿信札，請其代購書目中

有「《九域志》校本」，或即此書。

071 所安遺集一卷

鈔本，半頁十行廿字。

賜進士第內江知縣來孫詮重刊。

成化丁未詮後序。

松江讀……之印 朱文長方　古妻……印記 朱文長方　甲子……難記 白文長方

父子藏書 朱文方　孫 朱文方

晉江黃氏 朱文長方　賦

咸豐八年五月得之滂喜園。 在封面。

【案】此本爲㠪翁購藏，見於《自莊嚴堪善本書影》（第1328頁），著錄爲清抄本，一冊。今藏國家圖書館，中華古籍資源庫收錄（08523）。此本雖爲㠪翁購藏，但在《經眼錄》中未加○。

與原書核對，㠪翁所錄不誤。此本雖爲雲間韓氏藏書，但鄒百耐《雲間韓氏藏書題識彙錄》未錄。

072 新定九域志十卷

鈔本,半頁十行,小廿二字。卷六之十有朱筆校字。卷一之五似配本。

小蓮 朱文方 顧澗薲 朱文長方 藏書 甲子……難記 白文長方

【案】此本爲翁購藏,見於《自莊嚴堪善本書影》(第 340 頁),著錄爲清抄本,二冊,卷六至十配另一清抄本。此本今藏國家圖書館,中華古籍資源庫收錄(08076)。此本雖爲翁購藏,但在《經眼錄》中未加〇。

鄒百耐《雲間韓氏藏書題識彙錄》(第 61 頁)亦著錄此本。

073 許白雲先生文集四卷 補遺附錄

後學歸安淩應鉁重校 第二行

鈔本,半頁十行廿字。卷三宋賓王手鈔。

正統丁卯金臺李伸序。

成化乙酉江浦張瑄後序。

正德十三年金華陳綱後序。

淮陰胡璉跋。

辛酉二月上旬，一日讀畢，作跋一首。小蓮戈襄。時年三十七。墨筆，在卷四末。

《許白雲集》，余向有一部，咸豐戊午五月，在蘇州元妙觀西書坊見此，知從戈順卿家散出，中有朱筆校改字，蓋出戈手，價極廉，收之。第三卷當係宋賓王書。六月六日揮汗記於舟中。應陛。應陛 白文小蓮珠 在卷首。

半樹齋―戈氏藏―書之印 朱文方　　戈襄 朱文方　　臣印 白文方　　順卿 朱文方　　古婁……印記 朱文長方

戈小蓮秘笈印 朱文長方

【案】此本為弢翁購藏，見於《自莊嚴堪善本書影》（第1295頁），著錄為清抄本，二冊，清戈襄、韓應陛跋。此本今藏國家圖書館，中華古籍資源庫收錄（08510）。此本雖為弢翁購藏，但在《經眼錄》中未加○。

鄒百耐《雲間韓氏藏書題識彙錄》（第163頁）、王文進《文祿堂訪書記》（第406頁）皆著錄此本。

又，傅增湘《藏園群書經眼錄》（第1096頁）亦著錄此本，注有「癸酉十一月十二日見，

074 肇域記六卷

鈔本。

此《肇域記·山東省》六卷，題曰「東吳顧炎武」，則亭林先生所撰原本也。然余不能無疑焉，攷《亭林集》《天下郡國利病書序》《肇域志序》俱載之，而於《郡國利病書序》則曰「有得即錄」[一]，共成四十餘冊。一爲《輿地之記》，一爲《利病之書》，是二書原出一稿。於《肇域志序》則曰：「本行不盡則書於旁，旁又不盡則別爲一書，曰《備錄》。」余得《天下郡國利病書》手稿，與《肇域志序》所云都合，是《輿地之記》《利病之書》原盡在四十餘冊中也。特因詮次未定，故不判爲二書耳。向聞郡中有識古者曾以《肇域志》稿之奇零者賣於他省。余疑其無是事，及見此書，乃信《肇域志》果有定本，而此書之序與集中之序又全然不對，且祇山東一省，而又以山東爲一卷之始，是一可疑也。卷中語不盡合《利病書》[二]，則四十餘冊之外又鑿然有一《肇域志》，是又一可疑也。意者亭林在山東日所著，故先成此數卷以爲例，其起例於山東者，如《山東考古錄》亦即一地以名書，而《肇域志》之不妨有別本者，亦如《日知錄》之有初

嘉慶四年己未夏六月十日書於士禮居。黃丕烈。

莄圃 朱文方 在卷首

嘉慶庚午春，錢唐何元錫借錄於蝶隱園。

祉敬 白文方 在卷首

右《肇域記》六卷，未識先生所撰祇此，抑此尚其殘本耶？莄圃主人以善價得之，既自爲之跋，更囑余覆按其眞僞。予取讀一過，灼然見其非僞書也，因撮舉數端，與莄圃質之：濟南府歷城縣之解華不注；淄川縣之不載孟嘗君封邑，而於滕縣載之；長清縣之玅雲巖寺；泰安州高里山辨「蒿里」之誤，肅然山不用服虔「在梁父」、《酉陽雜俎》「長由山」之說，而一以《史記・封禪書》《魏書・崔光傳》爲據；萊蕪縣夾谷，引《水經注》「夾谷之會即此地」，而辨杜元凱「東海祝其」之說爲太遠；兗州府曲阜縣，引《魯世家》「築茅闕門」以證闕里；引司馬彪《莊子注》以證杏壇之不可知其地；滕縣靈邱城，辨《趙世家正義》今蔚州縣之誤；寧陽縣洸水，引《晉書・荀羨傳》以辨商輅《埕城聞記》「至元二十六年始築壩障，汶水南流，由洸河注濟寧」之誤；金鄉縣東緡城，辨其非陳留之東昏；城武縣楚邱亭，辨其非衛文公所遷之楚邱；東阿縣治

本漢東郡之穀城縣，辨其爲春秋之穀，而非小穀；曹縣景山，辨其非「景山與京」之景山；沂川[三]向城，言《春秋》之向四見，《宣四年》注以丞縣之向遠爲疑，而《隱二年》注以爲龍亢之向城，不知其更遠，費縣言曾子居費之武城，而以嘉祥之武城爲謬，又引《史記·田完世家》以證南城之即南武城，引程大昌《瞻臺祠友教堂記》以證子羽之亦南武城人；青州府諸城縣載齊之長城，辨潍水《漢·地理志》「淮」「惟」「維」三見之爲異文，登州府膠州洋河，引《通鑒》劉懷珍遣王廣之襲不其城事，而不沿胡三省注即巨洋水之訛，又地名之同而異者，萊蕪縣年城，引《春秋·桓十五年》及《僖五年傳》安邱縣之牟山故城，則云隋置牟山縣，諸城縣之牟城，舊志所未分析而是書一別之[四]。凡此皆先生平日讀。（以下缺）[五]

此葉原本，審係錢竹汀先生筆，惜原缺尾葉。

十六七耳。韓應陛記。應陛<small>朱文長方</small> <small>墨筆，在卷首</small>。

原書中朱筆句讀或係夏方米筆，因囑周杞亭照度。應陛。<small>在所摹黃跋何款後。墨筆</small>。

咸豐己未七月，周姓友影摹於讀有用書齋。<small>綠筆，在所摹黃跋後</small>。

《肇域記》，影鈔滂喜園本，王雪舫鈔。<small>韓氏綠筆小隸書，在封面</small>。

滂喜園本價須洋銀一元五角,兼嫌其紙經水濕,及鈔畢,其費亦不下一元五角,須知收現成之終便宜也。韓氏朱筆,在封面。

甲子……難記 白文長方[六]

[一] 核對原文,《郡國利病書序》脫「天下」,當作《天下郡國利病書序》。
[二] 核對原文,「卷中語不盡合」脫「於」,當作「卷中語不盡合於」。
[三] 核對原文,「沂川」當作「沂州」。
[四] 核對原文,「是書一別之」誤,當作「是書逐一剖別之」。
[五] 上海古籍出版社整理本《肇域志》(2004年版),有此跋所缺部分。
[六] 弢翁簡省印文,原印記爲:甲子丙寅韓德均錢潤文夫婦兩度攜書避難記。

【案】此本爲弢翁購藏,見於《自莊嚴堪善本書影》(第341頁),著錄爲清王雪舫抄本,二册,清韓應陛跋。十一行二十三字,無格,韓應陛倩王雪舫據黃丕烈藏本傳錄,並影摹黃丕烈及錢大昕跋。此本今藏國家圖書館,中華古籍資源庫收錄(08077)。此本雖爲弢翁購藏,但在《經眼錄》中未加○。

鄧百耐《雲間韓氏藏書題識彙錄》(第57頁)、王文進《文禄堂訪書記》(第161頁)亦著錄此本,三者相較而言,弢翁所記最爲詳盡,但與《雲間韓氏藏書題識彙錄》所輯錄之文

皆偶有訛誤：《文禄堂訪書記》輯錄跋文數量不多，文有空缺之處，恐非親見。

075 二老堂雜誌五卷

鈔本。半葉九行廿一字。

印記朱文長方

曹溶 白文方　潔 朱文方　顧肇聲 朱文長方

私印　躬　養拙齋 朱文長方　讀書記

甲子丙寅韓德均錢潤文〔一〕　韓應陛鑒藏　宋元名鈔名校　各善本于讀　有用書齋夫婦兩度攜書避難記

〔一〕此印爲白文方。

【案】此本爲弢翁購藏，見於《自莊嚴堪善本書影》（第669頁），著錄爲清抄本，一册。此本今藏國家圖書館，中華古籍資源庫收錄(08229)。此本雖爲弢翁購藏，但在《經眼錄》中未加○。鄒百耐《雲間韓氏藏書題識彙錄》(第95頁)亦著錄此本，内容與弢翁所記類似。又，傅增湘《藏園群書經眼錄》（第588頁）亦著録此本，注有「癸酉十一月十二日見，周叔弢藏」。癸酉即1933年。

076 李氏易傳十七卷

雅雨堂本。朱秋崖朱墨筆傳錄惠氏校本。

半農人評注李氏易傳　男惠松崖參

紅豆齋藏本　以上兩條在書衣，朱氏墨筆傳錄。

癸丑初秋，假得余友漪塘周君所藏紅豆齋評本，乃汲古毛氏《津逮秘書》中本也。松崖先生所參亦用朱筆而無圈點。今悉用墨筆臨半農說，用硃筆加半農後增圈點，因半農前後去取諸家有異也。松崖評仍用硃筆臨之，庶有差別。毛氏所刻是書，倒顛舛誤處甚多，不但魯魚亥豕，今當以盧本為正，蓋雅雨所刊即松崖先生手定本也。其中間有毛本是而盧本誤刊及半農先生以己意改定者，或字義兩可而未敢定者，皆注於下闌，俾讀是書者得有稽考焉。重陽前二日秋崖朱邦衡識。　秋崖 白文方　朱筆，在卷末。

　　　　　　　　居士

戊午六月，蘇州述□堂經手歸讀有用書齋。〔一〕　韓氏墨筆，在書衣。

滋蘭堂〔朱文長方〕 古妻韓……之印〔朱文長方〕 澄江讀……夫婦之印〔白文長方〕[二]
藏書印

[一] 核對原書，弢翁所記書衣此處破損，□似當作「古」字，舊時從事古籍交易的書肆有名「述古堂」者。

[二] 核對原書，此處弢翁筆誤，「澄江」當作「松江」，印文應是：松江讀有用書齋金山守山閣兩後人韓德均錢潤文夫婦之印。

【案】此本爲弢翁購藏，見於《自莊嚴堪善本書影》(第4頁)，著錄爲清乾隆二十一年盧見曾刻《雅雨堂叢書》本，清朱邦衡跋並錄惠士奇、惠棟批注，四册，十行二十一字，小字雙行同。此本今藏國家圖書館，中華古籍資源庫收錄，著錄作「易傳集解」(07908)。《雅雨堂叢書》本)此本雖爲弢翁購藏，但在《經眼錄》中未加○。
鄒百耐《雲間韓氏藏書題識彙錄》(第2頁)、王文進《文禄堂訪書記》(第10頁)亦著錄此本，惟弢翁所記與原書相同，無誤；《雲間韓氏藏書題識彙錄》《文禄堂訪書記》所輯錄跋文皆有訛誤，且無書衣題識。

077 李氏易傳十七卷

韓渌卿傳錄惠氏校本。

弢翁古書經眼錄標注

乾隆己丑八月，從王太史亭處借沃田先生校定紅豆齋本校。 朱筆，在李氏自序前。

咸豐五年七月，余得湖客邵姓來朱筆校勘《周易集解》，不署校勘者姓名[1]，其後人賣書時恥爲人指而去之者。眉上及下方共列數十條，尋其語似非無謂，姑移錄於此，俟就正深於《易》理者。校勘本係嘉慶戊寅木瀆周氏刊印。七月十三日應陛記。 紫筆，在李序末書眉上。

[1] 核對原書，弢翁此句下遺漏「蓋或前後副葉另有記語並姓名」一句。

【案】此本爲弢翁購藏，見於《自莊嚴堪善本書影》（第 6 頁），著錄爲清乾隆二十一年盧見曾刻《雅雨堂叢書》本，清韓應陛校跋並臨孫堂校語，六冊，十行二十一字，小字雙行同。此本今藏國家圖書館，中華古籍資源庫收錄，著錄作「易傳集解」（07909）。此本雖爲弢翁購藏，但在《經眼錄》中未加○。

鄒百耐《雲間韓氏藏書題識彙錄》（第 3 頁）、王文進《文祿堂訪書記》（第 12 頁）亦著錄此本，與弢翁所記相較，《雲間韓氏藏書題識彙錄》所記最少，《文祿堂訪書記》及弢翁所記有脫誤。

弢翁此條未記錄印章，據原書，有「鹿樵」（朱文）、「徐大容」（白文）、「夏心珊」（白文）、「昌泰」（朱文連珠）、「張允華藏書記」（朱文）以及雲間韓氏等藏書印。又，李序末書眉上

尚有三則題跋，未見各家書目記錄，故抄錄如下：

孫堂、張惠言、張惠、胡本、師吉按、杲按

應陛按，張惠言字皋文，武進人，乾隆丙午舉人，復嘉慶己未進士，官編修，阮雲臺先生元序其《儀禮圖》，謂其尤深《易》《禮》，所著有《周易虞氏義》《虞氏消息》《虞氏易禮》《易事》《易候》《易言》《周易鄭荀義》《易義別錄》《易圖條辨》等凡十六種。又云所著以《周易虞氏義》《儀禮圖》為最。《周易虞氏義》《虞氏消息》予已刊行之。又按，朱筆校勘本引張惠言語，未識即係阮刊二種内語否，俟考。

以上係校勘本所引人姓名。

078 清河書畫舫十一卷

就堂和尚手鈔本。黄紙墨牋，書衣金雲莊原裝。宋賓王手校。

丙午春初，金星輅遷吳門，時偕余至蘇寓桃花塢新第，書客聯蹱至，蓋喜星老居此也。晤言，欲購《吳郡志》《吳郡續圖經》[一]善本不得。余以所藏副本易此三、四種，復從王蓮涇齋頭借得洞庭翁氏藏本，讎較之。此係石竹墩就堂和上手鈔，字畫極整。第安置錯雜，猶有未盡善處，續鈔者當閱

改之。宋賓王記。[二] 宋蔚如收藏記 朱文長方 在卷末,墨筆。

清河書畫舫 就堂和尚鈔,宋賓王校,校王本。 咸豐八年六月一日得之澇喜園。應陛手記印

白文方 朱筆小隸書,在書衣。

古妻……印記 朱文長方 松江……之印 朱文長方

雍正四年孟夏前三日,借較吳郡蓮涇王聲宏先生手較洞庭翁氏藏本一次。婁水宋賓王記。朱筆。在卷一末。

[一] 核對原書,「吳郡續圖經」衍「吳郡」二字,當做「續圖經」。
[二] 核對原書,此跋爲小字,爲上一題跋之注。

【案】此本今藏國家圖書館,著錄爲清釋就堂和尚抄本,宋賓王校並跋,四冊(15750)。

書中尚有「長樂鄭氏藏書之印」朱文印、「博明審定」白文印、「長樂鄭振鐸西諦藏書」朱文印。

079 芝秀堂鈔澄懷錄 附登西臺慟哭記 平江記事

鈔本，半頁十行廿五字。

松江……之印 朱文長方

【案】此本爲弢翁購藏，見於《自莊嚴堪善本書影》（第1261頁），著錄爲明抄本，三書合一册，十行二十五、二十八字不等。此本今藏國家圖書館，中華古籍資源庫收錄（08265、08266）。其中《澄懷錄》有傅增湘校跋。此本雖爲弢翁購藏，但在《經眼錄》中未加〇。

鄒百耐《雲間韓氏藏書題識彙錄》（第44頁）亦著錄此本。

核對原書，《澄懷錄》書前有傅增湘題跋一則，見於《藏園群書題記》（第二則，第447頁），此跋中有「昨歲周君叔弢得松江韓氏舊藏此書鈔本」，題跋所作時間爲「乙亥」，則弢翁收得此本是在「甲戌」，即1934年。

080 新刊大元混一平宋寔錄三卷

卷中又作《新刊大元混一江南寔錄》。

鈔本，半頁十行廿字，語涉元帝高二格。

大德甲辰鄧錡序。

大德八年方回序。杭州司獄燕山平慶安求爲此序。

當塗杜道堅序。

大德八年錢唐周明序。

《平宋錄》，舊鈔本，咸豐九年十月七日文萃堂主人□來得，價二百四十文。

氏手跡，在書衣。

【案】此本今藏臺北「國家圖書館」，書名著錄爲《平宋錄》，舊鈔本，半葉十行，行二十二字，三卷，有朱筆校，其「古籍影像檢索」系統收錄電子版(204.258 02192)。

竹景　朱文方　　趙印　白文方　　甲子……難記　白文長方

盦　　輯寧

081 使西日記二卷

明正德本，半頁九行十七字。

士禮居藏　朱文長方　　韓德均一所藏善一本書籍　白文方　　德均　審定　白文方

韓

德均 朱文方　甲子……難記 白文長方　松江……之印 朱文長方　韓應陛……印記 朱文長方

所藏

【案】此本今藏國家圖書館，中華古籍資源庫收錄(18784)。鄒百耐《雲間韓氏藏書題識彙錄》亦著錄此本，較弢翁所記爲詳，抄錄如下：

左侍郎昆陵邵寶」序。藏章有「士禮居藏」八分書朱文長方印。(第45頁)

明刊本。都穆撰。每半葉九行，行十七字，單邊，白口。有列銜「通議大夫戶部

又，核對原書，是本書前有李一氓(1903—1990)所題書名，及「無是樓藏書」(白文)、「成都李氏收藏故籍」(朱文)。書中亦有劉陽明(1892—1959)藏書印，如「研理樓劉氏藏」(白文)「劉明陽鑒藏」(朱文)等印。《研理樓群書題記鈔》(第191頁)著錄是本。弢翁當早於李、劉二氏經眼此書。考書中有「李一氓五十後所得」(朱文)藏印，劉氏藏書約散於「文革」期間，可知此書當先歸劉氏、後歸李氏。

082　漢官儀三卷

鈔本，與宋本行款同。

漢官儀影宋鈔　咸豐八年六月一日得之滂喜園。應陛 白文連珠　墨筆隸書，在書衣。

古妻……印記 朱文長方　甲子……難記 白文長方　德均 朱文　所藏

【案】此本今藏國家圖書館，著錄爲抄本，三卷(10115)。核對原書膠片，書中尚有「松江讀有用書齋金山守山閣兩後人韓德均錢潤文夫婦之印」朱文印、「邢印之襄」朱文印、「南宫邢氏珍藏善本」朱文印，可知曾爲邢之襄舊藏。雖爲雲間韓氏藏書，但不見於鄒百耐《雲間韓氏藏書題識彙錄》著錄。

083　河東先生集十五卷 [一]

舊鈔本，半頁十三行廿四字，每卷有子目連正文，題目低四格。咸平三年門人張景序，連卷一《墓銘》附卷十五後，皆不隔。 冷金湖色臘箋面。

河東集十五卷，六冊，舊鈔本。 咸豐八年六月一日得之滂喜園。 墨筆小隸書，在書衣。

張照之印 白文方　得 朱文方　天 甲子……難記 白文長方

[一] 鄒百耐《雲間韓氏藏書題識彙錄》(第123頁)著錄是本作十六卷。

【案】此本爲叜翁購藏，見於《自莊嚴堪善本書影》（第 1092 頁）著録爲清抄本，六册，十三行二十一至二十五字，無格。此本今藏國家圖書館，中華古籍資源庫收録（08432）。此本雖爲叜翁購藏，但在《經眼録》中未加○。

此本附有《行狀》一卷，即叜翁所記之《墓銘》，若將附録計數，則全書即爲十六卷，如《雲間韓氏藏書題識彙録》所記。

《叜翁藏書題跋（年譜）》（第 103 頁）載叜翁題識本《雲間韓氏藏書目》中夾有紙片，其中有「《墓銘舉例》一册，百元」，當即此本。

084 太學博士陳用之入經論語全解十卷[一]

卷中題「重廣陳用之學士真本入經論語全解義」。

鈔本，半頁九行廿字，注低一格。

汪士鐘字春霆 白文長方　張承 白文方　伯 朱文方　甲子……難記 白文長方

號眼園書畫印　煥印　子

[一] 鄒百耐《雲間韓氏藏書題識彙録》（第 11 頁）亦著録此本，書名作《重廣陳用之學士真本入論語全解義》。

085 四書箋義

鈔本《大學章句箋義》三卷、《中庸章句箋義》三卷、《論語集注箋義》三卷、《孟子集注箋義》三卷、《箋義記遺》一卷。

半頁十一行廿四字。

咸豐八年七月既望，錢東巢來，收之，價洋七角。 應 白文連珠 墨筆，在封面。

古妻……印記 朱文長方 甲子……難記 白文長方

【案】此本今藏臺北「國家圖書館」，著錄爲舊鈔本，十二卷，附紀遺一卷。書中有朱筆校。其「古籍影像檢索」系統收錄電子版(108.8 00802)。書中尚有「澤存書庫」(朱文)「國立中央圖書館收藏」(朱文)印，曾爲陳群舊藏。又，《彀翁藏書題跋（年譜）》(第103頁)中附有彀翁存於《雲間韓氏藏書目》夾紙書單，其中有「《四書箋異》五册八十元」，或即此書。

【案】此本有效信息較少，今不知藏於何處。據所見別本，可知彀翁所記書名不誤，而此前一些書目中有將書名「入經」誤作「人經」「八經」者。

086 讀四書叢說

《大學》一卷、《中庸》二卷、《論語》三卷、《孟子》二卷。

鈔本，半頁十行廿四字。

《讀四書叢說》，《四庫書目》云元許謙撰，原本二十卷，今惟《大學》一卷、《孟子》二卷，《中庸》佚其半，僅存一卷，《論語》則已全佚。或云元槧本六卷。舊鈔本八卷全。應陛手校記 白文長方

墨筆小隸書，在封面。

咸豐八年七月既望，得之錢東巢書友，價洋一元二角。在封面

古妻……印記 朱文長方　松江……之印 朱文長方

【案】此本今藏臺北「國家圖書館」，著錄爲舊鈔本，半葉十行，行二十五字，三冊。其書中尚有「得此書費辛苦後之人其鑒我」(白文)、陳鱣圖象印、「澤存書庫」(朱文)、「國立中央圖書館收藏」(朱文)印，說明此書除雲間韓氏外，曾經陳鱣、陳群收藏。「古籍影像檢索」系統收錄電子版(108.8 00800)。

087 頤堂先生糖霜譜一卷

鈔本，黃紙，半葉九行十八字。

萬曆丁未七月十三日黎明閱此卷，王華岡原本。清常道人題。朱筆，在卷末。

平江一黃氏一圖書朱文方　松江……夫婦之印白文長方　德均所藏朱文方　隨處體認白文方

百耐朱文方　价朱文方

眼福　藩

【案】此本爲彀翁購藏，見於《自莊嚴堪善本書影》（第606頁），著錄爲明抄本，一册，明趙琦美校並跋，萬曆丁未趙琦美朱筆校。《書影》中有彀翁所錄題跋圖片，據以核對，無誤。此本今藏國家圖書館（08196）。此本雖爲彀翁購藏，但在《經眼錄》中未加〇。鄒百耐《雲間韓氏藏書題識彙錄》（第94頁）、王文進《文禄堂訪書記》（第221頁）亦著錄此本，其中《文禄堂訪書記》著錄有「韓德均錢潤文夫婦之印」，當是轉錄他人簡稱印文，並非親見，韓氏並無此種內容藏印。

《彀翁藏書題跋（年譜）》（第102頁）載彀翁題識本《雲間韓氏藏書目》中夾有紙片，其

中有「《糖霜譜》，一册，一百元」，或即此書。

088 烘堂集 審齋詞 壽域詞 知稼詞

錢述古校。

舊鈔本，士禮居舊藏，八行廿字，竹紙。

陸貽 _{白文方} 以_{朱文方} 孫祖 _{白文方} 虞山陸裘_{白文方} 清暉館_{白文長方}

裘印_{白文方} 燕 治印 治先氏之印

祖訓_{白文方} 四麐_{朱文長方} 黃印_{朱文方} 堯_{朱文方} 古夔……印記_{朱文長方}

私印

甲子……難記

戊午又三月十四日，述古主人錢遵王讎對一過，補錄闕文。在《知稼翁詞》首，墨筆，朱筆校字。

咸豐八年六月一日，得之士禮居。 應陞_{手記印}[一] 韓氏朱筆，在封面。

[一] 此印當是白文方印。

【案】此本今藏臺北「國家圖書館」，著錄爲明鈔本，一卷，朱筆圈點。其「古籍影像檢索」系統收錄電子版（407.11 14848）。書中尚有「國立中央圖書館收藏」（朱文）等印記。鄒百耐《雲間韓氏藏書題識彙錄》（第192頁）著錄此本，且注有「以上四種合裝一册」。

又，傅增湘《藏園群書經眼錄》亦著錄是本，抄錄內容如下：

右詞四種，明寫本。知稼翁詞格式甚古，半葉八行，每行十四字，題低二格，題下小序低三格，校字朱筆甚舊，當是述古主人筆也。餘三種皆八行二十字。烘堂詞亦校過。鈐有「清暉館」「陸貽裘印」「黃丕烈印」。皆松江韓德均舊藏。白堅持示，因詳記之。己卯十月（第1341頁）

乙卯即1939年。

089 查藥師手鈔陶杜詩選

後學查岐昌藥師編輯。查氏手題封面。

半頁十一行廿四字。

著雍敦牂之皋月查序陶詩鈔。同年端午前一日查序杜詩鈔。

黃跋見《題識》者不錄。

咸豐八年六月朔日得之滂喜園黃氏。手記 應 陛

此余案頭展玩之書也，百宋一塵堆積如山，每遇歲除，命兒孫輩整理一次，亂者始整齊之，及余索此不得，問長孫秉剛，知已什襲而藏之矣。蓋見余重爲藥師手跡，重爲裝潢，且屢跋不一跋焉，故重之也。其識見勝於前客多矣。道光壬午中秋重展。

菀夫記。 丕烈

黃印 白文方 此跋《題識》不載。[一]

韓……齋印記 朱文長方 甲子……夫婦……難記 白文長方 韓印 白文方 韓氏墨筆，在封面。

松江……夫婦之印 白文長方 繩大 藩 朱文方

士禮居藏 朱文長方 士禮居 朱文方 平江－黃氏－圖書 朱文方 西邨居士 朱文方

〔二〕此處《題跋》指繆荃孫所輯《蕘圃藏書題識》。

【案】此本今藏臺北「國家圖書館」(13959)，《「國立中央圖書館」善本題跋輯錄》(第2894頁)收錄此本，著錄爲清查岐昌編，清乾隆三年編者手稿本，二卷一册，清黃丕烈、韓應陛各手書跋。《善本題跋輯錄》收錄此跋書影，經核對，蕘翁所錄不誤。鄒百耐《雲間韓氏藏書題識彙錄》(第180頁)亦著錄此本，所錄此跋亦不誤。又，此書中尚鈐有蔣氏「密均樓」(朱文)、張氏「韞輝齋」(白文)、「張珩」(朱文連珠)以及「國立中央圖書館收藏」(朱文)印。

090　蜕巖詞二卷

此非韓氏書，誤錄入此。

墨格鈔本，厲樊榭手校。

蜕巖，河東人，幼從父官於杭，與貞居子、張伯雨俱學於仇山村先生之門，故詩文俱有源本，而詞筆亦復俊雅不凡，足繼白石、梅溪、草窗、玉田諸公之後。惜山村、伯雨詩集僅存，而詞只三數闋，使人有零珠斷璧之恨。不若《蜕巖詞》二卷一百廿餘首之完好無恙也〔二〕。是本爲余友金君繪卣抄於龔田居侍御家，余從繪卣令子以寧借抄，遂得充几席研玩之娛。侍御所藏異書甚多，生平清介自處，罷館後絶不竿牘當

事，貧至食粥。聞其身後書籍大半散佚矣。為之累歎。雍正改元十月二十三日，樊榭生屬鶚書。

近得張外史《貞居詞》一卷，又校定《蛻巖詞》訛字，消遣餘春，殊不冷落。　朱筆，在卷末。〔二〕

〔一〕核對原書膠片，「廿」作「二十」。
〔二〕核對原書膠片，此跋結尾有「鶚」字落款。

【案】此本為弢翁購藏，見於《自莊嚴堪善本書影》（第1354頁），原書有《蛻庵詩》五卷、《蛻巖詞》二卷，著錄為清康熙金侃抄本，二册，清鄭文焯校，吳昌綏校跋並錄厲鶚題識，十一行二十一字，無格，光緒甲辰吳昌綏朱筆校鮑氏《知不足齋叢書》本。今藏國家圖書館（08531）。書中有「金侃之印」、「石蓮」橢圓朱印、「吳重憙」朱文印等藏印。此本雖為弢翁購藏，但在《經眼錄》中未加○。
卷末尚有吳昌綏題跋一則，位置在卷末厲鶚朱筆跋後：

鮑本有此二跋，附錄於後。厲氏得於金繪卣，此鈔又出金亦陶，并江浙藏書故家，亦可紀也。光緒甲辰歲暮，以鮑氏《知不足齋叢書》本校讀一過。昌綏謹誌。　昌綏校定白文印

又，傅增湘《藏園群書經眼錄》亦著錄此本，其中一條題跋不見弢翁著錄，抄錄如下：

光緒乙巳冬十月，從謝蓉徵許借得是冊，出鮑刻知不足齋本對勘一過，互有得失。附錄小籤，黏諸眉間，以俟博雅者審定焉。秋涇七十七老人張鳴珂記於邃學廬。

蘇估柳蓉村送閱。（第1345頁）

《書影》中尚有吳昌綬、鄭文焯手札各一封，抄錄如下：

（一）欽憲命校《蛻巖詞》，已屬江生平階照寫一分承示，即校於原本上。因以朱筆勘對，此鈔固多誤字，亦有鮑氏臆改反不如此本處。大約自元以來原無別本，但各家傳鈔有所竄改耳。茲逐字記出，俟大雅審正。塵事侵尋，蕪率滋愧。昨茲吾師賜題《宋人詞拓》，欲詣謝而未果。週年急景，按律求聲，得少清，致讀仲舉詞至末云「仙家花月鎮長春，與君歲晚同三壽」，竊願欽憲及公獻也。第二卷首《丹鳳吟》尚當詳考，如兄有尊見，祈寫示，餘晤罄，不宣。敬頌叔問（閣）吾師道履。昌綬拜上。初四晚。

（二）《蛻巖詞》已經吳印臣孝廉據鮑刻本詳校，錄于金鈔卷耑。焯復勘一過，有二三處轉嫌鮑氏以意改屢之誤，因以別牋附注奉上鑒定。楊潭氏和詞頗費斟訂，日内當卒業也。此上敬呈蓼舲侍郎鈞右。

焯啟。初六日。

蓼舸爲吳重憙（1833—1918）號。

091 灤京雜詠一卷

舊鈔本，十一行廿一字。

附陶九成滄浪櫂歌

咸豐八年六月一日得之澇喜園。應陛 手記印 白文方 韓氏朱筆隸書，在封面。

甲子……難記 白文長方 古妻……印記 朱文長方 藩 价 朱文方

【案】檢諸家書目，未見有此二本合成一書者，鄒百耐《雲間韓氏藏書題識彙錄》未著錄。

092 竹居癡語 僑庵詩餘 渭川居士詞 初寮詞 空洞詞 知稼翁詞集 和石湖詞 附北樂府 菊軒樂府 東浦詞[一]

黑筆寫。

汲古閣黑格鈔本，白紙，版心下有「汲古閣」三字。

【案】此書中收錄詞集當是彙集汲古閣鈔本而成,並無專門書名,以上十種今不知藏於何處。

鄒百耐《雲間韓氏藏書題識彙錄》著錄較爲詳細,抄錄如下:

汲古閣精抄本。凡《初寮詞》一卷,王安中履道撰;《空洞詞》一卷,洪璪叔璵撰;《知稼翁詞》一卷,黃公度師憲撰。前有結銜「奉議郎新知靜江府義寧縣主管勸農公事賜緋魚袋曾丰序」(上合一冊)。《竹屋癡語》一卷,目稱《竹屋詞》,高觀國賓王撰;又《僑庵詩餘》一卷,廬陵李檉昌祺撰(上合一冊)。《和石湖詞》一卷,卷首標題,次行「吳郡范成大至能」,三行「東吳陳三聘夢敬」,卷末有東吳陳三聘夢敬後叙,又附錄《北樂府》一卷(上合一冊)。《菊軒樂府》一卷,呂勝己季克撰。一冊。《渭川居士詞》一卷,韓玉溫甫撰(上合一冊)。《東浦詞》一卷。每半葉十行,行十八字,每葉板心下有「汲古閣」三以目錄,凡子目及題詞皆低三格。每卷首冠

[二] 鄒百耐《雲間韓氏藏書題識彙錄》著錄爲《宋金人詞十種》,五冊。

松江……夫婦之印 白文長方　甲子丙寅……難記 白文長

毛晉 朱方　毛氏 朱文　黃印 朱方　堯 朱文
之印　　　子晉　　　丕烈　　　平江　黃氏　圖書 朱方

半頁十行十八字。

093 孟東野詩集十卷

明棉紙黑格鈔本，半頁十行十九字。

元人據宋書棚本鈔。咸豐八年六月一日得之潦喜園黃氏。經手者朱秋田，其人自幼到黃氏，爲書肆中小伙伴，尚能言昔時事。六月四日記。應陞〔白文連珠，隸書，在封面，韓氏手跋。〔一〕

韓應陞……印記〔朱文長方〕 古妻……印記〔朱文長方〕 松江讀有用……夫婦印記〔白文長方〕

徐素〔白文方〕 甲子……記〔白文長方〕 徐〔白文扁方〕 女〔白文扁方〕 士禮居藏〔朱文長方〕

私印〔白文方〕 素 白氏

臨安府棚前北睦親坊南陳宅經籍鋪印。此行在卷末宋序後。

汲古毛氏及席刻《百家唐詩·東野集》皆即此本，惟傳抄多誤，當以彼二本正之，而亦有足以正彼本之誤者。末署「臨安府棚前北睦親坊南陳宅經籍鋪印」。按，南宋

末陳思輯《江湖羣賢小集》，尾署「刊於臨安府棚北大街陳氏書籍鋪」。又陳起亦在睦親坊開書肆，未知孰是。咸豐庚申閏月借校一過附識。時立夏後三日。文虎私印 白文

此淥卿中翰藏本也，中翰得善本書必以見眎，借校不吝，且屬跋識。此集題識後兩月，郡垣遭寇，中翰所居煨燼，避難阮溪，得疾不起，此集留於我處。然鶴唳風聲，時虞波及，向嘗轉寄鄉間，幸逃劫外。今以歸諸喆嗣，并係小詞，以誌今昔之感。云：放豺狼，披猖南竄，腥氛污遍峰泖。故家喬木經年歲，一例灰飛電埽。悵何處投林，流離眷屬，棲息羨窮鳥。奔馳苦，況復炎歊正懊，身心都更潦倒。扁舟草草，詠綠水弦摧，青山句在，劫外替君保。「琴弦綠水絕，詩句青山存」，即孟集中句。義奇文，此後誰同討。詩囚寸稿。 庚申冬仲，文虎續識。 拙急 白文方 在卷末。

方 張氏手跋在卷末。

【案】

〔一〕弢翁所記封面題識不見他家書目著錄，核對原書，弢翁所錄不誤。

鄒百耐《雲間韓氏藏書題識彙錄》（第126頁）亦著錄此本，但題跋與弢翁所錄有別，此本今藏國家圖書館，著錄爲明初抄本（09621）。

094 歐陽文忠公居士全集八十卷

明鈔本，每半葉十四行廿四字，標題大字占兩行，每卷有子目連正文，題目低四字。

杭州悟空巷一張秀才宅板。兩行，在卷八十末標題下。

萬曆戊午九月廿六日校起，越二十七日爲十月三日始克訖事。丑誌。張丑 白文 之印

盧陵《集古錄》，集本與真跡不同，單刻者載之詳矣。此是集本，而校者乃每以真跡本汨之，款題爲「張丑青父」，豈青父不曉此耶[口]？抑其款雁耶？乾隆乙卯，借此殘《居士集》末册於蕘圃，嘉慶丁巳歸之。書以爲質。顧廣圻。

方 在卷末。

書中尚有「密韻樓」朱文印、「祁陽陳清華字澄中印」朱文印、「郇齋」朱文印、「祁陽澄中藏書記」朱文印、「百耐眼福」朱文印、「士禮居藏」朱文印、「蔣祖詒」白文印。可知此本曾經黃丕烈、雲間韓氏、蔣氏密韻樓、陳清華遞藏。

《祁陽陳澄中舊藏善本古籍圖錄》(解題第134頁，圖版392)收錄此本。

核對原書膠片，歿翁所錄不誤。

第肆卷舊失第十頁，所抄補亦用真跡本，故必擠寫一行而後盡其字。今依宋槧《廬陵先生集》本重抄一葉補之，則不差黍矣。廣圻又記。在卷末。[二]

顧澗蘋跋以《集古錄》集本與真跡不同，謂此是集本，不宜以真跡本汩之，因并疑青父。鄙意不然也[三]，文出兩人，雖彼此互引不必盡同；若出自一人，傳本不同，則必當擇一善者從之，朱子作《韓文考異》有云。或恐公晚而自刊，夫手定本早與晚均出作者手，其異文且不謂宜兩存，況衹以傳本不同，非盡作者之舊乎？書此爲青父訟冤。戊午十二月十一日記。應陛。朱文方 在顧跋後，卷末。

咸豐八年六月得之滂喜園黄氏，十一月冬至前一日，屬施春圃重裝，應陛記。

應　陛　白文方　　隸書，在封面。[四]

手記印

按，書末有「杭州悟空巷張秀才宅板」十字，兼以書中款式字文證之，當係影宋抄本。書末別紙有張青父誌語一行，紀年萬曆戊午。每冊末記本冊葉數，合所有九冊記數，得八百九十九葉，末冊又共記都數一千零十四葉，除九冊，共數八百九十九，得一百一十五爲甲冊葉數。記數字畫與張誌語筆跡同，亦當出張手。張校時蓋尚是全書。咸豐戊午冬至日，古夏韓應陛記於讀有用書齋。應陛白文連珠。 隸書，在封面。

宋本文忠公《歸田錄》二卷，每葉二十行，行十六字。書法遒麗，紙墨精好，遂揮汗校之。癸丑七月十三日記。在卷三十九末。

此書三八、三九兩卷爲《歸田錄》，末有記語二行，謂以宋本校，疑亦顧手書。紀年癸丑，顧書末跋紀年乙卯，相去蓋二年耳。兩卷內亦有原校墨筆字，校宋亦墨筆字，分別殊難。又記。應陛朱文長方

隸書，在封面。邐按，字跡不類顧筆。

仍齋墨印長方

一笑朱文圓 張鴻白文方 雲朱文方 于朱文方 張白文方
而已 之印 齋 漸 鴻

芙蓉白文圓 張朱文方 齋 松江……之印白文長方 甲子……難記白文長方
別館 鴻

十二之十六詩 十七之十九論 二十之廿二記 二十三之廿四序
廿五之廿八書 廿九之卅二手書 三十四策問
三十五之三十六雜著 三十七詩話 三十八之卅九歸田錄
四十之四十六內制 四十七之四十八外制 四十九之五十四六
五十六之五十七奏狀 五十八之五十九劄子 六十之六十二碑銘 行狀附
六十三墓表 六十四之七十墓銘 七十一 七十二祭文 七十三詩譜氏譜

七十四之七十九《集古錄跋尾》 八十附錄祭文 行狀 諡議 墓誌

〔一〕核對原書，「豈青父不曉此耶」中「父」字原誤作「本」。鄒百耐《雲間韓氏藏書題識彙錄》（第146頁）不誤。

〔二〕核對原書，此葉地脚有韓氏批語：應陛按，此葉應入張誌語後。

〔三〕核對原書，「鄙意不然也」中「爾」字原誤作「然」。鄒百耐《雲間韓氏藏書題識彙錄》（第146頁）不誤。

〔四〕核對原書，封面處尚有遺文未錄如下：原以天干分十册，原缺甲册，自起至十一卷，現重裝，每册分二，得一十八册，缺一二兩册。

【案】此爲弢翁購藏，見於《自莊嚴堪善本書影》（第1118頁），著錄爲明抄本，八十卷，存十二至八十卷，十八册，清張丑校並跋，顧廣圻、韓應陛跋。此本今藏國家圖書館（08448）。此本雖爲弢翁購藏，但在《經眼錄》中未加○。

又，《弢翁藏書題跋（年譜）》載弢翁在乙亥（1935年）購得此本，且有題識：

乙亥九月，老友魏子敏送閱舊書一單，有人從上海携來求售者，共十六種，以唐子言手抄《緯略》爲最佳，因與明抄景宋八十卷本《歐陽文忠公集》、錢功甫抄補明黃省曾本《水經注》同收之。此本惜經俗子改裝，已非士禮居之舊，殊不耐觀。乃命工

095 後村居士集二十卷 [一]

陸子垂、朱臥庵補鈔本。

明墨格鈔本,半葉九行十九字。

記。 嘉穎 白文長方   子垂 朱文方 在卷二末。此卷僅手鈔半卷。

天啓壬戌春分,借江陰李貫之不全刻本補鈔於吳門之葑溠精舍。練川陸嘉穎記。

甲子歲暮,借嘉興曹秋岳侍郎刻本,老目昏花,不能手錄,閱月,倩同里陳生鈔之。今日驚蟄,雨窗無事,稍爲校正,因記其後。臥庵朱之赤記於留耕堂之西廡。

此本原抄不全,乃錢罄室先生物,後歸陸子垂,子垂歿,始爲予有,幾四十年始成全璧。延津會合,不獨豐城之劍也。快甚快甚。後三日再書,月潭老臥,時年六十有五。

《欬翁藏書題跋(年譜)》(第 102 頁)載欬翁題識本《雲間韓氏藏書目》中夾有紙片,其中有「《歐陽文忠公全集》,十八册,一千貳百元」,當即此本。

易書衣及前後副葉,書中襯紙則未換,恐拆訂傷書也。推海源閣,若今人知重此者益鮮矣。廿七日叔弢記。(第 124 頁)余所見古書能多存舊裝者,當

戊辰五月，雨窗無事，再閱一過，改五字，似尤未盡。卧庵之赤。

卧庵所藏 朱文方

寒士 白文方 在卷四末。卷三卷四卷五上半，朱氏補鈔。

精神

錢 朱文方   錢叔寶印 白文方   篁山 朱文方   朱印 白文方   卧庵 白文方

穀

忠孝   松江……之印 白文長方   甲子……難記 白文長方

世家 白文方   之赤 老人   朱卧庵收藏印 朱文長方

[一] 核對原書，書名爲《後村先生居士詩》。

【案】此本今藏上海圖書館，著錄爲明抄本，明錢允治、陸嘉穎跋，清朱之赤跋翁所錄無誤。鄒百耐《雲間韓氏藏書題識彙錄》（第145頁）亦著錄此本。跋輯錄》（第593頁）皆收錄此本，《題跋輯錄》所收尚有荛翁未錄者。核對《題跋輯錄》，荛（828423-32）。《上海圖書館善本題跋真跡》（第12冊，第383頁）《上海圖書館善本題

096　陳伯玉集二卷

明本，半頁十行十八字，毛子晉手校。

此書於戊午年得之蘇州滂喜園黃氏，包紙稱毛校。書中一卷七葉四行、十七行、廿行，十三葉二行、七行、十七行，二卷一葉十七行、三葉六行、六葉五行、十三行，八葉三行、九葉十五行、十一葉十三行、十三葉四行、十四葉七行、九行，皆出毛子晉手筆。咸豐庚申又三月四日，細檢記出，俾後人知毛氏手筆者得所印證，不知者亦不至棄擲云。應陛。應陛_{朱文長方} 在卷首盧序右欄上方。盧序及目錄鈔補。

琴川書屋_{朱文方} 士禮居藏_{朱文長方} 甲子……難記_{白文長方} 古婁……之記_{朱文長方} 松

江……之印_{白文長方} 鎏 臣_{朱文方} 堅 子_{朱文方}

【案】此本今藏臺北「國家圖書館」，著錄爲明嘉靖間刊《唐百家詩》本，明毛晉校，清韓應陛跋，二卷，一册。其古籍影像檢索系統可見題跋原文（09469）。《國立中央圖書館》善本題跋真跡》（第 1885 頁）著錄是本。鄒百耐《雲間韓氏藏書題識彙錄》（第 116 頁）亦收錄韓應陛此篇題跋，但有遺漏訛誤，已失原文文義。

又，此本中尚鈐有蔣氏「密均樓」（朱文）「蔣祖詒」（白文）印、張氏「韞輝齋」（白文）以

及「國立中央圖書館收藏」（朱文）印。

《蕘翁藏書題跋（年譜）》（第102頁）載蕘翁所藏《雲間韓氏藏書目》中夾紙二片，似當時購書清單，其中有「《陳伯玉集》兩部五冊，四百元」，或是此本。

097 水經注四十卷

明黃省曾刻本，抄補卷一之三二。錢功甫手抄。

五嶽山人於嘉靖甲午以宋本《水經》重刊於家，先君隨即刷印一部，不知何故失去首冊。爾時補印似無難者，荏苒因循，板既遠售，首冊缺如，迄今深以爲恨。不佞知學即好其書，而詑錯盈卷，每覽輒厭。頃聞豫章鬱儀王孫注箋精審，友人陳參戎從彼中來，獲以見貺，而疑滯頓釋。因假史辰伯元本鈔完三卷，自七月初三日至十三日畢。老目幸明，不以爲疲，然每爲坐客嗤鄙，以爲何自苦如此。嗚呼，先君印是書垂八十五六年，小子幸存，奚憚而不爲乎！今歲三伏少熱，新秋薦涼，老人殊不苦也。天啓二年七月十三日，八十二翁燈下書。 錢長公 白文扁方 在卷三末。

黃蕘圃手跋。見《題識續錄》。在卷三十七前。

萬曆甲寅六月朔日閱於南宮坊之新居，地理糾盤，名目襍互，既難尋繹，而刻字舛繆，善本艱獲。雖隨文校改，別罔據正，悵懊之甚。初四日記。朱書，在卷末，錢功甫手跋。

天啓二年五月始得豫章注箋[一]，少加校正，積疑渙釋。連日亢旱得雨，軒窗薦涼，筆記於此。六月十四日，八十二翁用朱墨書。錢跋，在卷末。

七月初三日起，至十三日鈔補（□□）[首冊]三卷，完爲全書。[二] 朱筆，在卷末。

戊午得之滂喜園，價洋四元八角。 韓氏手跋，在書面。[三]

紫筆度馮開之先生手校本。

按，馮校本亦黃刻，玆度入此本。有不能從馮而語出自應陛者，加「按」字及「應陛案」等字，或用小名印，或用「○」；否則俱直寫原文也。原文改入字多蓋本字上，玆重錢手書，不敢汙損，其改入字祇旁注改去字，字旁加「一」改入字。有爲錢抄補已改正者，字旁加「○」，馮自於字旁作「○」者，不得不變從「●」以爲分別耳。馮改入字與此本改入字同者，將本字注入下方，亦用「⊙」以別於馮下方自注字。皇清咸豐八年十月，華亭後學韓應陛記。 應陛白文連珠 紫筆，在卷三末。

黃筆度馮本上小字朱筆校本，按小字朱筆在馮後，然似亦出明人手。馮本前後

弢翁古書經眼錄標注

各印，馮開之先生名號各印外，有馮氏三餘堂、馮文昌、長樂、茅齋四印，小字朱筆，不知出誰手耳。應陛。_{黃筆，卷三末。}

按，序前有國朝人記語幾行，稱錢叔寶校誤；末冊三十七卷前有菀翁跋一紙，稱功父手書；叔寶、功父父子手書愧未能審定，但逐冊起俱有叔寶印，獨首冊失去，經後鈔補者無有，可知是功甫鈔耳。十一日又記。應陛手校 _{朱文方　紫筆，在卷三末。}

錢氏 _{白文方}　中吳錢氏 _{朱文長方}　錢氏 _{朱文方}　蘭九 _{朱文方}

叔寶　收藏印　書印　珍藏

古婁……印記 _{朱文方}　甲子……難記 _{白文長方}

【案】

[一] 核對原文，「天啓二年五月」下脫「晦」字。

[二] 核對原文，「鈔補」與「三卷」之間有二字漫漶，弢翁據文義補「首冊」二字。

[三] 諸家書目皆未著錄此題跋，核對原書，弢翁所錄不誤。

此本為弢翁購藏，見於《自莊嚴堪善本書影》（第381頁），著錄為明嘉靖十三年黃省曾刻本，十二冊，明錢允治抄補卷一至三並校跋，黃丕烈跋，韓應陛校跋並錄明馮夢禎題識，十二行二十字，卷一至三及其他卷缺葉俱天啓二年錢允治據史辰伯本抄配，又朱

一四〇

筆校亦允治手筆，韓應陛紫筆校馮夢禎校本。此本今藏國家圖書館（08096）。此本雖為弢翁購藏，但在《經眼錄》中未加〇。

鄒百耐《雲間韓氏藏書題識彙錄》（第28頁）亦著錄此本，與弢翁所記相較，缺少弢翁所錄書面題識，所錄題跋亦有訛誤。然多序前題跋兩則，今據《自莊嚴堪善本書影》原文抄錄：

黃省曾號姬水，明萬曆人，善書，與王雅宜諸人齊名。錢叔寶號子璧，名穀，工山水人物，亦善隸書，明天啟間人。此書姬水所刻，而叔寶校誤頗費苦心，然尚有差訛，因工板不善也。（墨筆）

按，卷三末功甫記語，天啟二年自稱八十二翁。叔寶為功甫父，右條謂之天啟間人，誤。咸豐庚申，應陛記。（朱筆）

又，此本卷末有弢翁乙亥（1935年）題跋一則，附錄如下：

此葉是馮開之手抄卷三十八第五葉乃韓氏所據之本，不知何時脫失，夾入此書中，因裝附卷末，以重名賢手跡，無使再散佚也。乙亥十月，弢翁記。

鈐「自莊嚴堪」白文印。

書中除雲間韓氏「粗知幾何之學」朱文印、「愛讀周秦諸公書」白文印、「應陛手校」朱文印外，尚有「蔣祖詒」白文印、「百耐眼福」朱文印。可知此本曾經雲間韓氏、蔣氏密韻樓遞藏。

另，《弢翁藏書題跋（年譜）》（第124頁）載有弢翁乙亥（1935年）題《緯略》題識言及收購此本之事，見前094《歐陽文忠公居士全集》條。

可知弢翁購藏此書在1935年，魏子敏爲舊書店文在堂主人。

098　國策節本[一]

馮開之手抄。

大父南國子祭酒課先君子讀《戰國策》，因手自鈔錄，用監課殘卷紙寫。後五十年家藏書籍飄散，乃此本獨留，將來子孫倘能略識數十百字，奉之當如尺璧耶。手自裝完并拜手記。文昌。 墨筆，在卷首。

茅屋紙窗 朱文長方　馮印 朱白方　孝子 白文方　松江……之印 白文長方

筆精墨妙　文昌　後裔

韓印 白方	曾爲雲間 朱方	雲間 韓應陛墨筆，在封面。
繩大藩 朱方	韓熙鑑藏 白長方	韓氏 朱方
		攷藏

己未正月十三日得之蘇州文義堂。

〔一〕此本爲節抄《戰國策》，並無書名，原書封面題曰「馮氏巳蒼影南本國策殘篇」。

【案】此本爲弢翁購藏，見於《自莊嚴堪善本書影》（第 244 頁），著錄爲明馮夢禎抄本，一冊，清馮文昌跋，周叔弢跋，七行二十字。此本今藏國家圖書館，中華古籍資源庫收錄（08024）。此本雖爲弢翁購藏，但在《經眼錄》中未加〇。見於《戊寅新收書目》。

此本雖有鄒百耐「百耐眼福」之印，却不見《雲間韓氏藏書題識彙錄》著錄，惟弢翁記錄此本。

與原書核對，弢翁所錄無誤。

又，是書書前馮文昌題跋前有弢翁戊寅（1938年）跋文，抄錄如下：

此馮開之手抄《戰國策》節本，乃課子之書，馮研祥跋中已詳言之。封面標題不知出誰氏手，殊繆也。馮氏手寫書世不多見，余藏《水經注》一葉，亦韓氏舊物。戊寅十月弢翁記。

099 月泉吟社

韓應陛手抄本。

歲庚申正月，應禮部試北上，已渡江矣。聞清江浦有警，乃回於蘇州。黃氏滂喜園取書數十種，內有《月泉吟社》舊抄本一冊，價昂，乃手錄一過還之。二月十二日至三月十五日錄畢[一]。中作輟相半，精力不濟，動筆多訛脫。余數年來病甚，精神用不起，來日當無多矣。線裝書中或就性之所近，虛費時日乎！可憫可歎。冀稍有一隙之明，或尚不爲虛過此生。奈何效抄胥之所爲，虛費時日乎！可憫可歎。冀稍有一隙之明，或尚不爲虛過此生。蓋據明刊本鈔。冊末有吉字達官印，疑係行十九字，《叙》半板八行，每行十三字[二]。原本更有圈點，此未及。二月、三月間杭州告警，此地遷徙亦紛紛國初人印記也。原本更有圈點，此未及。二月、三月間杭州告警，此地遷徙亦紛紛矣。余於此時趕此閒事[三]，心神尚安適。韓應陛記。

應陛 朱長方　讀有用書齋 白長方

手抄 朱方　愛讀 [周秦] 諸子書 白文方

應陛 朱方

鈐「孝經一卷人家」朱文印。

墨筆，在卷末。

【案】此本爲弢翁購藏，見於《自莊嚴堪善本書影》(第1499頁)，著錄爲清咸豐十年韓應陛鈔本，一冊，韓應陛、周叔弢跋，十二行二十五字，咸豐十年韓應陛據黃丕烈湣喜園藏舊抄本傳錄。此本今藏國家圖書館，中華古籍資源庫收錄(08598)。此本雖爲弢翁購藏，但在《經眼錄》中未加○。

鄒百耐《雲間韓氏藏書題識彙錄》(第183頁)亦著錄此本，但僅一句，極簡略。

此本封面有弢翁題跋，抄錄如下：

《月泉吟社》，韓淥卿手鈔本。<small>韓氏歿於庚申夏，此殆絕筆也。</small>上海返北平，道經天津，余選此書并馮開之手抄《戰國策》節本、張充之手抄《建炎復辟記》及韓氏跋中所稱黃藏本《月泉吟社》同收之。老弢。<small>書中有「价藩寶此過於名珠駿馬」「价藩所得銘心神品」二印，於先德手澤乃作此語，可謂失辭矣。</small>

《戊寅新收書目》載是年(1938)十月由景文閣得雲間韓氏手抄本《月泉吟社》，一冊，十元，當即此本。

(一) 核對原書，「二月十二日」誤，當作「二月二十日」。
(二) 核對原書，「每行十三字」誤，當作「每行十五字」。
(三) 核對原書，「此時趂此閑事」誤，當作「是時趂此閑事」。

又，弢翁另藏有一部《月泉吟社》一卷，爲清抄本，八行十九字，亦爲雲間韓氏藏書。今藏國家圖書館。

100 建炎復辟記[一]

張充之手抄本，半頁十二行二十一字。

此爲張青芝先生充之手抄[二]，己未得之滂喜園黄氏。應陛記。應陛審定 白文　　墨筆，在卷末。

甲子……難記 白長方　　德均審定 白方　　韓應陛……印記 朱文方

[一] 核對原書，封面作：《建炎復辟記》附《南渡大略》。
[二] 核對原書，「先生充之」脱一「子」字，當作「先生子充之」。

【案】此本爲弢翁購藏，見於《自莊嚴堪善本書影》（第266頁），著録爲清張德榮抄本。一册。清韓應陛跋。此本今藏國家圖書館，中華古籍資源庫收録（08041）。此本雖爲弢翁購藏，但在《經眼録》中未加○。

鄒百耐《雲間韓氏藏書題識彙録》(第 45 頁)亦著録此本,所録韓氏封面題識與原書相同。

《戊寅新收書目》載是年(1938)由景文閣得張元之手抄本《建炎復辟記》一冊,三十元。

又,弢翁另藏有《建炎復辟記》一卷,爲乾隆三十九年盧文弨家抄本,今藏國家圖書館。

101 雪磯叢稿五卷

抄本,十行廿一字。

辛酉正月三日未、申校讀一過。小蓮戈襄。

蓮 小 朱方

雪磯先生七律最長,故第二、第三卷中予選其大半,皆可讀者,俟暇當別録之。

襄又記。 戈 朱方 以上三襄又記。

辛酉九月六日復讀一過,自辰訖午,又校數字,尚不盡。襄又記。

一四七

半樹齋｜戈氏｜藏書印 朱文　戈小蓮秘笈印 朱長方　半農 朱方　臣印 白方　順 朱方
瑱川吳｜氏收藏｜圖書 朱方　甲子……難記 白長方　賞鑑　戈載　卿
韓繩大｜一名熙字价｜藩讀書記 白長方　松江……之印 白文長方

【案】此本今藏上海圖書館，著錄爲清鈔本，一冊，所見爲電子版（783480）。核對原書電子版，弢翁所錄題跋無誤。

鄒百耐《雲間韓氏藏書題識彙錄》（第 159 頁）著錄此本，所錄「辛酉正月三日未、申校讀一過」，脫「未、申」二字。

書中尚有鄒百耐「百耐眼福」朱文印以及「潘承弼藏書印」朱文印，曾爲潘景鄭收藏，然其《著硯樓讀書記》《著硯樓書跋》皆未著錄。

102 吳地記

抄本，袁又愷手校。

丙辰秋九月六日戊申，借潛研堂《鹽邑志林》本校并錄此跋。案《吳郡志》所注出則朱筆，在卷末。

於《吳地記》者，今書中不載者多，則此本已非全書，乃後人採輯之本也，而范氏所見者猶是未損之趙璧與。袁廷檮識。

朱筆，在卷末。

中溶 朱文方

藉觀 朱文方

咸豐八年六月一日得之滂喜園。

韓氏墨筆，在封面。

甲子……難記 白文長方 古妻……印記 朱文長方

曾爲雲間 白文長方

韓熙鑑藏

价藩 朱文長方

翰墨

【案】此本今藏臺北「國家圖書館」，著錄爲舊鈔本，清袁廷檮手跋兼過錄錢大昕題記，一册。其古籍影像檢索系統可見題跋原文（03809）。《「國立中央圖書館」善本題跋真跡》（第794頁）、《標點善本題跋集錄》（第163頁）收錄此本，鄒百耐《雲間韓氏藏書題識彙錄》（第61頁）亦著錄此本。

核對原書，尚有袁氏過錄錢大昕題跋一則題跋，抄錄如下：

陸廣微事跡無可考，據其書云「自周敬王六年至今唐乾符三年」，則是唐僖宗

《弢翁藏書題跋(年譜)》載弢翁所藏《雲間韓氏藏書目》中夾紙二片,似當時購書清單,其中有『吳地記』一冊二百元」,當即此本。又,書中尚有張乃熊「茞圃收藏」朱文印,見於《茞圃善本書目》(第165頁),張氏此本後歸「中央圖書館」。

103 仁山金先生文集三卷

抄本,八行十八字。

蘭谿金履祥仁山著
後學喻良能香山校
門人熊鉌　熊瑞
　林景熙　方逢仁
　汪夢斗　陳淳

朝人,而《唐書·藝文志》不載是書,至《宋志》始著於錄。若夫吳江一縣置於吳越有國之日,卷內有「續添吳江縣」云云,殆後人屢入耳。壬子春二月庚子朔,錢大昕記。

鄧虎　張侃

許柴　羅願刊　共七行，在每卷第一葉前半葉。

曹溶 白方　潔 朱方　鉏菜 朱方　黃印 白方　嘉興 朱方

私印　躬　翁　錫蕃　李聘　甲子……難記 白方

【案】此本今藏臺北「國家圖書館」，著錄爲舊鈔本（10768）。其古籍影像檢索系統收錄。

鄒百耐《雲間韓氏藏書題識彙錄》（第160頁）亦著錄此本。

書衣尚有韓氏題識：

咸豐六年正月一日得之滂喜園。《仁山集》。雲間韓氏攷藏（朱方）。

古書經眼錄二

104 虎鈐經二十卷〔一〕

謹卜日薄具杯茗奉屆

一叙惟

光顧不勝榮幸之至

右

請

申刻一叙敦屈

降尊幸

右

敦請

以上明人箋啓二則，錄自明鈔《虎鈐經》背面。

杭州在城大街衆安橋北□家經坊印行

〔一〕弢翁未寫書名，整理者據内容補加。

【案】此本今藏臺北故宫博物院，著録爲明藍格鈔本，二十卷，四册。臺北「國家圖書館」古籍影像檢索系統收録（05720）。書中鈐有汪士鐘、汪憲奎以及學部圖書館、京師圖書館諸藏印，當爲内閣大庫藏書。

又，此本曾爲弢翁借校，所校之本今藏國家圖書館，中華古籍資源庫收録（08147）。弢翁所校本末卷卷尾有弢翁題跋兩則，與此本有關，抄録如下：

《虎鈐經》，明藍格鈔本，每半葉十行，每行廿一至廿五字，紙背皆明人箋啓，間有萬曆紀年。舊藏馬仲安、吴枚庵、汪閬源家，旋由姚氏歸京師圖書館。今年余從北平圖書館借來對勘一過，補正極夥。此本刻印亦頗清朗，乃今人有刻如不刻之歎惜哉。癸酉四月廿日，弢翁記。老弢（朱文）

余校此書甫畢，即爲沅叔三丈借去傳寫，越歲乙亥十一月十八日乃歸還。今日天下事益亟矣，紙上談兵，空言何補，未嘗不歎夫書生之迂見也。噫。十二月朔。叔弢（朱文）

105 政和五禮新儀二百四十卷 目錄六卷

舊鈔本，半葉十一行廿二字。

禮南 _{白文方} 東武李 _{朱文長方}
校本 氏收藏

【案】此本今藏國家圖書館，著錄爲清抄本，十冊，十一行二十四字，小字雙行同，無格。中華古籍資源庫收錄（05182）。

106 離騷經講錄

劉繼莊先生講，門人黃曰瑚錄。

是本《藏書題跋記》失載，據《存目》當爲方粲如撰，書法清挺，退谷先生本色，奕奕逼人，不必以款之有無定真僞也。

卷首題「劉繼莊先生講」或《存目》所錄別爲一本而標題偶同耶？抑劉本爲方氏所錄，遂以屬之方氏耶？書以待考。翰題記。

吳兔床書籍記 _{朱文長方} 汪印 _{白文方} 退 _{白文方}
士鋐 谷

107 張説之文集廿五卷

舊鈔本，半葉十行廿字。每卷有子目，末有永樂九年貞隱老人濠上德記。[一]

【案】此本今藏國家圖書館，著録爲鈔本，六册（10190）。

核對原書膠片，此本卷末貞隱老人所記時間確爲永樂九年。

核對原書膠片，有三則題跋，抄録如下：

（一）庚辰九月廿二日校補鈔一葉，時患腹疾，静坐一室中，無人事之擾。東坡云「因病得閒殊不惡」，良非虚也。遠孫記。（卷九末）

[一] 國家圖書館藏嘉靖龍池草堂刻本《張説之文集》作「永樂七年夏六月廿又四日濠上貞隱老人伍德記」（05088）。

甲戌 朱文方　　拂水 朱文方
進士　　　　　山樵 朱文方

【案】檢《四庫存目》無此書，有《離騷經解》一卷，清方楘如撰《四庫存目標注》第2460頁）。

此本今藏北京大學圖書館（NC／5241／7221），著録爲鈔本，清劉獻廷講，一册。除弢翁所記藏印外，尚有「鶴安校勘秘籍」「石蓮闇所藏書」等印。所見爲膠片，核對原文，弢翁所録無誤。

（二）是書明伍氏龍池草堂刊本訛文脱簡至不可讀，何夢華元錫從吳門士禮居黃氏假得影宋鈔本，惜止十卷。第十卷內又缺三葉，然鈔手極精，又有名人補録一葉，洵善本也。破三日功留校一過，歸之。遠孫。（卷十末）

（三）民國廿三年六月用江安傅沅叔所藏汪校本爲詹亭兄移入此册，録竟並志。

桐城吳闓生。北江朱文印（卷十末）

書中尚有「邢印之襄」朱文印、「南宮邢氏珍藏善本」朱文印，爲邢之襄舊藏。傅增湘《藏園群書經眼録》亦著録是本，所記較弢翁爲詳，抄録如下：

舊寫本，十行二十字。鈐有「甲戌進士」「拂水山樵」朱文二印。

按：此本後有永樂七年伍德記一篇，贊庭疑爲嘉靖本所從出，然以余審之，此書行格與嘉靖龍池伍氏本正同，其紙墨楷法亦清初時風氣，當即從龍池本鈔出，蓋龍池本亦極罕覯也。余藏有龍池本，爲毛斧季舊籍，汪小米遠孫手鈔缺葉訂入，《四部叢刊》所補佚詩十二首即據此傳出者也。藏園附記。

考朱氏結一廬刻此集時，曾得見是帙校勘，並摹兩印於卷首，則洵爲朱刻祖本矣。藏園又記。

邢贊亭藏書，甲戌二月見。

（第841頁）

108 元次山集十卷拾遺二卷

淮南黃又研旅訂。

舊鈔本，半葉九行十九字。

簡莊所錄 朱文長方　海寧陳□氏向山閣圖書 朱文方　鱸讀 朱文長方　雋安□校勘□秘籍 朱文方

重熹 白文方　石蓮闇 朱文方　鶼安□校勘□秘籍

鑑賞　所藏書

碧桃一八一一番花 白文方　仲魚圖像

【案】此本今藏上海圖書館，著錄爲清初抄本，兩冊（759592－93）。

109 徐孝穆文集八卷 [一]

舊鈔本，藍格，竹紙，版心上有「文漪堂」三字楷字。半葉九行廿字。

乙巳仲冬，購得澉浦畢乾三叟遺書十數種，《孝穆集》其一也，時距其歿未匝月

也，可勝浩歎。此書以舊抄收之[二]，當取別本校勘[三]。是條櫄客先生手記，晚年手筆也，未入《題跋記》。

《四元畏寺刹下銘》，刻本未見。 《百三名家》本，吴兔牀手跋。

鶱安一校勘一秘籍朱文方 吴兔牀手跋。

【案】此本今藏國家圖書館，著錄爲明藍格抄本，一册(10183)。又，《藏園群書經眼録》著録是本内容較弢翁爲詳，節録如下：

[一] 傅增湘《藏園群書經眼録》亦著録此本，卷數作七卷。眼録題名作《徐孝穆集》，乃是據卷前「本傳」前題名，卷首題名作《徐孝穆集》，全書分卷但未標卷次，正文内容共七卷，卷前爲姚思廉所撰本傳。

[二] 核對原書膠片跋文「收」字前脱二「故」字。

[三] 核對原書膠片跋文，「別」字誤，當作「刊」。

明寫本，九行二十字，竹紙藍格，版心上方有「文漪堂」三字。前録本傳，每卷題陳剡人徐陵孝穆著，卷一樂府詩賦，卷二詔、表、啓，卷三四五書，卷六書、序、檄、移文、銘、頌，卷七碑銘哀策墓誌。鈐有「鶱安校勘秘籍」「重惠鑑賞」「石蓮經眼」「石蓮閣所藏書」諸印。吴唐二氏手跋録後(略，見前弢翁所録，傅氏所録跋文無誤)。

按：徐孝穆集向無舊刻傳世，相傳以張紹和《七十二家》本爲較古，分卷爲十，張天如本則僅一卷，近時吳注本又作六卷，皆非原書三十卷之舊。蓋傳本乃後人由他書纂輯而成，其卷第初無定例。此本分作七卷，其編次亦與各本不同，未知何據。第校其文字，實視二張本皆優，如《勸進梁元帝表》一篇中改訂至數十字，咸爲佳勝，知其所出之源必較古也。至《四元畏寺刹下銘》不特爲《百三家》本所逸，即《七十二家》本亦不收，斯真天壤間之奇秘，彌可寶矣。銘文錄後（銘文略）。甲戌二月見，邢贊亭藏書。（第835頁）

甲戌即1934年。核對原書膠片，知「石蓮閣所藏書」中「石蓮閣」當作「石蓮闇」。

又，書中卷首尚有傅氏題跋一條，未見《藏園群書經眼錄》《藏園群書題記》收錄，抄錄如下：

甲戌二月借校一過，皇太子臨碑雍頌補文字一行。此各本皆脫，兔床亦未言及也，可雲秘笈矣。藏園附記。

書中尚有邢之襄「邢印之襄」「南宮邢氏珍藏善本」藏書印，曾爲其收藏。

110 默庵安先生文集五卷

舊鈔本,半葉九行十八字,經鉏堂重錄季滄葦鈔本。

藏書 經鉏
朱文方 朱文方

諼聞 經鉏 公裔 文節 竹泉 珍秘 圖籍
齋 朱文方[一] 朱文長方 白文方
白文方

[一] 兩方藏印印文雖同,但形製不同,故分別著錄,非重複著錄。

【案】此本今藏復旦大學圖書館,著錄爲清經鉏堂傳抄元刻本,一冊(2860)。又,弢翁所藏《默庵安先生文集》兩部:一部爲六卷,清康熙三十二年金侃鈔本,一册,金侃跋,十一行二十一字;一部爲五卷,附錄一卷,清道光十一年劉氏味經書屋抄本,一册,清劉喜海跋,十行十二字。兩部書今均藏國家圖書館。

111 陵陽先生詩四卷

舊鈔本,半葉八行廿字。

112 默齋遺稿

建陽游九言誠之。詩、文、詞。

舊鈔本，黑格，竹紙，半頁十行廿字，左欄下方有「小山堂鈔本」五字楷書。

【案】此本今藏南京圖書館，著錄爲趙氏小山堂抄本，一册（GJ／EB／111359）。又，王文進《文禄堂訪書記》亦著錄是本，版本特徵與叒翁所記相近，然書名誤作《默庵遺稿》。《文禄堂訪書記》所記較叒翁爲詳，抄錄如下：

宋游九言撰。清趙一清鈔本。半葉十行，行二十字。黑格。左欄外刊「小山堂鈔本」五字。書衣唐鷦安題曰：「《游默齋集》傳本罕見，蘇估吳履卿持是册見示，遂錄而記之。庚午八月六日記。」（第390頁）

王子霖《古籍善本經眼錄》（第106頁）亦著錄是本，但記錄題跋及藏印有誤，如「謏聞

汪厚齋 朱文長方
藏書 朱文長方
汪士鐘 朱文長方
曾讀 朱文長方
順德堂 白文長方
藏書
徐康 朱文方
汲古 朱文方
主人
中憪 朱文長方
海豐吳重憙印 白文方

113 演雅四卷

稿本,初名《五雅》,蛾術墨筆改今名。

罏嶅山人王初桐撰。

是書作者爲王君初桐,自號罏嶅山人,不詳爲何許人,意康熙間宿儒,究心典傳,手纂成書。初名《五雅》,蛾術既錄清本,逐句標其本書自出,後又刪削并自出之。塗乙之,其用心勤矣。惟從未見刊本,又不見於目錄家,則僅存此稿本可知已。予在崇川得於席估初白肆中,擬爲清出一本而俗事紛糾,卒卒未果,特念王君之爲是書畢生精力以之,若落我手而不爲之表章,實所疚心,每檢及之輒復中止。噫,凡物顯晦,自有數存。是書果當顯於世,則不才之奢願會當終償;若果尚有待,亦俟之於異日,同志之士書此以爲左券。丙寅夏日翰題記。

王君手自删改塗抹甚當,若逐句本書自出之,標注則斷不可去,抄時應仍原稿之舊。

【案】此本今藏國家圖書館,著錄爲稿本,一册(15099)。

齋」著錄爲「談聞齋」。

核對原書，書中尚有「石蓮庵」朱文印（卷端）、「石蓮閣鑒藏書」朱文印（卷末）。可知曾爲吳重憙舊藏。

114 高麗史 一百三十卷

鄭麟趾奉教修。舊鈔本。

雋安 校勘 秘籍 朱文方   海豐 吳重 憙印 白文方   石蓮閣 朱文長方 所藏書

【案】今臺北「國家圖書館」藏有吳重憙舊藏《高麗史》一部，著錄爲清初舊鈔光緒間錢唐丁氏補鈔本，一百三十七卷，四十册，半葉十一行，行二十字。其「古籍影像檢索」系統收錄電子版（208 03130）。不知是否即此本。

115 ○蘭亭續考二卷

存卷上卅一頁，吳山俞松。

宋本，半頁九行十七至廿字，大版心，左右雙邊，白口。每條第二行低二格。淳祐李心傳序，八行十四字，手跡上板。本書亦據手跡上板。白麻紙初印。

荛翁古書經眼錄標注

曹冠英　曹之德　序兩頁刻工姓名，其餘無之。

安樂堂藏書記 朱文長方　儀晉觀一堂鑒一藏甲品 白文方　趙印 白文方　濟來 朱文方

壹是一堂讀一書記 白文方　　海源閣 朱文長方　　徵雲　氏

東郡楊一紹和字一彥合藏一書之印 朱文方　　東郡宋存書室珍藏 朱文長方

【案】此本爲荛翁購藏，見於《自莊嚴堪善本書影》（第 564 頁），著錄爲宋淳祐刻本（卷二配勞健抄本），二冊，勞健題跋。此本今藏國家圖書館（08175）《中華再造善本・唐宋編》據以影印。《善本書影》著錄此本中有「士禮居藏」「方氏若蘅曾觀」兩印，遍檢全書未見，疑誤。此本《楹書隅錄》《宋存書室宋元秘本書目》未著錄，《海源閣宋元秘本書目》有「宋本《禊帖續考》，一卷一冊」不知是此書否。

王文進《文禄堂訪書記》（第 182 頁）、傅增湘《藏園群書經眼錄》（第 532 頁）亦著錄此本，且《經眼錄》有「原海源閣書，散出後爲南中人收去」之語。

又此本後勞健甲戌年（1934）題跋詳述此本之遞藏源流，抄錄如下：

宋大字本《蘭亭續考》，怡邸舊藏，原裝析作二冊，歸海源閣時僅存上冊。頃歲聊

一六四

116 古史

宋本，黃麻紙初印。

半頁十一行廿二字，左右雙邊，版心上方記千字文，下記頁數。

宋本於宋諱如「殷」「敦」「徵」「敬」諸字皆未缺筆，獨「貞」字缺筆謹嚴，疑別是私諱。鮑刻則於宋諱字皆從缺筆，「貞觀」或作「正觀」，茲仿寫改從宋本例。又鮑刻因當時文字禁忌，於「胡」「虜」字皆改易，今取此上冊之可證者如「殺虎林」爲「殺胡林」，改從宋本。其疑者如「北庭」或爲「虜庭」之改，顧未可武斷，則姑從鮑本云。

宋本寫刻甚美，叔弢謂當是作者自書上版，於宋槧中絶罕見，洵可寶貴。拙書續貂陋劣，愧不相稱。幸佚冊儻猶在人間，會有延津劍合之時，姑視此爲筌蹄以俟異日覆瓿可耳。甲戌正月桐鄉勞健篤文書於唐山。勞健（白文）

城兵亂，閣書多散佚，此爲旌德汪君所收。癸酉歲暮，叔弢復得諸北平文祿堂書鋪，以示健，屬爲依知不足齋刻本補寫足之。上冊并序都三十三頁，今略依其行款字數仿寫下冊，僅得十九頁，疑宋本下冊或有附頁題跋甚多，惜早佚不可見。嘉靖姚抄本傳刻，與宋本小有異同，如卷首釋名，宋本祇作「吳山俞松」，鮑刻則多一「集」字。

方中、朱祖、宋琚、曹鼎、石昌、蔣容、□昇、陳壽、蔡邠、金祖、項仁、金榮、王渙、孫春、顧達、丁松年、童遇、詹世榮、劉眙、徐琪、沈忠、汝升、龐汝升、章忠、馬松、金嵩、鄭春、何澄、呂信、董澄、楊潤、吳治、陳仲、王明、求裕、徐義、王恭、王壽、龐以柔、孫春、王定、陳良。

【案】此條只錄行款及刻工名,並未記錄其他信息。

《古史》一部,著錄爲宋刻元明遞修本,《中華再造善本·唐宋編》據以影印。

又,傅增湘《藏園群書經眼錄》亦著錄同版書一部,較弢翁所記爲詳,抄錄如下:

宋刊本,半葉十一行,每行二十二字,注雙行同,白口,左右雙闌。版心上記字數,下記刊工姓名,版心題「古史本紀幾」或「世家幾」。每卷以數目記數,全書更以千字文一字通記於上方。宋諱避至「桓」字止,「慎」字不避。當是紹興時刊本。間有補版,在明正德以前。首自序,不題名氏,次總目,計本紀七,世家十六,列傳三十七。本書小題在上,大題在下。(第153頁)

117 新雕皇朝文鑒百五十卷目錄二卷

宋本,李木老藏。

每半頁十三行廿一字，左右雙邊，白口，每卷標題「皇朝文鑒卷第幾」，中板心，黃紙次印。

楷書木記在呂劉子半頁十一行，廿字。後。

序文半頁七行十四字。

麻沙劉將仕宅刊行

【案】此本今藏北京大學圖書館（李9070），《中華再造善本·唐宋編》據以影印，著錄為宋麻沙劉蔣仕宅刻本（有抄配及明刻本配補）。曾爲李盛鐸舊藏，書中鈐有「種玉樓藏書印」「古潭州袁氏卧雪廬收藏」「李氏玉陔」「木犀軒藏書」「木齋審定」等印。

傅增湘《藏園群書經眼錄》（第1274頁）亦著錄是本，且云「德化李氏舊藏。癸未」。「舊」字，說明在癸未（1934年）傅氏經眼是書時，此本已非李氏所有。

又，《木犀軒收藏舊本書目》（第19冊，第156頁）著錄「《皇朝文鑒》一百五十卷，宋麻沙劉將士宅刊宋印本，袁漱六舊藏，四十册」下有佚名批注「800」當指價格。

118 增廣注釋音辯唐柳先生集四十五卷外集二卷附錄一卷年譜一卷

宋建本。李木老藏。黃紙初印。

半葉十二行廿一字,宋諱闕筆,四周雙邊,線口。

乾道三年吳郡陸之淵序。

乾道丁亥雲間潘緯序。柳文音義。

淳祐九年平山劉欽序。序中稱怡堂劉君參考諸說,會其至當。

【案】此本今藏北京大學圖書館,著錄爲宋刊本(LSB / 9083)。藏印有「古潭州袁氏卧雪廬收藏」「周暹」等藏印。

陶湘《涉園所見宋板書影·第二輯》收錄是書書影。

據欒偉平《李盛鐸與周叔弢的藏書——兼述北京大學圖書館之鈐「周暹」印善本來源》(《圖書館工作與研究》2013.4),弢翁鈐蓋此印是因爲李盛鐸將部分藏書抵押給周氏,李盛鐸木犀軒藏書在其晚年因經濟問題將藏書四處抵押。

又,《木犀軒收藏舊本書目》(第19冊,第117頁)著錄「《增廣注釋音辨唐柳先生集》

四十五卷、《外集》二卷、《附錄》一卷。宋刊本，十二册二函一百五十卷」。下有佚名批注，與另一部同名宋刻共售，兩部書合計「1200」，當指價格。

119 三朝北盟會編二百五十卷

明鈔本，大版心，半頁十行廿字，每間一頁有騎縫圖記如下：

何子宣躋 朱文長方 在下。

德樓封識

躋德 朱文方 在上。

樓藏

【案】此本今藏國家圖書館，著錄爲明抄本，四十六册，存二百三十卷：卷一至百一十、一百二十一至一百三十五、一百四十六至二百五十（卷一百五十一至一百五十五配清抄本）《中華再造善本·明代編》據以影印。

書中尚有「季振宜印」（朱文）、「滄葦」（朱文）、「汪士鐘字春霆號朗園書畫印」（白文）、「御史之章」（白文）、「愛日精廬藏書」（朱文）、「張月霄印」（朱文）、「子謙」（朱文）、「海鹽張元濟經收」（朱文）、「涵芬樓」（朱文）、「張承焕印」（白文）、「子振宜、汪士鐘、張金吾、張承焕、涵芬樓收藏。何鈁（1525—1603），字子宣，明代江蘇常熟人。嘉靖三十四年（1555）舉人，性喜聚書，所藏書鈐有「何子宣躋德樓封識」印。張承焕，

120 尚書（孔氏傳）十三卷

宋本，小字體，審之當是江西刻本，李木老藏。

半頁十行廿字，白口，左右雙邊，上字數，下刻工。白麻紙初印，四周寬博。缺筆至「慎」字。元人錄《尚書表注》。

【案】此本圈點批註甚多，今藏北京大學圖書館（李9080），《中華再造善本·唐宋編》據以影印，著錄爲宋刻本。藏書印有「山西等處承宣布政使司之印」「明墀之印」「李氏玉陞」「李盛鐸印」「李滂」「周暹」等藏書印。王文進《文禄堂訪書記》（第13頁）、陶湘《涉園所見宋板書影·第一輯》（第3頁）、傅

初名豐玉，字子謙，號小庚。清乾隆間常熟人，張仁美之孫，張金吾之從子。藏書室名瓶花廬。張金吾愛日精廬藏書大多爲其繼承，後藏書流散。《涵芬樓燼餘書錄》（第359頁）著錄此本。此本見於《涵芬樓燼餘書錄》，説明此本在1932年前即已歸上海涵芬樓所有，故當時諸家書目多未著錄，不知弢翁從何得見此本，尚待史料進一步發掘。

廣、新、魏□、擢、藍廣、陳成、劉、劉傑、隆、李、忠、于、吕、甯、吕奐、奇、于昉、宜之、鄒元、劉清、石椿、王奇、周榮。

增湘《藏園群書經眼錄》(第20頁)皆著錄此本。其中《文祿堂訪書記》著錄藏印有誤,作「山東等處承宣布政使司之印」(李盛鐸曾官山西布政使)。《涉園所見宋板書影·第一輯》對圖片進行了處理,去掉了書中的圈點勾畫痕跡。《藏園群書經眼錄》有「李木齋先生藏書,壬子見」之語。

據欒偉平《李盛鐸與周叔弢的藏書——兼述北京大學圖書館之鈐「周暹」印善本來源》(《圖書館工作與研究》2013.4),弢翁鈐蓋此印是因爲李盛鐸將部分藏書抵押給周氏。又,《木犀軒收藏舊本書目》(第19冊,第6頁)著錄「《尚書孔傳》十三卷,北宋刊本,四冊一函」下有佚名批注「3500」(當是價格),即指此本。

121 青瑣高議前集十卷後集十卷別集七卷

明藍格鈔本、別集黑格,棉紙,半頁十行十八字。後集卷十末有剜補痕跡。

資政殿大學士孫副樞序。 在別集卷七末。

正德十二年仲冬十三日錄。 前集卷十末。

清和朔日抄完。

案,《青瑣高議》一書,《四庫全書》存目類內載兩淮鹽政採進本,僅有前集十卷、

後集十卷。此書係惠定宇家所藏，較之兩淮鹽政採進本尚多別集七卷，其爲舊鈔無疑，洵足稱爲善本也。守吾識。在卷首。

惠棟 白文方　字曰　朱文方　重憙 白文方
之印　　　定宇　　　鑒賞

惠定一宇手一定本 朱文方

石蓮閣 朱文方
所藏書

【案】此本今藏國家圖書館，中華古籍資源庫收錄（11126）。著錄爲明抄本，陳寶晉跋。陳寶晉，字守吾、康甫，江蘇海陵人，清中期人。核對原書，弢翁所錄不誤。書中有「曾在趙元方家」朱文藏印，趙氏當爲最後一任私人所有者。

又，王文進《文祿堂訪書記》（第263頁）亦著錄此本，但所錄題跋有遺漏，藏印著錄有誤。

122 硯北雜錄

鈔本。

北平黄叔琳崑圃手輯，盧文弨序。

慎甫 朱文方　　臣許 白文方　　乃普

【案】此本著錄信息較少,今不知藏於何處。

發翁又有藏本爲明項德棻宛堂刻本,竹紙,二卷,半葉八行十八字。

123　玉山名勝集二册

知聖道齋鈔本,板心下有"知聖道齋鈔校書籍"楷書八字兩行。

南昌 朱文方　　知聖道齋藏 朱文長方　　遇讀者善 白文方　　結一廬 朱文長方　　藏書印

彭氏

【案】此本今藏浙江大學圖書館,著錄爲清乾隆嘉慶間抄本,二册(000773145)。

124　山窗餘稿一卷

鈔本。

餘干甘復著。半頁十三行廿字,有成化丙午邑人劉憲序,成化癸卯餘干趙琥跋。

真意 朱文圓　　文瑞樓 白文方　　結社溪山 朱文方　　家在黄山白岳之間 白文方

金星軺 朱文長方

汪士鐘藏 白文長方

藏書記

【案】此本今藏國家圖書館，中華古籍資源庫收錄（A00666）。傅增湘《藏園群書經眼錄》（第1141頁）亦著錄是本，注經眼時間是「癸酉」（1933年）。

又，檢原書中藏印，有「國立北平圖書館收藏」（朱文），此本不見於1933年《北平圖書館善本書目》。

125 道情鼓子詞 蓮舍居士張掄□甫應詔撰

梅屋詩餘 許棐 梅詞 朱雍 五峰詞 元 樂清李孝光

鈔本，半頁十行十八字。

【案】此四家詞，均見於1933年《北平圖書館善本書目》（第898頁）不知是否即是戮翁所見之本。然此四家詞中，只有《五峰詞》《梅詞》有抄本藏於國家圖書館（1772），核對膠片，行款與戮翁經眼者不同。

傅增湘《藏園群書經眼錄》亦著錄其中《道情鼓子詞》《梅屋詩餘》《五峰詞》，不知是否

即是谿翁所見者，抄錄以備參考：

舊寫本，十行十八字。鈐有「黃丕烈印」「蕘圃」「平江黃氏圖書」「吳興包子莊書畫金石記」均朱文，「學劍樓」「包虎臣」「包伯子」均白文。（端匋齋遺書。丁卯）（第1342頁）

126 曉庵先生遺書

鈔本。

吳江王錫闡寅旭著 一字昭冥，秀水後學盛百二秦川輯。

孔葒谷手校本。

乾隆丁酉秋九月，在京師借周林汲編修本，攜歸錄福。戊戌正月十三日，雨窗記。 朱筆，在卷末。

補孟[一]。 在卷末。

二月壬辰朔校完。 朱筆，在卷末。

戊戌正月廿八日，自晨起雪甚緊，點此一過。諸城王甥垂維來早飯而去。 朱筆，在《五緯第五》篇後。

戊戌正月卅日辛卯校，是日飲從子廣果處。 在《曉庵曆法自序》後。

老慶朱文長方　莅谷朱文長方

〔一〕據翁方綱《復初齋文集·卷十五》中《皇清誥授朝議大夫戶部河南司主事孔君墓誌銘》（清李彥章校刻本）孔繼涵字體生，一字補孟。一些著述中記錄孔氏字「誦孟」「浦孟」者當誤。

【案】此本今藏國家圖書館，中華古籍資源庫收錄（A02710）。著錄為清抄本，一冊，十行二十五字，小字雙行同，無格，孔繼涵校跋。檢原書，翁所記無誤。

127 朝鮮志二卷〔一〕

原裝原函。

藍格鈔本，版心中間有「嘉蔭簃寫書」五字隸書。

海白文方　喜　父朱文方　嘉蔭一簃藏一書印朱文方
吉

〔一〕核對原書，《朝鮮志》後還附有《箕田考》。

【案】此本今藏國家圖書館，著錄為清抄本，一冊，九行二十四字，藍格。中華古籍資

傅增湘《藏園群書經眼錄》亦著錄是本，所記較叒翁爲詳，抄錄如下：

舊寫本，綠格，九行二十四字，版心中縫有「嘉蔭簃寫書」五字。後附《箕田考》，題「久庵韓百謙著」「驪江李家煥、完山李義駿輯」。有大興翁樹昆序，又小跋一葉。（第271頁）

又，檢原書中藏印，有「國立北平圖書館收藏」（朱文），此本不見於1933年《北平圖書館善本書目》。

128 東泉誌四卷

王文敏公藏書。

明本，半頁十一行廿二字，單邊。

正德庚午工部都水清吏司主事新安王寵序。

正德五年山東兗州府濟寧州儒學學正莆田余璸後序。

寧陽縣知縣金臺陳澍刻梓。　此行在余後序後。

嘉靖丁酉科山東程策臘月錄。　此行在卷末，墨筆。

【案】此本今藏天津圖書館，《天津圖書館孤本秘籍叢書》據以影印。影印本中有「王懿榮」(白文)、「福山王氏正孺藏書」(朱文)二印。王懿榮諡號文敏，可知即是弢翁所見之本。影印本中亦有弢翁所錄題記，核對無誤。

129　河道平治議

河間縣知縣徐銘爲任事君子作。王文敏公藏書。

明本，半頁八行十六字，藍印，四周雙邊。

嘉靖拾五年肆月　日　知縣徐銘　此行在末頁陽面第四行。

【案】此書較爲少見，黃虞稷《千頃堂書目》著錄爲一卷。弢翁所見之本今不知藏於何處。

130　河紀二卷

王文敏公藏書。

退谷孫承澤輯，半頁九行十八字，單邊。都門八十一老人孫承澤跋。

安樂堂　朱文長方

藏書記　朱文

【案】此本今藏國家圖書館，著錄爲清康熙間刻本，二册（19538）。《續修四庫全書》第 728 册據以影印。

書中尚有「王懿榮」（白文）、「福山王氏正孺藏書」（朱文）、「海上經舍藏本」（朱文）、「研理樓劉氏藏」（白文）諸印記，說明此書曾經王懿榮、劉明陽收藏。

131　重廣眉山三蘇先生文集八十卷

李木老藏書。

宋饒州小字本，缺卷五之十四。此是一百卷本之殘者。白麻紙初印。半頁十三行廿七字，白口，四周雙邊，上字數下刻工。劉宗刊、宗、劉宗、余松八、葉青、郭小五、小五、張十二刊、郭五、郭小六、余松刁、曾文、劉正、郭祐刊、郭祐、薛右、彭、張用、秀、江彥、薛祐、湯贇、杜仁、薛文、郭世寧、湯儀、世寧、葉秀、杜太、湯儀、湯念。分類不分人。

> 銀山莊谿董應夢
> 集古堂校正善本

行書木記，二十六卷後。

第廿八卷後有行書五行如下：

饒州德興縣莊谿書癡子董應夢
重行校謬寫作大字命工刊板銜[一]
用皮紙印造務在流通使收書
英俊得茲本板端不負於收書矣　紹
興庚辰除日因筆以紀其歲月云。

三十二卷後有行書二行如下：

饒州德興縣莊谿董應夢宅經史
局逐一校勘寫作大字命工刊行

三十八卷後有行書木記如下：

四十一卷後有楷書一行：饒州德興縣莊谿董應夢宅經史局刊印 上有黑蓋子。

五十五卷後有行書木記：饒州德興縣莊谿董應夢宅書局刊印

七十卷後有隸書三行：
銀峰董應夢
集古堂善本

饒州德興莊
谿夆龍應夢
集古堂善本

〔二〕核對原書，「重行校謬」當作「重行校證」。

【案】此本今藏北京大學圖書館（李 9078），著録爲宋紹興三十年饒州德興縣銀山莊谿董應夢集古堂刻本，二十四册。《中華再造善本·唐宋編》據以影印。書中鈐有「李盛鐸印」「木犀軒藏書」「木齋宋元秘笈」「李滂」「少微」等藏書印。

陶湘《涉園所見宋板書影·第一輯》亦收録是書書影。此本曾抵押於潘宗周處，將《書影》中首卷卷端照片與再造善本對應葉比對，缺少李氏藏印，可知所用照片做過處理，去掉了鈐印。

又，《木犀軒收藏舊本書目》（第 19 册，第 156 頁）著録「《重廣眉山三蘇先生文集》八十卷，宋紹興刊本，有缺，二十四册四函」下有佚名批注「2500」（當是價格），即指此本。

132 ○演山先生詞二卷

延平黄裳勉仲，與後一種同裝一册。

鈔本，半葉十行廿字。

木夫 朱文方
容館 秘笈 朱文橢

【案】此本爲弢翁購藏，見於《自莊嚴堪善本書影》（第 1544 頁），著録爲清抄本，與

《相山居士詞》合一册，無格，勞權倩人傳抄小山堂抄本。今藏國家圖書館，中華古籍資源庫收錄（08623）。

133 ○相山居士詞一卷

王之道彥猷。

鈔本，半葉十行廿一字，勞巽卿手校本。

壬子八月朔午刻，據知不足齋寫本校。　朱筆，在卷末。

《相山》一卷，《書錄解題》著錄「長沙百家詞本」即此本也。《宋史·藝文志》附集本，名《相山長短句》，且二卷。今四庫館纂修大典「集本」有《詩餘》三卷，校此少二十餘闋，而《如夢令·和張文伯木犀》一闋，《采桑子·孫中益集於西齋》一闋，《菩薩蠻·采蓮女》一闋，《賀新郎·送鄭宗承》一闋，《一剪梅》後片脫句賴以補全，其他誤脫亦改正不少。《相山詞》長調雋爽，小令尤婉秀，微嫌存之稍濫耳。禮女來漚喜亭問疾，是月小盡。咸豐癸丑五月晦，飲香詞隱勞巽卿力疾校畢題記。

勞朱文圓　　巽朱文方　　卿

顨朱文方　　玉參差館朱文方　　顨朱文方

權朱文方　　秘笈朱文橢

134 ○蘭雪集二卷

松陽張玉孃若瓊著，稽山孟思光仲齊校。

舊鈔本，道光丙申孔昭熏琴南氏跋。

清風蘭雪灑霓裳，一卷新詩弔玉孃。此地曾經葬鸚鵡，他生或者作鴛鴦。古佛曾分一瓣香，孟稱舜為建貞文祠，與準提佛並供。真仙與證三生石，唐葉靜能、法善兩真人，皆松陽人。沈生病中贈玉孃詩云「何當飲雲液，共跨雙鸞歸」，故云。道光己亥夏五望前一日，葉君潤臣以此冊見示，為題一律。此冊與柳依依、劉碧鬟兩人逸珍重石林邀燕語，雙鸞何處暮雲涼。

方功惠一審定舊槧精一鈔書籍印朱文方　方家書庫朱文方

【案】此本為弢翁購藏，見於《自莊嚴堪善本書影》(第1550頁)，著錄為清抄本，勞權校並跋，周叔弢校，與《演山先生詞》合一冊。此本今藏國家圖書館，中華古籍資源庫收錄(08624)。

核對原書，弢翁所錄無誤。

又《丁丑新收書目》「(四月)《相山居士詞》，勞校本，同上(宏雅堂)，一本，六十元」，即指此本。丁丑即1937年。《弢翁藏書題跋(年譜)》(第147頁)同。

事，他日可刊入叢書也。劉、柳事南中有之，玉清散吏陳文述書於京師。　陳文述印 白文

情絲不作同功繭，香塚應開並蒂花。惆悵一雙嬰武語，春陰猶傍綠窗紗。　吳縣

方　仙姑一山下美一人湖 朱文方　　　行書，在卷首。

潘曾瑩題。　星齋 白文長方

金石一眉堂一之寶 朱文方　　漢陽葉一名澧潤一臣甫印 白文方

頤道 朱文方　　絨庭 朱文方　　宗室盛一昱收藏一圖書印 白文方

過眼　　過眼

【案】此本爲叏翁購藏，見於《自莊嚴堪善本書影》，著錄爲清抄本，一册，清陳文述跋並題詩，潘曾瑩題詩，十行二十一字。今藏國家圖書館，中華古籍資源庫收錄（08551）與原書核對，叏翁所錄不誤。

王文進《文祿堂訪書記》（第 435 頁）、傅增湘《藏園群書經眼錄》（第 107 頁）、王子霖《古籍善本經眼錄》（第 1151 頁）皆著錄此本，其中《文祿堂訪書記》著錄題跋及藏印有誤；《古籍善本經眼錄》著錄題跋有缺字；《藏園群書經眼錄》注有「盛昱遺書。壬子」。

135 ○鶴山長短句一卷

舊鈔本，半頁十行十九字。

《鶴山詞》雖非當行家，當其合作，語氣故自高曠，唯應酬之作存之太多，爲可憎耳。通卷不標詞調，或於題中間著一二，殊不可解。此津門查蓮坡藏本，吾鄉陳江皋先生所校。十餘年前購之。項王吉甫持本屬校對勘一過，補缺詞一闋，彼此俱各正誤字。甲辰九月十三日，勞權手識。覈卿朱文長方 墨筆，在卷首。

（一）乾隆八年三月寒食日勞鵷校畢。 黃筆，在卷末。

（二）道光甲辰九月十三日丹鉛生校。 朱筆，在卷末。

（三）宣統庚戌九月，彊邨校讀一過。 墨筆，在卷末。

宣統辛亥，依宋本《大全集》再校，宋本孫問清所藏，百宋一廛故物也。彊邨記。

時三月三日。 墨筆，在卷末。

宣統己酉十一月望，甘邨再校。

又，《丁丑新收書目》「（四月）《蘭雪集》」抄本，同上（宏雅堂）一本，四十元」，即指此本。丁丑即1937年。《彊翁藏書題跋（年譜）》（第147頁）同。

右查蓮坡舊藏《鶴山先生長短句》，所據明安國本，中缺三葉而詞調適相接，故陳江皋、勞乾卿遞校，均未之覺。昌綬得安本，亦多殘缺，獨此三葉幸存，排比行款，逐錄別紙，寄彊邨侍郎，從江寧圖書館本補完缺字，手寫卷中。又假孫檢討宋本重校一過，距江皋初校時百六十九年，始成善本。昔黃叔暘謂《鶴山集》皆壽詞之得體者，竹垞《詞綜》遂云華父非此不作，殆未詳檢全集耶？附書卷尾，以雪古人之誣。宣統辛亥六月，京師寓齋，昌綬記。

墨筆，在卷末。

吳印 伯宛 淡宜 朱文方
昌綬 藏書 藏本 朱文長方。此查蓮坡藏印。
朱文方

【案】此本爲弢翁購藏，見於《自莊嚴堪善本書影》(第1558頁)，著錄爲清抄本，勞權校並跋，朱祖謀、吳昌綬校補並跋，一冊。今藏國家圖書館，中華古籍資源庫收錄(08627)。

王文進《文禄堂訪書記》亦著録此本，但著録内容較弢翁所記少且有訛誤。

又，《丁丑新收書目》「(四月)《鶴山長短句》，勞、朱、吳手校，宏雅，一本，六十元」，即指此本。丁丑即1937年。《弢翁藏書題跋(年譜)》(第147頁)同。

136 ○金荃集七卷別集一卷

校宋，汲古閣本。毛子晉之孫。

前庚子仲春二十有一日，靚庵先生與先季父省庵同校訂於汲古閣下。今康熙庚子仲秋，予從俟思弟處假歸，再勘一過。先季父校於六十年之前，余校六十年之後，年庚相符，春秋略異，真奇事也。文光識於道東軒雙桂花下。黃筆，在卷末。

照 馮定遠先生閱本燈下對畢。黃筆，在卷末。

張印 白文方
紹仁 朱文方
　　　學經堂 朱文方
　　　安藏善本 朱文長方
執經堂

【案】此本爲弢翁購藏，見於《自莊嚴堪善本書影》（第 1062 頁），著錄爲明末毛氏汲古閣刻五唐人詩集本，一冊，清毛文光校並跋，九行十九字，康熙庚子毛文光黃筆校季父（省庵）校宋本。今藏國家圖書館，中華古籍資源庫收錄（08418）。核對原書，弢翁所記無誤。王文進《文禄堂訪書記》（第 330 頁）亦著錄此本，但所錄題跋有訛脱。

137 校正新刊標題釋文十八史略二卷

明本，半葉十六行廿六字，眉上有注，四周雙邊。大德丁酉豫章周天驥序，序中稱京兆劉氏於是刻梓。

前□進士廬陵曾先之子野 編次[一]

廣平 宋祥應祥 釋文

後學鄱陽 王逢伯原 點校

廷相 白文方　伯卿 朱文方　梁溪蔡氏 朱文方　舊溪陳氏藏書 白文方

【案】此本今藏臺北「國家圖書館」，古籍影像檢索系統收錄（20703086）。著錄爲明初建刊本，二册，書中有朱筆圈點。書中尚有「蔡印廷楨」（白文）、「卓如」（朱文）等藏書印。

[一] 核對原書，「□」表示空格，而非缺字。

138 唐詩四十家[1]

明鈔本，黑欄，無直格，白棉紙。毛斧季印僞，蒼岩山人印亦僞。

朱慶餘、章孝標、顧非熊、《李推官披沙集》楊萬里序，六卷。蒼岩山人書屋記朱文長方、李丞相建勳、二卷、李君虞益二卷、戎昱、嚴維、唐英歌詩吳融，三卷，毛扆一之印朱文方 斧一季朱文方、盧仝慶曆韓盈集外詩序，二卷，外集一卷，蒼岩山人一書屋記朱文長方、李遠、喻鳧、曹唐、林寬蒼岩山人一書屋記朱文長方、章碣、秦韜玉、張蠙、崔塗、李昌符蒼岩山人一書屋記朱文長方、李山甫、于濆、張喬四卷、司空文明曙三卷，蒼岩山人一書屋記朱文長方、耿湋、李洞三卷，蒼岩山人一書屋記朱文長方、曹松、王周、秦隱君系蒼岩山人一書屋記朱文長方、呂夏卿序 紹興張端序、韓君平五卷、郎士元、伍喬蒼岩山人一書屋記朱文長方、孟貫、于武陵、邵謁胡賓王序、《曹祠部集》鄭二卷，毛扆一之印朱文方，斧一季朱文方、樊川杜牧，四卷，外集一卷，秦樂天一書畫記朱文長方、《唐風集》杜荀鶴，三卷，毛扆一之印朱文方、羅隱《甲乙集》十卷、姚少監合，十卷、李商隱七卷，秦樂天一書畫記朱文長方，紹興王希旦序。

李商隱詩後序：

　　唐詩人歷五代，至本朝不失其傳，而顯顯在人耳目者，李太白、杜工部而已，其他則或存或缺，或一二選焉。予家舊藏李商隱詩三卷，惜其傳之不廣。逮余來舒，命鏤

于版於乎,予與商隱異世而序其文,且其見於世蓋寡,故不敢私爲之說。獨史氏謂瓌邁奇古,史哉史哉,姑存之,使後之人考焉。商隱字義山,開成中進士。紹興十六年六月,郡太守新安王希旦序。

[二] 此本書名疑當作《唐四十四家詩》,説詳按語。

【案】今國家圖書館藏有《唐四十四家詩》,著録爲明抄本,十九册,中華古籍資源庫收録(11161)。此本鈐印與弢翁所記相同,當即一書。弢翁未見者爲包何、包佶、皇甫冉、皇甫曾四家詩,爲此本第三册。

書中尚有「曾在趙元方家」「元方」「無悔齋校讀記」「元方心賞」「趙鈁」等印,爲趙鈁無悔齋購藏,建國後趙氏曾將其所藏善本捐給國家圖書館,弢翁經眼此書時,或尚未歸趙氏。

傅增湘《藏園群書經眼録》(第1217頁)亦著録是本,注有「癸酉」(1933年)。

139 寶晉英光集六卷

鈔本,半葉九行十八字,目録乃曹彬侯手鈔。

唐鷦庵手跋未録。

140 河南先生文集廿七卷附錄一卷

唐鷦庵手跋未錄。

鈔本，半葉十行十七字，每卷有子目連正文。

臣印 白文方 敦淳 珍藏 顧氏 白朱方 竹泉 珍秘 圖籍 白文方
錫麒

昔司馬溫公藏書甚富，所讀之一書終身如新。今人讀書恒隨手一抛置，甚非古人遺意也。夫佳書一難得易失，稍一殘缺，修補甚難。每見一書或有損壞，輒憤惋浩一歎不已。數年以來，蒐羅略備，卷一帙頗精，伏望觀是書者倍宜珍一護，即後之

石蓮閣 朱文長方 供養 雲煙 白文方 拙庵 白文方 所藏書 珍藏

每愛一奇書一手自鈔 朱文方 來雲館 朱文長方 悠然 見南山 朱文長方

宋本 朱文長方 毛扆 白文方 季 斧 朱文方 每愛一奇書一手自鈔 白文方
之印

【案】此本今藏國家圖書館，著錄爲抄本，二册，無格（10306）。

一九二

藏是書者亦當諒愚一意之拳拳也。謏聞齋主人記。朱文楷書，大方印。

【案】此本今藏中國社科院文學所圖書館(845.1/1735[1—6])。

141 劉賓客文集三十卷

鈔本，半葉十行廿字，有墨筆校字。先文後詩。

五硯樓朱文長方 貞節一堂一圖一書印朱文方 西昀艸堂藏本朱文長方 西昀朱文方

陳氏西昀艸一堂藏書印朱文長方 平江陳氏朱文方 西昀藏書朱文長方 陳墫朱文方 艸堂朱文方

復初朱文方 吳興包一子莊書一畫金石記朱文方 海豐吳氏朱文長方 石蓮盦

石蓮閣朱文長方 海豐朱文方 吳氏

鶼安一校勘一秘籍朱文方 拙庵白文方 珍藏 新豐鄉人庚朱文長方 申以後所聚

所藏書 吳氏

【案】據《中國古籍總目》，國內藏有《劉賓客文集》鈔本28部，不知其中是否包含

此本。

142 古今律曆考七十二卷

明萬曆陝西刊本,半頁九行十八字。

上谷邢雲路士登甫撰。

143 閒適劇談五卷

明萬曆本,半頁十行廿二字。

三吾寄漫子鄧球著。

144 李文山詩集上中下三卷附錄一卷

明萬曆本,吳佩伯校宋本。半頁九行十八字,白口,左右雙邊。

唐校書郎澧人李羣玉著。

明知州事關中費達重梓。

澧州學正淛東朱良翰校。

萬曆壬子費逵引。半頁七行十三字，頂上空一格。第一頁版心下有「葛尚訓刊」四字。引中稱嘉靖間有刻本，萬曆戊子再刻，今從藩邸訪得舊本重刊。

萬曆己丑同郡龔銘序。重加訂正，益以古今名賢題詠。它如《龍安寺》《阿最歌八首》及一二稍涉淫艷者，不復塵集中。

嘉靖癸亥同郡洞衡劉崇文序。用湯蘭庵手録本印證。受命風翁取風川水公、太侯四明水公。古詩今體，標類衷輯，都為三卷。郡人梁嘉購刻新寧，放失不可讀。

萬曆十六年閏六月十四日澧州知州吳三畏呈乞表揚先喆，重梓郡齋。判官樊灼，吏目危民懷。

李文山詩集考證。

文山書院記。同郡李如圭尚書，正德己卯。

進詩表。薦李羣玉狀。

嘉靖癸亥郡人養齋吳詠後序。

嘉靖癸亥郡人車渚龔天申跋。

【案】核對國家圖書館「中華古籍資源庫」所收明萬曆四十年（1612）本《李文山詩集》（02101），可知弢翁所録各篇序文均為擇要節録。

145 ○宋學士文粹十卷補遺一卷

明初本，半頁十三行廿五字，四周雙邊，小黑口，版心下有刻工姓名。章囚、孟利、子中、余壽山、江仲、姜原刁、張名、上甫、郭正宗、朱永、魏豊、吳子正、方祥、黃以然、王瓠、郭名遠、廷彦、志玄、士通口、無方刁、德全。

洪武丁巳鄭濟跋。

元照 白文方　芳椒 白文方　嚴氏 朱文方　張氏秋月 一字香修 一字幼憐 朱文方

之印 白文方　堂印 白文方　修能 朱文方

香 朱文方　羊魁 朱白文連珠　晉陵羊氏 朱文長方　鄒 朱文白方

修　　　　　　　　　　　藏書印記 朱文方　福蔭　月粗 朱文方

【案】此本爲弢翁購藏，後售出，見於《壬午鬻書記》，《周叔弢一九四二年售予陳一甫明版書書影》（第1644頁）著錄，明初刻本，六册。據此可以推斷，弢翁經眼錄的時間下限當不晚於1942年。今藏國家圖書館，中華古籍資源庫收錄（09883）。

又，王文進《文禄堂訪書記》（第436頁）亦著錄是本，記錄卷末所刻識語，與原書核對，脫漏較多。今抄錄原書卷末識語如下：

　　右翰林學士承旨潛溪宋先生《文粹》一十卷，青田劉公伯溫丈所選定者也。濟及

146 甫田集十五卷 [一] 缺卷一之五

共十册。文和州休承手鈔本，藍格，半頁十二行廿四字。起甲戌終戊午。

每卷有此鑒。

甫田集　先和州手録　一笠庵珍藏 卷之六　桃花塢人家 朱文長方

甫田集　第一册　文舍之印 白文方　書 深 朱文方

每卷有此封面。第一册至十册。

洪武丁巳七日，門人鄭濬謹記。

弟洧約同門之士劉剛、林靜、樓璉、方孝孺與繕寫成書，用紙一百五十四番，以字計之一十二萬二千有奇。於是命印工十人鋟梓以傳。先生平生著述頗多，其已刊行世者《潛溪集》四十卷、《羅山集》五卷、《龍門子》三卷，其未刻者《翰苑集》四十卷，歸田以來所著《芝園集》尚未分卷。在禁林時，見諸辭翰，多係大製作，竊意劉丈選之，或有所遺，尚俟來者續編以附其後。惟先生受知聖主，輔導東宮，名滿天下，文傳四夷，則不待區區之所贊頌云。

自今夏五月十七日起手，至七月九日畢工，凡歷五十二日云。

右爲先和州錄。文肅公筆 卷十二末。「文肅公筆」四字乃文從簡所注。

詩稿自六卷始,文集不載。從簡 白文印 在第一冊封面
之印

先太史遺稿,三冊,學諭叔父親書。隆慶己巳八月三日手授發□,俾收貯,尚有鈔本《甫田集》六冊,并是日付下。衛輝公筆 此四字乃文從簡所注,在第十冊末。

肇錫余以嘉名 朱文長方,卷七首

停雲 朱文圓,卷十一首

雁門世家 白文方,卷十四首

文印 朱文白方,卷九、十一封面

文 朱文方,卷八封面

彥可 從簡

字彥可 白文方,卷十、十二、十五封面

彥可 朱文方,卷十二封面

愛日館收藏印 朱文長方

曉露收藏 白文長方

曉露 白文長方

徐 白文方

鈞

[二]核對原書,書名爲《文太史甫田集》。

【案】此本今藏國家圖書館,著錄爲《文太史甫田集》□□卷,存十卷(卷六至卷十五),十冊,明文嘉抄本,文元發、徐世章跋(08564)。核對原書膠片,弢翁所錄不誤,原文

中即有□。

書中尚有「藏之名山傳之其人」朱文印、弢翁「周暹」白文印，說明此本曾經弢翁購藏，但弢翁未在《經眼錄》中加○。

《癸未新收書目》：「《甫田集》，文休承手抄，謝，十冊，七百元。」即指此本。癸未即1943年。據《弢翁〈歷年收書目〉錄注釋》（第744頁）「謝」不詳，可能指謝國楨。

147 宋遺民錄十五卷

本書六卷，附錄九卷。

鈔本，半葉十行廿字。嘉靖乙酉修寧程曾刻書後序。

南昌 朱文方 知聖道 朱文長方 遇讀 白文方 北平謝氏 朱文長方

彭氏 齋藏書 者善 藏書印

鄧牧《伯牙琴》載有所撰《謝皋父傳》，此錄未採入。嘉慶丙子夏五月十日謝寶樹記。 平安館記 朱文方，「安」朱筆，在卷末。

《知不足齋叢書》已刊，乙亥六月借校一過。葉東卿記。

148 三元延壽參贊書五卷

明初本,半葉十二行廿六字,大黑口,四周雙邊。

至元辛卯菊月吉日九華澄心老人李鵬飛刻書自序。

徐 朱文方　湘 朱文方　重憙 白文方　吳氏 朱文長方　石蓮閤 朱文長方
爨　　　　　賚　　　　鑒賞　　　　藏書　　　　所藏書

是書元刊元印之精者,卷首二圖記,乃海寧素庵陳相國徐夫人名號,舊藏陳氏後人拜經樓,《浙江採集遺書目·庚集》錄錢唐何文焕重刻本,作四卷,爲并爲刪,未見全書,而是本爲李氏原本可知也,珍之。戊辰三月廿八日,翰題記。

墨筆,在卷首。

作「廄」。 墨筆,在卷末。

【案】王子霖《古籍善本經眼錄》(第57頁)亦著錄是本,所錄唐翰題之跋與弢翁所記基本一致,惟「而是本爲李氏原本可知也,珍之」一句,王本作「而是本爲李氏原本,可絕珍之」。此本今不知所在,故列異同於此。

149 古文尚書冤詞補正一卷

鈔本，乾隆五十九年六月周春自序。六十有六。

乾隆六十年九月三日吳騫序。

甲寅十二月十三日姪廣業後序。

王蓉堂白文長方

【案】此本今藏國家圖書館，著錄爲清抄本，藍絲欄，九行二十一字，小字雙行同，有朱筆點校(1940)。《續修四庫全書》第54冊據以影印。

150 ○王無功文集五卷

是書從宋蜀本出。

鈔本，藍格，半葉十行廿一字，左欄下方有「晚晴軒陳氏鈔本」楷書七字。

呂才序。卷一賦。卷二詩。卷三詩。卷四書。卷五雜著。

每卷有子目，題目低六格。缺《河渚賦》《獨居賦》《孤松賦》《登龍門憶禹賦》《酒賦》五首。

【案】此本爲翁購藏,見於《自莊嚴堪善本書影》(第968頁),著錄爲清同治四年晚晴軒陳氏抄本,一册,藍口。今藏國家圖書館,中華古籍資源庫收錄(08376)。書中鈐印有「周遐」(白文)、「石蓮堪」(白文)等藏書印。

同治乙丑陳文田硯鄉跋中稱原鈔半頁十二行廿一字,大興朱氏竹君藏。

151 前後漢書

汲古閣本。沈文起校本。

甲戌年三月,葉石君將大字宋刻本校起。——此沈氏所錄,朱筆。

嘉慶甲子冬,從陳氏校宋本,有李安溪相國、何義門學士勘正文字,從之者則著之;其别有考證,加「按」字以别之。沈欽韓。——朱筆。

三劉之於學無所不窺,故其《兩漢刊誤》奏刀恚然,洞中湊理,雖有小疵,要亦通人之過當,洵有益於讀是書者也。吳仁傑後起,乃欲訾警之,究觀其《補遺》義解,支離曼衍,使初學小生增一重雲霧,而無益於班、范二家也。余深信三劉,而於吳氏無取。後之讀是書者,惟顧亭林爲善曉人,固不待煩言耳。舉似梟舟居士,以爲何如?

立夏前一日，欽韓又記。文*白文方* 起 朱筆，在卷首。

甲戌立夏前三日，沈欽韓點勘畢。文*白文方* 起 朱筆，在卷末。

同治戊辰七月六日，借寶生宗伯所得桐城姚惜抱先生圈點度一過，宣武城南，時將束裝南歸。藍筆，在卷末。

以上前《漢書》。

余年二十餘讀范《書》，文字脫誤者稍稍是正。既而旁引他書，略爲疏證。歲月既久，條別遂多，以其用力之深，不忍棄去。今甲戌之歲，方閉門藏拙，欲錄爲一書，曰《後漢書補正》。適許君袌舟屬余點勘，以便觀覽，因隨筆附之。其煩者不能盡錄於上方也，行當錄出。許君若篤好此書，則余之考訂不無小補。欽韓。欽韓之印*白文方*

以上《後漢書》。

朱筆，在卷首。

欽韓 *白文方* 吳縣許玉琢讀書記 *朱文長方* 陳氏一滄趣樓藏 *白文方* 滄趣樓 *白文方*
曾讀

弢翁 白文方 [一]　臣潤庠奉 □ 敕審定 一 内府經籍金石書畫 朱文方 [二]

鑑藏

小懷鷗舫所藏金石書籍印 朱文長方

[一] 此印疑弢翁記錄錯誤，滄趣樓主人陳寶琛字弢庵，或是「弢庵」訛作「弢翁」。

[二] 核對原書書影，此印中「□」意爲空格。

【案】《漢書》今藏上海圖書館，著錄爲明崇禎十五年毛氏汲古閣刻本，清沈欽韓校並跋（T09122－53）。《上海圖書館善本題跋眞跡》（第 4 册，第 80 頁）、《上海圖書館善本題跋眞跡輯錄》（第 120 頁）著錄。《後漢書》今亦藏上海圖書館，著錄爲明崇禎十六年毛氏汲古閣刻本，清沈欽韓批校並跋（T09154－77）。《上海圖書館善本題跋眞跡輯錄》（第 4 册，第 111 頁）、《上海圖書館善本題跋眞跡》（第 124 頁）著錄。

傅增湘《藏園群書經眼錄》（第 163 頁）、王子霖《古籍善本經眼錄》（第 22 頁）亦著錄此二書。其中《藏園群書經眼錄》所錄題跋較弢翁少，均置於「漢書注」一條下，其《後漢書》中「略爲疏證」作「略爲疏正」，與原文不符。《古籍善本經眼錄》著錄範圍與《藏園群書經眼錄》類似，但記錄內容和藏印著錄有誤。

又，傅氏在《藏園群書經眼錄》記述此本之來源，抄錄如下：

按尚有《後漢書》，與《前漢》全同，亦沈氏手校。據二書鈐印，知歷藏元和陸氏、吳縣許氏﹙鶴巢﹚及閩中陳氏﹙寶琛﹚。近日發庵前輩寶琛新逝，藻玉堂書坊從其家購出，乙亥五月二十七日攜來求售。

乙亥即1935年。

152 ○國語廿一卷

陸勅先校宋本。

錢遵王印寫錢宗伯家藏宋刻本，與今本大異，今歸於葉林宗，借勘一過。戊戌夏六月六日，常熟陸貽典校畢識。﹙陸印﹙白文方﹚ 貽典﹚

六月十二日燈下覆勘畢。勅先。﹙勅先﹙朱文長方﹚ 朱筆，在卷末。﹚

原本十一行二十字，注雙行三十字，共二百三十四葉。﹙墨筆，在卷末。﹚

仲春廿二日校。﹙墨筆，在卷一。﹚

季夏九日，重校於豐玉堂。﹙朱筆，在卷一。﹚

廿四日校。﹙墨筆，卷二。﹚

六月初八再校。朱筆,卷二。

戊戌六月朔,校完此册。陸印貼典 白文方 先 敕 朱文方 朱筆,卷三。

初二日校。墨筆,卷四。

六月十日,勅先覆勘訖。朱筆。

十日,雨中又校。墨筆,卷五。

初三日,校此卷。朱筆。

初三日校。朱筆,卷六。

季夏十一日,覆校。朱筆,卷七。

六月初四校。墨筆,卷八。

十一日再對。朱筆。

初四日校。朱筆,卷九。

六月十六日,早起校。陸貽一典又字一貽芳白文方 墨筆。

葉石君爲余校此,今再校一過,改正頗多。六月八日記。朱筆,卷十。

葉校續校一過。朱筆,卷十一。

初八日再校一過。朱筆,卷十二。

勒先覆對。

初九再校。朱筆,十三。

自十卷至此,葉石君校,余再校一過。六月九日。貽典 朱文連珠 清歡 白文方 客

初五日。墨筆,十六。

十二日再校。朱筆。

初五日校。朱筆,十七。

十二日午再校。墨筆。

初五日勘。朱筆,十八。

十二日復對一過。墨筆。

初六日校。朱筆,十九。

十二日重校。墨筆。

季夏十二日晡時重一校。墨筆,廿。

錢遵王印寫錢宗伯家藏宋刻本,與今本大異,今歸於葉林宗,借勘一過。戊戌夏

六月六日，常熟陸貽典校畢識。 陸印 貽典 白文方

六月十二日燈下覆勘畢。 勒先。 勒先 朱文長方 朱筆，在卷末。

戴劉源先生讀《國》曰：「先儒奇太史公變編年為襍體，有作古之材。」以余觀之，殆放於《國語》而為之也。此真讀書好古之識。世無戴書之人[一]，但知蘇、歐通套評論之而已。洞庭葉石君識，時年六十有七，三月十一日識。 葉樹 廉印 白文方 石 君 朱文方

歸來草堂 朱文方印 墨筆，在卷末。

是書舊藏同里沈氏稻香齋，咸豐癸丑，子壽八弟得之，寄至南清河。子壽篤於友愛，無他嗜好，而於余所好者必購以寄[二]。是本為陸勒先先生手校宋槧，後有題記并葉石君跋語，源流具在。予寶愛甚摯。甲寅旋里，攜之行篋中，寄藏於吳門桐溪吟舫陳氏。庚申之亂，賴容齋伯仲攜避東海濱，得不罹於劫。壬戌冬十一月十四日，容齋自海門來訪，於淮浦舉以見歸，如逢故人，而子壽歿已兩日矣。嗚呼傷哉，每一展卷為之泫然。同治二年春三月朔日，新豐鄉人唐翰題記於淮安公廨之唯自勉齋[三]。

唐宋本《國語》從來希有，義門先生以不得購見爲恨事。此書晚出，可謂唐臨晉帖矣。末冊有跋語，原委可證。

右朱左白文方印　歷劫_{朱方}不摩　宜_{白文方}孫　宜_{白文方}翰題　墨筆，在卷末。

此條舊夾卷中，大似史西村手跡，石君後跋尾有「明古」二字朱文印，則當時劉覽所及，遂書於別紙，亦未可知。余近於吳市得西村姓名印，竝押於副而記之。戊辰七月，書於抱山樓。

宜_{白文方印}孫　唐_{白文方印}翰題　史_{白文方印}鑑　墨筆，在卷末。

陸氏從遵王印寫錢宗伯家藏宋槧本勘校手寫，始仲春，訖於季夏。歲在戊戌，爲順治十五年至同治元年壬戌，閱二百有四年。嘉興新豐鄉人得寶藏之。

福地散仙_{朱文長方印}

錢唐汪遠孫明道本《考異》，所據宋公序《補音》，以明嘉靖間許魯宗、金李二本參訂異同。此本張侍御_{一鯤}所刊，在許、金後，以所引異同證之，當與兩本無甚優劣。明道本外，以公序《補音》爲古，惜原本單行，經後人散附於各卷中，致失公序之舊耳。

庚午二月十七日重檢記。晉昌 白文長方印 墨筆，在卷首。

昨承命對《國語》，歸時略校一過，知其校勘精細異常，在黃氏未刻以前，洵秘笈也。黃刻從錢抄影宋本重刊，每半頁十一行，每行大字十幾至廿二字，夾注卅至卅五字不等，卷末署名及增減之「減」字殘缺，並與校本相同，專此此奉徵。祈即詧收。所有詩集即付去人帶下無誤，此請台安，不莊。

世愚姪丁伊桑頓首。（唐鶴安筆） 信箋粘於卷首

甲寅秋日，海豐吳先生出秘笈命讀，因取吾郡士禮居景宋本比勘，成校記一卷。

此幼橋孝廉之子，號曰扶平，湖學附生。

長洲章鈺謹記。 章鈺 白文方印 式 朱文方印 之印 墨筆，在卷末。

陸敕先校宋本《國語》跋：

吾吳士禮居黃氏刊天聖明道本《國語》，爲覆宋佳刻，稱重藝林。其札記序語謂用所收影鈔者開雕餉世，蓋即指校宋本《國語》跋所謂繼得影寫明道本也，惟是本果否即爲錢遵王影寫絳雲樓宋刻真本，抑係傳錄之本，蕘翁並未揭明。另金壇段氏序文謂用錢氏原鈔付梓云云，微有不同。此本即蕘圃跋校本所謂陸敕先校真本，藏於西船廠 吾蘇巷名 毛氏者，蕘翁當日未克親見，越百餘年，爲海豐吳氏得之。敕先於此書

致力最深，再三譬勘，心細於髮，如字跡小有異同，必於第一見端摹眉上。「通」字爲宋真宗后劉氏父名，仁宗立，爲皇太后，故天聖間避諱作「迵」，明道間復舊，是爲天聖刻本之真據。葉林宗題語具存，末粘宋本《國語》云云一紙，乃義門弟子李明古鑑手跡，與書之後半眉上所黏校語係出一手。唐鶴庵以名字適同，目爲明之史西村，係屬失考。前半闌下墨筆校語疑即李明古校出，由同人代爲繕正。友人或指爲義門弟子沈寶硯手書，證以菦翁臨惠松厓校本跋語，謂陸敕先本寶硯秘不示人，是此本先歸沈氏，後入毛子文家，寶硯校書甚多，似當年同學商量，審定迻錄，尚屬可信。毛氏印記既備列首尾，即菦跋所記浙人戴君經所臨之名，亦見於第六卷十五葉，合校勘諸尊宿彙成一書，精確可信。藏書簿錄中鮮有過於此者，得見菦翁所未見，可謂驚人秘笈矣。敬取士禮居刊本比勘，知敕先親見錢氏影宋真本，與菦翁所稱影鈔本尚多異同，一一記出。約分兩類，一爲陸改明本而與黃刊本異者；一爲陸仍明本則敕先校例黃刊本異者。陸仍明本尚可謂敕先係取明本之長，故未塗改。陸改明本則敕先校例精嚴，決非專輒爲之，據此則黃氏所稱影寫明道本係屬傳錄之本。段序謂用錢氏原鈔付梓之說，亦爲同好假借之詞也。因錄校記一通，請石蓮先生正定，另有可備參考者，亦舉出附後，至墨筆校語及黏籤校語，足爲讀明本及影宋本互勘之助，則別錄一

分藏之，不復備列。後敉先校畢之二百五十七年，歲在閼逢攝提格孟冬大雪節，長洲章鈺謹記〔四〕。

敉先（白文方） 陸貽典印（白文方） 宋本（朱文橢） 善本（白文方） 陸氏敉先收藏書籍（白文方） 敉先（朱文小方）

購此書一甚不易（白文方） 覿玄（白文長方） 陸貽典一名一貽芳（白文小方）

李鑑之印（白文方） 明古（白文方） 明古（白文方）〔五〕 李氏（朱文方） 毛印（白文方） 遜敏（白文方） 錢印（白文方） 天樹

葉氏藏書之印（白文長方） 棗坡經眼（朱文方） 壬景子佳父（朱文長方） 孝純齋藏 王景一審定一之章（白文方） 葉玠之印（白文方） 楚珍（朱文方）

鵁安一校勘一秘籍（朱文方） 重憙鑑藏（白文方） 石蓮闇所藏本（朱文長方）

〔一〕核對原書，「世無戴書之人」衍一「之」字，當作「世無戴書人」。

〔二〕核對原書，「而於余所好者必購以寄」中「余」當作「予」。

〔三〕核對原書，「淮安公廨」前脫「郡丞」。

〔四〕核對原書，章氏此跋及校記裝成一冊。

〔五〕核對原書，二「明古」白文方印不同，非重複著錄。

153 隸釋廿七卷 隸續十九卷

樓松書屋刻本，九行廿字。

樓松書屋
汪氏校本　篆文木記，每卷末。

校本。

【案】此本爲叕翁購藏，見於《自莊嚴堪善本書影》（第236頁），著錄爲明刻本，九册，清陸貽典、葉萬、章鈺校並跋，沈嚴校，唐翰題跋，九行二十字。今藏國家圖書館，中華古籍資源庫收錄（08020）。

王文進《文祿堂訪書記》（第108頁）亦著錄是本，但著錄條目較叕翁所錄少，且輯錄之內容有較多誤謬疏漏，當是書賈輾轉傳抄，並非目驗。

又，《叕翁藏書題跋（年譜）》（第123頁）載1934年叕翁致王文進手札有「《國語》價稍貴，唯陸敕先校本邋遢尚無，只可忍痛收之，便中希帶下爲荷」即指此本而言，可知叕翁經眼此本不晚於1934年。

芸香書屋汪宅 朱文楷書，在封面背。

發兌住杭城菜

市橋馬所巷內

贈書適值公生歲，研說俄驚八十年。信有奇緣屬金石，不堪浮世等雲烟。記聞

自寄深寧志，集古曾傳叔弼編。展卷豈勝桑海感，霜紅龕裡溯醫仙。

石蓮先生示讀《隸釋》《隸續》，乃櫝書之一也。《隸釋》曾以曲陽傳氏傳校[一]，

故及之。乙卯清明長洲章鈺敬題記。 式之 白文長方 墨汁 朱文方 在《隸釋》目錄後。

道光丁酉伏日，陳宗彝從車秋舲借校一過。 在《隸釋》末。 因緣

道光戊戌十月十八日，車子秋舲約登清涼山，遊隨園，并以此書贈行。是夕歸

舟，次日揚帆西上。 子苾題記。 式芬 吳 白文方 子苾 朱文方 耆古堂 審定金 石文字 朱文

方 在卷末。

[一]「曲陽傅氏」當作「陽曲傅氏」，文中所指即傅山，傅氏乃山西陽曲人。

【案】此本今不知藏於何處，由葉翁所記可知，此本曾經吳式芬、吳重憙父子遞藏。

章鈺有據吳氏藏本抄錄之校本，今藏國家圖書館，著錄為清同治十年洪氏晦木齋刻

二二四

本，章鈺校跋，中華古籍資源庫收錄，《隸釋》索書號14590、《隸續》索書號14591。顧廷龍《章氏四當齋藏書目》（第193頁）所著錄即此本，抄錄其中題跋如下：

（一）海豐吳氏藏有樓松書屋汪氏原印《隸釋》二十七卷、《隸續》二十一卷，《隸釋》曾據陽曲傅山人青主校本臨校，石蓮撫部屬為題記，因傳錄一過，始知山人係用明王雲鷟本校讀，凡山人舉出明本謬誤，汪刻十改八九。吳本既未揭明校例，仍將傳校眉上下字一律照錄，幾使人莫名其故。且籤注各條有甚陋者，謂全出山人手筆，實未敢信，斷句亦多錯亂。鈺校此書，大致一仍其舊，非定本也。《隸續》有陳宗彝校字樣，實少勘正處。因信筆點讀之，凡附管見，《隸釋》中均冠以某案。乙卯清明後一日。

附題吳藏汪本一律。贈書適屆公生歲，研說俄驚八十年。信有奇緣屬金石，不堪浮世等雲烟。記聞獨抱深寧想，集古曾傳叔弨編。展卷豈勝桑海感，霜紅龕裡溯醫仙。

（二）此本序文及目錄前數葉墨筆及後錄魏稼孫跋語，皆吾宗老碩卿先生手筆。碩老藏有魏校本，今不知流傳何所矣。

顧廷龍先生編寫《章氏四當齋書目》時，章鈺藏書均在當時的燕京大學圖書館。1952年，這批藏書中的部分藏書轉捐獻給當時的北京圖書館（詳蔡銀春《章鈺「四當齋」齋藏流散考述》，《大學圖書館學報》，2013.4）。可知此《隸釋》《隸續》即在其中。又，比較章氏校本與弢翁所記吳氏本，二者在題跋內容上有異同，如所錄題詩字句不同（詳以上引文）；章氏所錄陳宗彝題記不在《隸釋》末，而在《隸續》末；章氏未移錄自己所作題記。

154 李石疊集四卷

明本。

半頁九行十六字，白口，無上下魚尾。許宗魯序。左闌下方有「西亭書院鐫」五字耳子。

【案】據《中國古籍總目》，國內僅國家圖書館、陝西省圖書館藏有此版本。

155 華陽國志十二卷

陳仲魚校本。

乾隆二十二年丁丑二月盧文弨校。_{此行陳氏傳錄，在目錄前。}

乾隆五十五年冬十有二月，訪盧弓父先生于杭州新橋之抱經堂，借其手校足本《華陽國志》以歸。次年七月寓震澤，以此冊對校一過。海寧陳鱣記。_{朱筆，在目錄後。}

嘉慶十四年十二月既望，寓中吳上津橋石泉古舍，檢閱是書，重校一過。鱣記。

陳鱣_{朱白文小方} 仲魚_{朱文小方} 藍筆，在卷末。

得此書費一辛苦後之一人其監我_{白文長方} 仲魚圖象 簡莊_{朱文長方} 藝文 海寧陳鱣觀_{朱文長方}

【案】此本今藏國家圖書館，著錄爲清初刻本，八冊，九行二十字，清陳鱣校並跋，卷十抄配。中華古籍資源庫收録(04673)。

核對原書，書前有題跋一則，抄錄如下：

陳仲魚校補本，靈鶼閣舊物。仲木弟得之，風雨樓前歲散去，余後收之。每一展讀，不勝憶萬爲雲之感。北溟題記。戊寅 陶北溟_{白文方}、玩物喪志_{白文}、北溟珍愛_{朱文}。

書中有「江建霞都門寶書之記」(白文)、「金輪秘笈之寶」(朱文)，結合跋文，可知此書自陳

156 ○世德堂六子

校本。

壬子四月廿二日校《爾雅》終卷，遂於燈下取宋刻郭注校此本，訛字雖注中亦一一改正。其有字體點畫偏旁，此本從正而宋本反遵通者，如「說」「悅」、「莫」「暮」、「女」「汝」之類，則兩存之，以見宋本面目也。時校完此卷，東方既白，漁鼓鼕鼕，趁虛人已集津市，而余猶握管不輟，信如王樂山之所呵入魔道者矣，豈止書淫而已哉！襃盅記。

朱筆，在《南華真經》卷一後。

宋本每行十五字，注卅字，不載陸氏《釋文》。

朱筆，在《莊子》卷一眉上。

影宋本原文九行，行十五字，注每行卅字，反切居注後。通本側注點句者皆張湛注。

朱筆，在《列子》卷一題下。

凡盧校與宋鈔本異者，用墨筆。墨筆在《列子》卷一題下。

凡讀古書，先須著眼其通同假借之字，如此卷中，「進」當爲「盡」，「久」當爲「有」，「釋」字作「舍」之類是也。然後考其謬誤，訂其異同，味其義理，乃援筆點讀，信口雒誦，真人生大快意事也。或曰：「汝重値購之，草率塗抹，毋乃可惜乎？」余曰：「余之看書，祇取自怡而已，不斤斤爲名，何論夫書之價值哉。」褒盅漫記。

此卷之注與影宋本之注，詳略都同。殷氏釋文竟若此卷未釋。盧抱經所校雖云有處是釋文，然俱影宋本所有，未敢必信其爲殷氏釋文也。抱沖志。

此本注中間有引《爾雅》、司馬《說文》、高誘注《淮南子》云云者，影宋鈔本轉無，未知是影宋本所脫？抑即殷氏釋文？尚須別參善本也。壬子嘉平，抱沖記。

以上兩則朱筆，在《列子》卷二末。

抱沖盧一藏書一畫之章 朱文方　襄沖校本 朱文長方　金粟 白文方　山房

朱筆，影鈔本注所無者，不點句讀○，是日因繙《群書拾補》，見有《列子》校注，因於燈下一對，始覺向之所疑，非張注者，抱經亦不著於錄，其爲殷氏釋文無疑也。然抱經亦有以釋文作張注者，在卷八「擎博樓上」句下，大抵爲《道藏》本所誤耳。余按之影

宋本，兼翫其辭之義類，決非張注也。抱沖又識。

【案】此本爲弢翁購藏，見於《自莊嚴堪善本書影》《（第482頁），著錄爲明嘉靖十二年顧世春世德堂刻本，三十二册，清顧之逵校並跋，顧廣圻校，八行十七字，小字雙行同。今藏國家圖書館（08359）。核對原書膠片，弢翁所錄不誤。書中尚有「五橋珍藏」白文印，「慈溪馮氏醉經閣圖籍」朱文印。可知此書曾經清人馮雲濠收藏。馮雲濠（1800—?），字五橋，慈溪人。清道光十四年舉人。家本富有，性喜藏書，所藏達五萬卷，建醉經樓以藏書，所藏多宋元人文集。

157 ○化書六卷

明弘治本。附音義一卷。

紫霄真人譚景昇譔。

半頁十行廿字，四周雙邊，小黑口。

弘治甲子李紳縉卿序。

嘉祐五年碧虛子後序。

《譚峭傳》附。字景昇。

朱筆，在《列子》卷二末。

【案】此本為弢翁購藏，見於《自莊嚴堪善本書影》(第636頁)，著錄為明弘治十七年劉達刻本，一册。今藏國家圖書館，中華古籍資源庫收錄(08213)。

158 鶴林玉露十六卷

字體似弘治時刻本。

明本，半頁十行廿二字，白口，左右雙邊。

159 ○鶡冠子三卷

上中下。老缶題簽。

明活字本，半頁十行廿字，白口，單邊，上魚尾上有「甯」字，下魚尾有「弘治年」三字是葉，或有「活字板」三字，或有「碧雲館」三字。乾隆御題。朱筆校語出翰林院。

乾隆
題鶡冠子　御覽 朱文楕圓
之寶

鐵器原歸厚德將，襪一刑匪獨老和黃。朱評一陸注同因顯，柳謗韓一譽兩

不妨。完帙幸存書一著楚,失篇却勝代稱一唐。帝常師處王友處一,戒合書紳識弗忘。

乾隆癸巳季夏中澣。

御筆 乾　隆 朱白文連珠

臣等謹查宋陸佃注《鶡冠子》三一卷,此書論三才變通,古今治亂一之道。唐韓愈稱之,而所見祇十一六篇,未爲全書。此本凡十九篇一,首尾完備,佃注世亦罕見,係明一宏治中活字板本,坊間並無流一傳。

計三冊。

賜書堂 白文長圓 [二]

《鶡冠子》博該群言,理尚精碻,論者多以僞書輕之。柳子厚謂言盡淺陋,則未免失之過甚。按《漢志》止一篇,韓文公所讀有十六篇,又有謂文公所讀者爲十九篇,《四庫書目》則有三十六篇。或謂原本無多,餘悉後人增入,聚訟紛紜,莫能定也。歷來之無善本可知矣。此本爲《聚珍叢書》所祖,且明活字本傳世絕希,至足寶也。中華建國四年二月,寒雲。

袁氏 白文大方 仲子 克文 白文大方 私印

乾隆三十八年四月兩淮鹽政李質穎送到馬裕家藏

《鶡冠子》壹部

計書 壹 本

翰林院印 漢滿文大官印

朱文木記，在封面。

[二] 此印在袁克文題跋前。

【案】此本爲彀翁購藏，見於《自莊嚴堪善本書影》，著錄爲明弘治碧雲館活字印本（四庫底本），三冊，清高宗弘曆題詩，袁克文跋。今藏國家圖書館（08204）《中華再造善本·明代編》據以影印。

核對原書，彀翁所錄無誤。

王文進《文祿堂訪書記》（第 221 頁）、傅增湘《藏園群書經眼錄》（第 550 頁）亦著錄是本，其中《文祿堂訪書記》著錄題跋藏印有缺有訛；《藏園群書經眼錄》注有「惲薇孫家獲見」。惲毓鼎，字薇孫，一字澄齋，此本中鈐有「毓鼎」「澄齋收藏書畫」印記，可知曾爲惲毓鼎收藏。

又,《文禄堂訪書記》另載有陶祖光題跋一篇,不見於原書及諸家書目,記述此書遞藏經過,抄錄如下:

此《鶡冠子》三卷,原爲揚州馬氏玲瓏山館所藏,乾隆時進呈内府,其間朱筆校讎出自翰林院,即《聚珍叢書》之祖本也。按碧雲館本著録至罕,而此書尤爲希覯。黄蕘圃藏舊鈔本,以袁又愷明《道藏》本校,彌自珍異,今在海源閣。蕘翁跋稱收書二十年,從無善本可對,明《道藏》本亦唯五硯樓有之,更未聞有古於《道藏》者。惜乎此本不爲蕘翁見也。此本曩爲吾鄉惲薇孫學士毓鼎所寶,董授經欲以重資易之,余聞而先往,遂爲余有。長沙葉麗樓一見歎曰:"此文韻閣舊物,真海内孤本也!子其善守之。"余唯唯受教。重裝既竟,記其崖如此。甲寅秋初,祖光。

據書中袁克文、陶祖光題跋時間,可知此書遞藏順序:清代内府、惲毓鼎、袁克文、陶祖光、周叔弢。

160 杜審言集三卷

明本。

161 ○歷代鐘鼎彝器款識法帖二十卷

鈔本。

張立人手鈔本,半頁十七行,行卅二字。

陽城張氏省訓堂經籍記 朱文長方 吳郡張位圖書 朱文長方 張 白文方 張敦仁 朱文長方

子絜 朱文方 張印 朱文方 葆采 朱文方 執一學一軒 白文方 位 白文方 薦染一葆采兄弟之印 朱文方

過眼

【案】此本爲弢翁購藏,見於《自莊嚴堪善本書影》(第444頁),著錄爲清張位抄本,二册。今藏國家圖書館,中華古籍資源庫收錄(08110)。

162 ○畫墁錄一卷

明鈔本,白棉紙黑格,半頁十二行廿字,板心下方有「十洲」三字楷書。胡心耘依何焯

本手校。

愛閒 桐軒主人 襄新館 徐堅
居士 朱文方 朱文長方 朱文長方 白文方
 藏書印 藏書記 藏本

鄧尉徐氏藏書 劉印 曉峯曾
朱文長方 白文方 朱文長方
 履芬 經閱覽

【案】此本為弢翁購藏，見於《自莊嚴堪善本書影》（第 742 頁），著錄為明十洲抄本，一冊，清胡玨校，周叔弢跋。今藏國家圖書館，中華古籍資源庫收錄（08257）。書前有弢翁甲戌年（1934）題跋一則，抄錄如下：

甲戌冬，文祿堂主人王晉卿從蘇州購此書至，只重其為明抄，未知校出誰氏手。余審是胡氏手跡，因以重價收之。黑紙書衣，金雲莊家舊裝皆如是。韓淥卿嘗問黃氏滂喜園火友朱某者，此藏書家之故實，不可不記。書中「愛閒居士」「桐軒主人」藏書印二印疑是金氏圖記，俟再考之。甲戌十二月弢翁誌。

163 ○胡子知言六卷 附錄一卷 胡子知言疑義一卷

明嘉靖本，半頁十一行廿一字，大黑口，四周雙邊。

《知言》六卷，宋儒胡宏撰，書中論性不入於禪，論治直準乎古。明白醇正，爲理學指南。《孟子》云：「我知言，我善養吾浩然之氣。」學孟子者，胡子近之矣。阮元

墨筆，在卷首。

【案】此本爲毿翁購藏，見於《自莊嚴堪善本書影》（第506頁），著錄爲明嘉靖五年正心書院刻本，二册。今藏國家圖書館，中華古籍資源庫收錄（08144）。核對原書，毿翁所錄無誤。

王文進《文禄堂書影》（第197頁）亦著錄此本，所錄內容與毿翁基本一致。

陸氏 朱文方　仲陶 朱文方　淞州 朱文方　怡志 朱文方
圖書　　　所藏　　　藏書　　　林泉

164 ○復古編二卷

白口，左右雙邊，上字數，下刻工姓名。
元本，黃紙，半頁七行，大字約九、十字，小廿三、四字。
大觀四年陳瓘序。八行十九字。

張杙序。弘治三年程敏政序。

至正丙戌秋九月二望日曹南吳志淳一刻於好古齋。篆書三行，在卷下末頁。

至正丙戌四月虞集題字。手跡上版，八行。四十四年，在豫章重見舊刻於曹南吳志淳主一齋居。[二]

政和三年程俱叙。抄。

洪武甲子秋九月，天台楊哲手跋。言淮海李綬希文徵言。[二]

拄笏軒 朱文方　秉 白文方　李芾 白文方　李氏 朱文方　趙氏 朱文方。此印乃李氏所押，以印泥色彩
哲　　　　　　　圖書　　　希文　　子印　　　

大癡 朱文長方　疑李氏印　[印]朱文方　天下 白文方
　　　　　　　　　　　　　　　　同文

觀海生 朱文長方　奉□□氏藏書子子孫孫讀之勿替 [三]

安樂堂 朱文方　海源閣 朱文長方　東郡宋存 朱文長方　瀛海 白文方　[印]朱文方
藏書記　　　　　　　　　　　　書室珍藏　　　　仙班

東郡楊─紹和字─彥和藏─書之印 朱文方　宋存書室 朱文長方

徐、徐德克、魏、徐德充、天祥、胡、克明、魏克明

知之。

[一] 此處爲弢翁簡記虞集序文，核對原書，虞氏序文爲：
大德癸卯，集在京師見《復古編》，手摸臨學四十四年，在豫章重見舊刻於曹南吳志淳主一齋居。同觀者洛陽楊益友直、廬陵范匯朝宗、嚴陵夏溥大之。至正丙戌四月十八日，雍虞集書

於東湖精舍。

（二）核對原書，楊氏跋文是應李綍之請而作，故言「徵」。

（三）核對原書，此印在卷首陳瓘序第一葉，爲朱文長方印。

【案】此本爲孁翁購藏，見於《自莊嚴堪善本書影》(第138頁)，著錄爲元至正六年吳志淳好古齋刻本，二册，明洪武甲子楊哲跋。今藏國家圖書館(07977)，《中華再造善本·金元編》據以影印。此本曾爲怡親王府舊藏，後歸海源閣，《楹書隅錄初編》《楹書隅錄續編》未著錄，見於《宋存書室宋元秘本書目》《海源閣宋元秘本書目》。

又，此本末卷後有孁翁題跋一則，記述遞藏經過，抄錄如下：

張有《復古篇》，宋元舊刻傳世極稀，諸家書目所著錄者多爲鈔本。此元至正好古齋本，字畫精雅，宋諱闕筆，蓋從宋本繙雕。舊藏楊氏海源閣，劫後流入天津某茶葉鋪中。初見時索值奇昂，荏苒數年，遂無人問鼎。甲戌十一月，藻玉堂書估王子霖携以示余，因以重價收之。惜紙經染色，觸手即破，乃命工重裝，圍以素紙，居然面目一新，可便觀覽。書之壽命亦得延長，固無慊於損舊裝矣。小除夕孁翁記。

甲戌即 1934 年。

王文進《文禄堂訪書記》(第 67 頁)、王子霖《古籍善本經眼錄》(第 14 頁)亦著錄是本,其中《文禄堂訪書記》所記楊哲題跋多缺漏訛誤;《古籍善本經眼錄》記錄內容亦多有訛誤,且著錄此本爲「明刻本」。

165　大乘百法明門論解二卷

明正德本。

明魯庵法師普泰增修。

半頁八行十七字,四周雙邊。首三頁魚尾下有助刊姓名。蔡覺俊助、余自忠助、沈覽衡助。

正德辛未普泰書於飛虹官舍。　後序。

姑蘇憺怕齋校刻。　此行在卷末。

166　津夫詩鈔二卷

抱經堂抄本。

餘姚　汪鑒梅津

先生隱於醫，懸壺於邑之北鄉，地名周巷。好畫梅，所居號梅津草堂，集陶句作楹帖曰：「一觴雖獨進，千載乃相關。」己未、庚申間，小子至姚，常蒙獎誨。甲戌重過其地，先生墓草已宿，而草堂故跡爲市廛新構所掩，杳不可尋，後人亦式微，悲夫。甲午三月之望，雨入夜不絶，挑燈閲此。通家子盧文弨書。<small>朱筆，在卷上末。</small>

先君子於勞先生稱私淑弟子，今其遺書已梓行世，蓋生陽明之鄉而一守洛閩之學者也。甲午三月十九日盧文弨記。<small>朱筆，在卷下末。</small>

黑格，半頁十一行廿一字。盧抱經序。桑調元序。

虎林盧<small>朱文方</small>　盧<small>白文方</small>　熒齋<small>朱文方</small>　抱經<small>朱文方</small>　文弨寫本　文弨　堂藏

【案】據《中國古籍善本書目》，此本今藏重慶市圖書館，著録爲清抄本。

167　增廣注釋音辨唐柳先生集

半頁九行十八字。

正統戊辰善敬堂刊。在諸賢姓氏後。

168 猗覺寮雜記二卷

鈔本，半頁十行廿字，鮑以文手校。

康熙丙申六月，借小山從汲古得本付鈔，其本已爲義門校過，茲再爲校對一過，廿二日午刻畢。黃筆，在卷末，名號已剗去。

【案】王子霖《古籍善本經眼錄》亦著錄是本，所記內容與弢翁有異同，抄錄如下：

首有鮑氏書改正卷數紙條與鮑刻本改換卷條，以仍存其原書。末一條云：「康熙丙申六月借小山從汲古閣本傳鈔。其以爲義門校過，須再爲對校一過。二十三日刻畢。」有「歙鮑氏知不足齋藏書」「知不足齋鮑以文藏書」「唐百川收藏印」等章（第69頁）。

又，《中國古籍總目》著錄「臺圖」藏有鮑氏校本《猗覺寮雜記》，檢「臺圖」「古籍與特藏文獻資源」收錄有是本電子掃描件，著錄有墨、朱、黃三筆手校，行款鈐印與周、王二氏描述吻合，惟無卷末題跋，疑題跋佚去，或是一本（30807091）。

書中尚鈐有「國立中央圖書館」「韞輝齋」「張氏圖書」「張珩」諸印，爲「國立中央圖書館」從張珩處收得。

169 翠屏集四卷

明成化刻本，半頁十一行廿二字，四周雙邊，大黑口，有圈點。

洪武己巳陳南賓序。
宣德三年陳璉序。
洪武甲戌劉三吾序。
洪武三年宋濂序。

> 詩文一依監本博士石仲
> 濂先生批點中間漏版不〔一〕
> 復刊行今將家本增於後
> 成化十六年庚子歲孟冬
> 吉旦嗣孫張淮捐俸重刊

楷書木記五行，在陳南賓序後。

翠屏集卷之一　前國子博士門人淮南石光霽編次

德慶州儒學訓導嗣孫張淮讀編

德慶州儒學學正後學莆田黃紀訂正[二]

德慶州判官後學閩泉莊楷校正

貝_{白文方}　定父_{朱文方}　千墨庵_{朱文長方}　簡香_{白文長方}　平江貝_{朱文長方}

埔　居士　　　　　　　　　　　藏書　　　氏文苑

貝印_{白文方}　太原叔子_{白文長方}　蓮_{朱文方}　金氏文瑞_{白文長方}　星_{白文方}

埔　　　　　　藏書記　　涇　樓藏書記　　調

金星調_{朱文長方}　長洲顧_{朱文長方}　湘舟_{朱文方}　適安_{白文方}　張氏_{白文方}

藏書記　　氏藏書　　　　過眼　　堂藏　　子儀

張兼_{白文方}

之印

〔一〕核對原書，「版」當作「板」。

〔二〕核對原書，「訂正」當作「訂定」。

【案】此本今藏臺北「國家圖書館」，著錄爲明成化十六年（1480）德慶府儒學刊本，四

冊，其「古籍影像檢索」系統收錄此本電子版（402.6 11154）。

書中尚有「當怒讀則喜當疾讀則瘥恃此用爲命縱橫堆滿前」（朱文）、「國立中央圖書館收藏」（朱文）印，由藏書印記可知，此書經貝塘、王蓮涇、金檀、顧沅等人收藏。藏印中名金星調者，與文瑞樓主人金檀（字星軺）不知是否爲同時期人，是否爲親屬，目前不得而知。

弢翁所藏有相同版本另一部，見於《周叔弢一九四二年售予陳一甫明版書書影》（第1688 頁）。

170 皇甫持正文集六卷

明正德本，半頁十行廿字，左右雙邊，白口，下魚尾下有「世業堂」三字。

正德十五年王鏊序。

正德庚辰皇甫錄後序。

皇甫沖跋。

皇甫涍跋。

柯溪 白文方　梁溪顧氏藏書 白文長方　飛雨 朱文橢　心齋 朱文方　朝 白文方

藏書氏藏書　入研田　居士　泰

聲 朱文方　文田 朱文連珠　子孫 白文方

　　　楷　　　　　　　永保

【案】此本今藏國家圖書館，著錄爲明正德十五年刻本，中華古籍資源庫收錄(10218)。

書中尚鈐有「黃岡劉氏紹炎過眼」（朱文）、「黃岡劉氏校書堂藏書記」（朱文）。劉卓云，字紹炎。倫明《辛亥以來藏書紀事詩》收錄劉氏，注曰「武昌劉卓云紹炎，近二十年，以購古本書著聞。……今歲五月，在北平圖書館見明抄本《晏公類要》等十餘種，鈐有澹生堂諸印，詢之，則劉氏書，書客從鄂寄來者也。何聚之艱而散之速耶！」據此可知，翁所見本或即劉氏散出之本。

171 太上靈寶感應篇三教至言詳解

宋本。李昌齡集注。紹定本。

九行十九字，白口，左右雙邊，大版心。版心上作「感葉數」，下字數。紹定癸巳鄭清之序。六行，以下皆手跡上板。

端平乙未龔幼采跋。八行。

嘉熙戊戌鄭大愚題。五行。

熙戌先挺跋。[一]五行。

端平丙申葉應輔書。五行。

端平二年真德秀跋。八行。

嘉熙戊戌陳天昌。八行。

熙戌應辰跋。[二]六行。

紹定癸巳九峰真逸手記。八行，隸書。

紹定癸巳九峰真逸陳夬子敬序。八行。

[一] 此爲弢翁簡記，王利器《《太上感應篇》解題》作「嘉熙戊戌十靜軒先挺跋」。

[二] 此爲弢翁簡記，王利器《《太上感應篇》解題》作「嘉熙戊戌易隱太初子應辰跋」。

【案】此本今不知藏於何處。王文進《文禄堂訪書記》（第278頁）著録一部，宋嘉熙刻本，書中有「昆陵周氏」「九松迂叟」等藏書印。

172 昭明太子集五卷[一]

明覆周滿本。

半頁八行十六字,版心作「昭明集」,張紹仁校本。

道光二年壬午新春,獲見汲古閣毛氏舊藏周滿元刻,據以校勘此本,改訛補脫,是正良多。紹仁。[二]

周滿元刻本每葉十八行,行二十字。[三]

訒 白文方　　士禮居藏 朱文長方

讀異一齋校一正善本 白文方　　紹仁 白文方　　張印 白文方　　學安 朱文方

訒庵 朱文方　　紹仁 朱文方　　訒 白文方　　盦 白文方　　學安 朱文方

張紹仁 朱文長方　　張氏 朱文方　　盦 白文方　　張氏 朱文方

讀書記　　書印　　讀異 白文方　　齋藏

海源閣印十餘方不錄。

[一]核對原書,書名爲《梁昭明太子文集》。

【案】此本今藏上海圖書館，著錄爲明遼國寶訓堂本，二册，清張紹仁校並跋，李滂題識，□雲沛跋(756774-75)。《上海圖書館善本題跋真跡》(第 11 册，第 58 頁)收錄此本首卷卷端及張紹仁、李滂題跋書影。

此本《楹書隅錄》《楹書續錄》未著錄，《宋存書室宋元秘本書目》著錄校本《昭明太子集》，五卷二册；《海源閣宋元秘本書目》有明翻宋本《昭明太子集》五卷四册。據戤翁所錄張紹仁跋，知此本當是校本，或即《宋存書室宋元秘本書目》所著錄者。

卷五末有李滂題識：

德化李滂藏書。李滂(朱文)。

又有雲沛氏題跋一則，記述李滂得書經過：

少微吾兄秉承家學，富於收藏，隨時隨地留心搜討。今夏到滬，屏除俗務，於無意中得此善本，雖屬晚明翻刻，而士禮居、海源閣所收，又有張學安以周滿初刻精校，可寶也。喜爲之記。乙亥仲夏雲沛氏謹識。雲沛(朱文圓)

[二] 核對原書，此跋在卷五末。周滿爲明代人，文中「元」當通「原」。

[三] 此句是戤翁自注所加，在稿本天頭。

傅增湘《藏園群書經眼錄》(第833頁)亦著錄是本，且注有「乙亥五月借校」。乙亥即1935年。

書中另有蔣汝藻「密均樓」藏印，考蔣氏在1925年事業衰敗，將藏書陸續抵押出讓，至1932年國立北平圖書館將蔣氏餘書收購一空。可知李滂在1935年購藏蔣氏舊藏，傅氏在同年借以校勘，弢翁經眼此書時亦當在此時。

173 漢書

存帝紀十二卷志八卷。

景宋鈔本，開化紙，中版心，半頁十行，十八、九字，小廿八、廿九字。左右雙邊，上有字數。大題在下，小題在上。

笥河府君 朱文長方　朱印 白文方　葉印 白文方　東卿 朱文方

遺藏書記　錫庚　志誐　過眼

袁寒雲印不錄。

【案】此本今藏國家圖書館，中華古籍資源庫收錄(18135)。著錄爲清初影宋抄本，存二十卷：一至十二、二十一至二十八。十册。

此本與後《後漢書》爲一套書，詳見下條。

174 後漢書

存帝紀十卷志三十卷。

景宋鈔本，開化紙，中版心，半頁十行，十八、九字，小字廿八、九字，左右雙邊。

印記同《前漢》。

辛巳余借牧翁宋本繕寫，凡二周而未及《列傳》，後其本爲四明謝象三携去，遂不克全，迄今幾十年矣。偶翻閱舊帙，因爲誌其始末。若此後之觀者，慎弗視爲殘編斷簡而勿諒余之苦心也。己丑仲夏望日，毛子晉記。在卷三十末。

【案】此本今藏國家圖書館，著録爲清初影宋抄本，十册(18136)。

影宋精鈔本兩《漢書》，爲毛氏汲古閣舊物，裝爲一套，由書中鈐印可知，曾經大興朱氏、常熟翁氏、袁克文等人遞藏。

朱錫庚、翁同書、李盛鐸、徐鴻寶、袁克文諸跋另録。

傅增湘《藏園群書經眼録》亦著録是本，輯録書中諸家題跋，可資參考，且有乙亥

（1935年）按語記述此本流轉經過：

此書近年歸粵人潘明訓，曾與羅子經振常商讓於我，正議以宋本書相易，及余游黃山回，則已爲白堅甫得之，持以示余。昨晤少微世兄，知已攜之北來，今日自津寄閱，因略記行款題跋印章如右。惟索高價五千金，祇望洋興歎而已。乙亥五月廿三日沅叔記。（第166頁）

繼潘氏之後，此書又歸陳清華，《祁陽陳澄中舊藏善本古籍圖錄》（第482頁）著錄此書，有弢翁所記卷三十末題跋，核對，無誤。後入國家圖書館。

175 梅屋詩餘一卷 石屏長短句一卷

汲古閣景宋鈔本，十行十八字。

毛氏 朱文方　　毛晉 朱文方
子晉　之印

【案】此本今藏臺北「國家圖書館」，著錄爲明虞山毛氏汲古閣影鈔宋臨安陳宅書籍鋪刊本，近人鄧邦述、吳湖帆、張元濟、王同濟、吳曾源、吳梅、汪東、葉恭綽、黃孝紓、郭蘭枝、張珩、沈尹默等手跋或觀款，一冊，該館「古籍影像檢索」系統收錄（14860）。書中題跋

抄錄如下：

（一）隱湖毛氏以刻古籍馳聲明清之間，而尤以景鈔宋本爲一時絕葉，前無古人，後無來者，余所藏《南宋名賢小集》。凡四十五家，裒然鉅觀。此二種先爲亡友吳印丞借刊，流布海内，今復爲醜簃加以錦賵，藏之秘笥。近年醜簃醉心聲律，宜其印丞借刊也。余獨感於菟園有聚必有散之言，以爲散者其常，而不散者亦絕無而僅有者矣。辛未六月，群碧重觀記。

（二）吳印重印時，將首册上「宋本」「希世之珍」「毛晉」「汲古主人」四印俱摹入，此二卷上無此四印，恐後世鑒者于原書有不符之疑，特爲拈出識之。辛未冬日，吳湖帆于梅影書屋。

（三）《士禮居藏書題識》卷八《石屏詩集》十卷跋中云，宋元人詞不下百餘種，内有《石屏詞》，故取以校此種，詞本已歸邢溝秦敦夫太史云云，則此書曾藏秦氏爲可證矣。

（四）此書曾藏鄧氏群碧樓，庚午冬漚夢詞丈所貽，吳印丞先生刻《雙照樓詞》，即據此影梓，海内無第二本，應與宋槧《淮海長短句》同珍之。辛未元夜識于梅影書屋。吳湖帆

（五）夏曆辛未正月廿五日，海鹽張元濟觀。

弢翁古書經眼錄標注

（六）辛未花朝前二日，栩緣王同愈觀。

（七）辛未花朝，張茂炯、王季烈、吳曾源同觀于梅影書屋。

（八）余嘗謂毛鈔之精，實與宋槧相等，顧汲古《六十一家詞》又紕繆滋多，豈鈔與刻各不相謀耶？此許、戴兩家詞已刊入《雙照樓》，觀《梅屋詞》，「浣溪紗」作「溪浣沙」，明知宋刊之誤，且不敢改正，可證古人篤信舊槧矣。辛未二月，霜厓吳梅記。

（九）辛未七月，旭初汪東觀。

（十）昔歲吳印丞校刊宋詞，余屢與商榷，然未知此底本爲群碧樓所藏也。今承湖帆出示，始悉流傳之緒，而印丞早墓有宿草矣，哀響霜腴，醉魂花外，念之惘然，遐庵葉恭綽志。

（十一）壬申仲冬，新建夏敬觀、閩黃孝紓同觀。

（十二）甲戌孟夏，嘉興郭蘭枝觀于密韻樓。

（十三）乙亥秋，與《盤洲樂章》同時易得。張珩記。

（十四）廿六日十月十八日，吳興沈尹默拜觀。

據書中鈐印，此本遞經鄧氏群碧樓、吳湖帆、張珩遞藏，其中張氏易得此本的時間是乙亥（1935）年，且弢翁未記錄其中任何一家藏印。

176 盤洲樂府三卷[一]

汲古閣景宋鈔本,半頁十行廿字,下刻工姓名。

七十八、七十九、八十。

毛晉 朱文方　　子晉 朱文方　　子晉朱文聯珠　　汲古 朱文方　　汲古閣 朱文長方　　宋本 朱文橢

私印 朱文方　　晉　　　　主人

東吳氏 朱文長方　　子晉 朱文方　　汪印 白文方　　閭源 朱文方

民圖書印　　　　　　　　士鐘　　　　甫

茶坡潘一介繁珍藏之印 朱文方　　潘茶坡 朱文長

　　　　　　　　　　　　　　　圖書印

〔一〕核對原書,書名爲《盤洲樂章》。

【案】此本今藏臺北「國家圖書館」,著錄爲明毛氏汲古閣影鈔宋本,一冊,近人吳湖帆、吳梅、吳曾源、王同愈、黃孝紓、郭蘭枝、張珩、沈尹默等手書題記或觀款(14849)。《「國立中央圖書館」善本題跋眞跡》(第3115頁)收錄部分題跋書影,《標點善本題跋集錄》(第733頁)收錄全部題跋。逐錄題跋如下:

（一）《盤洲樂章》三卷，迺全集中殘帙，全集向藏文淵閣，此本僅存詞三卷，後附家傳碑記等。今家傳碑記附錄轉贈內姪潘景鄭矣。《彊邨叢書》所收即據此付梓。舊藏蔣氏密韻樓，余以宋槧《道德經》易之，尚有唐六如《騎驢歸興圖》一幀云。壬申正月十三日裝成題記，吳湖帆。

（二）汲古《六十一家詞》多訛字，而毛鈔各詞皆景宋精寫，不知當日何以不據佳本付梓也。此《盤洲詞》三卷，毛刻所無，舊為文淵閣物，四庫著錄即是此本，疊經藏家儲弆，至為珍貴。八十卷《盤洲曲》十四章，脫書《生查子》調名，遂有疑為詩者矣。湖帆宗兄出眎此冊，因識數語。壬申三月望，霜厓吳梅。

（三）壬申四月，吳曾源觀于梅景書屋。

（四）壬申天中節後二日，王同愈觀於梅景書屋，時年七十有八。

（五）壬申孟寒，番禺葉恭綽、新建夏敬觀、閩縣黃孝紓同詣梅影書屋，獲觀《梅屋詩餘》《石屏長短句》及此冊，蓋毛鈔之極精也，閱世如新，讚歎無既。孝紓題記。

（六）甲戌孟夏，嘉興郭蘭枝觀于密韻樓。

（七）乙亥秋，以夏仲昭墨竹卷易之西充白氏。木雁齋記。

（八）二十六年十月十八日，沈尹默拜觀。

又,《西諦書跋》(第 182 頁)道家類《纂圖附釋重言互註老子道德經》後有鄭振鐸按語:「汲古閣景宋鈔本《盤洲樂府》後由湖帆售之張蔥玉,前歲亦經予手購入藏。」惟「前歲」不知是何時。據上文《梅屋詩餘》張氏跋,其易得此二本在 1935 年。

據題跋可知,此本經由蔣氏、吳氏、張氏遞藏,《善本題跋真跡》所收卷端書影有三家鈐印,然弢翁並未著錄其中任何一家藏印。

《希古右文 1940—1941 搶救國家珍貴古籍特選八十種圖錄》(第 230 頁)收錄此本書影。

177 可齋詞　可齋雜稿三十一、三十二、三十三、三十四　可齋續稿前七、八　可齋續稿後十一[一]

李曾伯長孺,宋板本集影寫。

半頁十一行廿字,左右雙邊,下刻工姓名,上字數。

寶祐甲戌自序。

汲古原裝,綠箋書衣。

生、元吉、丁、元、王。

178 閑齋琴趣外篇六卷

宋本影寫。濟北晁次膺。

汲古景宋鈔本，半頁十行十八字，左右雙邊。

【案】此本今藏國家圖書館(11251)，《中華再造善本·清代編》據以影印，書名作《可齋雜稿詞》四卷、《續稿》三卷，著錄爲清初毛氏汲古閣影宋抄本，套色線裝，二冊。弢翁所記印文皆見於書中，即是此本。

書中鈐有袁克文「三琴趣齋」「佞宋」「克文」等印。另外書中有「趙鈁珍藏」印記，可知該書最後一任私人藏家爲趙元方。

又，傅增湘《藏園群書經眼錄》（第1342頁）亦著錄是本，未著錄具體卷數，注有經眼時間爲「戊寅」(1938年)。

毛晉 朱文方
私印
汲古得 朱文方
修綆
寒雲印不録。

子晉 朱文方
毛扆 朱方
之印
綎 季
士鐘

汲古 朱文
主人
宋本 朱欄
斧 朱方

汪印 白方
閬源 朱文
甫

虞山 朱方
毛晉 朱方
書印

子晉 朱文

汲古原裝，朱箋書衣。

宋本_{朱文} 希世_{朱方} 毛晉_{朱方} 毛氏_{朱方} 毛扆_{朱方} 斧_{朱方} 汪印_{白文}
之珍 之印 子晉 之印 季 士鐘 閻源_{朱文}
甫

寒雲印不録。

【案】此本今藏國家圖書館（11250），《中華再造善本‧清代編》據以影印，著録爲清傅增湘《藏園群書經眼録》亦著録是本，說詳下 180「醉翁琴趣外編」條。

179 晁氏琴趣外編六卷[一]

景宋鈔本，半頁十行十八字。

棟亭曹一氏藏書_{朱長}

寒雲印不録。

【案】此本今藏國家圖書館（11249），《中華再造善本‧清代編》據以影印，著録爲清初影宋抄本，一册。原爲袁克文舊藏，即袁氏「三琴趣齋」之一。

〔一〕核對原書，書名當作《晁氏琴趣外篇》。

180 醉翁琴趣外編六卷[一]

傅增湘《藏園群書經眼錄》亦著錄是本，説詳下180「醉翁琴趣外編」條。

景宋鈔本，半頁十行十八字。

棟亭曹一氏藏書 朱長

寒雲印不錄。

[一] 核對原書，書名當作《醉翁琴趣外篇》。

【案】此本今藏國家圖書館（11248）。《中華再造善本·清代編》據以影印，著錄爲清初毛氏汲古閣影宋抄本，一册。原爲袁克文舊藏，即袁氏「三琴趣齋」之一。傅增湘《藏園羣書經眼錄》亦著錄是本，將所經眼三本匯錄於《醉翁琴趣外篇》下：

影寫宋刊本，半葉十行，行十八字。鈐有「宋本」「希世之珍」及毛氏父子印、汪閬源印、曹棟亭印。惟醉翁一册祇有曹氏印，恐是補鈔。此書字畫精湛，楮墨明麗，與真宋刻無異，真銘心絕品。昔爲袁寒雲所得，因題「三琴趣齋」。今歸白堅甫。（第1337頁）

又，核對三書所鈐印記，其中《晁氏琴趣外篇》《醉翁琴趣外篇》均只有曹氏鈐印，與發翁所記吻合。且《晁氏琴趣外篇》《醉翁琴趣外篇》又鈐有趙元方藏書印，可知該書最後一任私人藏家即爲趙氏。

181 咸平集三十卷

彭文勤藏書。

淡生堂藍格鈔本，板心下方有「淡生堂鈔本」五字。

半頁十行廿字。

題識見《跋尾》。各印不及録。

【案】此本今藏國家圖書館，著録爲明淡生堂抄本，清彭元瑞跋，三十卷，四册，中華古籍資源庫收録(02538)。

原書前有彭氏題跋二則：

開帙十二奏疏侃直危切，自魏鄭公、陸宣公外，千古所罕見也。其詞多對舉，文體亦相近。范文正公墓誌謂奏凡五十二上，文集五十卷，然則集外所遺者多矣。壬子清明前一日校竟書。芸楣

182 ○新定三禮圖廿卷

宋本。

半頁十六行廿四至卅二字，左右雙邊，下刻工姓名。淳熙簡牘紙印，蝶裝。

三禮圖始熊君子復得蜀本欲以刻

北宋諸臣奏議中有《上太宗論旱災》《論邊事》兩篇，此集不載，鈔附於末。丁巳嘉平再記。

書中所鈐有彭元瑞、徐恕、蔣祖詒、傅增湘等藏印，書中有挖補鈐印處。

王文進《文禄堂訪書記》（第 342 頁）、傅增湘《藏園群書經眼錄》（第 933 頁）《藏園群書題記》（第 647 頁）皆著錄是本，其中《訪書記》《經眼錄》抄錄彭氏題跋，但與原書有異同。《藏園群書經眼錄》注有「此集爲鄉人白堅所得，頃索來，擬收之。戊寅十月十五日」。《藏園群書題記》有「日前稍斥藏書，易米之外，囊底微有餘儲，就堅甫商讓，慨然見允」，時間在「己卯（1939 年）十一月」。可知傅氏在 1938 年初見此本，後在 1939 年購藏。

于學而予至因屬余刻之予觀其圖
度未必盡如古昔苟得而考之不猶
愈於求諸野乎淳熙乙未閏月三日
永嘉陳伯廣書 _{大字五行，在卷廿末。前三小行空一大行，後空一大行。}

宋顯德中，聶崇義新定《三禮圖》二十卷，援據經典，考譯文象，繇唐、虞訖建隆，粲然可徵。然如《尊彝圖》中犧、象二尊，並圖阮氏、鄭氏二義，而不主王肅之說。是時齊子尾送女之器已出地中，而聶氏考猶未憖。南宋人謂觀其圖，度未必盡如古昔有繇然也。此等書經宋人考定，其圖象皆窮命繢素，不失毫髮。近代雕本傳寫訛謬，都不足觀。余舊藏本出史明古家，遵王此本有俞貞木圖記，先輩名儒，汲古嗜學，其流風可想也。辛丑夏四月四日，蒙叟謙益書於城北之胎仙閣。

籛後人 _{朱文長方}　錢印 _{白文方}　牧 _{朱文方}　翁 _{墨筆，在卷末。}
謙益

真賞 _{朱文胡盧}　華夏 _{白文方}　石澗 _{朱文方}　_{朱文（？）}
書隱

俞 _{朱文方}　立盦 _{朱文方}　敬心 _{朱文方}　乾 _{朱文方}　徐 _{白文方}
貞木　　　　圖書　　　　老人　　　　學　　　健庵

季振宜（朱文長方） 季印（朱文方） 滄（朱文方） 宋存（朱文方） 彦合（朱文方） 海源閣（朱文長方）

藏書（朱文方） 振宜（朱文方） 葦（朱文方） 書室（朱文方） 珍玩（朱文方）

東郡宋存（朱文長方） 日講―官起―居注（朱文方） 楊紹和曾敬觀―天祿琳琅秘籍（朱文方）

書室藏書

士聰、劉志[二]。

【案】此本爲弢翁購藏，見於《自莊嚴堪善本書影》（第 48 頁），著錄爲宋淳熙二年鎮江府學刻公文紙背印本，錢謙益跋。今藏國家圖書館(07930)，《中華再造善本·唐宋編》據以影印。

核對原書，弢翁所記無誤。

[一] 此印爲乾坤胡盧印。

[二] 核對原書，此二人乃書中刻工名。

此書宋元間爲俞琰、俞貞木父子藏書，清嘉靖間歸華夏真賞齋，《真賞齋賦》著錄。海源閣《楹書隅録初編》《楹書隅録續編》未著録，《宋存書室宋元秘本書目》《海源閣秘本書目》均著録。

183 集千家注批點杜工部詩集二十卷

元本。

須溪先生劉會孟評點。

半頁十二字廿二字，四周雙邊，黃紙。

瞿塘鏡濤好讀書，所聚復多善本。乾隆乙卯五月十八日，予過其書齋，出《集千家注杜工部詩》及《分類補注李青蓮詩》見示，予審視之，皆元時槧本。《李詩》雖不及《杜集》楮墨之精，然李、杜齊名而書皆舊槧，版式相似，延平劍合，洵非偶然，因喜而識之。竹汀居士錢大昕。

錢大昕 白文方　　錢 朱文方　　竹汀 朱文方　　墨筆，在卷末。

九井 朱文圓　　瞿朱文圓　　安 朱文方　　閒閒 白文方　　清淨 朱文方　　叔豫 朱白文連珠　　恬 朱文方 齋

晉安蕭氏鑑藏 白文長方　　龔 白文方 雷　　齋　　吉祥

二五五

古書經眼錄二

184 咸淳臨安志

海源閣藏宋本。

半頁十行廿字,左右雙邊,上有字數,下刻工姓名。□頭趙□[一]序第一頁、趙犖□刊、吳文煥、李文晟刊圖、陳□刊圖、王垚刊圖、陳壽、陳、壽、梁建、梁、郭世昌刊、王瑞刊、梁貢甫、陳茂、有、詹、泉、蔡、陳松、松、毛、翁、范仲實。

潛說友序,七行十七字。

傅王露手跋。楊紹和手跋。在卷首。

瞿印

九井齋瞿氏 白文方

中溶 收藏金石 朱文方

圖書

【案】此本今藏北京大學圖書館,著錄爲元末刻本,有瞿中溶印、錢大昕識語,八册(NC/5314.2/7278)。

傅增湘《藏園群書經眼録》(第859頁)亦著録是本,所録錢氏跋文與翁所録相同。又注有「此書亦藻玉堂書坊王芷舲送閱。乙亥五月二十七日記」。王芷舲當即藻玉堂主人王子霖,然其《古籍善本經眼録》未著録此本。

滄葦 朱文方　季滄葦圖書記 朱文長方　季振宜藏書 朱文長方　珊瑚閣珍藏印 朱文長方　寶白文圓

【案】此本與前025號《咸淳臨安志》爲同一書，弢翁重複著錄。

〔二〕

弢翁原文作此，下文二刻工名亦如此。

185　淮海集四十卷　後序六卷　長短句三卷

嘉靖戊午春漢中府重刊。高郵守胡民表本。

半頁十二行廿一字，白口，單邊。與張綖本同。

嘉靖乙巳孟夏江都盛儀序：

上略版舊藏國子監，歲久漫漶，儀真黃雪洲中丞瓚一刻于山東，高郵張世文州守綖參校監本、黃本，再刻於鄂州。中略未久，鄂板復燬於火。中略高郵州守胡君民表中略乃求善本，捐俸復刻以傳。下略

嘉靖乙巳孟夏郡人張繪後序：

上略先兄倅鄂時，考訂《淮南集》，刻之郡齋。家居，藏版別墅，歲甲辰燬於火。適

龍山胡侯來視州事，中略咨於繪白於當道，且命重加校正，捐俸而翻刻焉。下略。嘉靖戊午春漢中府重刊。此行在目錄後。

【案】弢翁未記錄此本鈐印，無從知曉具體原爲何氏藏書。此書爲明嘉靖二十四年刻本，國家圖書館中華古籍資源庫即收錄有同一版本之書（09058），可檢視弢翁簡省各序文。

186 漢隸分韻七卷

鈔本，八行十四字，又大字五字，小字十字。

海虞毛氏 汲古閣 藏書印 朱文方　毛晉 朱文方　子晉 朱文方　汲古閣 朱文方

不貧 不富不 賤貧[二] 朱文方　曾藏汪 朱文長方　汪印 朱文方　楳泉 朱文方

吳仲懌 朱文長方　閬源家 朱文方　振勳 朱文方

秘笈印 朱文方

[二]「不貧」，疑當作「不貴」，典出白居易《雪中宴起偶詠所懷兼呈張常侍韋庶子皇甫郎中》詩中「非賢非愚非智慧，不富不貴不賤貧」一句。

187 ○緯略四卷

唐子言手抄本,竹紙,十行十八字。

嘉靖壬寅歲臘月十九日錄完,共八十五葉。原本爲姚潛坤手錄家藏。石東居士唐詩摹書。卷四末。

黃蕘圃跋。在卷末。見《題識續編》,五則。

錢曾朱文腰圓 遵朱文方 宜爾白文方 唐印白文方 嚴蔚白文方 二酉齋藏書朱文長方

王 子孫 子言 私印

嚴蔚白文方 孫一慶增一藏本朱文方 綠一水一堂朱文圓 士禮一居朱文方 士禮居藏朱文方

豹人

黃 蕘朱文方

丕烈白文方 夫

【案】此本爲荛翁購藏,見於《自莊嚴堪善本書影》(第720頁),著錄爲明嘉靖二十一年唐詩抄本,一册,清黃丕烈跋,周叔弢跋,存四卷(卷一—卷四)。今藏國家圖書館(08248)。

《善本書影》中有荍翁所錄唐詩題跋書影，核對，與荍翁所錄相同。

又，《善本書影》中尚有荍翁題跋書影，涉及乙亥(1935年)收購此本及《歐陽文忠公集》《水經注》之事，見前094《歐陽文忠公居士全集》條。

據此可知，荍翁經眼此書的時間是乙亥(1935年)。

188 金子有集一卷 子坤集附六卷

鈔本，半葉九行廿字。

五言律詩上、七言古詩中、五言古詩上、五言排律中、七言律下、七言絕句下附賦。

黃堯圃跋。在卷首，見《題識》。

明人集之罕見者，黃氏蕘翁手跋。戊戌夏散逸芙川珍藏。 鏡 白文方。 蓉 白文方。 在書衣。

宋氏蘭揮 白文長方 己丑進士太史 圖書 白文方 士礼 白文方 黃印 不烈 白文方 居藏 藏書善本 白文方 錢大昕觀 白文方 瑛寶 朱文方 蓉鏡 朱文方 清河 朱文方 雙清 白文長方 筠 朱文圓 埔 朱文方 夫 朱文方 蕘

在處有神物護持（朱文方） 經味（白文方） 訥夫（白文長方） 蓉鏡（朱文方） 雙（白文方）

以下《金子坤集》。

宋 蘭（白文方） 有竹軒（朱文腰圓） 雪苑宋氏蘭（朱文長方） 虞山（朱文方） 珍藏（朱文方） 清

筠 揮 揮藏書記 張氏

朱文方

守學
好古
朱文圓

【案】此本今藏臺北「國家圖書館」,《國立中央圖書館》善本題跋真蹟》（第 2656 頁）著錄此本，著錄爲舊鈔本，清道光三年黃丕烈、張蓉鏡各手書題記（12006）。《希古右文1940—1941 搶救國家珍貴古籍特選八十種圖錄》（第 196 頁）收錄此本書衣題識書影。《標點善本題跋集錄》（第 623 頁）中亦收錄蕘翁所記張蓉鏡題跋，但跋文以「書衣」二字起句，比對書影，可知當是誤將提示張氏題跋位置的「書衣」當作內容抄錄。又其「古籍與特藏文獻資源」檢索系統亦承襲此誤。

189 賈浪仙文集十卷（一）

明藍格白棉紙抄本，半葉十一行廿四字。每卷有子目連正文，題目低三格。每卷標

題下方有「長江集」三字。

嘉靖甲辰之歲，余官浙之秀水，偶得宋刻《賈浪仙長江集》，甚寶愛之。非時玩誦，殊愜素懷，行必隨簽篋焉。迨乎丙午再任衛之汲縣，乃於公暇漫錄一過，出自手筆，不以煩人。古人風流罪過之誚，吾知可以免矣。九月既望，文山徐亮識。 在卷末。

賈浪仙《長江集》十卷，自宋刻後罕有別版行世，明徐文山大令仿宋本手抄此冊，計共八十六頁。嘉靖訖茲已歷四百年[二]。墨痕尚如新脫手，殊甚寶貴。劫木庵文無道士僅以七百五十制泉購於京師宣武門外之欣賞閣。時道光乙未中春二日也，并識。 在卷首。

劫木 朱文方　劫木庵一道士際一衍 朱文方　在家 白文方　際 朱文方

荅

憲儀一藏諸一行篋 朱文方　僧　衍　子 朱文方　焜

此本古色古香，每讀一過，如對古人。尹燿宗敬題，時丁巳冬日。

燿 白文方　宗 白文方　在封面。

光緒丙子，子封游東省歸，余始聞二李晚唐之説，後因求張、賈集善本藏之。今張集已爐劫灰，賈集偶隨行笈，得以無恙，將非劫木庵道人默爲呵護耶？余平生多得道人書，觀其圖記，輒如觀面相與，似有前緣也。　植 朱文方　沈氏手跋，在封面。

【案】此本今藏上海圖書館，著錄爲明抄本，清劫木庵道人跋，清尹燿宗題識，沈增植跋（863896）。《上海圖書館善本題跋真跡》（第11冊，第246頁）收錄此本書影，有叕翁所錄明徐亮題跋以外題跋書影。

嘉德2010年春季拍賣《長江集》，與上圖藏本版本特徵一致，當即同一本，然此本現在不見於上海圖書館藏書檢索中。（「豆瓣讀書」中有名「鄭人」者已在2019.6提及此事。）

據嘉德拍賣資料，此書中尚鈐有蔣氏密韻樓、張珩韞齋藏書印，叕翁經眼此書時，當在蔣、張之間。

（一）核對原書書影，書名作《長江集》。
（二）核對原文「訖茲已歷四百年」中「訖」作「迄」。

190　吳都文粹十卷

謝浦心傳手抄本。

黄蕘圃跋。

《吴都文粹》雖為蘇台鄭虎臣之所集，而實本於石湖范成大之《吴郡志》。此書中所載詩文悉取於《志》，初未嘗一字增損也。向藏於吾婁吴西齋侍御家，奇貨可居，凡抄者必出重資始得，而元本錯落謬誤，顛倒闕失，不啻萬萬處。自宋蔚如兄購得此書，與錢方蔚兄細加校閱。以王相國家藏宋本《吴郡志》及毛刻《吴郡志》參互考訂凡數十次，遂成善本。余於上年辛亥季冬臘日假得印抄，而吴母抱微恙，閱五日而痛終天，神祇魂奪，幾不欲生，而此事遂寢。至新春到館，然後復理前事，至花朝後十日而告竣。書此以明石湖之手筆、二蔚之苦心，且以告無舊抄之不足珍也此跋，在卷十末。

雍正十年歲次壬子，太倉棘人謝浦泰悝廔氏手抄并校泣血識。謝氏手跋，在卷末。

謝浦 朱文方　悝廔 白文方　　抄書 白文方
泰識 朱文方　校閱 得閒 朱文方　老更癡
　居士

不烈 朱文方　　蕘 朱文方　　書魔 朱文長方　在卷首。見《題識》。
私印　　　　　圃

浦泰 白文方　心 朱文方　別字 白文方　本姓 朱文方　婁東一謝氏一家藏 白文方
之印　　　　傳　　　　悝廔　　　　　謝

尚論 白文方　信古堂 朱文方程氏印
堂　　　　藏書

宋賓王手跋。在卷首。

【案】此本《中國古籍總目》著錄爲清雍正十年謝浦泰鈔本，清宋賓王、清謝浦泰校並跋，清黃丕烈跋。今藏南京圖書館，四冊（GJ／EB／115025）。

191 策選四冊

計五十篇，皆宋人文。

至元辛巳盱江劉世英序。藏經箋書衣。

元人手鈔本，白棉紙無格，密行行書細字。半葉十四行四十四字不等。

黃蕘圃跋。在卷末，見《題識》。

邵淵耀跋。道光辛卯。 淵朱文方 耀朱文方

張金吾跋。道光戊子。 月霄白文長方 有朱文方

錢天樹跋。二則。道光丁酉。 錢印白文方 天樹朱文方 夢盧朱文方

洪鳳詔觀款。道光庚寅。

陳鑾跋。

二六五

顧蒓觀款。嘉慶壬戌。顧朱文方

程恩澤觀款。道光庚寅。南雅朱文方

河南陸治觀款。嘉靖丁亥。

子晉朱文方 子晉朱文方 此二印似偽 震孟朱文連珠 王印白文方
書印 過眼 稽瑞樓白文長方 穀羊
祿朱文方 酉君白文方 丕朱文扁方 此印殊罕見
之
虞山張蓉 蓉鏡朱文長方 陳延朱文方 芸楣朱文方
鏡鑑藏 珍藏 恩觀 借觀

192 吳郡志五十卷

宋賓王手校本。

嚮者於康熙辛丑臘月八日，以映宋抄《皇朝編年》易得顧蒼史所藏《吳都文粹》[一]，時糾錢子方蔚、顧子夏珍，刻晷分抄，凡一十二日而成，拱手相賀，謂得難得之物，將彼此易抄，各有全書也。今雍正己酉十二月十日，復于相國頀庵公府借得宋

二六六

刻《吳郡志》一書，復糾錢方蔚、浦星麈兩先生分較之[二]，凡六日而竟。因憶曩抄成《文粹》在六十年十二月廿日，適值壬寅立春。今得較宋刻又值庚戌春朝，何獲觀奇書時日符合有如此者。雍正十年冬除夕前三日記。[三]宋賓 白文方。「王」字朱文，「賓」作王印

「宀」。

蔚 朱文方　校 朱文方　墨筆，在卷六末。

如氏

不烈 朱文方

江南　薿 朱文方　結翰 朱文方

私印　囲　　　　墨緣　　慶 朱文方

人　　　　　　　　　　　曾

[一] 核對原書，弢翁所記有誤，「以映宋抄皇朝編年」當作「以快抄宋皇朝編年」。
[二] 核對原書，「浦星麈」當作「浦星纏」。
[三] 核對原書，弢翁所記有脫，句末尚有「婁水宋賓王」五字。

【案】此本原為國立北平圖書館藏書，今藏臺北「故宮博物院」，著錄為明末海虞毛氏汲古閣刊本（3253）。《原國立北平圖書館甲庫善本叢書》第 275 册收錄此本。此本見於 1933 年《國立北平圖書館善本書目》（第 117 頁）著錄為汲古閣刻本，宋賓王校。

又，潘景鄭《著硯樓讀書記》著録是本，涉及此本遞藏源流，抄録如下：

汲古閣刊本《吳郡志》，自紹定本而外，世稱佳帙，以其據宋本行款摹刻也。宋賓王曾以《吳都文粹》及舊鈔本互勘於汲古閣上，所正訛脱甚多。宋氏校本舊藏士禮居，蕘翁復爲校正若干字。是書後歸繆氏藝風堂。吳興張鈞衡重刻紹定本，并據繆氏所藏宋校本別録校記，附於卷末，傳世允稱善本矣。藝風一帙，歸宗文子岱，丈殁後，遺書漸散。是本流在市塵，予獲見之，因假歸勘讀。其宋氏校語，張刻悉採録無遺。全書經賓王朱筆校點殆遍，想見當時致力之勤。……丙子新正月六日識。（第181頁）

193　北夢瑣言廿卷

明賜書樓鈔本。白棉紙，黑格，板心下有「賜書樓」楷書三字。半葉十行廿一字。

《北夢瑣言》唯記唐一代之逸事，亦足以參訂正史之缺。伯寅父養疾山房，凡稗官小説，靡不課寫校勘，余因時披覽，殊可喜也。萬曆元年冬日，俞允文記。　隸書，在卷首。

中尉 白文長方

左曲 白文方　璜川吳□氏收藏□圖書 朱文方　四明盧氏□抱經樓□藏書

馬安

印 白文方

在卷末。

《北夢瑣言》抄於方山吳氏家，其本乃元孫道明本，前八卷另抄，後十二卷又一時所抄者。考之《通考》，云原二十卷，但後十二卷本多脫字，不知何也。姑記此以憑續補云。壬申冬月，括蒼山人恭煥志。

【案】此本今藏臺北「國家圖書館」，著錄爲明萬曆元年括蒼山人抄本，八冊，明葉恭煥、俞允文跋（08286）。《「國立中央圖書館」善本題跋真跡》（第1675頁）收錄題跋書影，經核對，弢翁所錄不誤；《標點善本題跋集錄》（第387頁）亦收錄此本題跋。

又，傅增湘《藏園群書經眼錄》（第634頁）著錄此本爲十行二十字，核對原書書影，當如弢翁所言。其所錄俞允文題識與弢翁所記相同，且注有「乙亥三月」，乙亥即1935年。但弢翁所錄恭煥題識未著錄。

據書影可知，書中尚有蔣氏「密韻樓」（朱文）印、「國立中央圖書館收藏」（朱文）印。

194 嫣蜋子集六卷

王轟常宗著,缺卷二《論》。

抄本,半葉十一行廿一字。

葉德一榮甫一世藏(白文方)　葉氏(朱文方)　葉伯寅(白文方)　曾藏汪(朱文長方)

李芝綬(朱文長方)　南陽一叔子一苞印(白文方)　二(朱文方)　下學齋(朱文長方)　閬源家

家文苑　　　　　　　　　　　　　　　　　　　泉　　　書畫記

【案】此本今藏臺北「國家圖書館」,著錄爲明鈔本,四冊(11190)。書中尚有蔣汝藻「密均樓」藏書印,弢翁經眼時當已從蔣氏處散出。

195 ○拱和居士詩集一卷附錄一卷

知不足齋黑格鈔本,中縫下有「知不足齋正本」楷書六字。半頁十行廿字。

乾隆己丑六月,傳錢唐汪氏振綺堂本。七月十一日校于知不足齋。〔在《詩集》尾,墨筆〕

一生於 朱文長方
此足矣 朱文長方
朱 白文方　鮑 白文方
筠 中 虛 朱文方　文
朱文方
朱印 朱文方 楊氏海 白文長方 陶南 白文方
錫庚 源閣藏 布衣
海源閣 朱文長方 楊紹和 朱文長方
瀛海 朱文方
仙班

【案】此本爲殳翁購藏，見於《自莊嚴堪善本書影》（第 1400 頁），著錄爲清乾隆三十四年鮑氏知不足齋抄本，鮑廷博題識，一册。今藏國家圖書館，中華古籍資源庫收錄（08550）。殳翁所錄鮑氏題跋與原書一致，無誤。

此本《楹書隅錄初編》《楹書隅錄續編》未著錄，《海源閣宋元秘本書目》（第 741 頁）著錄有「舊精鈔本《拱和居士詩集》一卷附《居士集》一卷，二册」，當即是此本。王獻唐調查登録時尚存海源閣。王文進《文禄堂訪書記》（第 434 頁）亦著錄是本。

196 龜巢稿十七卷

抄本，半頁十一行廿字。

海源閣 朱文長方

【案】此本《楹書隅錄初編》《楹書隅錄續編》《海源閣宋元秘本書目》（第741頁）著錄有「舊精鈔本《龜巢稿》十七卷，十二册，二函」，王獻唐調查登錄時尚存海源閣，散出後去向不明。

傅增湘《藏園群書經眼錄》（第1140頁）亦著錄是本，但書名作《龜巢集》，且注「海源閣遺集」，庚午」，庚午即1930年。

197 朱絃集四卷

商丘宋犖牧仲編輯。鈔本，藍匡，無直格。中縫下有「漫堂鈔本」楷書四字。

分三十三類，選律詩至明人止。

【案】今國家圖書館藏有兩部鈔本，皆爲十行二十字，藍格，無直格，中華古籍資源庫收錄。一爲趙元方舊藏（11234）"。一爲邢之襄舊藏（10364）。不知彀翁所見是否即爲其中之一。

198 唐風集三卷

景宋抄本，半頁十行十八字。

199 鶴年先生詩集三卷〔一〕

抄本,半頁十行廿一字。

至正戴良序。楊士奇跋。

門人四明戴稷　戴習

脩江向誠　向習道〔二〕

方外曇鉊　編次

馬氏

古鹽 朱文方　笏齋｜珍藏｜之印 朱文方

〔一〕即《丁鶴年先生詩集》。
〔二〕檢知不足齋抄本《丁鶴年先生詩集》,「向習道」作「向信道」,弢翁後 250 號《海巢集》中亦作「向信道」。

200 ○張司業詩集八卷

景宋鈔本,半頁九行十七字。

【案】此本爲毉翁購藏，見於《自莊嚴堪善本書影》（第1030頁），著錄爲清初影宋抄本，四册，清張師誠跋。卷中宋諱缺筆，葉排長號。從宋淳祐丙午壽春魏峻刻本抄出，有「琳琅精舍藏本」（朱文）等印。今藏國家圖書館，中華古籍資源庫收錄（08404）。

《丙子新收書目》三月條下有「張司業集，景宋鈔本，清宫舊藏，張師誠進書」下云「文禄，四册，四百元」。

此本曾爲朱文鈞收藏，《蕭山朱氏六唐人齋藏書録》卷四著録此本。

201 重校添注音辯唐柳先生文集四十五卷外集二卷

宋本，半頁九行十七字，白口，左右雙邊，上字數，下姓名。劉文、周玉、曹冠宗、繆恭、朱椿、朱梓、高文、高寅、石昌、丁松、鄭錫、龐知柔、毛端、王遇、王顯、陳良、王禧、王係、徐禮、朱春、吴鉉、徐安禮、張待用、陳南、高春、曹冠英、丁日新、劉昭、董澄、吴椿、陳良、徐禧、高文代陳良刁、金滋、吴椿、馬良、龐知德。

白紙極薄，印不精，大約元明之間印本。

常郡楊伯鎮家藏 朱文長方　秀水朱—氏潛采—堂圖書 朱文方　東郡宋存書室珍藏 朱文長方

二七四

瀛海（白文方）　東郡楊—紹和字—彥合藏—書之印（朱文方）　宋存書屋（白文長方）[一]

仙班（白文方）

彥合（朱文方）　宋存書室（白文方）　楊紹和（白文方）　楊保彝（朱文方）

珍玩（朱文方）　讀過　藏　本

楊氏協卿（朱文長方）　聊攝楊—氏宋存書—室珍藏（朱文方）　東郡楊氏鑑—藏金石書畫印

平生真賞

白文長方　紹和（朱白文方）

筠岩

道光秀—才咸豐—舉人同—治進士（朱文方）　以上《柳文》藏印。[二]

〔一〕檢海源閣藏書常用諸印，有「宋存書室」，未有「宋存書屋」，當是弢翁筆誤。

〔二〕弢翁所指《柳文》藏印從　楊氏協卿　平生真賞（朱文長方）始。

【案】今藏臺北「國家圖書館」，著錄為宋嘉定間姑蘇鄭氏刊本，二十四冊。「古籍影像檢索」系統收錄（402.4209756）。

《楹書隅錄初編》著錄此本，《周叔弢批註楹書隅錄》（第549頁）有弢翁批注：「字大悅目，白紙極薄，印殊不精，有抄配。」

王文進《文祿堂訪書記》(第317頁)、傅增湘《藏園群書經眼錄》(第894頁)皆著錄此本。

又，據臺北「國家圖書館」網站「古籍影像檢索」系統，此本中有張乃熊「蕘圃收藏」印記，可知此書曾爲張氏收藏，《蕘圃善本書目》(第11頁)著錄，後售予「中央圖書館」。弢翁當在張氏收購前經眼此書。

202 三蘇先生文粹七十卷

海源閣藏。

宋小字本，紙印極精。半頁十四行廿六字，白口，四周雙邊，下魚尾下間有字數及刻工姓名。「慎」字缺，「敦」字不缺。

〔婺州義烏青口
吳宅桂堂刊行〕　楷書木記，在目錄後。

刻工姓名：吳正、李松、劉正、陳祥、洪新、俞琮、劉才、翁彬、吳嵩、元佐、許中、葉遷、師順、金章、陳六、徐彥、何昌、陳杲、陳明、涂宗。

卷五十二第二葉陰面十二、十三、十四三行十三字起是補板，刻工極劣。

忠孝 白文胡盧　士 朱文方　董 白文方
　　　　　　　良　　　從

楊氏各印未錄。

【案】此本今藏上海圖書館，著錄爲宋婺州刻本，二十四册（綫善 762533－56）。此本《楹書隅錄初編》《楹書隅錄續編》未著錄，《宋存書室宋元秘本書目》《海源閣宋元秘本書目》均著錄兩部，卷數、册數、版本同。

《周叔弢批註楹書隅錄》（第 33 頁）中有弢翁在《楹書隅錄初編》目錄後補加《三蘇文粹》，注云「小字本，精美。王晉卿買去」。《訂補海源閣書目五種》（第 575 頁）言王晉卿（文進、夢莊）在此本上有批「余藏六年，今爲張子厚收去」。說明此書自海源閣散出後，曾經一度在書估手中。

傅增湘《藏園群書經眼錄》（第 1282 頁）、王文進《文禄堂訪書記》（第 469 頁）皆著錄此本。其中《經眼錄》中著錄兩部牌記均爲「婺州義烏青口吳宅桂堂刊行」者，一爲海源閣舊藏，「辛巳十二月十三日文禄堂取閱」，一爲徐坊舊藏（曾藏趙宗建舊山樓）。《文禄堂書影》著錄者爲海源閣本，但書影却用徐坊本，實收兩本；《文

203 李衛公文集二十卷別集十卷外集四卷

明鈔本，宋諱缺筆，白棉紙，黑格。

半頁十行十八字。

趙礼、杜彥明、劉大賓、劉賓、黃通、蔡授、梁文、周之量、周云、李倩、王彥、張石、周之貴、李棣、余光祖、王珪、苗慶、楊永年、黃公宥、劉銑、劉貴、胡遵、王清、郭俊民。以上卷十至十三。劉鏡。別集卷一。

【案】此本今藏國家圖書館，著錄爲明抄本，何焯批校，陸心源、傅增湘跋，六册（05451）。

核對原書膠片，書前有陸心源題跋：

季覯太守藏明鈔李衛公集二部，一本題曰《李文饒集》，此本題曰《李衛公文集》。太守以一本贻余，因借此本對勘，互有缺少，遂囑乳羔徐君各爲校補，俾成完書。陸

禄堂訪書記》則著錄了海源閣藏本和鐵琴銅劍樓藏本。又，鐵琴銅劍樓藏本牌記爲「婺州東胡倉王宅桂堂刊行」，與海源閣藏本不同，今藏國家圖書館。《中華再造善本·唐宋編》據該本影印。

心源。陸印心源朱文印　存齋讀過朱文印

書中鈐有「鄭斯之印」（白文）、「天人齋藏書」（白文）、「謙齋」（朱文）、「青易齋」（朱文）、「存齋讀過」（朱文）、「茂苑香生蔣鳳藻秦漢十印齋密篋圖書」（朱文）等藏書印。

王文進《文祿堂訪書記》（第328頁）、傅增湘《藏園群書題記》（第907頁）、《藏園群書題記》（第621頁）均著錄此本，其中《訪書記》抄錄陸心源題跋有誤。

又，據《藏園群書題記》，此本原爲徐坊藏書，散出後爲朱翼盦（朱文鈞）購藏，其間爲傅氏藉以校勘。

此本曾爲朱文鈞收藏，《蕭山朱氏六唐人齋藏書錄》卷四著錄此本。

是本卷末有傅增湘題跋，與《藏園群書題記》所記有所不同，抄錄如下：

《李衛公集》世傳嘉靖本爲最古，余昔年曾見菦圃校殘宋本十卷，又校舊鈔十餘卷，均爲木齋師藏書，乃知明刊奪訛實甚。嗣閱陸氏《儀顧堂題跋》，言借得月湖丁氏影宋本以校嘉靖本，因歷舉其謬誤之大者：如《與黠戛斯可汗書》脫八十餘字，卷七脫《用兵之難》一首三百九十二字；卷十四脫《回鶻事宜狀》一百六十字；脫《請發陳

許兵狀》一首一百二十七字；又《賜仲武詔》《與王宰兼攻討使狀》《石雄請兵狀》，此三首文字屢雜糾紛，至不可讀。又外集卷三《食貨論》《近倖論》《奇才論》三篇亦有錯簡，陸氏未舉。皆賴丁氏本訂正之。今丁氏本隨舶宋珍藏同歸日本靜嘉堂，盈盈帶衣，寓目無從，余校書至此，未嘗不撫卷而長歎也。項徐司業遺書散出，聞有明鈔本《李衛公集》爲朱翼庵所得，因假出一觀，從事校勘，留置案頭者半載，乃克蔵功，凡陸氏所舉脫篇佚字，咸見在焉，而片語單詞尚不可悉數。原本半葉十行二十八字，宋諱缺筆，各卷有記刊工姓名，其出自宋刊無疑。然則欲讀《衛公集》者，正不必遠求之海外矣。校畢，爲此愉快不已，因書數語以歸之。嗟夫！宋本不可得見，見此明鈔，勝於嘉靖本萬萬矣，是豈皮相者所及知哉！翼庵癖古嗜奇，具有神解，試取各本並席觀之，當知余言之非溢量也。庚午禊，傅增湘記。 增湘私印 白文印 沅叔 朱文印

204 爾雅正義

乾隆刻本。

邵晉涵撰，附陸德明音義。

乾隆戊申年夏新鐫	餘姚邵氏家塾本
爾雅正義 面水層軒藏板	宋字封面

琉璃廠西門内金陵

文炳齋劉德文鐫刻

　　両行，在目後左角下方。

【案】此本爲清乾隆五十三年邵氏面水層軒刻本，《續修四庫全書》第187冊據以影印。

205 爾雅義疏

楊氏刻。

206 漢雋

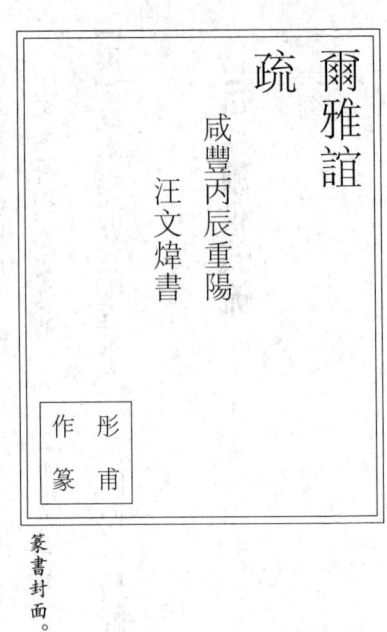

宋本，海源閣藏，行款與余藏本同。[一]

孫濟、洪悅、朱芾、朱芾雕、王緝、方迪、施端、王進、陳真、孫清、孫湛。

吳門湯漱芳齋刻印。

> 爾雅誼
> 疏
> 咸豐丙辰重陽
> 汪文煒書
>
> 彤甫
> 作篆

篆書封面。

一行，在胡珽跋後左角下方。

【案】
[一] 蕘翁所藏《漢雋》為另一宋刻本，四冊，九行十五字，小字雙行三十字。今藏國家圖書館。

此本《楹書隅錄初編》《楹書隅錄續編》未著錄，《宋存書室宋元秘本書目》《海源

閣宋元秘本書目》均著錄作宋本。

今藏國家圖書館（05433），著錄爲宋淳熙十年象山縣學刻本，《中華再造善本·唐宋編》據以影印。《中華再造善本·唐宋編》影印《漢雋》兩部，另一部爲上海圖書館藏宋淳熙五年滁陽郡齋刻本。）

207　楊仲弘詩集八卷

王文進《文禄堂訪書記》（第135頁）、潘宗周《寶禮堂宋本書錄》（第216頁）亦著錄此本，此本後由潘氏後人捐獻國家。可知弢翁當在此本出讓潘氏前經眼此本。

元本，黃紙，半頁十二行廿字，左右雙邊，上下黑口，字體似《趙松雪集》。杜伯原刻於武夷。致和元年范梈序。[二]至治三年楊仲宏跋。

［一］「范椁」誤，當作「范梈」。

208　四明志

存第七。　天禄繼鑑。據王晉卿抄本。[一]

宋本，白紙，半頁十行十八行，[二]白口，上字數，下刊工姓名。

王仁、洪春、沈華、王智、蔣容、顧清、施華、顧達、王琳、徐志、洪珍、洪春、陳永、蔡邠、

葛桂、王侃、方礼。

蘇文定。據王晉卿抄本。

單道一、王慶、趙七、張彭二、楊祖、劉念、朱順、馮相、馮施、王邦、袁次一、王朝、蘇文忠。據王晉卿抄本。

宋彥、朱順、秦元一。

〔一〕「據王晉卿抄本」,說明此書中的信息非弢翁親見。

〔二〕弢翁筆誤,當作「半頁十行十八字」。

【案】此本今藏國家圖書館,著錄爲宋刻本(12360),鄧邦述跋,十册,《中華再造善本·唐宋編》據以影印。每册副業鈐有「五福五代堂古稀天子寶」等大三璽。弢翁所記第七卷,與第八卷合訂一册,爲全書之第四册,故弢翁所指當爲此册。中今尚有民國時藏書家王綏珊藏印,說明此册曾由王氏所有。後由故宮博物院從上海書肆購回(朱家溍《我記憶中的馬衡院長》,《中國博物館》1984.1)。王文進《文禄堂訪書記》(第144頁)著錄此册,從弢翁此處「王晉卿抄本」似可推斷此册非爲王氏所有,而在其他書賈處。

又，卷七前有鄧邦述題識，抄錄如下：

此冊亦內廷物，尚是原裝，前有「五福五代堂古稀天子寶」一、「八徵耄念之寶」二、「太上皇帝之寶」三。凡天祿藏書，前後葉類皆有之，高宗內禪後所鈐者也。又「乾隆御覽之寶」橢圓一、「天祿繼鑒」一、「天祿琳琅」一，在後幅。自辛亥後流出者益夥，庚子西狩，已漸漸見於廠肆。斷縑零楮，球璧同珍。此冊存七、八兩卷，七卷敘兵，八卷敘人，自是宋刊佳者，亦得之於寄荃同年許。癸亥人日，正闇居士謹記。　群碧校讀（朱文）

209 ○妙法蓮華經七卷

宋本，中字，半葉五行十七字，兩面印，裝一冊。

> 杭州大街睦親坊內沈八郎
> 校正重刊印行

楷書，在卷末。

【案】弢翁雖在稿本中於此本書名上加圈，但核對《自莊嚴堪善本書影》（第824頁），弢翁所藏者爲明永樂十七年釋德儀刻本，八冊，十四行二十四字，黑口，四周雙邊，與此處所記不同。此本或曾經弢翁收藏，後售出（08300）。

此本與後 340 號行款一致,不知是否爲同一部。

210 毛詩四卷

元本,白文旁注音訓。白下間亦有注。

半頁七行十六字。

毛詩卷之一　　羅氏祖禹校正刊行　　黑地白字

211 宋元人詞七十家

明抄本,白棉紙,黑格,板心刻「詞」字,下魚尾下有「紫芝漫抄」楷書四字。九行十五字。

東坡詞二卷附拾遺　毛斧季朱筆校,「士禮居藏」白文方印。

《東坡先生長短句》既鋟板,復得張賓老所編,并載於蜀本者,悉收之。江山麗秀之句,樽俎戲劇之詞,搜羅幾盡矣。傳之無窮,想像豪放風流之不可及也。紹興辛未孟冬,至游居士曾慥題。《東坡拾遺詞》跋語。[]

樵歌二卷

鶴山詞一卷

甲子夏五，校于汲古閣下，毛扆。_{朱筆，在卷末。[二]}

酒邊詞一卷 孫_{朱文方} 星_{白文方}
　　　　　　熹　　　　　　遠

澗泉詩餘二卷_{嘉泰張鎡功甫序。朱校。}

梅溪詞

龍川詞

文溪詞_{李公昴。}

笑笑詞

乙丑六月十三日，從周氏舊録本校。毛扆。_{朱筆。}毛晉_{朱文連珠} 汲古_{朱文方}
　　　　　　　　　　　　　　　　　　　　　　　　　　　　　　　　主人

毛晉_{朱文方} 汲古_{朱文方} 子晉_{朱文方}
之印　　　　閣　　　　書印

于湖先生長短句五卷

虛靖詞

履齋先生詩餘附續集

相山居士詞

虛齋樂府二卷

審齋詞

金谷遺音

秋澗詞四卷 第四卷毛氏抄補。

戊申重陽前四日，從錫山秦翰林留仙得抄本宋元詞十四冊，中有《秋澗詞》一卷，即此冊也。惜逸其後三卷。後十一年己酉中元後二日，復過錫山，訪于孫氏，又得宋元詞五十餘冊，中有《秋澗詞》兩卷，是時薄游金陵，即攜至秦淮寓中，適訪黃俞邰藏書，見《秋澗文集》，自八十四卷至八十七卷載《樂府》四卷，因與借歸，其孫氏所得二冊即于歸舟校過，此冊到家校之。其第四卷并擬舊式刻一格紙，命桐子補抄，遂成定書矣。

己未八月初三日，虞山毛扆識于汲古閣下。 西河一季子一之印 朱文方

己未七月廿八日，借黃俞邰集本校于大江舟次。毛扆。 朱筆，卷一副葉。

己未七月廿九日，借黃俞邰集本校于丹陽舟次。毛扆。 朱筆，卷二末。

前三卷斶季已校過，并此卷重用集本校一過。己未九月十有八日，靚庵典記。 朱筆，在卷三末。

朱筆，卷四末。

坦庵長短句　門人尹覺先之序

片玉集十卷　汲古閣_{朱文長}　毛晉_{朱文方}之印　汲古_{朱文方}閣　毛氏_{朱文方}子晉

竹齋詞　朱校。

玉林詞

夢庵詞

玉笥山人詞

花間集　不全。〔三〕

樂章集三卷　朱校。

石林詞　朱校。紹興十七年東菴關注、跋。

丹陽詞

東山詞

白雪詞

乙丑六月十一日，從周氏舊錄本校一過，《百字謠》周本亦缺，更脫《水調歌頭》〔三〕

首,其次序俱標于上,然無足取。彼爲分調,此則編年,當以此本爲勝也。校畢。雨窗漫記。毛扆。 朱筆,在卷末。

姑溪詞
竹友詞
得全居士詞
克齋詞
逃禪詞
竹山詞
稼軒詞丙集
竹屋癡語
知稼翁詞
西樵語業
蠙窟詞
初寮詞
空同詞

蘆川詞
石屏詞
省齋詩餘
苕溪詞
渭南詞二卷
白石詞選　螺川陳元龍少章編
樵隱詩餘
竹洲詞
盧溪詞
溪堂詞
平齋詞
信齋詞
歸愚詞
王周士詞

己巳三月望日，從周氏藏本校。毛扆。朱筆。〔四〕

竹坡老人詞三卷　乾道九年男桼跋。

菊軒居士詞

遯庵居士詞

東浦詞

樂齋詞

己未人日，從顧裕愙藏本校一過。毛扆。_{朱筆，卷末。}

龜峰詞

滄浪詞

烘堂詞

簡齋詞

舊錄本校一過。扆。_{朱筆，卷末。}己巳三月望前一日，從家藏

己巳正月六日，從集本校。毛扆。_{朱筆，卷末。}

僑庵詩餘

雲林樂府

松雪詞

圭塘詞

斷腸詞

〔一〕核對原書，題跋在《東坡詞拾遺》目錄後。

〔二〕核對《鶴山詞》卷末，毛扆尚有一條題跋，弢翁未錄：乙丑中元前三日，命福兒校，又正廿一字。扆又記。

〔三〕核對原書，封面題識「此集不全，唐五代十八家，按目十七家，計少十二家，共詞一百七十四闋」。

〔四〕核對原書，題跋在《竹洲詞》卷末。

【案】此本今藏北京大學圖書館（李175），著錄爲明抄本，一百卷，二十四册，《中華再造善本·明代編》據以影印。

是書每冊題「宋元詞抄」，總目作「抄錄宋元名家詞」，實際收錄宋詞六十家、金詞二家、元詞五家、明詞二家、唐五代作品算作一家，共七十家。

書中有毛氏汲古閣藏印、黃丕烈士禮居藏印、李滂藏印、陳寶晉、張壽鏞、國立北京大學圖書館等藏書印。

王文進《文祿堂訪書記》(第493頁)亦著錄是本,書名作《宋金元六十九家詞》,未將《花間集》計入。所輯錄毛扆題識不如弢翁所錄爲全,且書名有誤(《渭南詞》誤作《渭山詞》)。

(一)此詞共七十家,宋元各半,爲毛斧季得于梁溪秦留仙後人及孫氏者,蓋明代抄本也。斧季有跋,在《秋澗詞》第一卷末。斧季又借黃俞邰所藏《秋澗集》,命桐子抄補之。又《鶴山長短句》斧季跋有命福兒校正句,是斧季二子名也。其本半出斧季手校。又如《樂齋詞》《白雪詞》《鶴山詞》《秋澗詞》均有斧季朱字跋,至於印章均精妙可玩。又如《石林詞》《鶴山詞》卷中所粘鐵條亦出斧季,似付工另抄而以此爲底本也。

《六十家詞》,未刻者過半,蓋刻本出於子晉而斧季所得此則在康熙初矣。然以校《六十家詞》,訛脫不堪,遂此遠矣。如《樂章集》中《傳花枝·宣清》《東坡詞》中之《滿江紅·勸金船》等闕,皆與行世本不同,所以極可寶貴。《東坡詞》首副頁有士禮居白文印,知爲黃氏所收藏。玆四印齋所刻《東坡樂府》後有蕘圃跋云「余得書歸,取毛鈔《東坡詞》勘之」。又云「抄本附《東坡詞拾遺》一卷,有紹興辛未孟冬至游居士曾慥跋」。又云「集中戚氏叙穆天子、西王母事」。今毛鈔本亦有此語。又云「毛鈔遇注釋

處，往往云公舊注云云」。以此跋攷之，此本悉合，足證黃氏所藏即此本無疑，知此書之淵源有自。又有陳寶晉及劉准年藏印。陳爲道光間揚州人，字守吾。劉爲同光間大城人，寄住邢上，字樹君，皆藏書家也。又攷朱刻《樂章集》亦云斧季據含經宋本及周氏、孫氏兩抄本，所云孫氏當即此本。今檢《酒邊詞》，首頁有二印，曰「孫熹」「星遠」者，應即其人耶？內《稼軒詞》缺前二卷，《花間集》缺後二卷，不知何從佚去矣。丙辰仲夏得之，遂記於此。涉江。晏（朱文）

（二）又攷《邵亭書目》卷十六「詞選類」，有「《名家詞》十卷，侯文燦編。自序謂汲古《六十家詞》外見絕少，孫星遠有唐宋以來《百家詞》抄本，訪之，僅存數種」。以此攷之《酒邊詞》印章，即其人矣。又斧季跋《秋澗詞》一卷，末云「從錫山秦氏得抄本詞十四冊。後十一年復過錫山，訪於孫氏，又得宋元詞五十餘冊」。是斧季既得秦氏抄本，復知爲孫氏物，再訪于孫氏，復得五十餘冊。然則此七十家皆出孫氏所云紫芝漫鈔之格紙，即孫氏物也。故斧季云擬舊式刻一格紙，命桐補抄。是此本之淵源已了然矣。元素（朱文）

跋文作者爲晚清學者唐晏（1857—1920）」，滿族瓜爾佳氏，字在廷，又字元素，號涉江。

《木犀軒收藏舊本書目》（第19冊，第222頁）著錄「《宋元詞鈔》，卷□，不著編輯姓

二九五

名,明人寫本,二十四册,二木夾板」。後列諸詞集名,共七十家,當即指此本。下有佚名批注「1500」,當即指價格。

又,李氏木犀軒藏書多有王文進參與,此書見於《文祿堂訪書記》,應當與李氏彼時打算出售有關。

〔一〕此處卷數無。

212 ○吹劍錄一卷

抄本,竹紙,半頁十行十八字。

此編已刊行,板留書肆,不可復得,因刪舊添新,再與續集並刊。 二行,在序前,低四字。

淳祐三年人日,括蒼俞文豹文蔚序。 連正文。

康熙辛卯五月二十三日,一補印內子圖書,時年五十三。 許心扆墨筆,在卷末,二行。

葉印 白文方
豹文
國華 白文方
葉印
葉氏菉竹堂藏書 朱文圓
許印 朱文方
心扆
葵 白文方
園
枵一印 朱文方
南陽 朱文方
閨秀

【案】此本爲弢翁購藏,見於《自莊嚴堪善本書影》(第688頁),著錄爲明抄本,一册,

清許心宸、周叔弢跋。弢翁所錄與原書核對,無誤。今藏國家圖書館,中華古籍資源庫收錄(08236)。

《丙子新收書目》十月條下有「《吹劍錄》,鈔本,文祿,一冊,二十元」(第665頁)。《弢翁藏書題跋(年譜)》同。當即此本。

又,書前有戊寅(1938年)弢翁題跋一則,抄錄如下:

此《吹劍錄》崑山葉氏鈔本,王蓮涇舊物也。按《孝慈堂書目》云「一冊,鈔白五十一番」,即是此書。余所藏尚有《緯略》唐子言手抄本、《庶齋老學叢談》曹倦圃藏抄本、《班馬字類》曹彬侯手鈔本,王蓮涇校、《學齋佔畢》叢書堂抄本、《盧綸集》菉竹堂藏明刻本,皆《孝慈堂書目》所著錄,亦無王氏印記,因并記之於此云。戊寅二月二十九日裝成,老弢題於自莊嚴堪。

213 ○玉照新志五卷

抄本,竹紙,半頁十一行廿一字,從元抄本傳鈔。

愛閒 朱文方　桐軒主人 朱文長方　曉峯曾 朱文長方

居士 　　　 藏書印 　　　　 經閱過

【案】此本爲彧翁購藏，見於《自莊嚴堪善本書影》(第744頁）著錄爲清抄本，一册。今藏國家圖書館，中華古籍資源庫收録(08258)。核對原書，彧翁所録無誤。《丙子新收書目》十月條下有「《玉照新志》，鈔本，文禄，一册，二十元」。《彧翁藏書題跋（年譜）》(第128頁）同。當即此本。

214 文選六十卷

李善注，宋尤延之刻本，存卷十三至六十。内卷三十八、三十九、四十、五十七、五十八日本抄配。每頁刻工姓名與胡刻頗相歧異。半頁十行，大小皆廿一字，白口，左右雙邊，上字數，下刻工。

張宗、吴志壬子重刊，昌彦壬子、楊珍壬子、彦中戊申重刊、曹仲、曹旦、李彦、劉仲、唐才、李椿壬子、張拱、劉用、湯盛、柯文、王明、大受、金大有、唐森、金大有、盛彦、彦中、毛用、王明壬子、葉正、曹佾、李彦、陳祥、曹侃、潘憲、王才戊申、劉升戊申、王明丁未、劉升、劉彦中、吴志壬子、劉昭壬子、劉文壬子、夏應似補刻、夏應壬子、湯仲壬子、王明、曹佀、黄寶補、曹佾戊申　壬子　丁未、劉彦中壬子、劉用、黄寶壬子、劉彦龍戊申、金有（劉用丁未、陳下、杜俊、湯盛補

淳熙尤袤跋。行書，半頁十行十八字。

袤說友跋。行書，半頁九行，前空約二行，十七字。上空約三字。

計衡跋。楷書，半頁五行，前空一行。每行約十六字。上空約二字。

池頗《文選》歲久多漫滅，不可讀。衡到□□屬校官胡君思誠率諸生校讎董工□□而新之，亡慮三百二十二板，廿萬□□□□九十二字，閱三時始訖工，今遂爲全□□□□。書成，以其板移寘郡齋，而以新本藏□□昭文廟文選閣云。紹熙壬子十一月□□假守番陽計衡書[二]。

〔一〕核對原書膠片，「全」後脫一「書」字。

〔二〕核對原書膠片，「假」字前脫一「日」字。□爲原文中空格。

【案】此本爲宋淳熙八年池陽郡齋刻本，《中華再造善本·唐宋編》收錄者爲足本，藏國家圖書館。叀翁所經眼者爲殘本，今藏北京大學圖書館（LSB／81）。兩本相較，國圖藏本并無計衡跋。（關於尤袤刻本《文選》中計衡跋之有無，詳劉明《謏議宋淳熙本〈文選〉的刊刻與修版》，《揚州文化研究論叢》第 22 輯。）

王文進《文祿堂訪書記》（第 449 頁）著錄本在缺卷、刻工、版式等方面與叀翁所記一

三〇〇

致，可知即爲同一本。《木犀軒藏書及題記》（第341頁）亦著録此本各跋。三者皆著録計衡跋文，核對原跋，《文禄堂訪書記》《木犀軒藏書及題記》所録無誤，然未説明文中□爲空格。

《訪書記》《木犀軒藏書及題記》尚抄録楊守敬、袁克文題跋，可知此本爲楊守敬購自日本，後輾轉過李盛鐸所有。

又，《木犀軒收藏舊本書目》（第19册，第155頁）著録「《文選》六十卷，梁昭明太子撰，唐李善注，宋淳熙辛丑尤袤刊本，缺卷一至十二，楊新吾手跋，二十六册」下有佚名批注「5000」（當是價格），即指此本。

215 錦繡萬花谷別集三十卷

宋本，半葉十三行，廿三字，左右雙邊，黑線口，標題大字，占二行。

216 雪崖先生詩集五卷

明永樂本，黄棉紙，半頁十一行廿一字，黑口，四周雙邊。第二行題「文淵閣大學士兼翰林院大學士男幼孜編」。

洪武壬戌梁寅序。《金徵士守正文集》序

洪武十五年同郡張美和序。《文集》

永樂十九年豫章胡儼序。《詩集》

賦 朱文方　古潭州—袁卧雪—盧收藏 白文方
孫 朱文方

【案】此本爲李盛鐸舊藏，今藏北京大學圖書館，著錄爲明永樂十九年刻本，二册（LSB / 256）。

王文進《文祿堂訪書記》（第 434 頁）、《木犀軒藏書及題記》（第 330 頁）亦著錄此本。又，《木犀軒收藏舊本書目》（第 19 册、第 150 頁）著錄「《雪崖詩》五卷，元金守正撰，明永樂辛丑刊本，袁漱六舊藏，一册」，下有佚名批注「100」，當是價格，即指此本。核對原書膠片，書中尚有「木犀軒藏書」「木齋讀過」等李盛鐸藏書印。

217　石刻鋪敘二卷附二王帖目錄評釋一卷

明鈔本，黑格棉紙，板心下方陽面有「卧雲山房」四字。半頁十行十八字。

大興朱氏竹君—藏書之印 朱文長方　朱印 白文方　錫庚 白文方　結一—盧藏—書印 朱文方　修伯 白文方　讀過 白文方

其書叙次石經之後及秘閣諸帖，而於自集《鳳墅帖》議論尤詳。[一]凡所引徵具有典據。

閱目 錫庚 白文方

予於辛酉之冬得此書於廠肆，因有鮑氏、周氏兩刻本，置之篋中，不甚貴也。燈下無事，取刻本校勘之，則《二王帖目錄評釋》乃刻本佚去，然則此本乃絶無僅有之書。於以知訪求古籍，雖習見之書，有不可忽者。前題二行朱少河所書[二]，竹君學士之子也，喜藏書。散後予頗得之。辛未十月朔，修伯記。

[一] 核對題跋膠片，「議論」誤，當作「論議」。
[二] 核對題跋膠片，「二」誤，當作「兩」。

【案】此本爲李盛鐸舊藏，今藏北京大學圖書館，著錄爲明范氏卧雲山房抄本，清朱錫庚、朱學勤跋（李147）。

王文進《文禄堂訪書記》（第182頁）、《木犀軒藏書題記及書録》（第150頁）亦著録此本，均録二跋。其中《訪書記》書名作《石刻補叙》，誤。

《木犀軒收藏舊本書目》（第19册，第53頁）著録「《石刻鋪叙》二卷、《二王帖目録評釋》一卷，朱少河、朱修伯手跋，明卧雲山房鈔本，一册」下有佚名批注「100」，當是價格，

218 張文潛文集十三卷

明嘉靖甲申郝梁刊本。半頁十行十八字，左右雙邊，白口。

《張文潛文集》亦名《宛邱集》，相傳南宋初已有四本：一本十卷、一本三十卷、一本七十卷、一本一百卷。國朝《四庫》所收之本則又七十六卷。今余得此本十三卷，係虞山馮氏與吳氏兩家藏本，與所記上五本卷帙不同，想即胡氏應麟所見之本也。昨吳興書賈鄭甫田以宋建安余騰夫所刊《永嘉先生標注張文潛文集》來，上有季滄葦與毛子晉圖書，當共十卷。與此本校對，篇目正同，惟分卷則異。因知此本即南宋初十卷之本，後人亂其卷次耳。校正一通如右，俾不失宋本面目，篇中標注亦照建安本寫出，以便讀者。至字句異同，無論允否，並一一校注，不敢意爲去取，蓋校書之體例也。然賴以是正者已居十之九，益信古本之足貴。乙卯十二月初六日，姑餘徐葵識。

徐葵 白文連珠　朱筆，在《目錄》後。

王氏《訪書記》著錄此本，説明李氏當時已經準備出售此本，書中尚有「李盛鐸印」「木犀軒藏書」「木齋讀過」等李氏藏印。

即指此本。

吳岫 白文方　姑蘇 — 吳岫 — 家藏 朱文方　馮知 — 十印 白文方　彥 — 淵氏 白文方　彥 — 淵 朱文方

知 — 十印 白文方　馮彥 — 淵讀 — 書記 朱文方　馮知 — 十印 白朱文方　馮氏 — 藏本 朱文方

馮 — 知 — 十白文扁

古潭州 — 袁卧雪 — 廬收藏 白文方　臣葵 白文長方　詹如 朱文長方

【案】此本爲李盛鐸舊藏，今藏北京大學圖書館，著錄爲明嘉靖間刊本，一冊，徐葵據南宋建安余騰夫刻永嘉先生標注十卷本校並跋（LSB／144）。

所見本爲膠片，核對題跋，弢翁所錄無誤。

王文進《文禄堂訪書記》（第362頁）、傅增湘《藏園群書經眼錄》（第991頁）、《藏園群書題記》（第707頁）、《木犀軒藏書及題記》（第286頁）皆著錄此本，均著錄題跋。以上諸家著錄題跋中，惟《訪書記》有誤。

據欒偉平《李盛鐸與周叔弢的藏書抵押關係小考——兼述北京大學圖書館之鈐「周暹」印善本來源》（《圖書館工作與研究》2013.4）一文，此本鈐有弢翁藏印，爲李氏抵押物，且《弢翁藏書題跋（年譜）》（第108頁）1934年7月11日條下，有弢翁致王文進信，言「李木老之書，全須贖回，我處六種，今日取回矣。閣下當須來津一行也」。據此可知，弢翁經眼此書的時間不早於1934年，王文進經手此事，李氏亦準備出售藏書，故見於《文禄堂訪

書記》中。

又，《木犀軒收藏舊本書目》（第19冊，第127頁）著錄「《張文潛文集》十三卷」，吳方山、馮知十舊藏，明嘉靖甲申郝梁刊本，徐澹如用宋本校，一冊」，下有佚名批注「150」（當是價格），即指此本。

書中尚有「李盛鐸印」「木齋審定善本」「木犀軒藏書」等李氏藏印。

219 宣和奉使高麗圖經四十卷

明鈔本，白棉紙，無格，十行十六字。

葉萬〔白文長方〕　石〔白文方〕　樹蓮〔白文長方〕　廷檮〔朱文方〕　袁氏〔朱文方〕

君　之印　仲邅〔白文長方〕　西昀〔白文長方〕　又愷

五硯樓袁氏收藏金石圖書印〔朱文方〕　五硯樓〔朱文長方〕

【案】此本爲李盛鐸舊藏，今藏北京大學圖書館，著錄爲明抄本（LX/212）。王文進《文祿堂訪書記》（第167頁）《木犀軒藏書題記及書錄》（第143頁）亦著錄是本，《訪書記》言此本爲藍格，且附行狀一卷。

又，「木犀軒收藏舊本書目」（第19冊，第47頁）著錄「《宣和奉使高麗圖經》四十卷，

宋徐競撰，明人鈔本，葉石君舊藏。二冊，「木齋審定善本」「木犀軒藏書」等李氏藏印。書中尚有「李盛鐸印」下有佚名批注「300」（當是價格），即指此本。

220 列女傳八卷[一]

明嘉靖黃魯曾本，黃蕘圃用宋本校。

戊子九月收。張雋 白文方 之印

黃氏手跋。見《題識》。

校書亦以勤 朱文長方 不烈 朱文方

黃蕘圃手校一善本 朱文方 樹鏞 白文方 沈氏 白文方 蕘圃 朱文方

之印 藏本 私印 鄭齋校藏金石書籍 朱文長方

辛卯春，於義門師處見宋本《列女傳》，圖畫則顧虎頭遺製，衣冠器物俱簡樸有古意，篇中序次俱與今本異。蓋魯曾重刻失其真也。至頌後有讚，乃魯曾僞造，且與序復，尤爲妄繆，牧翁斥之宜矣。師處乃自述古堂購藏，裝裱俱絕等輩，尤可貴重。前有牧翁題語，亦古質有味。繼又得一本無纖毫異者，至今貲研齋寶藏之如雙璧。

古書難得亦難見，故識於此，使流傳既遠，遂以是本爲子政本書，遺誤後學豈少哉。

康熙癸巳五日書。蔣杲。[二]

【案】此本今藏北京大學圖書館，著錄爲明嘉靖間黃魯曾刻本，十二行行二十字，二册，清黃丕烈據宋本校並跋（LSB/461）。

王文進《文祿堂訪書記》（第127頁）、《木犀軒藏書題記及書錄》（第118頁）亦著錄此本，均錄蔣跋，但三本所錄題跋均不同。

又，《木犀軒收藏舊本書目》（第19册，第36頁）著錄《新編古列女傳》，八卷，黃蕘圃用宋本校並跋，明刊本，蔣杲手跋，二册」，下有佚名批注「350」（當是價格），即指此本。書中尚有「李盛鐸印」「木犀軒藏書」「木齋審定善本」等李氏藏印。

[一] 此書書名當作《劉向古列女傳》。
[二] 核對原書膠片，弢翁所錄不誤，題跋位置在書末黃跋之前。

221 畫上人集十卷

錢榖 朱文方

手鈔

錢朿寶手抄本，黑格，白棉紙，四周雙邊，黑口，半葉十一行廿字。

賣衣賣書志亦迂」「愛護不異隨侯珠」「有假不返遭神誅」「子孫鬻之何其愚 楷書黑印

三徑 白文方

主人 四代 白文方

曾經 朱文方

相印 我眼 白文方

守吾 白文方 子子孫孫永寶用章 白文長方

過眼 陳寶晉 守吾父記 白文長方

【案】此本爲李盛鐸舊藏，今藏北京大學圖書館，著録爲明錢穀手抄本（李525）。王文進《文禄堂訪書記》（第340頁）、傅增湘《藏園群書經眼録》（第868頁）、《木犀軒藏書題記及書録》（第262頁）皆著録此本。其中《經眼録》云「此書爲李木齋先生家物，故鈐有其三代藏印」。《北京大學圖書館藏善本書録》（第131頁）收録是書首卷卷端書影，確有李氏藏印。

又，《木犀軒收藏舊本書目》（第19册，第116頁）著録「《畫上人集》，十卷，唐釋皎然撰，明錢罄室手抄本，二册」下有佚名批注「500」（當是價格），即指此本。

222　猗覺寮雜記二卷

明鈔本，白紙，無格，九行十七字。

《獦獠雜記》，上下二卷，嘉靖己丑孟秋廿日，吳門馬春郊來售。墨筆，在卷末。

康熙甲午，金粟華時歸繡谷亭插架。 尣 尺朱文方 墨筆，在卷末。

後一百五十年同治紀元之三載，自閩中陳氏帶經堂復歸于浒周氏書鈔閣插架。

周印 白文方 墨筆，在卷末。
星詒

□□□話最佳，是編妍辭奧義，洞□作者之意，其引證史事尤為精碩，後之稱詩話者多遺之，此書固難見矣。

雍正癸卯，伏中雨至，乍涼。繡谷西軒書。 淮南朱文方 墨筆，在卷末。

嘉靖己未六月，黃溪王子惠《獦獠雜記》二卷，予覽之，見其叙撰頗疏，未就平帖，輒疏數條于上方，俾兒子輩知有攷焉。木涇子志。 小隊朱文方 墨筆，在卷首眉上。[二]

玉井生 白文方 西巖翁一第十三孫朱文長方 古唐一汪氏一圖書朱文方 晏如朱文方 繡海 白文方 汝南一周氏一圖書一之印白文方 白醉先生白文方

季良父 白文方 永昌白文長方

223 春秋金鎖匙 一卷

抄本,吳兔床手校。

乾隆壬寅冬日,從沈呂璜孝廉借紅櫚書屋新雕本校正。

吳氏手跋,朱筆,在卷末。

周氏藏 _{朱文長方} 靜嘯 _{朱文方} 繡谷 _{朱文方} 西泠 _{朱文長方}

書畫印 軒 熏習 吳氏

[一] 核對原書膠片,叟翁所錄跋文惟見此條,其餘跋文未見。

【案】此本爲李盛鐸舊藏,今藏北京大學圖書館,著錄爲明抄本,吳焯跋,周星詒據《知不足齋叢書》本校並跋(李 126)。

傅增湘《藏園群書經眼録》(第 576 頁)、《木犀軒藏書題記及書録》(第 196 頁)皆著録此本。但三者著録跋文有異同。《經眼録》注「李木齋先生遺書。辛巳」。

又,《木犀軒收藏舊本書目》(第 19 册,第 86 頁)著録「《猗覺寮雜記》二卷,宋朱翌撰,明人鈔本,吳尺鳧、周巳翁手跋,二册」,下有佚名批注「150」(當是價格),即指此本。書中尚有「李盛鐸印」「木犀軒藏書」等李氏藏印。

兔牀手校 朱文長方　鐵笛 朱文胡盧　書堂 朱文方　竹下 朱文方　九杞 白文方　山人 白文方　紅藥山房 朱文長方　收藏私印

【案】此本爲李盛鐸舊藏，今藏北京大學圖書館，著錄爲清抄本，清吳騫據孔氏紅櫚書屋本校（LSB／132）。核對原書膠片，弢翁所錄無誤。復廬贅一姻滬上所得 白文長方　一廬藏一書印 朱方　結一廬藏一書印 朱方

王文進《文禄堂訪書記》（第46頁）、《木犀軒藏書題記及書錄》（第75頁）亦著錄此本。其中《訪書記》著錄跋文及鈐印有訛誤。

又，《木犀軒收藏舊本書目》（第19册，第13頁）著錄「《春秋金鎖匙》，一卷，元趙汸撰，舊鈔本，吳兔牀用至正癸未日新堂刊本校，一册」下有佚名批注「50」（當是價格），即指此本。

書中尚有「李盛鐸印」「木犀軒藏書」「木齋審定善本」等李氏藏印。

224　五峰集六卷

鈔本，勞季言手校。

咸豐壬子六月，吳興丁寶書以鮑渌飲先生手寫本寄示，因據校一過，補詩十六

首。鮑本後附《補遺》三卷。渌飲從《玉山雅集》諸書集録。又《文集》一卷止十首、《雁山十記》一卷,別録成帙。廿五日午刻季言識。墨筆,在卷末。

【案】此本今藏中山大學圖書館,著録爲清鮑廷博知不足齋鈔本,清鮑廷博、勞格校半頁十行二十一字,四册(《廣東省第一批珍貴古籍名録圖録》第855頁)。王文進《文禄堂訪書記》(第423頁)、傅增湘《藏園群書經眼録》(第1131頁)亦著録此本。其中《經眼録》與翌翁所記題識同,與《訪書記》有小異。

又,《經眼録》著録是本鈐印有"曾在姚古香處""孔傳金印""周長濬字舜元號秋渚永嘉人"各印,且注"己未歲李寶泉自杭州寄來",己未即1919年。

225 元草堂詩餘三卷

黑格鈔本,半頁十行廿二字,板心下魚尾下有"隱書樓藏"楷書四字。

永寶 _{白文方}　查氏 _{朱文方}　查氏隱書 _{白文長方}　北平謝氏 _{朱文長方}　樓藏書印　所藏　北平謝氏 _{朱文長方}　藏書印

226 張右史文集六十卷

謝浦泰手抄。

共十二本。謝氏手跡墨筆,在卷首《目錄》前。

雍正己酉春三月,惺盧用硃筆校閱一過,謹識。

細校《宛丘集》中所有而《右史集》所無者,古詩二百七十首、律詩二百卅三首[一]、絶句七首、書二篇、墓誌五篇;《補遺》六卷全無,《右史文集》中所有而《宛丘集》所無者,不過古詩四首、律詩九首,《讀唐書論》第二條而已。但余此書律詩已先將《瀛奎律髓》内幾首添在内,亦不可不知。

雍正己酉春三月清明前二日,惺盧書。時杏花初放,嫵媚可愛,不覺與此書相輝映也。

墨筆,在卷首《目錄》後。

余校閱《右史集》既,隨將《集》中所無者挨次抄補,得《宛丘》原集詩文共一百六頁,《宛丘補卷》又一百頁。另爲兩本,以附於《右史文集》之後,合之,得十二本,以爲肥仙先生之全集云。時雍正己酉春三月二十三日,太倉謝浦泰心傳氏識於王館之雨窗。時年五十四歲云。

墨筆,在卷末。

浦泰〔白文方〕 心〔朱文方〕 別字〔白文方〕
之印〔白文方〕 傳〔朱文方〕 悝塵〔白文方〕 生平心力盡於文〔白文方〕

昔字星躔一今字薪傳一別字悝塵一亦字心禪〔朱文方〕 杏花一小婁〔朱文長方〕 得閒居士〔朱文方〕

抄 書〔白文方〕 婁東一謝氏一家藏〔白文方〕 尚論堂〔白文方〕 謝浦泰識〔朱文方〕 悝塵〔白文方〕
老更癡〔白文方〕 校閱

〔一〕核對原書，「卅」當作「三十」。

【案】此本今藏國家圖書館，著錄爲清抄本，清謝浦泰校並跋，九行十七字，《補遺》十行二十字，十二册。中華古籍資源庫收録（17108）。核對原書，彀翁所録無誤。王文進《文禄堂訪書記》（第362頁）亦著録此本，但所録謝氏卷末題識有小誤，著録藏印印文分斷有誤。（「尚論堂鈔書」「老更癡」應是「尚書堂」「鈔書老更癡」）

227 ○龜巢稿十七卷

鈔本，宋賓王手校。

弢翁古書經眼錄標注

《龜巢先生全集》世鮮傳本,其已刻之稿曰《龜巢摘稿》,摘集之詩什一,重加改正,乃付諸梓人。讀其詩,慕其文,不得。蘇郡蓮涇王先生向得薛氏本藏弆。雍正丁未夏,文瑞樓主人于桃塢又得竹垞翁所藏稿本,因借歸合較,全錄其文其詩,獨存所摘附注原篇於下,以見先生手刪之妙云。戊申初冬日,婁水宋賓記。 朱筆,在《總目》後。

此《龜巢集》善本也,勿謂錄詩不全而忽之。 墨筆,在卷首副葉,宋氏手跡。

宋賓 白文方

王印 白文方　蔚 朱文方　如氏

宋蔚如 朱文長方　駿 白文方　雅 朱文方

收藏印　碧一雲一館 朱文圓　祖印 白文方

汪士鐘藏 白文長方　昌 白文方　校 朱文方　玉蘭 朱文方　堂印 朱文方　書屋 白文方　碧梧

茶坡潘一介繁珍一藏之印 朱文方　遲　徐 白文方　潘茶坡 朱文長方　復 朱文方　平原一陸氏一家藏 朱文方　潘氏桐西一書屋之印 朱文長方

鄧尉 白文方　子晉　茶坡一私印 朱文方　曾　萬華 朱文方　小隱

山樵

【案】此本爲弢翁購藏,見於《自莊嚴堪善本書影》(第1378頁),著錄爲清雍正六年

三一六

宋賓王家抄本，四冊，清宋賓王校跋並補目，十一行二十一字，雍正戊申宋賓王朱筆校朱彝尊藏本。今藏國家圖書館(08542)。核對原書，荛翁所記無誤。

王文進《文禄堂訪書記》(第427頁)亦著録此本，然所輯録宋氏跋文訛誤較多。

荛翁《丁丑新收書目》二月條下有「《龜巢集》，宋賓王手校本，跋，藝芸書舍藏，朱，四冊，二百四十元」。荛翁藏書題跋(年譜)(第146頁)所載同。荛翁《歷年收書目録》注釋中「朱」注曰「不詳」，當指朱文鈞(1882—1937)。

此本曾爲朱文鈞收藏，《蕭山朱氏六唐人齋藏書録》卷五著録此本，書名著録爲《龜巢文稿》。

228 ○唐張處士詩集六卷

舊抄本，半葉十行十八字。黃紙無格，五、六兩卷是葉林宗手抄。

《張承吉集》，《郡齋讀書志》作一卷，《書録解題》亦一卷，云《唐·藝文志》作六卷。按《延令書目》六卷，《也是園書目》五卷。此則與季氏本同也，《讀書志》稱其樂高尚，客淮南，杜牧爲度支使，善其詩，嘗贈之詩曰「何人得似張公子，千首詩輕萬戶侯」，其推許可知矣。是集四庫館未收，項錢唐何君夢華方彙刻叢書，分經、史、子、集

四部，因錄副寄之。丁丑長至後記。

拜經一樓吳氏一藏書朱文方　曾歸朱文方　金鑑一堂藏一書印白文方　朱筆，在卷末。審是吳虞臣手跡。

【案】此本爲弢翁購藏，見於《自莊嚴堪善本書影》（第 1055 頁），著錄爲明末葉奕抄本，二册，清葉奕校，清吳壽暘跋。今藏國家圖書館（08416）。《善本書影》中收錄有吳氏題跋照片，據以核對，弢翁所記無誤。

《丁丑新收書目》二月條下有「張處士集，明抄本，內二卷葉林中手抄，吳虞臣跋，朱二册，二十元」。《弢翁藏書題跋（年譜）》（第 124 頁）所載同。

《拜經樓藏書題跋記》卷五著錄此本及吳跋，然與此跋有異。

傅增湘《藏園群書經眼錄》（第 909 頁）亦著錄是本，注經眼時間爲「甲子」（1924 年）。

此本曾爲朱文鈞收藏，《蕭山朱氏六唐人齋藏書錄》卷四著錄此本，書名著錄爲《張處士詩集》。

229　○閒閒老人滏水文集廿卷

張青芝手鈔本，陳蘭隣手校，黃紙無格。

甲戌三月八日，借得朱卧庵校本，校勘兩本，互有錯誤，字句間亦時有不同，爲添注校改數十字，一日而畢。其可疑者闕之，不敢蹈顏氏之譏也。蘭鄰識。[1]

[一] 核對原書，此跋位置在《附錄》末。

【案】此本爲弢翁購藏，見於《自莊嚴堪善本書影》（第1281頁），著錄爲清張位抄本，四冊，清陳徵之校並跋。今藏國家圖書館，中華古籍資源庫收錄(08501)。《丙子新收書目》十二月條下有「《淦水文集》，張立人手抄本，陳蘭隣手跋，文禄，四冊，一百四十元」。《弢翁藏書題跋（年譜）》（第128頁）所載同。是本鈐印有「茂苑香生蔣鳳藻秦漢十印齋秘篋圖書」（朱文）「張位之印」（白文）「周暹」（白文）等。

230 宋遺民録十五卷

抄本，半頁九行十七字。

成化己亥程敏政序。

嘉靖二年率溪程威士儀刻書跋。 刻《目録》一卷、《王鼎翁文》一卷。

嘉靖乙酉修寧率溪程曾刻書跋。 士儀族兄。

六月六日續夢堂校過。墨筆，在卷五末。

康熙甲戌五月二十六日鈔完。墨筆，在卷末程曾跋後。

以上兩條是張氏手跡。

張貞 白文方　一生三一癖書一畫石 白文方　張貞審定 朱文方　杞園所藏書畫 朱文長方
之印

231　韋蘇州集十卷

盧抱經校宋本。

五言評點悉桑弢甫先生所定。丁卯八月，文詔錄。墨筆，卷首。

甲辰三月九日，盧紹弓以宋本校。朱筆，卷一末。

五月十日閱，出門寄金陵友人書。朱筆，卷二末。

五月十九日閱，連雨三日夜，今始有晴意。朱筆，卷三末。

十九日，又閱一卷，復有雨意。弓父。朱筆，卷四末。

生辰閱，六十八歲叟弓父記。朱筆，卷五末。

六月初三日，避客，再校一卷。朱筆，卷六末。

六月四日，坐抱經堂校。

六月四日閱。朱筆，卷八。

乾隆四十九年六月五日，連校兩卷。盧弓父記。朱筆，卷七末。

朱筆，卷十末。

【案】《中國古籍總目》（集1，第100頁）著錄浙江圖書館藏有《韋蘇州集》一部，明末余懷刻本，有清抄配拾遺，清佚名錄盧文弨批校。或即此本。

232 〇新刊山堂先生章宮講考索

《集》十卷，《目錄》一卷，山堂先生宮講章如愚後師編。宋小字本，半葉十三行廿字，白口，四周單邊，左方上有耳子。每卷標題下有「木集」二字陰文，乃挖補，不知原是何集。板心無標題，只標「一」「二」等字。刻工姓名：江文清、文清刊、王、才、宗。

精校善本 朱文長方　得者珍之 朱文方

文弨 白文方　弓 朱文方　紹陽 朱文方　盧氏 朱文方　草堂 白文方　數間藏書

文弨 白文方　手校　弓父 朱文方

【案】弢翁雖在此書書名前加圈，但今《自莊嚴堪善本書影》《自莊嚴堪善本簡目》均未著錄此本。然檢弢翁《丙子新收書目》十二月條下有：「《山堂考索》，宋小字本，裴英，十冊，一百六十元」即指此本。《弢翁藏書題跋（年譜）》（第128頁）所記同。可知，弢翁所購藏者當即此本，後售出。

又，《國家圖書館宋元善本圖錄》中收錄一部宋刻《新刊山堂先生章宮考索》，十卷，收有目錄及卷端首頁書影，爲「木集」，陳清華舊藏（19909）'（第3928頁）復檢《祁陽陳澄中舊藏善本古籍圖錄》（第1冊，第12頁），亦著錄是本，解題部分與弢翁所言一致，有挖補痕迹，刻工中有江文清。不知弢翁所經眼、購藏者是否即後歸陳清華所有者，自莊嚴堪未收錄此書，或說明弢翁藏有此書時間較爲短暫，甚至可能未曾鈐印。

233 熊士選集一卷

明本，半葉八行廿字，單邊，白口。標題下方有「四明范欽校刊」六字。

正德七年李夢陽序。

正德七年豐城縣知縣雁門吳嘉聰刻書記。

嘉靖癸卯吉人陳德文刻書跋。范君侯東明先生刻於袁。[一]

【一】弢翁簡記，核對原書，此跋中原句作「近客袁范君侯東明先生間出抄本，相與誦諷而感歎御史者久之，曰是篇刻于豫章」。

【案】此本爲弢翁購藏，見於《自莊嚴堪善本書影》（第1628頁），著錄爲明嘉靖二十二年范欽陳德文刻本，後在1942年轉售陳一甫。今藏國家圖書館，中華古籍資源庫收錄（09887）。

《丁丑新收書目》正月條下有「《熊進士選集》，明嘉靖本，售陳，藻玉，一冊，二十元」。《弢翁藏書題跋（年譜）》（第146頁）所記同。熊卓，明人，字士選，豐城人，弘治進士。故《熊士選集》與《熊進士選集》爲一書。

234 蘇學士集十六卷

張學安錄何校本。

嘉慶癸酉正月十又六日，借拙安陳君藏本傳錄，塵事繆繞，五日始畢。訒庵居士張紹仁識於仁壽里之綠筠廬。墨筆，在卷末。

紹仁 朱文方　　訒 白文方　　綠筠廬 朱文長方　　吳門張氏 朱文長方　　執經堂藏 朱文長方　　吳郡張 朱文長方　　紹仁校 朱文長方　　紹仁之印 朱文方

235 儒門經濟長短經九卷

舊抄本，半頁十一行廿一字，黃紙，無格。

吳郡張―紹仁學―安藏書 白文方　紹仁 白文方　安 朱文方　讀異―齋校―正善本 白文方　學安 朱文方

訒庵 白文方　張印 白文方　珍賞 朱文方　手校

秘本 朱文長方　古歡 白文方　枚庵 朱文方　吳翌鳳 白文長方　堂　藏本　家藏文苑

日前晤談殊快，承賜老伯大人遺稿，讀之覺先正典型于茲未墜，倘家置一編，無患文風之不振也，謝謝。蒙過失迎爲罪。承擲付五洋，收到。此書原係吳枚庵舊藏，渠云爲鮑淥飲取去未歸，却不知流落弟處。枚庵云此本出自天官坊王氏，實舊時精抄本也。弟近因力絀，致賣書爲買書，豈不可笑。然於古籍源流必當爲之表揚，俾知所自。足下或自留，或轉歸貴友，希於談論時及之。區區愛書之心，雖臨去猶依戀耳。重陽伊邇，琢堂思爲訪僧西山，藉作登高之計。惜弟俗累冗集，安能抽此一二日暇以圖暢游耶。草此佈復，容面罄不一。即請編山四兄日安。弟丕烈手啓。九月四日。〔二〕

〔一〕核對原書,黃丕烈手札置於末卷卷尾。

【案】此本曾爲陳清華舊藏,《祁陽陳澄中舊藏善本古籍圖録》(第535頁)收録,著録爲清抄本,八册。今藏國家圖書館,中華古籍資源庫收録(09606)。核對原書,弢翁所録與原文一致。

236 唐漫叟文集十卷　拾遺　拾遺續

明本,黃麻紙,半頁十行廿字,四周雙邊,板心刻「次山文集」四字。六卷以後多一「下」字,一至五、六至末小號通聯。上五十葉,下六十八葉,《目録》七葉,《本傳》三葉。

王子霖《古籍善本經眼録》(第65頁)亦著録此本,然所記黃氏手札有訛誤。

237 陳眉公吳寧野精校青蓮露六牋六卷

明刻本,半頁八行十七字,單邊,白口。

《金粟清話》《石點頭》《逸園清史》《迦陵音》《澹齋霏玉》有圖八葉《養生主》〔一〕吳三明刻、詹光慧刻、吳虛中刻。

葉華茂原著。

封面有「樹德堂藏版不許翻刻」九字一行。又有「樹德堂印」朱文篆書印，又有楷書朱記如下：

是餞語噴青蓮，篇盈玉露，一披之者如天風蕭爽，令人滌暑味之者，若沉瀣芳冽，一令人忘渴，誠聖世之逸史，一文苑之冰壺也。識者□旂。 朱文楷書長方

每部紋一銀□錢 朱文楷書長方

【案】天津圖書館藏有一部同版本者（無《刻金粟頭陀青蓮露六餞》《心經石點頭》《迦陵音指迷十六觀》《徵刻澹齋八景詩帖》），且書中鈐有弢翁「自莊嚴堪」（朱文）印，中華古籍資源庫收錄。《自莊嚴堪善本書影》《自莊嚴堪善本簡目》皆未著錄。

〔二〕核對同版書卷端，書名爲《金粟園清語》

238 ○北狩見聞錄一卷　北狩行錄一卷　建炎復辟記一卷　采石瓜洲毖亮記一卷

黑格抄本，盧抱經手校。

乾隆甲午十月二十六日，磯漁閣，元本係江陰楊秀才伯庸處借得，秀才九月間去

世，因託友錄出，將以元本還其家。 朱筆，在《北狩見聞錄》後。

甲午十月二十七日閱。

乾隆甲午孟冬廿七日閱。 朱筆，在《北狩行錄》後。

甲午建子月朔，矶漁閱。 朱筆，在《建炎復辟記》後。

乙未四月十日，又以奇晉齋刻本校正。 朱筆，在《采石瓜洲毙亮記》後。

耆齡藏書楷書長方　陳彧 朱文方　勘書巢 朱文長方　陳經一之印一信 白文方

【案】此四書合裝一冊，爲弢翁購藏，見於《自莊嚴堪善本書影》（第268頁），著錄爲清乾隆三十九年盧文弨家抄本，清盧文弨校並跋，十一行二十一字。今藏國家圖書館（08037）。核對原書，弢翁所記無誤。

《丁丑新收書目》二月條下有「《北狩見聞錄》《北狩行錄》《建炎復辟記》《瓜洲毙亮記》，盧抱經校本。《邃雅》，一冊，四十元」。《弢翁藏書題跋（年譜）》（第147頁）所記同。

239　韓詩外傳十卷

明通津草堂本，半葉九行十七字，左右雙邊，白口，板心下方有「通津草堂」四字。刻《韓詩外傳》序：

予素慕是書，癸巳歲始得之白下。一爲元至正間刻本，字多漫滅，迺手一讐校之，正其訛謬者十有二字，復一而錯出者三十有三字，刓不可辨一者百二十有一字，因繕寫之如左一云。嗟乎，六經之外，求古文字，要之一不離秦漢者近似，若是書其可泯一哉！其言雖不盡軌于道，引物連類，一義亦博矣。豈後之拘拘訓詁章句一者哉！嘉靖戊一戌八月望日僊居林應麒識。

按，通津草堂是蘇獻可刻本，此有林序，字體與本書微別，當是蘇版歸林後另補此序也。

【案】弢翁所記本之林序，並非通津草堂本皆有。例如國家圖書館中華古籍資源庫中著錄明嘉靖十四年刻本(13375)，即原序而加己序。當是書版易手後，林氏撤去蘇獻可原序而加己序爲此種。

240 後漢書

錢求赤校閱本。每卷有小跋，不盡錄。

壬寅歲，族孫遵王又得《後漢書年表》十卷，其書係紹興間人所爲，亦目所罕覯

者。遵王篤好古書，今時人所無，亦頗有力能致之，其可尚也已。偶再閱此書，附記。　墨筆，在卷首。

癸卯三月廿七日，燈下再用嘉定戊辰蔡琪純父刊本校，即有熊方《年表》者。　墨筆，在卷一末。（辛丑）

用宋劉元起本一對過，時十一月初十日，去前月又一月矣。　墨筆，卷一末。

十月十一日午前，在思堂。辛丑年。　墨筆，卷一末。[一]

癸卯三月廿八日，又用一宋本校過，未畢而止。　卷一末。

九月，用大字宋本一對。　卷一末。[二]

戊子十二月十九晚，再讀一過。　卷二十八下末。

時戊子十二月廿二日，西洋曆之立春日也。　卷廿四末。

廿九日，毛子晉，邑中富人也，亂時曾有小德于予家。往年死，予不吊，是日葬于戈莊，因一往，少全故舊之情。然子晉尚以財自豪，今諸子又不逮，將來毛恐不昌矣。

十一月初一日，亦西曆之冬至日也。天大風。　墨筆，卷三十二末。[三] 三十五末。[四]

嗟乎！是晚俗謂之至除夜[二]。

廿八日，時當爲西洋之辛丑十二月[五]，兩日頗寒而霜濃正。　四十二末。[六]

廿九日晨，時辛丑十二月之除夕，西曆立春已半月矣。卷四十四末。[七]

初九晚，思堂。壬寅年正月。五十二末。

辛丑建子月生明後四日，再草草閱一過，自十一月初十日更讀，至壬寅正月廿二日始畢。中間多累，久而既乎。此癸未之《史記》，甲申之《後漢》，戊子之《漢書》，久棄之如遺，況乎曾經其心目所寓焉者飾也。《史記》甲午復讀一部，是秋有室人之變，而吾二三子女之外，遂無一故人。嗚呼，歲[九]不悲哉。十念 白文 忠孝之家 朱文錢形 人保

辛丑正陽繁霜月中旬之第二日，燈下。卷九十末[一〇]。

彭城 朱文長方　錢印 白文方　求赤 白文方　氏
　　　　孫保　　天啓 朱文方　匪庵 朱文長方　求赤 白文方[一一]
　　　　　　　甲子　　錢孫保一名容保 白文方　錢求赤 朱文方
錢求赤藏書記 朱文方　錢氏 白文方　錢孫 白文方　藏書
余不忍爲此態也 朱文方　家藏　　艾印　頤 白文方
錢氏幽吉堂收藏印記 朱文方　彭城 朱文胡盧　仲
　　　　　　　　　　彭城 朱文長方　孝修 朱文長方

三二〇

怡王秀亭父玉堂主人鑒賞書畫印記 朱文長方

安樂堂 朱文長方

藏書記

（一）以上三處「卷一末」在原書實際位置爲「卷一上末」。

（二）「是晚俗謂之至除夜」，「至」字《藏園群書經眼錄》作「過」。

（三）弢翁所説「卷三十二末」非指全書卷次，而是指「列傳三十二末」。

（四）弢翁所説「三十五末」非指全書卷次，而是指「列傳三十五末」。

（五）檢核原書，下脱「初三日晨」四字。

（六）弢翁所説「四十二末」有誤，該跋位於「列傳四十三末」。

（七）弢翁所説「四十四末」非指全書卷次，而是指「列傳四十四末」。

（八）弢翁在此句後及下句前加有劃線，核對《藏園群書經眼錄》所記，此前後二句之間有闕文，故弢翁亦劃線提示。檢核原書，此葉近版心處有小字，因頁面破損文字已不可辨識。

（九）檢核原書「歲」字當作「豈」。

（一〇）弢翁所説「九十末」爲全書總卷數之卷九十，爲列傳第八十。

（一一）兩「求赤氏」印文不同，非重複著錄。

【案】此本今藏國家圖書館，著錄爲明崇禎十六年毛氏汲古閣刻本，錢孫保批校並跋，十册，十二行二十五字，小字雙行約三十七字（02139）。

此本爲怡親王府舊藏，曾爲傅增湘收藏，《藏園群書經眼錄》（第171頁）亦著錄，所錄錢氏題跋有弢翁未錄者。

241 ○河岳英靈集二卷

宋書棚本，半頁十行十八字，白口，左右雙邊，上字數，版心作「河岳集上、下」。卷上一至十一頁；又卷下二十三葉。卷下第三十五葉抄配，白麻紙初印，宋人寫經書衣。

泰興季振宜滄葦氏珍藏。 振宜之印 朱文方　墨筆，在卷末，第三十五頁。

延令張氏 朱文長方　有一明黃一翼收一藏 朱文圓　季振宜一字詵兮一號滄葦 朱文方　以三鳳堂印

毛晉 朱文方　子晉 朱文方　季振宜藏書 朱文長方　卷上末。

毛晉朱文連珠　藏書 朱文長方　卷上首。

濟南田一氏小山薑一珍藏 白文方　副葉。

上三印在上卷第一葉。

【案】此本爲彞翁購藏，見於《自莊嚴堪善本書影》（第1471頁），著錄爲宋刻本，季振宜題款，一冊。今藏國家圖書館（08583）。此本首尾有缺葉，有抄配，又缺《叙》《集論》及目録。《中華再造善本·唐宋編》所收録者爲另一本，有《叙》《集論》及目録，爲莫友芝舊藏。

王文進《文禄堂訪書記》（第457頁）亦著録是本，但記録內容有訛誤處，記録卷末季氏題識「泰興縣季振宜滄葦氏珍藏」，核對《書影》該葉照片，衍一「縣」字。

《丁丑新收書目》四月條下有「《河岳英靈集》，宋書棚本，毛子晉、季滄葦藏，子敏，一冊，七百元」。《彞翁藏書題跋（年譜）》（第147頁）1937年云「四月，以七百元從魏子敏處收得毛晉、季振宜遞藏宋書棚本《河岳英靈集》一冊」。魏子敏爲文在堂書肆主人。

242 圭塘欸乃

鈔本，半葉十行廿二字。

許文忠公至正六年以御史中丞病歸湯陰時所作。明初，名熙，衡州安仁人。公《圭塘小稿》中有《送馬教授南歸詩》，蓋十年門館之舊。此編知不足齋主人抄贈，校以錢辛楣宮詹潛研堂本。芸楣記。癸卯春分後三日。

朱筆，在卷末。

曾在｜鮑以｜文處㊞朱文方

結一｜盧藏｜書印㊞朱文方

南昌㊞朱文方　知聖道㊞朱文長方　遇讀㊞白文方

彭氏㊞朱文方　齋藏書㊞朱文長方　者善㊞白文方

朱印㊞白文方　修㊞朱文方　結一㊞白文長方

學勤㊞　白㊞　盧生

【案】此本爲李盛鐸舊藏，今藏北京大學圖書館，著錄爲清抄本，彭元瑞據錢大昕本校並跋（LSB／124）。核對原書膠片，蕘翁所錄題跋無誤。

王文進《文禄堂訪書記》（第414頁）及《木犀軒藏書題記及書錄》（第318頁）亦著錄是本及抄錄題跋，三者所錄内容一致，惟《訪書記》整理本之標點似可商榷。

《木犀軒收藏舊本書目》（第19册，第146頁）著錄「《圭塘欸乃集》一卷，元許有孚編，舊鈔本，彭文勤手校，鮑以文舊藏，一册」下有佚名批注「80」（當指價格），即是此本。

又，今國家圖書館所藏一抄本《圭塘欸乃》，書中亦有朱氏結一盧藏印，另有蕘翁「周遲」印，但此本未見《自莊嚴堪善本書影》《自莊嚴堪善本簡目》著錄。中華古籍資源庫收錄此本（CBM1746）。

是本中有佚名批校，卷末有佚名題跋：

乾隆三十八年歲次癸巳六月廿六日，取進呈别本校于分辨書局，凡改正數十字。

243 遺山先生詩集廿卷

弘治戊午李瀚刻於汝州。半葉十行廿一字,三黑口,四周雙邊。

遺山先生詩集引。段成巳。

弘治戊午李瀚序。

遺山先生詩集引。

古小齋。朱筆,在卷末。

汝州所刊《遺山詩》,視歸德所刊《全集》爲善,然印行頗少。汲古閣刊元人詩,獨未見此本也。庚辰歲從金陵肆中得之,後又從虞山錢遵王借閱《東礀老人遺山詩抄》,遂以朱點記於每篇之下。他年得吾書者,尚寶惜諸。康熙辛巳四月何焯記於語古小齋。朱筆,在卷末。

文長方

不事 一元一後人 朱方

在家 白方

道人

土風 白方

清嘉

漢節 朱文長方

語古 白文長方

文殊師

利弟子 朱文長方

謙齋 朱

【案】《中國古籍善本書目》(集 1 第 423 頁)著錄一部明弘治十一年李瀚刻本(卷四至九配抄本),佚名錄清何焯校並跋,藏中國社會科學院文學研究所,或即此本。王文進《文禄堂訪書記》(第 401 頁)、傅增湘《藏園群書經眼錄》(第 1081 頁)亦著錄此本,所記何氏跋文與弢翁相同。且《經眼錄》注有「朱幼平書,辛酉閱」。此本曾爲朱文鈞收藏,《蕭山朱氏六唐人齋藏書錄》卷四著錄此本。《蕭山朱氏舊藏目錄》標注此本今藏國家圖書館,然檢《北京圖書館古籍善本書目·集部》所著錄明弘治十一年李瀚刻本僅一部(4892),中華古籍資源庫收錄此本,爲黃裳舊藏,與弢翁所見本不同,非一本。可知《蕭山朱氏舊藏目錄》標注誤。朱氏晚年經濟困窘,曾通過王文進售賣藏書,此本或即朱氏當時待售之本。

244 ○顏氏家訓二卷

何義門校宋本,《漢魏叢書》本。

康熙乙酉初冬,借汲古閣淳熙間沈揆校刊本粗對一過。焯。朱筆,在卷末。

沈本前有序一篇,紙後一琴,上雕「廉臺田家印」,末附《考證》一卷,凡二十有三條。

後跋云淳熙七年春二月嘉興沈揆題。每葉二十四行,每行十八字。朱筆,在卷上眉端。

【案】此本爲叚翁購藏，見於《自莊嚴堪善本書影》(第631頁)，著錄爲明萬曆程榮刻《漢魏叢書》本，一册，清何焯校並跋，九行二十字。今藏國家圖書館(8211)。《書影》所選恰有何氏題跋，與叚翁所錄一致。

《戊寅新收書目》二月條下有「《顔氏家訓》，何義門校宋本，有跋，文求，一册，八十元」。《叚翁藏書題跋(年譜)》(第155頁)所記同。

245 經進新註唐陸宣公奏議二十卷

宋本，存十至二十。半葉十二行廿一字，左右雙邊，白口，白紙精印。次行題「迪功郎新紹興府嵊縣主簿臣郎□曄□上進」[一]。

[一] 核對原書電子版，「□」屬於空格。

【案】此本今藏臺北「國家圖書館」，著錄爲宋紹熙間刊本，存十一卷，四册，王承真手跋，又劉詩孫傳錄傅增湘題記。其「古籍與特藏文獻資源」收錄有電子版(212.204690)。《「國立中央圖書館」善本題跋真跡》(第900頁)、《標點善本題跋集錄》(第186頁)收錄此本題跋真跡、跋文。

是本書後有王氏丙戌(1946年)題跋一則：

弢翁古書經眼錄標注

往見陸存齋十萬卷樓刻本郎曄註《陸宣公奏議》，一時嗜學之士，皆詫爲得未曾有。今歲表弟劉詩孫攜示所藏宋刻殘本，始知陸本乃元刻，其註刪削已多，非此無由知之。昔士禮黃氏、思適顧氏、香嚴周氏往往得一異書，互相矜詡，至今學林傳爲佳話。余仰希前哲，頗亦染有蒐奇之癖。郎氏所注《柳州集》，曾見影印本，茲與詩孫過從，又獲見此希世驚人秘笈。一展卷間，古色古香，殆無其四。唐人詩文之集，求一宋刻，稀如星鳳。江寧鄧氏得《羣玉》《璧雲》兩集，世已驚異不置，然亦祇書棚本耳。若此編之瑰奇，海源楊氏、罟里瞿氏，皆未獲見，余之眼福良不淺矣！丙戌冬日，知止叟王承眞書。

又有劉氏過錄《藏園羣書題記》（第 175 頁）中傅氏此書跋，文繁不錄。劉氏過錄文末有言：

> 右江安傅沅叔老人原跋，向有手寫本，余藏之篋衍者累年，不幸逸去，遍檢不獲。茲據《藏園羣書題記續編》卷六錄之如右，並識其緣起於此。寶應劉文興詩孫謹識，時丙戌冬日，距傅氏跋時已越八年矣。

王文進《文祿堂訪書記》（第 313 頁）、傅增湘《藏園羣書經眼錄》（第 276 頁）皆著錄此

三三八

本，同卷數、同版式、同存卷宋版書一部，當屬同一本。傅氏《經眼錄》(第276頁)對此本有如下著錄：

此書字體方整，刊工精麗，疑是婺州本也。余藏有元翠巖精舍本，十二行二十三字。又有明刊大黑口本，行格均改易。陸存齋翻刻者乃明本，而以爲翠巖本，實則渠未見元本而誤認耳。元本已不多得，況此宋刊初印乎！

注云「劉啓瑞藏，其子劉文興携來求售。内閣大庫佚書。戊寅元日」，戊寅即1938年。檢《藏園群書題記》，傅氏爲此本題跋時間在1938年，其時劉氏新得此本，遂請傅氏題識。嗀翁經眼此本或亦在此時。

246 硯箋四卷

鈔本。

嘉慶庚午孟春，從海寧陳仲魚丈借吳氏拜經樓所藏舊抄本傳一錄。癸酉正月廿又八日，再借黃蕘翁百宋一廛藏本鈔補闕葉，始成完書。紹仁〔朱文長方〕 張氏墨筆，在卷末。

所闕爲卷一第十二葉。

訒庵鈔 朱文長方　張印 白方　張 朱方　執經堂－張氏－藏書印 朱方

藏秘冊　紹仁　紹仁　學安

茂苑張－紹仁學－安家藏 白方　豈爲－聲名－勞七尺 朱文　訒 朱方

【案】此本今藏國家圖書館，著錄爲清抄本，清張紹仁抄補並跋，章鈺跋。中華古籍資源庫收錄（11329）。核對原書，弢翁所記無誤。

此本尚有傅增湘「雙鑑樓藏書記」（白文）藏書印，其《藏園群書經眼錄》（第544頁）亦著錄是本，注「盛昱遺書，壬子收得」。

247　金剛般若波羅蜜經一卷

宋本，梵本，半葉五行十四、五、六字不等。

太平天壽寺沙門 延福 奉

聖旨校勘《金剛般若波羅蜜經》，擇吉開彫，印施名山古刹，永遠讀誦，所集功德，伏願

聖躬萬歲，四海永清，凡屬有生咸躋壽域吉祥如意者。

開慶元年三月重勘。

在卷上、卷下後，占二半葉。

248 ○賈浪仙長江集十卷

席氏刻本，錄何校。

此册真鈍吟老人所點，流轉入郡中一人手。沈生穎谷知余慕從老人議論，用白金二十銖購以見贈。書後諸名氏：孫江字岷自，錢孫保字求赤，陶世濟字子齋，皆有文而與老人善。孫、錢名載邑志，陶事詳老人兄羼守居士所著《懷舊集》中云。康熙癸巳秋，後生何焯書。[二]

[一] 核對原書，此跋在卷末。

【案】此本為弢翁購藏，見於《自莊嚴堪善本書影》（第1046頁），著錄為清康熙席啓㝢琴川書屋刻《唐人百家詩》本，一册，失名校並錄清孫江、何焯題識，十行十八字。書中鈐印

有「茗坡藏書」(朱文)、「碩庭鑑賞」(白文)、「潘氏桐西書屋之印」(朱文)、「庚申劫火之餘」(朱文)等。今藏國家圖書館，中華古籍資源庫收錄(0811)。核對原書，弢翁所記無誤。

傅增湘《藏園群書經眼錄》(第903頁)亦著錄此本，注「戊辰八月文友堂取閱」。戊辰即1928年。

《戊寅新收書目》九月條下有「賈長江集，潘椒坡錄何校本，德友，一冊，三元」。《弢翁藏書題跋(年譜)》(第156頁)所記同。

又，是本後尚有過錄《題賈長江詩集後》題跋二則，見於盧文弨《抱經堂文集》，文繁不錄。

249 ○剪綃集上下二卷　梅花衲一卷

照宋書棚鈔本。

臨安府棚北大街陳解元書籍鋪印行　《剪綃集》後。

臨安府棚北大街睦親坊南陳解元書籍鋪刊行　《梅花衲》後。

妙峰亭 白文長方　　有竹軒 朱文橢　　宋氏蘭揮 白文長方　　宋 朱文方　筠 蘭 白文方　揮　以上《剪綃集》。

藏書善本

【案】此二書合一冊，爲翁購藏，見於《自莊嚴堪善本書影》(第1258—1259頁)，著錄爲清抄本，十行十八字，合一冊。今藏國家圖書館(08485)。

《戊寅新收書目》九月條下有「《梅花衲》《剪綃集》，抄本，德友，一册，十二元」。《翁藏書題跋(年譜)》(第156頁)所記同。

250 海巢集三卷

抄本。門人四明戴稷、戴習、脩江向誠、向信道、方外曇鍠編次。

西昀草堂攷藏 朱文長方　　西昀草堂 朱文方　　陳塼私印 朱文方　　仲塼 朱文方　　塼印 朱文長方

吳興包 子莊書畫 金石記 朱文方　　莒上散人 白文方　　包虎尊 朱方　　臣藏 朱方

筠 朱文圓　　宋氏蘭揮 白文長方　　藏書善本　　己丑進士太史圖書 白文方　　以上《梅花衲》。

251 ○增節標目音注精義資治通鑒一百廿卷

金泰和平陽張宅晦明軒本，半葉十一行十九字。〔□〕麻紙，精美。

晦明軒記 鐘牌 平陽府張宅印 琴牌 《總目》後。

《通鑒》一書，學者常病卷帙浩繁，未易徧窺，往往采撮切要，以便披閱。然好尚不同，去取各異。惟此本寔東萊先生親節，詳而不繁，嚴而有要，標目音注，各有條理。然其間聞人異事、嘉言善行間有遺脫者，證以監本，悉爲補入。又每卷末各附溫公《考異》，隨事增以諸儒精義及諸綱目。其《舉要曆》，則見歷代之年數。其《君臣事要》，則爲事類之領會。又如《紀傳要括》《秘承外紀》《問疑》《釋例》《世系》《地理圖》之類[二]，皆甚精要，比之諸本加數倍矣。纖悉備具，靡有缺遺。不欲私藏，爰攻梓以與天下賢士夫共之。泰和甲子下癸丑歲孟冬朔日，平陽張宅晦明軒謹識。 楷書十一行，墨框，在馮時行序後。

卷一第二行：東陽呂祖謙伯恭。

時泰和甲子下乙卯一歲季秋朔日工畢堯一都張宅晦明軒謹記。 楷書木記，在一百廿卷末。

虞山毛一氏汲古一閣收藏 朱方 毛晉 白方 字 白方 東吳 白方 奏 白方 私印 子晉 毛扆 叔

【案】此本爲氒翁購藏，見於《自莊嚴堪善本書影》（第211頁），著錄爲蒙古憲宗三年至五年張宅晦明軒刻本，五十册，卷二十六至二十九、六十二至六十五、八十一至八十五、九十一至九十五、一百三至一百五配宋刻本。今藏國家圖書館（8013），《中華再造善本·金元編》據以影印。

據書中鈐印可知，此本遞經毛氏汲古閣、季振宜、怡親王府、楊氏海源閣及周叔弢收藏。

《楹書隅錄初編》《楹書隅錄續編》未收著錄，《宋存書室宋元秘本書目》《海源閣宋元秘本書目》著錄有金本《資治通鑑》，當即此本。王子霖《古籍善本經眼錄》（第24頁）亦著錄。

海源閣各印未録。

季振宜〔朱長〕　子晉〔朱白文〕　東吳毛氏〔朱長〕　表圖書〔朱長〕　怡府〔朱方〕　世寶　安樂堂藏書記〔朱長〕

何川刀。

〔一〕 氒翁所記行款爲序部分，正文部分行款爲十五行二十五字。
〔二〕「系」字原缺，據原書補。

《己卯新收書目》二月條下有「通鑒節要,金張氏晦明軒本,毛氏、季氏遞藏,海源閣藏,敬夫,一函」。己卯即1939年。《弢翁藏書題跋(年譜)》(第156頁)中載弢翁1938年見「楊氏金刻《通鑒節本》」,但當時因財力不足,未能購藏,只得「望洋興歎」而已。此與《補訂海源閣書目五種》(第518頁)一書言弢翁在1929年購得不同。據《弢翁藏書題跋(年譜)》(第65頁)1930年注釋二十一所引弢翁題識記(《歷年收得楊氏海源閣舊藏善本書目》之題識),其購藏此本的時間在1939年12月。

252 ○ 唐甫里先生文集二十卷

第廿卷係附錄。

明成化崑山嚴景和本。半頁十行廿字,大黑口,四周雙邊。

成化丁未陸鈚序。

崑山嚴春跋。

樸 朱文方　　　 璜川吳一氏收藏一圖書 朱方　　染香 朱長　　 趙 朱方

學齋

緘翁小景 小像　　　　　　　　　　　　　　　　悟甫

【案】此本爲弢翁購藏，見於《自莊嚴堪善本書影》（第1064頁），著錄爲明成化二十三年嚴春刻本，二册，周叔弢跋，十行二十字。今藏國家圖書館，中華古籍資源庫收錄（08419）。

此本末卷後有弢翁題跋一則，涉及是書收藏經過，抄錄如下：

《唐甫里先生文集》傳世無宋本，當以明成化嚴氏本爲最古，流播甚稀，各家書目多未著錄。十二月初旬，北平藻玉堂書估王子霖攜此書至天津求售，索價甚高。余年來無力收書，留案頭二日，還之。既而思此種書世不多有，若失之交臂，恐不易再得。適王估又來天津，遂勉力購而藏之。細檢書中，卷十三、卷十九各缺一葉，擬取黃蕘圃校鈔本補寫。蓋黃氏所據亦爲嚴刻，乃黃氏校本。此相同，是此本即周香嚴舊藏，黃氏據校之本，周氏藏書多無印記，宋元本亦且如是也。不知嚴刻人間尚有第二本否，他日倘能遇之，得鈔補爲快，而余之寶此明初黑口本，固不啻宋元視之矣。戊寅十二月廿八日弢翁記。

《戊寅新收書目》十二月條下有「《唐甫里先生文集》，明成化嚴氏本，藻玉，二册，一百六十元」。弢翁藏書題跋（年譜）》（第156頁）所記相同。

又,「王子霖雖交易此本,但未在《古籍善本經眼錄》著錄。

253 孔子家語十卷

汲古閣本。

壬午秋,毛子晉兄寄贈,時蓋崇禎十五年也。越一歲遽有天崩之變,明年乙酉,避兵金墅家中,書籍都不及攜,獨攜此相隨一月,幸未失去,歸而識之。七月望後三日,遺民俊明。

先民朱圓　子孫保之朱胡盧　春雪堂印朱方　金印俊明朱方　金印俊明白方　不寐朱方　明裘

彭城朱檷　有作　　　　　　　　　　俊明　　　孝朱方　　　　　　　　　章

墨筆,在卷首。

254 集注太玄經四卷

缺,松江韓氏。

明本,半葉九行廿一字,上下大黑口,左右雙邊。

明惠安張岳惟喬序。刻於廣信郡。

255 歲寒堂詩話（松江韓氏）

韓氏手抄本。

《歲寒堂詩話》用士禮居藏毛氏景宋本影鈔并手摹其朱筆校改字，其前後藏書印屬周杞亭模。按原書之爲毛氏鈔，有印爲憑，且曾見毛抄本字文有如彼者。至其抄之爲影宋，據其包紙所記筆跡雖非出於黃，而有黃書架編號字，當不誣也。咸豐己未八月十二日，應陞。　應　陞 白方　黃筆，卷末。　手記印

應陞 朱方　讀有用書齋 白長方

手鈔

【案】此本今藏國家圖書館，著錄爲清抄本，韓應陞跋，九行十八字，一冊。中華古籍資源庫收錄（11243）。核對原書，弢翁所記無誤。

【案】鄒百耐《雲間韓氏藏書題識彙錄》（第100頁）亦著錄是本。

甲子丙寅韓德均錢潤文 白文長方

夫婦兩度攜書避難記

書中尚有「子晉」(朱文)、「汲古主人」(朱文)、「吳興張氏韞輝齋藏書」(朱文)、「趙鈁珍藏」(朱文)藏印,說明此書曾由毛晉、張珩、趙鈁收藏。

鄒百耐《雲間韓氏藏書題識彙錄》(第187頁)亦著錄是本,然未輯錄此本中韓氏題跋。

256 止齋先生奧論八卷(松江韓氏)

明本,小板心,十行廿二字,上下黑口,左右雙邊。

永嘉陳傅良著述　第二行。

嚴陵方逢辰批點　第三行。

咸豐九年七月二十三日,得之蘇州書友蔣恕齋,價洋一元六角,讀有用書齋主人識。[一]應陛 _{白方} 手記印

按,此書《四庫書目》不收,《傳是樓書目》作七卷。 _{藍筆,在書衣。}

上海徐渭仁收藏印 _{朱長方}　甲子……難記 _{白長方}

[一] 核對原書電子版,「蔣恕齋」之「齋」字模糊,《標點善本題跋集錄》中此字作「□」。

三五〇

【案】此本今藏臺北「國家圖書館」，著錄爲明黑口本，清咸豐九年韓應陛手書題記，八册(402.53 10526)。其「古籍影像檢索系統」有此本掃描電子版。《標點善本題跋錄》(第541頁)收錄兩則題跋。

鄒百耐《雲間韓氏藏書題識彙錄》(第155頁)亦著錄是本，書名作《陳止齋先生奧論》，且未錄歿翁所錄韓氏購書題跋。

257 碧雲集　李羣玉集(松江韓氏)

士禮居景宋抄本。

《碧雲集》據棚北本抄，咸豐八年六月一日得之滂喜園。應　陛[一]　手記印　墨筆，在書衣。

《李羣玉詩集》據棚北本抄，三卷，《後集》四卷。咸豐八年六月一日得之滂喜園。應　陛[二]　手記印　墨筆，在書衣。

古妻韓氏應陛一載陽父子珍藏一善本書籍之印 朱長方

松江讀有用書齋金山守山閣一兩後人韓德均錢潤文夫婦之印 白長方

【案】
[一] 此爲白文方印。
[二] 弢翁此處印文著錄有誤，當爲「古婁韓氏應陛載陽父子珍藏善本書籍印記」。

鄒百耐《雲間韓氏藏書題識彙錄》（第130頁、第140頁）、王子霖《古籍善本經眼錄》（第96頁）亦著錄此二書。其中王氏在《經眼錄》同時著錄二書於一處，與弢翁所錄一致，或彼時此二書在書肆流傳即如此。

又，王氏在《經眼錄》有一段記述，指出此二書爲僞：

《碧雲集》左欄外有「菀翁」朱方印。此本首題黃氏士禮居抄本，即據此。據余審定，「菀翁」小印畫粗色浮，油漫外溢，黃氏精於鑒藏，豈以此印爲據，定爲後人僞造裝飾珍貴以愚人者。以道咸之影抄本似爲可信。且韓氏藏書有僞譽之名，此公將士禮居購得書轉售他人，當然有以僞造，或可信也。

258 ○劉隨州文集十一卷

抱經堂抄本，黑格。

乾隆四十二年三月十九日，東里盧文弨書於金陵之寓齋。　盧　文弨印　白文

弓父[一]朱方

武林盧一文弨手校朱文長　抱經堂朱長方　盧白方　弓父朱方　長州顧朱長方
湘舟朱方　陳經一之印一信白方　寫校本　文弨　手校　氏藏書
過眼

文弨記。朱筆，卷一末。

此卷在吳江舟中手抄，到家第三日校。是年丙申嘉平月之二十一日也。東里盧

丙申仲冬六日，盧弓父閱。朱筆，卷二末。

丙申十一月十四日，東里弓父閱。日短事冗，苦於不給。朱筆，卷三末。

丙申十一月二十二日，閱。嚴給事自關中歸，於三原王端毅家抄得王深寧集鄭

康成《尚書》《論語》注、服虔《左氏》注見示。朱筆，卷四末。

何云康熙丙戌二月得見文淵閣不全《隨州集》校此五卷，南宋書棚本也。

又云毛丈斧季云，《隨州集》難得佳本，凡校三過，庶無疏略矣。

今案，刻本誤字尚多，豈過錄遺漏耶？丁酉上燈夕，盧文弨校于東里之數間草

堂。朱筆，卷五末。

與第四卷同日校。

丁酉正月十日，飲陳春榆宅，此是其弟光遠所抄，酒罷，攜歸閱。朱筆，卷六末。

丁酉三月望後一日，弓父細校過。

丁酉二月十一日，閱。藍筆，卷九末。

丁亥二月，以二弟所買馮定遠舊藏抄本校後五卷，其次第與宋槧目錄皆合，蓋佳書也。文房詩庶幾稍可讀矣。焯記。朱筆，卷八末。

嚴天池家抄本後五卷次第亦同，復取參校，改五字。又記。

乾隆丁酉二月九日，東里盧文弨校一過。藍筆，卷十末。

[一] 核對原書，此爲盧氏在書前《題辭》後所署。

【案】此本爲弢翁購藏，見於《自莊嚴堪善本書影》（第989頁）著錄爲清乾隆四十一年盧文弨抄本，一册，清盧文弨校跋並錄何焯題識，十一行二十一字。今藏國家圖書館，中華古籍資源庫收錄（08389）。核對原書，弢翁所記題跋無誤。

《戊寅新收書目》十二月條下有「劉隨州文集，盧抱經手校本，內二卷抱經手鈔，宏雅，一本，四十元」。《弢翁藏書題跋（年譜）》（第157頁）所記同。

又，書中尚有「吳興張氏韞輝齋曾藏」（朱文）印，說明此書曾爲張珩舊藏，考張氏生平，其藏書流散在先，叐翁購藏在後，張氏韞輝齋藏書大約在上世紀四十年代前即以散出，「文獻保存同志會」即收購有其藏書。

259　花間集二卷

明本，半葉十行廿二字，白口，左右雙邊。

姑蘇荛溪後學張尚友重校　第三行。

遵依宋板《花間集》分卷，其間訛舛尚未校讐。己卯冬十一月　日，葉石君記。

又校宋一過。[二]　朱筆，卷下末。

此書向贈靜宜奚先生[三]，先生殁後，流落書鋪，因售歸。時康熙十年九月初二日也。石君。　墨筆，卷下末。

葉樹廉印 白方　石君 朱方　樓 學齋 朱方　悠悠天一趣真一無限 朱方　筆耞堂 朱長方

曾在一寶是一堂 白方　瓜涇徐仲一子珍藏印 朱長方

臨安府洪橋南陳宅經籍鋪印。　墨筆。

〔一〕核對原書書影，此跋「月」「日」二字間空缺。

〔二〕核對原書書影，「静宜奚」當作「静宣虞」。

【案】此本今藏上海圖書館，著録爲明刻本，清葉樹廉校並跋，袁克文、莫棠跋（829173－74）。《上海圖書館善本題跋真跡》（第149頁）收録此本題跋書影。

此書中尚有袁克文、莫棠題跋，弢翁未録，抄録如下：

（袁跋一）《花間集》明刻以玄覽齋刻十二卷本爲佳，閔刻改作四弓，與此刻互有出入。飛卿《更漏子》六首，與宋本符。《歸國遥》「筇」亦作「筕」，或亦從正德本出也。

（袁跋二）此《花間集》出自正德十卷本，蓋其字句中之訛誤皆同。如温庭筠《歸國遥》第一首三句，正德本作「鈿筇」，此本即訛「筕」作「筕」，又其明證也。此本頗不經見，豈可因其經明人至竄易而忽之耶。乙卯九月。克文。

（莫跋）近人景刊淳熙本，行十七字，卷首均無結銜，末無晁氏跋，此刻正從之出。是書前人皆推紹興本爲最善，此刻不但非此刻所祖之本，抑且非石君所據校之本也。雖妄改卷第，然既經名人校勘，可貴已。

竹垞所謂稍善之舊刊，世父郘亭君有之，疑爲明初覆宋本，則又非石君所據之臨安府本矣。

又，王子霖《古籍善本經眼錄》(第125頁)亦著錄是本，然所錄題跋多有訛誤。

260 比玉集

明本，半葉九行十八字。長洲劉鳳子威、吳魏學禮季朗。

隆慶改元皇甫汸子循序。

王世貞序。

李攀龍序。

261 ○儒志編一卷（松江韓氏）

宋永嘉王開祖景山著。

明本，半葉十行十八字，上下黑口，四周雙邊。

弘治己未新安汪循序。

洪武庚戌蘇伯衡跋。

古婁……印記朱長

【案】此本爲叐翁購藏，見於《自莊嚴堪善本書影》，著錄爲明弘治十二年汪循刻本。

今藏國家圖書館，中華古籍資源庫收錄(08142)。

書中尚有「韓繩大」一名熙字价藩讀書印」(白文)、「熙」(白文)、「价藩寶此過于明珠駿馬」(朱文)韓氏後人藏書印記，然未見蕘翁藏印，亦未見《歷年收書目錄》蕘翁藏書題跋(年譜)》著錄。

鄒百耐《雲間韓氏藏書題識彙錄》(第 82 頁)著錄是本。

262 ○宋待制徐文清公家傳　附毅齋詩集別錄（松江韓氏）

明正德本，半葉九行十八字，上下黑口，四周雙邊。

《詩集》半葉十一行廿字。　徐僑崇父。

成化五年里人龔永吉序。　興之祖父彰所刊。

正德辛未十一世孫興序。　《詩集》《家傳》。

【案】《戊寅新收書目》十二月條下有「徐文清公家傳，附毅齋詩集別錄，宏雅，一本，十六元」。《蕘翁藏書題跋（年譜）》(第 157 頁)所載同。但此本不見於《自莊嚴堪善本書目》及《自莊嚴堪善本書影》，《自莊嚴堪善本書目》(第 132 頁)中卻收錄有蕘翁題於此本題跋，如下：

此書傳世甚稀，諸家書目皆未著錄，阮文達曾錄以進呈，今藏故宮之宛委別藏。比阮氏所著錄者闕十三種，家傳即其一也，則此書或爲人間孤本矣。戊寅冬，宏雅堂從上海收書一單，無可取者，余僅購盧抱經手校《劉隨州集》，大除夕復檢此種罕秘之籍，良足快意。丁卯二月重裝記。

這說明此書曾經弢翁購藏，且有記錄，但後流出，故未被《自莊嚴堪善本書目》著錄，僅存弢翁當時所作題跋。又，《弢翁藏書題跋（年譜）》（第161頁）認爲此處「丁卯」誤，當作「己卯」（1939年）。題跋中言購得《劉隨州集》已在1938年，則重裝之時應在此後，《弢翁藏書題跋（年譜）》所言當是。

鄒百耐《雲間韓氏藏書題識彙錄》（第64頁）著錄是本。

263 唐陸宣公集二十二卷

明弘治本，半葉九行十七字，上下大黑口，四周雙邊。

弘治十五年華亭錢福序。

宣德三年三衢金鋐序。

于君世和守嘉興，重梓是集。

264 古賢小字錄

明本,半頁九行十七字,白口,左右雙邊。

第二行:成忠郎緝熙殿國史實錄院秘書省搜訪陳思纂次。

弘治甲子春仲知鄧州事崑山吳大有序。

第三行:崑山後學吳大有較刊。

峨眉山人收 朱文長方

藏圖書之記 朱文長方

□□□ 朱文長方
之玄訓

顧氏藏書 朱文方　竹林 白方　中人　雄 朱方 世

顧明 朱方

英印 朱方

茞坡 朱方
藏書

潘氏桐西 朱文長方
書屋之印

潘茞坡 朱長方
圖書印

獨山莫氏銅井文 朱方
房之印

莫氏 朱方
秘笈

莫棠 朱方
楚生

莫天 白方
麟印

【案】荛翁在此本前未加圈,但確爲荛翁購藏,見於《自莊嚴堪善本書影》(第1080頁),著錄爲明弘治十七年吳大有刻本,一册。今藏國家圖書館,中華古籍資源庫收錄(08287)。

《己卯新收書目》二月條下有「名賢小字錄,明弘治本,藻玉,一本,七十五元」。《荛翁

藏書題跋（年譜）》（第 161 頁）所記同。

此書雖得自藻玉堂，然藻玉堂主人王子霖《經眼錄》未著錄此本。此本封面副葉內有佚名題跋一則，抄錄如下：

「小字錄」可也，系以「古賢」則謬矣。殆明人刻書時所加耳。頃讀《士禮居題跋記》，則蕘圃所藏亦此刻。蕘圃謂爲活字本，且謂初印本標題無「古賢」字，無「吳大有校刊」一行，蓋其前後凡得兩本也。蕘圃未言卷首有序，當係偶脫。

265 先進遺風兩卷

抄本，明耿向定著。記萬曆以前名臣言行。翁文恭手跋十行〔二〕。

〔二〕「文恭」即翁同龢之謚。

266 至正庚午唱和集

知聖道齋抄本，板心下有「知聖道齋抄校書籍」八字。

267 南征紀略

南昌彭氏〔朱方〕 知聖道齋藏書〔朱長方〕 遇讀者善〔白方〕 常熟翁同龢藏本〔朱長方〕

益都孫廷銓次道纂。

道光辛卯建屏手抄。 〔八字，在封面。〕

抄本。順治壬辰林嗣環序。王庭言遠題。

戊子四月初直西苑，騎馬入西闕門，避日下馬，循西廊下行，過都察院朝房，有老兵擁破書及敗銅鐵，問之，曰有人欲易錢者也。乃檢得數冊以歸，此其一也。就燈下讀一過，峭潔如酈注之可喜也。瓶生記。[一] 〔朱筆，在卷末。〕

[一] 翁同龢字瓶生。

【案】此本今藏上海圖書館，著錄爲清抄本，一册，翁同龢跋（T09457）。《上海圖書館善本題跋真跡》（第225頁）收錄。核對《真跡》書影，翁所錄無誤。

268 溧陽路總管水鏡元公詩集

抄本,九行二十字。

正統九年邵武縣儒學教諭吉水謝卓序。

乾隆三十八年十一月浙江巡一府三寶送到鮑士恭家藏一《水鏡集》壹部一計書壹本。 朱記,在封面。

翰林院印 大方印　天都鮑一氏困學一齋圖書 朱方　常熟翁同龢藏本 朱長

【案】此本爲《四庫全書》進呈本,今藏國家圖書館,著錄爲清抄本,一冊。中華古籍資源庫收錄(11207)。

書中尚有趙元方「無悔齋藏」(朱文)、「曾在趙元方家」(朱文)印,當是此本從翁氏處散出後,由趙氏購藏。

269 江淮異人錄

知聖道齋鈔本,板心下方有「知聖道齋抄校書籍」八字。

此從《永樂大典》散篇輯，非舊本也。鈔備《五代史記》注内李夢符、李勝、司馬郊、劉同圭、千大、洪州書生，可入吾郡志書。戊申仲秋五日。芸楣。

綿州李氏刻入《函海》，取校數字。壬戌清和五日。　朱筆，在卷首。

常熟翁同龢藏本　朱長方

【案】此本今藏臺北「國家圖書館」，著錄為南昌彭氏知聖道齋鈔本，清彭元瑞手校並題記，二卷，一册。其「古籍影像檢索資料庫」收錄（310.22 08503）。《國立中央圖書館善本題跋真跡》收錄題跋（第1743頁）《標點善本題跋集錄》（第404頁）亦著錄。核對原書，翁所錄題跋不誤。

此書中鈐印除翁氏藏印外，只有臺北「國立中央」圖書館之「國立中央圖書館收藏」印。説明在翁經眼此書時，此本尚未售出。

270 清波別志二卷

抄本。

《清波別志》二卷，鮑以文藏書，與所刊《叢書》三卷者不同，無自序及章斯才、張

訴、陳晦三跋,且次第迥異。鮑跋所謂缺十九事之本也。意沈果堂鈔自曹倦圃者即此本,而《叢書》則出自茶夢散人也。庚子四月,松禪記。墨筆,在卷首。

知不足一齋鮑以一文藏書朱方 常熟一翁同龢藏本朱長

壹本 朱記,在封面。

乾隆三十八年十一月浙江巡一撫三寶送到吳玉墀家藏一清波別志壹部一計書

翰林院印漢滿文大方印。

【案】此本爲《四庫全書》進呈本,今藏國家圖書館,著錄爲清抄本,清鮑廷博校,清翁同龢跋,一册,八行二十字。中華古籍資源庫收錄(11090)。核對原書,弢翁所錄不誤。

書中尚有趙元方「曾在趙元方家」(朱文)印,當是此本從翁氏處散出後,由趙氏購藏。

271 春秋繁露十七卷

明本,半葉九行十七字,上下黑口,四周雙邊。

世所刻者止八卷,此本多九卷,真善本,不易得也。長武。墨筆,在卷末。

【案】此本今不知藏於何處。又，傅氏言「長武」即「馮武」。馮武爲明末清初藏書家，馮舒之侄，跋文與弢翁所記一致。傅增湘《藏園群書經眼錄》(第75頁)亦著錄此本，所錄歸來 朱方　樸 朱方　葉樹 白方　石 朱方　帥堂 朱方　學齋 朱方　廉印　君

272 程氏演繁露十六卷 續演繁露六卷

明嘉靖本，半葉十一行廿一字，白口，左右雙邊。

第二行題「宋新安程大昌著」。

第三行題「明族裔孫煦校刻」。

嘉靖己酉八月餘姚陳垲序。

嘉靖辛亥六月族裔孫煦跋。

獨山莫 朱長　獨山莫－祥芝圖－書記 朱方　獨山 朱方　楚生 朱方

氏藏書　　　　　　　　　　　　莫棠　　　　第三

銅井寄廬 朱長方　莫天 白方

　　　　　　麟印

【案】此本今藏國家圖書館，著錄爲明嘉靖三十年刻本，六册。中華古籍資源庫收錄

(11106)。

書中尚有趙元方「曾在趙元方家」(朱文)、「元方審定」(朱文)等印記,當爲趙氏購藏。

又,書中另有傅增湘「藏園籍觀」(朱文)、「沅叔審定」(朱文)印記,檢《藏園群書經眼錄》(第622頁)其所著錄一本雖亦有莫氏鈐印,但行款及其他藏印與此本不同,非是一本。

273 蒲庵集六卷 幻庵詩一卷

明正統本,半葉十三行行廿四字,四周雙邊。板心作「蒲集」二字,《幻庵詩》作「幻庵」二字。上下黑口,小號通連,計一百九十七葉。序另計數。

卷一、二、三《詩》,卷四《序》,卷五《記》,卷六《銘》。

卷一第二行題「門人曇鍠法住編次」。

《幻庵詩》第二行題「豫章雲峰法住」。

黔寧－王子孫－永保之 白方　庵 朱方　圖書

充 朱方　東壁 朱方

274 昌平山水記二卷（松江韓氏）

述古堂抄本，半葉十二行廿字，卷上、卷下兩末葉外欄上方有「錢遵王述古堂藏書」八字。圖左下有「細按《記》中所載與圖小異，俟另考」十三字，審係遵王手書。咸豐八年十月一日。應陛。_{在卷首。}

楊灝_{白方}　繼_{朱方}　士禮居_{朱長方}　平江－黃氏－圖書_{朱方}
之印　　　梁

甲子丙寅韓德均錢潤文夫婦兩度攜書避難記_{白文長方}

【案】此本今藏臺北「國家圖書館」，著錄爲清虞山錢氏述古堂抄本，清錢曾、韓應陛各手書題記，二卷，一册。其「古籍影像檢索資料庫」收錄（210.51 03885）。《「國立中央圖書館」善本題跋真跡》（第806頁）《標點善本題跋集錄》（第165頁）亦收錄。核對原書，弢翁所記無誤。

鄒百耐所編《雲間韓氏藏書題識彙錄》（第60頁）著錄是本。書中鈐印尚有鄒百耐「百耐眼福」（朱文）及韓氏後人印記，此外還有「國立中央圖書館收藏」（朱文）印。

275 鶴林玉露六卷（松江韓氏）

明抄本，白棉紙，畫紅外欄，無直格，半葉十行廿字。

卷三末有「嘉靖甲子三月長洲陸師道手錄」十三字，乃偽款。

平原陸氏 朱文長方　　藏書印 朱方　　白沙 朱方　　綠筠一堂一圖 朱方　　超 朱方　　元 白方　　康

應陸審定 白方　　平原陸氏一壽椿堂一藏書印 朱方　　壹是一堂讀一書記 朱方

甲子……避難記 白文長方　　陸印 白方　　寅 朱方　　廉石 朱長方

紹良　　恭　　家風

此書談山居閒適之趣，可以動悟政，恐纓緌之流以為不情語耳。余自出春明十餘年，日涉此境，深解其趣，所謂一日清福，上帝所靳，吾輩不可□知足，為達者笑也。戊辰夏五月，徐大臨識。卷五末。

【案】此本今藏國家圖書館，著錄爲明抄本，二冊，徐大臨跋。中華古籍資源庫收錄（09819）。

鄒百耐《雲間韓氏藏書題識彙錄》（第90頁）著錄是本及徐大臨題識。核對原書，蕘翁所錄跋文無誤，鄒《錄》所記有訛謬。書中尚鈐有鄒百耐及韓氏後人藏印。

又，是本書衣有題識：

　　明陸于傳手抄，共六卷，卷三末有記款。

276　釣磯立談（松江韓氏）

韓淥卿傳錄何義門、黃蕘圃校本。

何、黃跋語見《藏書題識續編》。

咸豐九年七月用于湘山藏黃蕘翁藏校本度入此冊。　韓氏朱筆，在封面。

【案】此本今藏臺北「國家圖書館」，著錄為清揚州使院重刻《棟亭十二種》本，清何焯、黃丕烈各手校並跋，又韓應陛手書題記，一卷，一冊（204.243 02138）。《國立中央圖

鄒百耐《雲間韓氏藏書題識彙錄》(第 51 頁)亦著錄是本。

又，據「國立中央圖書館」善本題跋真跡》所收題跋書影，尚有韓氏題跋二則，抄錄如下：

（一）咸豐丁巳十二月十七日得之書友席楚白。席取之蘇州于湘山家友人沈錫堂手，價白金二兩四錢。檢知不足齋本，與何校大同小異，所據蓋各一本。知不足齋本每遇曹本異文必註明，然亦有遺漏。復翁己丑一條，「香屋」之字當係「嚴」字之訛，已巳一條，所云周抄是也，蓋始時籤之，已而并寫入耳。十八日鐙下記，應陛。

（二）按，何朱筆據汲古舊鈔校，起三葉屬人寫補，而不言所據之本，余以鮑本對校，祇有序四行「境物之境」鮑本作「景」，當以音近致訛，餘俱無異。竊疑何所據寫補者蓋即鮑本，而汲古舊鈔亦缺此三葉，不然曹刻自起至終，每葉必有一二十字與汲古不同，而此三葉者，竟無一字異，於理難言之也。向校似亦有不及鮑本處，而黃校又似有勝鮑本處，狂瞽之見，未知當否？以俟智者定之耳。應陛又記。

據書影所示，除黃丕烈、韓氏、鄒百耐藏印外，又有張乃熊「蕘圃收藏」印記，此本見於《蕘圃善本書目》卷六中。張氏藏書在上海「孤島」時期流散，弢翁當在是時經眼此本。

277 雲台編三卷

序次與明嚴氏本同。

明抄本，白棉紙，黑格。半葉十一行十八字。

少司寇兼－御史中丞－藍氏私印〔朱文方〕 藍氏－白玉翁〔白文方〕

藍田字玉父〔二〕，即墨人，嘉靖癸未進士。見《明史》。

〔一〕「甫」原書簽條作「甫」。

【案】此本今藏臺北「國家圖書館」，著錄爲明烏絲欄鈔本，十一行十八字，三卷，二册，其「古籍影像檢索資料庫」收錄（402.42 09898）。

278 鹽鐵論十卷

李木公丈藏書〔二〕。

明涂槙刻本,半葉十行廿字,白棉紙印。

毛斧季手校五卷止,楊沂孫校。

正月十八日燈。[二] 朱筆,卷三末。

十八日未刻。 朱筆,卷二末。

十八日辰刻。 朱筆,卷一末。

十九日,偶閲他書,至燈下讀此卷。 朱筆,卷四末。

二十日,蕭亞來,盤桓半日,未曾觀書,至燈下讀此卷。 朱筆,卷末。

崇禎四年得此本於歸鬻書家,海虞馮彥淵記。 朱筆,卷五末。

丙戌菊月朔後,偶見《兩京遺編》,内刻本後有涂序,此本未載,雨窗錄之。長

武。 墨筆,在錄徐跋後,在都穆跋後空行中。

知一十印 白文方 馮彥一淵讀一書記 朱方 逍遥游 白文胡盧 虞山毛扆手校 朱文長方

席氏 朱方 袁又愷一藏書 朱文長方 鄒印 白方 彥 朱方 淵 朱方 馮知一十讀一書印 朱方

玉照 朱方 一桂 吴下 白文方 介 朱方 介青秘笈印 朱文長方

上鄘 朱文胡盧 壺中天 朱文胡盧 阿靖 青

拳一石山一房 朱方

〔一〕李木公，即李國松(1878—約1949)，字健父，號木公，安徽合肥人，民國藏書家。

〔二〕核對原書，弢翁所錄脱二「下」字，當作「正月十八日燈下」。

279 師竹堂集三十七卷目録二卷

明汝南王祖嫡胤昌著。李維楨序。

簽題「庶子王師竹先生集」。

半葉十行廿字，白口，雙邊。

蒼嚴山人 朱長方　蕉林 朱方

書屋記 藏書

【案】此本今藏國家圖書館，著録爲明刻本，十行二十字，八册。中華古籍資源庫收

【案】此本今藏國家圖書館，著録爲明弘治十四年涂禎刻本，明馮十知跋、清毛扆校並跋、清馮武抄補並跋，二册。中華古籍資源庫收録(11051)。書中尚有趙元方「元方審定」(朱文)「曾在趙元方家」(朱文)「無悔齋」(朱文)等藏書印，說明曾爲趙氏購藏。

錄（12810）。

此本尚有天津藏書家劉明陽「研理樓劉氏藏」（白文）、「劉明陽」（白文）、「寶靜籨主王靜宜所得秘籍」（朱文）、「劉明陽王靜宜夫婦讀書之印」（白文）等藏書印，說明此本曾爲劉氏購藏。

此書正文前有劉明陽長跋一則，抄錄如下：

《師竹堂集》三十七卷　明王祖嫡撰　明天啓刊本　梁蕉林舊藏

祖嫡《明史》無傳，讀是集與旁爲參證，知字胤昌，號師竹，隆慶辛未（五年）科進士，改庶吉士，授檢討，遷國子監司業，至洗馬。其先山東德州人，自其高祖悦襲父汝錫職，陞任正千戶，調信陽後始隸籍信陽。悦生端，嘗從大司馬恕討平荆襄賊，拜明威將軍，尋陞署指揮僉事。端三子瑪生詔，詔生祖嫡。詔字朝宣，號清泉，性愛竹，所居種竹，日吟嘯其間，故晚號竹里。曾任信陽衛指揮僉事，以註誤鐫世秩。祖嫡以冑子舉於鄉，上書闕下白父冤，得復故爵。崇禎間，延世以功進陞二品鎮國將軍。此師竹身世之可考見者也。是書《明史·藝文志》與《千頃堂書目》均作《王祖嫡集》，標題與此不合，當時藏家書目亦尠著錄，其罕傳可知。此外撰輯尚有《書疏叢抄》一卷、《家庭庸言》二卷，胥刻入《淡生堂叢書》。《餘苑

280 後山先生集三十集

明弘治馬暾本。

顧千里臨何義門校。

政和五年魏衍編次，《記》云離詩爲六卷、類文爲十四卷，合二十卷。目録一卷，未知其本尚在世間否。今宏治板卅卷，詩多七至十二、文但八卷，又多廿一至卅，驗其標題有「茶陵陳仁子同俌編校」即宏治板出於此，故不同也。衍《記》末云又有「《解洪範》《相表》，闡微彰善，《詩話》《叢談》，各自爲集」而陳仁子但有《詩話》《叢談》[二]，尤不同耳。思適居士記。

墨筆，在卷首。

六日朔日，補校前六卷畢。千翁。

朱筆，卷一眉批。

此卷以上何多摘任注，今不録。千翁臨并識。

朱筆，卷六末。

道光丁亥閏月廿五日，臨此卷起。千翁記。朱筆，卷七眉批。

廿六、七兩日，校此書廿卷。千翁。朱筆，卷十五眉批。

廿八日校此卷。卷二十一眉批。

道光丁亥，臨於揚州新城寓齋。顧千里。朱筆，卷卅末。

義門手閱書及門下士所過最盛，往往有源流，蓋見舊本多耳。近此道幾絕，諸家藏者散失略盡矣。偶遇是集於五笥僊館，借而臨之。道光七年之間，一雲老人記。時年六十二。朱筆，卷末。

攜李項朱長方 萬卷一堂藏一書記朱方 顧澗蘋朱長方 顧印白方

藥師藏朱長方 藏書朱長方 廣圻

陳唐一讀一書記白方 陳一唐印白方 春艸間朱長方 房珍藏

康熙庚寅，毛十丈斧季以萬曆間人抄《後山詩》，自卷一至卷六，一冊。借閱，因略校正自第三至此卷誤字。焊記。顧錄何跋，卷六末。

此卷弘治間刻本，《送邢居實序》脫後半；《章善序》脫前半，凡二十行，己丑七月得嘉靖以前舊抄對校，因爲補寫。錢牧翁畜書，非得宋刻名抄，則云無有，真細心讀

書者之言。如浙之某某輩徒取盈卷帙，全不契勘，雖可以汗牛馬，其實謂之無一紙可也。焯記。顧錄何跋，卷十三末。

康熙己丑秋日，從吳興鬻書人購藏舊抄《後山集》殘本，中闕三、四、五、六，凡四卷。勘校一過，改正脫誤處甚多，庶幾粗爲可讀，而明人錯本誤人，真有不如不刻之歎也。焯記。顧錄何跋，卷三十末。

〔二〕核對原書跋語，「叢談」二字互乙。

【案】此本今藏國家圖書館，著錄爲明刻本，十一行二十字，四冊，清顧廣圻跋並錄清何焯校跋，傅增湘跋。中華古籍資源庫收錄（11173）。

王文進《文禄堂訪書記》（第 358 頁）、傅增湘《藏園群書經眼錄》（第 988 頁）亦著錄此本。三者相較，《訪書記》記錄題跋最少，有訛誤，《經眼錄》著錄校語少於殁翁所録，亦有訛誤，但題識較殁翁多一則。殁翁所記與原文皆同。

書中尚有趙元方「趙鈁珍藏」（白文）「一塵十駕」（朱文）「無悔齋」（朱文）等藏書印，説明曾爲趙氏購藏。《藏園群書經眼録》注「辛巳正月十一日，趙元方新收見示」。

此本曾爲朱文鈞（1882—1937）收藏，《蕭山朱氏六唐人齋藏書録》卷四著録此本。

又，此本目録後有傅增湘題跋三則，《藏園群書題記》《藏園群書經眼録》未收録，抄録

如下：

（一）新春藏園小集，元方世兄新獲此集，持以見示。余昔年得弘治初印本《後山集》，曾取《斟補隅錄》中義門校記照錄一通。今得顧氏手跡，乃檢前本重行勘對，其正訛補脫，溢出校記以外者至一千數十字，同出一源而差疏乃如是之鉅，爲之驚喜過望。以此益知名家勘本之可貴也。何校原本舊藏愛日精廬，近世《皕宋樓書目》載之，然卷數不符刻本，刻本亦異。張《志》載嘉靖本，三十卷。陸《志》載則爲弘治本，二十四卷。不知《後山集》固無二十四卷之本也。且無月霄印記，其爲臨本可知。丁氏《善本書志》所藏此集校本亦爲過錄，則義門手跡殆已不可追尋，然不見中郞，得見虎賁，亦慰情於聊勝矣。且《後山遺集》正賴此本以正繆存眞，又不僅名儒遺跡之足珍矣也。《適園叢書》所刻《後山集》據《校補隅錄》何氏校記授梓，惜當時未見此本，其漏落必多。暇當就此以覆核之。歲在辛巳二月朔，傅增湘識。時年七十矣。傅增湘（白文） 藏園（朱文）

（二）顧氏謂政和五年魏衍編二十卷，未知尚在世間否。余案，二十卷紹興初刻於吾蜀眉州，與內閣大庫之《蘇文忠》《文定集》版式相同，顧體大字，楷墨皆精，有紹興二年謝克家集序，舊藏吳荷屋家，卷末有翁覃谿題詩，余見於吳門潘博山家，附志於此，用告後人。沅叔再記。

281 山谷詩注

宋大字本,存十五、十六、十七三卷。

卷十五二十一頁,卷十六十九頁,卷十七七十九頁。

半葉九行十六字,白口,左右雙邊,上字數,下刻工姓名。周榮、煒、文、余、質、申、大壽、何、陸、仁、何櫟、開、汝隆、張、玉、厚、敦劉明、柬。「敦」字缺筆。

【案】弢翁雖未在此本書名前加圈,實爲弢翁購藏。《自莊嚴堪善本書影》(第1150頁)著錄有宋紹定五年黃埒刻本,一册,存三卷,恰爲卷十五至十七。今藏國家圖書館(8455)。另據《國家圖書館宋元善本圖錄》(第14册,第5628頁)所收此本書影照片,刻工有「周榮」「質」,當即此書。

據《國家圖書館宋元善本圖錄》,書中尚鈐有「箋經室所藏宋槧」(朱文)「勾吳曹氏收藏金石書畫之印」(白文)印,爲清内閣大庫舊藏,散出後爲曹元忠收藏。

《經眼錄》(第989頁)尚輯錄卷二十末佚名題跋,傅氏推測爲顧千里所跋。

此也。書潛又識。增湘長壽(白文)

(三)又取此刻與余藏本對核,知此乃就弘治本翻刻,張志所載嘉靖本,殆即指

弢翁《辛巳新收書目》三月條下有"山谷詩注，宋本，十五至十七，修綆，一本，六元"，《弢翁藏書題跋（年譜）》（第177頁）所記同。

282 澠水燕談錄十卷

明柳大中手抄本，白棉紙，卷十十禮居補抄黃紙。半葉九行十八字。

目錄後。

臨安府太廟前尹家書籍鋪刊行。

《澠水燕談錄》，明抄本，九卷，補錄一卷。予得之福州帶經堂陳氏，蓋其先人蘭隣大令潊時購□黃氏滂喜園者，卷中校改皆蕘翁手跡，卷面簽題亦出其手，觀所跋語，可知甚珍重之意矣。書中舊有張伯任題記二處，并其圖記。按之《明史》，伯任名棟，崑山人，□萬曆五年進士，官給事中，以直聲著，所上諸疏皆有關天下大計，後以疏救李獻可削藉，歸奉母，至孝。年六十，居喪哀毀，殉于墓所。天啟中贈太常少卿，《蘇州府》《崑山志》皆詳載之，獨其初名文棟，均漏而未載，據印記可補史乘之缺。蕘以博學著聲，得此書於太常，故藉跋中獨未詳及，豈偶未考耶□？丙寅之冬十四日，撿讀一過，補著所聞于卷首，俾後人知爲勝國忠臣孝子手澤所繫，不僅以柳大中

手錄爲獨重也，其餘則蕘翁已備載之，兹不更贅。星詒。〔朱筆，在卷二首。〕

張跋、黃跋皆見《題識》。

吳郡〔白方〕 張印〔白方〕 初名〔白方〕 張父〔白方〕
張棟〔白方〕 文棟〔白文〕 之印〔白方〕 伯任〔白方〕 木雁軒〔白長方〕

張棟印〔白方〕 木雁軒〔朱長方〕 張棟之印〔白文大方〕 木雁軒藏書楷書墨記
圖書印

平江一黃氏一圖書〔朱方〕 蕘圃〔朱方〕 聽松軒〔朱長方〕 無雙〔白長方〕 補竹主人〔白方〕
書魔〔朱長方〕 手校

丕烈〔朱方〕 蕘圃〔朱方〕 振祖之章〔白方〕 蔭長〔朱方〕 玉峰一李氏一鑒藏〔朱方〕
私印

振祖之章〔白方〕 㞷一園〔白方〕 葛印〔白方〕 履俀〔朱方〕
起龍

【案】此本即《蕘圃藏書題識》著錄之《澠水燕談錄》第一種，題曰「舊鈔本」，今不知藏於何處。

今藏南京圖書館所藏抄本爲《蕘圃藏書題識》著錄之《澠水燕談錄》第二種，半葉九行二十一字，爲何元錫、黃丕烈、丁丙遞藏，與此本行款及鈐印不同（GJ／KB2180）。

283 十家宮詞十二卷

乾隆史氏補刻本。

《十二宮詞》十二卷,唐王建、蜀花蕊夫人一以下共八卷。《宣和御製》三卷,《胡偉集句》一卷,詞共一千二百首。參議胡君循齋一鏤版潞河行於世。余曾外舅得之,近乃一歸於余。讀之,大都以風人之義寫宮臺之情,可謂典而有則,樂而不淫,得樂府一之遺者矣。顧其本盡蝕漫漶,字半殘闕一,因重加校一補而書其後。乾隆八年四月之望,穆溪史開基一識。

行書,九行,刻在周彥質宮詞末。

封面:

朱竹垞太史定本　楷

十家宮詞　隸書

貞曜堂藏板　楷　史氏 白文印　家藏

【案】國家圖書館藏有此本同版書,著錄爲清乾隆八年史氏刻本(79909)。核對原

書，蕘翁所錄不誤。

284 歷代紀元曆七卷 又外卷一卷

錫人顧道淳著，述古堂精抄本，開花紙畫格。半葉十行二十五字，每卷末左欄外上方有「錢遵王述古堂藏書」八字。

外卷 宋王應麟紀元論 凡例述共五則 考訂諸書目

卷之一 年號總類

卷之二 唐、虞、夏、商、周、七國、秦、漢 止景帝

卷之三 漢起武帝、東漢、三國 蜀漢、魏、吳晉

卷之四 南北朝、宋、齊、陳、梁、魏、東魏、北齊、北周 隋

卷之五 唐、五代 後梁、後唐、後晉、後漢、後周

卷之六 宋、附遼、金、西夏元

卷之七 大明 止推萬曆元年

士禮居藏 隸書朱記

【案】蕘翁雖未在此本書名前加圈，實爲蕘翁購藏。《自莊嚴堪善本書影》（第214

頁）著錄爲清初錢氏述古堂抄本，一册，十行二十五字。今藏國家圖書館，中華古籍資源庫收錄（08014）。

叟翁《辛巳新收書目》五月條下有「歷代紀年曆，述古堂鈔本，修綆，一本，三百元」。此處書名作《歷代紀年曆》，當即《歷代紀元曆》。《叟翁藏書題跋（年譜）》（第177頁）所記相同。

285 簠齋印集十一卷

稿本，計四册，無《虎符》《魚匭》符。

余集古印二十年，精選慎收，去一僞去近，得周秦以來至於漢魏一六朝官私璽印二千餘鈕，金玉一銀銅寶石，琉璃牙鈿備具。復假一之東武劉燕庭方伯百鈕，益以一泉印、鈎印、斗檢封、泥封，附以虎一符、龜魚符，爲十二册，一式各爲一類，一叙姓以韻，同者以鈕，回文、反文、朱一白界道，類中亦復別之，庶古人制一作鼇然。自見不若後世之篆刻，一錯繆文義，蕪雜亦三十五舉之一意也。庚戌夏，海鹽吾宗粟園翁一峻來館敝齋，詳加參攷，遂爲成一書。校之諸家印譜少爲精審，名一曰「印集」，亦竊附於蒐輯之役。若一夫上窺文字制度之原，貫通而一討論之，以繼子行、來谷兩先生

之一後,則是集也於大雅君子或有一祼焉。

咸豐元年歲次辛亥,先立秋一三日壬辰,平壽陳介祺記。

鮮民朱文 ▨齋朱文 皆綠印泥

【案】國家圖書館中華古籍資源庫收錄有同一版本一部,四冊,與弢翁所經眼者一致(00725),當即此本。

弢翁《辛巳新收書目》五月條下有「簠齋集古印譜,神州國光社印,宏雅,四十元」。然非稿本,恐非一書。

286 元音十二卷

明洪武本,半葉十二行廿二字,黑口,四周雙邊。

每卷書名後空三行。

洪武十七年甲子冬十月四明山人烏斯道序 行書

□□辛巳九月曾用臧追書。[一]

[一]核對國圖所藏相同版本,「□」表示空格。

287 魯齋王文憲公文集二十卷

明正統本，半葉十三行二十五字，黑口，四周雙邊。

第二行題「廬陵銅溪劉同編輯」。

第三行題「鄱陽三臺劉傑校正」。

288 隸續二十一卷

景抄曹刻本。

洪氏《隸續》二十一卷，缺第九卷、第十卷。據朱竹垞跋語，此即其所藏本，而是刻無朱跋。每卷有印曰「棟亭藏本丙戌九月重刻於揚州使院」。按，棟亭姓曹氏，名寅，字子清，〔二〕嘗爲竹垞刻《曝書亭集》，未畢而竹垞卒。《集》內有爲作詩序，蓋竹垞之友也。丙戌爲康熙四十五年，時竹垞尚在，曹巡視兩淮鹽政。既取《隸續》爲己藏本，又併其跋棄而不刻，何也？乾隆戊子七月十五日，益都李文藻記。李 白文 生 墨筆，在卷末。

附《洪文惠年譜》，嘉定錢曉徵輯，李文藻手抄。

乾隆己丑九月，錢先生至都，出此《譜》見示，丞假歸錄，附《隸續》之後，世有刻《隸釋》《隸續》者，宜并刻此《譜》及《宋史》本傳也。李文藻記於虎坊橋北百順衚衕寓舍。朱筆，在書眉。[一]

乾隆三十四年九月初五日，李文藻手錄于京師寓舍。墨書一行，在卷末。此《譜》專爲《隸釋》《隸續》而作，故宜附刻于此，若有刻《盤洲全集》者，亦可以此《譜》冠其首也。己丑十月初一日，李文藻在朱樸士寓中記。是日於熊編修爲霖所借得陳思《寶刻叢編》一書，與錢先生所藏本對勘。又予近所傭抄《歸潛志》《元和郡縣圖志》《古韻標準》《四聲切韻表》及手抄《大金國志》《古文尚書考》《輿地碑記目》諸書，皆次第藏事，亦可喜也。[三] 朱筆，在卷末。

〔一〕核對原書電子版，「字子清」誤，當作「滿洲人」。

〔二〕核對原書電子版，此跋在《年譜》後。

〔三〕核對原書電子版，此跋在《年譜》後，然電子版中無「目諸書皆次第藏事亦可喜也」十二字，疑掃描時有所丟失。

【案】此本今藏上海圖書館（線善 T03453-57）。《上海圖書館善本題跋真跡》未收，所見爲電子版。此本爲《隸釋》《隸續》二書合裝，《隸釋》二十七卷，五册；《隸續》二十一

卷，六冊。

書中尚有「南陵徐乃昌校勘經籍記」朱文印記、「黃節讀書記」朱文印，可知曾為徐氏、黃氏收藏。徐氏《積學齋藏書》（第384頁）著錄此本。

又，《隸續》第一冊後有庸齋題跋，弢翁未錄，抄錄如下：

《隸續》六冊，為李南澗先生寓京時校抄本，綠翁跋一段、星翁跋一段、硃翁跋兩段。《洪文惠年譜》則先生所手抄者也，有「李生」白文印、「字曰香草」硃文印。後經徐積餘先生藏過，有「南陵徐乃昌校勘經籍記」木戳硃文印，有黃晦聞先生「黃節讀書記」朱文印，或經晦聞所藏也。甲申秋日讀畢記，庸齋。

黃節，即黃晦聞（1873—1935）字玉昆，號純熙，別號甘石灘洗石人，廣東順德人。後改名黃節。曾主筆《國粹學報》，編輯《政議通報》。執教於北京大學、清華大學，一度出任廣東省教育廳廳長。詩集有《蒹葭樓詩》。

289 北溪先生大全文集五十卷外集一卷

宏治本，半葉十行二十一字，黑口，四周雙邊。

290 南華真經十卷[一]

宋蜀本，「慎」字缺筆。初印精美。

半頁九行十五字，注雙行三十字，白口，左右雙邊。下刻工姓名。二、母成、小四、陳小八、程、張八、程小六、楊茲、上、顧、鄧、李珍、趙、趙順、李上、小茲、小八、張四、謝、張小八、小三、彥、亮。郭注附釋音，極簡略。

卷末有「安仁趙諫議宅一刊行一樣□子」楷書二行。[二]

至元漳州路儒學教授莆㳥軒王環翁舜玉父序。

溫陵黃一俞邰氏藏書印 朱方　黃虞稷印 白方　千頃一堂一圖書 白方　黃 朱文方　甲　肇 白方　登

燕越胡一茨邨氏藏書印 白方　翰林院典籍廳關防 朱文滿漢文

【案】此本曾為傅增湘購藏，傅氏晚年將其售出，今不知藏於何處。此本為傅氏1941年從文祿堂主人王文進處購藏，花費之巨，使得王氏由此自號「夢莊居士」（趙長海著《新

[一] 據《宋元書景》收錄此本首卷卷端書影，是書為郭璞注本。
[二] 據《藏園群書經眼錄》，傅氏認為「□」被挖補所致，當為數目字，如「四子」「六子」之類。

中國古舊書業》,第 252 頁)。

傅增湘《藏園群書題記》(第 513 頁)、《藏園群書經眼錄》(第 753 頁)、王文進《文禄堂訪書記》(第 289 頁)皆著錄此本。節錄《群書題記》中關於此書遞藏源流部分:

……旋聞此書歸於秦中某君,嚴扃深鎖,秘不示人。近歲主人遠遊,筐籢偶疏,流出坊肆,爲文禄堂王晉卿所得,遍走南中豪商貴仕之門,咸未得當,乃攜之北還,迫及歲除,囊書相示,披函展玩,心目爲開。

後乃知此書出秣陵張幼樵家,以兵亂散出。

《經眼錄》注「文禄堂送閱,辛巳歲暮收得」。《訪書記》著錄是本有鈐印「半哭半笑樓」印。

291 王梅邊集一卷

抄本,黃紙,藍格。半頁九行廿二字,板心下有「欇李曹氏 古林藏書」八字。

黃跋見《題識》。

　　莪翁 白方
　　　藉讀

鮑氏知不足齋舊藏明抄《吾汶藁》，今已歸余從好齋，因校此本，附錄之。癸酉秋，光曾記。 光曾朱長方

攜李 朱長方 曹 朱方 鉏菜 白方

曹氏 朱方 溶 朱方 翁 白方 戴光 白方 曾印

嘉興戴一光曾鑒一藏經籍一書畫印 朱方 培成鑒藏 朱方 松柏青一青不受令一于霜雪 白方

菢薌 朱方 沈樹鏞 白方 樹鏞寶藏 朱方 劉 朱方 雲水 朱方

嗜古鏞印希聲畸人

【案】此本今藏國家圖書館，著錄爲清初抄本，一册，清黃丕烈校並跋，戴光曾跋。中華古籍資源庫收錄（11554）。核對原書，弢翁所記不誤。又，戴光曾題識前，尚有林瀚題識一則，弢翁未錄，補記如下：

讀吾汶藁

予舊聞有此書，今始得見而讀之。王梅邊先生英風義概，凜凜可想。宋末有士如此，作育之效見矣。撫卷感歎，因成一絶，用發其意云：

養士恩深士氣豪，豈分廊廟與蓬蒿。梅邊節概秋霜筍，直繞文山萬仞高。

國子祭酒三山林瀚識

書中鈐有王文進「寶绛閣藏書記」（朱文）、「夢莊」（白文）、「任丘王文進字晉卿藏」（白文）印記，亦見於其《文禄堂訪書記》（第398頁）。

書中另鈐有蔣祖詒「蔣祖詒」（白文）、「穀孫秘笈」（朱文）印記；陳清華「祁陽陳澄中藏書記」（朱文）印記，《祁陽陳澄中舊藏善本古籍圖録》未著録。

據此可知此本在清末曾經蔣氏收藏，後由王文進經手轉售陳氏。

292 雲間清嘯集一卷　桂軒詩集一卷

潯陽陶振子昌，吳江謝常彦銘。

黑格，黄紙，半頁十一行廿二字，板心有「葉氏小有堂鈔本」七字，上下黑口。

半繭朱欄　東吳王 蓮涇藏 書畫記朱長方　太原叔子 藏書記白文長方　黄跋。見《題識》。

【案】此本合二集爲一册，今藏國家圖書館，著録爲清初葉氏小有堂抄本（11557）。王文進《文禄堂訪書記》（第429頁）亦著録此本。

293 揚子法言十三卷音義一卷

宋本，半頁十行十六、七、八字，白口，左右雙邊，板心上間記字數，下刻工姓名。

不另記。

白麻紙，銜名二頁抄配。

子孫_{朱方。} 其永_{朱方。此印甚古。}

永寶_{朱方。甚古。} 寶用

三晉_{朱方} 西陂_{白方} 樂有堂_{朱長方} 子叔_{白方} 商丘宋犖_{朱長方}

提刑 書庫 收藏記 父_{朱方} 收藏善本

緯蕭草堂_{朱長方} 永寶 玉華_{白長方} 筠_{朱方}

藻_{白方} 藏書記 鳳來一軒_{白方}[二]

星_{白方} 商丘陳伯恭一鑒藏記_{朱長方} 一片冰

心_{白長方}

眉廬_白

珍藏

〔一〕核對原書書影，當作「朋來軒」。

【案】此本今藏國家圖書館（12301），《國家圖書館宋元善本圖錄》（第3134頁）收錄

294 尚書十三卷 孔氏傳

宋本,白棉紙印,半頁十行,行大二十字,注雙行廿五字,白口,左右雙邊,附《釋文》。

卷首頂格題「尚書卷第一」。

第二行頂格題「堯典第一」,空五字「虞書」,空四字「孔氏傳」。

卷前有圖八頁。

序後有楷書牌子:黑地白字。宋諱闕筆。

《辛巳新收書目》有「見宋蜀本《莊子》、大字本李注《法言》、余仁仲本《禮記》,爲財力所限,皆不能得」。

又,海源閣舊藏有一部,與此本行款相同。

據《圖錄》,此本曾爲清代彭師度珍藏,後爲宋犖、宋筠父子珍藏,又經乾嘉時陳崇本收藏。此本未見當時其他書目著錄。

此本,著錄爲宋刻宋元遞修本,一册。

> 五經書肆屢嘗刊行矣然魚魯
> 混淆鮮有能校之者今得 狀
> 元陳公諱應行精加點校參入
> 音釋彫開於後學深有便矣
> 士夫詳察建安錢塘王朋甫咨

白門張 朱長方　曾藏白一門張氏 一吉照堂 白方
氏藏書

吳越 朱方　白堤錢聽 朱長方
王孫　　　默經眼

【案】此本今藏臺北「國家圖書館」，著錄爲宋乾道淳熙間建安王朋甫刊本，七册。

「古籍影像檢索資料庫」收錄（102.2.00155）。

書中鈐有王文進「寶絳閣藏書記」（朱文）、「任丘王文進字晉卿藏」（白文）印記，蔣祖詒「蔣祖詒」（白文）、「穀孫」（朱文）印記，張珩「張」「珩」連珠印，以及「國立中央圖書館收藏」（朱文印）。

王文進《文禄堂訪書記》（第13頁）亦著錄此本。

據書中藏印可以推斷，此本在民國時期由蔣氏散出後，又經張珩收藏，後流入書肆，

295 ○師山先生文集

明初本，半葉十行，行廿三字，白口，左右雙邊，上字數，版心間未標卷數。

至正婺源程文以文甫序。

至正庚寅三月朔鄭玉序。 餘力藻。

《元史·忠義傳》。

卷一《表》、卷二《書》、卷三《論》、卷四《序》、卷六《記》、卷□墨丁《記》、卷九《碑》、卷十《碑銘》、卷十一《表》《誌》《狀》。

季振宜□讀書朱長方 長洲顧沅□湘舟考藏□經籍金石□書畫之印朱方

【案】此本爲弢翁購藏，見於《自莊嚴堪善本書影》（第 1361 頁）。今藏國家圖書館（08535）。《中華再造善本·金元編》據以影印，著錄爲元至正刻明修本，二冊，存九卷（卷一至四、六至七、九至十一）。

又，傅增湘《藏園群書經眼錄》（第 20 頁）著錄一部版本與此相同者，亦有「白門張氏」印，但還有「炅堂」印，未見於前書中。注云「癸酉八月朔趙萬里持來，索三千元，無力收之」。

爲文祿堂主人王文進購藏，最後由「文獻保存同志會」收購。

王文進《文祿堂訪書記》(第426頁)亦著錄此本。

弢翁《辛巳新收書目》十二月條下有「師山先生文集,明初本,文祿,二本,三百元」。

《弢翁藏書題跋(年譜)》(第179頁)所記同。

又,書中尚鈐有蔣氏「蔣祖詒讀書記」(朱文)藏印,此本最後由弢翁購藏並捐獻國家,可知蔣氏印記在弢翁經眼時即已鈐蓋。

296 大易粹言七十卷 總論三卷(松江韓氏書)

> 建安劉叔
> 剛宅刻梓

楷書牌子,在郭雍《白雪先生易說序》後。

半葉十二行二十三字,黑線口,左右雙邊。

宋本,存五十四卷:一至三十一、四十四至六十六。

淳熙二年溫陵曾穜獻之序。

淳熙四年程九萬跋。李祐之跋。

按檢各書目,惟焦氏《國史經籍志》十卷;《傳是樓》鈔本七十卷,共六本;《菉竹

堂》二十冊，不記卷數。他如《絳雲樓》《述古堂》《寶文堂》《千頃堂》《汲古閣》、泰興季氏各書目皆未登錄。咸豐己未九月十一日，應陛識。墨筆，在部面。〔二〕

甲子丙寅……避難記 白長方　　審定 白方　　德均 松江……夫婦之印 朱長方

〔一〕「部面」即「書面」之意。

【案】此本今藏臺北「國家圖書館」(00050)，「國立中央圖書館」善本題跋真蹟》(第 7 頁)著錄此本，著錄爲南宋建安劉叔剛刊本，十二冊。《善本題跋真蹟》收錄題跋書影，核對，戔翁所錄不誤。

王文進《文祿堂訪書記》(第 9 頁)、傅增湘《藏園群書經眼錄》(第 13 頁)亦著錄此本，其中《經眼錄》注「辛巳十二月十三日文祿堂取閱」。辛巳即 1941 年。

又，《「國立中央圖書館」宋本圖錄》(第 10 頁)著錄是本有王文進「寶絳閣藏書記」(朱文)、「任丘王文進晉卿藏」(白文)印記。與傅氏《經眼錄》吻合，此本鈐印者自王文進後只有「國立中央圖書館」藏印，可知當爲「文獻保存同志會」從王文進手中收購。

297 浮溪集十五卷[一]

抄本,黑格,半葉九行二十字,單邊。

西泠吳氏繡谷亭抄本 楷書,左欄外下方。

繡谷 朱方　蟬 朱方　疏雨 朱方　華笑 朱方　王印 白方

熏習 朱方　華 朱方　熏習　廎藏　夐　蔣印 朱方　子垕 朱方

烏程蔣—維基家—茹古精—舍藏本 朱方　維基　蔣氏秘笈 朱橢圓

茹古精舍 朱長方

[一] 核對原書,書名爲《浮溪遺集》。

【案】此本曾爲傅增湘舊藏,今藏國家圖書館,著錄爲清吳氏繡谷亭抄本,傅增湘跋,四册。中華古籍資源庫收録(11400)。

此本書前有吳氏題識:「汪藻浮溪集,凡一册,繡谷秘録。」鈐「願流傳勿損汙」(朱文)印。

書前有傅氏長跋,見於《藏園群書題記》(第714頁),所署時間爲壬午(1942年)三

四〇〇

又,此書雖是傅氏得自文禄堂,但王氏《文禄堂訪書記》《文禄堂書影》皆未著錄此本。傅氏《藏園群書經眼錄》(第1010頁)亦著錄是本,注「辛巳十二月十五日得於文禄堂。」

月。

298 ○思菴文粹十一卷[一]

明吳訥箸,孫監察御史淳編次。

曹彬侯手抄本。

家在言 白長方　詩禮傳家 朱長方　悟者一方知色一是空 白方　無求 朱方

子闕里

止謗莫 白長方　覺今是 白長方　天許一作閒一人 朱方　暢叙 白方　曹

如自修　而昨非　　　　　　　　　　　　幽情　炎印 白方　彡 朱方　侯

賞心從此 白長方　大塊假一我以文一章 白方　山陰一道上一人家 白方　種紙 朱長方

莫相違

我本爲 白長方　樂此 朱圓　樓中一飲興一因明月 白方　在家 白方　樂凹 白方

樵北山北　不疲　　　　　　　　　　　　僧　　小築

拓落 白方　不言不一語過一平生 白方　心游 朱方　乾　坤 白方　自嫌一埜性一共人疏 白方

布衣　　　　　　　　　　　　　　　　萬仞　　一艸亭

弢翁古書經眼錄標注

仁者 白方　　竹樹一繞吾一廬 朱方　　墨兵一筆陣一參軍 白方　　希有一客來惟一竹對 白方

壽 白方

石樵

劍門 白方

藝 植 白長方　　無 病 白長方　　思 君 朱方　　須向一山陰一上小舟 白方

老丘圃　　活神仙　　十二時

雲本一無心一亦來閒 白方　　西田 朱方　　秦漢一十印一齋藏 白方又朱方

分支

茂苑香生一蔣鳳藻秦一漢十印齋一秘笈圖書 朱方　　香生珍賞 朱長方　　蔣香生秦漢 朱長方

十印齋收藏記

士禮居藏 朱長方

另有錢遵王三印，疑僞。

竹泉一珍秘一圖籍 白方　　謏聞 白方

齋

[一] 核對原書，書名爲《思庵先生文粹》。

【案】此本爲弢翁購藏，見於《自莊嚴堪善本書影》（第1425頁），著錄爲清曹炎抄本，

四〇二

二册，十行十九字。今藏國家圖書館，中華古籍資源庫收錄（08562）。

據《辛巳新收書目》，弢翁在是年（1941年）十二月，從文禄堂以二百元收得此本。

《弢翁藏書題跋（年譜）》所記相同。

王文進《文禄堂訪書記》及《文禄堂書影》並未著錄此本。

299 孟子十四卷

朱熹集注，宋末刊本，半頁八行十六字，白口，左右雙邊，上字數，下刻工姓名。余同甫、詹、芳、徐。宋諱避至「廓」字。

【案】王文進《文禄堂訪書記》（第56頁）著錄一部，避諱、刻工、行款與弢翁所記相同，或是一本，鈐有「仁山茲泉」印。

300 姓氏急救篇上下二卷

元本，半頁十行，行小廿二字，白口，左右雙邊，上字數，下刻工姓名。徐、仲裕、堅、用、夏、路中、克明、瑞、泰之、德章、仲、玉、徐、仲裕、珪、胡泰之、仁、任、士良、任子敬、敬、行可、宋、中、阮刊。

【案】《中華再造善本·金元編》影印有元至正六年慶元路儒學刻元明遞修本，半葉

十行,行大字二十,刻工與弢翁所見一致,或即此本。今藏國家圖書館(CBM0470)。

301 河南程氏外書十二卷

白麻紙,初印。

宋江西刻本,半葉十一行,二十字,白口,左右雙邊,上字數,下刻。[二]俞政、吳從、徐佐、政才、烆、仲、吳從、祥、周祥刁、俞正、明、俞、從、突如

目録後朱子跋。貞、警、驚、敬。

西皋 朱長方　延陵 朱方　吳廷偉 朱長方

別墅 朱方　季子　書畫印

吳興一沈氏一士稱氏 白方　沈士一稱氏 白方　此二印甚古。

雁門 白方　家住「雁山」之南 朱方　故城 白方

馮檠　賈臻 白方　藏書 朱白方　芝閣 朱白方

[二]「下刻」當是「下刻工」的簡寫。

302 盧仝詩集二卷 集外詩一卷

抱經堂黑格抄本,卷二以下盧氏手抄。

乾隆丙午四月二十一日，杭東里人盧文弨校閱。朱筆，卷一末。

王 白方　曾藏烏｜程梁氏｜集古齋 朱方　烏程｜蔣維｜基記 朱方

咸豐庚申以後收藏 朱長方　借觀　范鍇 朱方

【案】此本今藏國家圖書館，著錄爲清抄本，清盧文弨校，十一行二十一字，一冊。中華古籍資源庫收錄（02205）。核對原書，弢翁所錄無誤。又，書中尚鈐有「國立北平圖書館收藏」（朱文）印記，未見1933年《北平圖書館善本書目》著錄。

303　類編層瀾文選前集十卷後集十卷續集十卷別集十卷

元本，竹紙，初印。內府原裝，四冊，冷金黃蠟箋書衣，白綾書簽，團龍舊錦套。半葉十三行二十三字，小板心，上下黑口，四周單闌。

每集前有目錄，《類編層瀾文選集》目錄大字占雙行，每類亦大字占雙行。上有黑花蓋子，爲楚辭、賦之類。

板心作「文〇幾」，每卷標題下有「某集」二字，黑地白字。題目下每有「新增」二字及「增全文」三字，黑地白字。《前集》總目第三行有行書牌子，五行，雙闌：

> 雲坡家塾鼎新刊行 《前集》總目第二行。
> 雲坡家塾新刊 《後》《續》《別》三集總目第二行。
> 今將舊本所選古文重新增添分爲前後續別四集各十卷前集類編賦詩韻語雜著以便初學者之誦習後別續三集類編散文記傳等作以資作文者之披閱先後躰製次序秩然其視舊本大有徑庭幸鑒

【案】此本今藏上海圖書館，著錄爲元雲坡家塾刻本，《中華再造善本·金元編》據以影印。

王文進《文祿堂訪書記》（第 467 頁）、傅增湘《藏園群書經眼錄》（第 1254 頁）亦著錄任一氏一希一孟朱文鼎形印。此印甚古，當是元明間人。

此本。《經眼錄》注「壬午三月」。壬午即1942年。

304 金華文統十三卷

明正德本，半葉十行十八字，四周闌單邊，上下大黑口，板心標「文統卷幾」。

正德六年十二月朔日賜進士出身中順大夫金華府知府江都趙鶴書。　半葉六行十一字，上空一字，

《引》[一]愚改爲《金華五先生正學編》，諸生後謂願輯其文以著其人。

辰慶堂 陽文　未 陰文　丙辰
　　　　　　　鳴　　　進士

正德壬申孟夏之吉 一 賜同進士出身知金華縣玉山李玘謹誌。　後序半葉六行十四

字，上空一字，楷書。

[一] 核對此書同版本，此書序名爲《金華文統引》。

305 玉臺新詠　附續集

明本，白棉紙初印。

半葉十行十八字，白口，左右雙邊，板心上方有「海曙樓刻」四字。

每卷第二行低四字標「陳東海徐陵編」，空一字標「華亭楊秉鑰校」。

龔文照—家藏文苑 白長方　兩竹 朱長　銳 朱方　^(印)隱齋 朱長方

長洲龔文照^(印)圖書記 [一] 朱長方

[一] 龔文照，清人，號野夫，別號九霞隱逸。此二字或是「九霞」。

306　金石古文八卷

存四卷。

抄本，棉紙，墨畫，四周單邊，半葉九行十八字。

第二行題「雙華山人喬編訂」。

周一元亮一鈔本 朱白方　周雪客 朱長方　周元亮家藏書 朱長方　中山 朱橢　人 白方　爰

龔氏墨一稼軒珍—藏圖書 朱方　墨陽 朱白方　吳騫 朱方　拜經一樓吳一氏藏一書印 朱方

小隱　清秘

乾隆乙卯冬日，從孫敦與得此見遺，第不審雙華山人誰氏也。騫 朱方　吳氏墨筆隸

書，卷四末。

【案】此書今藏美國柏克萊加州大學東亞圖書館,《柏克萊加州大學東亞圖書館中文古籍善本書志》(第117頁)著錄爲清周工亮抄本,清吳騫題識(L2448.C454)。網上有此本電子掃描全本,據以核對,毉翁所錄無誤。

傅增湘《藏園群書經眼錄》(第418頁)亦著錄此本,但輯錄題跋中將「孫敦與」誤作「孫穀」。

此本內書頁副葉上有黏籖「金石古文八卷　周櫟園手鈔本　吳興蔣氏藏」,然書中未見蔣氏藏印。書衣鈐有「開卷有益」(朱白文)、「昭餘渠夢翔圖籍訪古印」(朱文)二印。據《第一屆中國域外漢籍國際學術會議論文集》(第471頁)(1987)中《中華民國國立中央圖書館》藏日本所刊善本圖書》一文,稱渠氏爲「近人」。此書所藏書函注明捐贈者爲臺灣學者蔣孝瑀。

307　文章正宗二十四卷

宋刻明補本,白麻紙,半葉十行二十字,黑線口,左右雙邊,上大小字數,下刻工姓名。宋諱缺筆。補章德甫、章壽、君伯仁、玉之、君甫、林、黃右補版、久、高厚、君壽、松㜸、壽卿、泰甫、許光遠、壽山、俊仲、仲和、葉義、葉玉、德厚、顯、友、卿、約、清、木刊、日正、亨、高、潘仲、戴□補版、丁、丁云、子、葉、祥、宗、青刊、山、子、松　葉刊。

版大黑口，間有左右雙邊、四周雙邊。

首卷標《文章正宗綱目》有《自序》，題「紹定執徐之歲正月甲申學易堂書」。

棟亭曹 朱長方　商邱一宋筠蘭一揮氏 朱方 氏藏書

【案】此本今藏國家圖書館，《國家圖書館宋元善本圖録》（第6415頁）著録爲元刻明修本，二十四冊。中華古籍資源庫收録（09894）。

據《國家圖書館宋元善本圖録》，此本爲陳李靄如（天津藏書家陳一甫夫人）捐獻國家。

308　五代史記七十四卷（松江韓氏書）

次印，黄棉紙。

元本，半葉十行十八字，黑口，左右雙邊。

五代史記卷第一

第一行

梁本紀第一□□□歐陽修撰□徐無黨註

第二行

五代史記卷第一□□□宋歐陽修譔，徐無黨注。七十四卷[二]。缺廿八卷第五葉、第九葉，四十二卷第六葉。末有黄荛圃跋語，細審筆跡，恐不然，但此書當係元翻宋刻本，不

必以黃跋爲憑也。補鈔極多，但亦非本朝人手筆，其所據本蓋同此板。十八卷後空行另條有「慶元五年魯郡曾三異校定」十一字；廿三卷末葉係抄補，亦有「魯郡曾三異校定」七字，廿四、卅四、五十七卷末葉俱係原刊本，另條字俱同，書板口下方往往有「丁亥」字，陰陽文不定。按，寶慶二年[二]、元至元廿四年、至正七年俱係丁亥，寶慶二年上距慶元五年凡廿八年[三]。去年十一月廿四日得之，書鋪人陳姓。丁巳二月三日記。應 陛 手校印 朱方 韓氏墨筆，在卷首。

甲子……避難記 白文長方

黃跋、顧、黃印皆僞，不錄。

【案】此本今藏臺北「國家圖書館」，著錄爲宋慶元五年曾三異校刊，元明修補本，清韓應陛手書題記，二十四册。其「古籍影像檢索資料庫」收錄（201.243 01562）。《「國立中央圖書館」善本題跋真跡》收錄韓氏題跋書影（第 380 頁），《標點善本題跋集錄》（第 70

〔一〕核對原書題跋「七十四卷」下脫「二十四本」。
〔二〕核對原書題跋，「寶慶二年」當作「寶慶三年」。
〔三〕核對原書題跋，「寶慶二年」當作「寶慶三年」。

鄒百耐《雲間韓氏藏書題識彙錄》(第21頁)亦著錄是本。

頁)收錄跋文。

309 纂圖互注南華真經十卷

竹紙初印。

元本，半葉十一行二十一字，小廿五字，黑線口，左右雙邊。范啟名黑地白字、劉之刊。板心有刻工姓名「張輝刊」三字。序、卷一第一葉、第十七葉、二十一葉、二十三葉。

東吳毛氏圖書 朱長方　西河「季子」之印 朱方　汲古後人 白方[一]　夕陽淡秋影 朱方[二]

漁陽王氏家藏圖書 朱長方　王印 朱方　高翰 朱方　汪印 白方

延端　章印　大淳

　(一) 核對原書，此印爲「汲古后人」。
　(二) 核對原書，此印爲「夕陽淡秋景」。

【案】此本今藏國家圖書館，著錄爲明初刻本，八冊，卷二至四爲抄配。中華古籍資源庫收錄(18049)。

《殹翁藏書題跋（年譜）》（第 241 頁）「是月，致趙萬里書，告節前有人攜《經典釋文》一書來津求售，中途被王子霖取走，書歸北平圖書館。除此之外，尚有宋小字本《程氏易傳》、宋本《春秋左傳》及元本《纂圖互注莊子》」。時間爲 1946 年 10 月。殹翁所謂《纂圖互注莊子》不知是否即指此本，此本中無國立北平圖書館鈐印。

310 妙絕古今不分卷

明本，半葉八行十七字，白口，左右雙邊，小號通連，計一百八十一頁。

松陵顧氏英賢堂重刻。_{卷末標題下。}

壬午三月，鬻明本書百餘種以爲衣食之資，而書友送閲之書仍多明本，乃詳記之，聊以慰情耳。[一]

[一] 此則題識爲殹翁所作，原寫於稿本此書解題天頭位置。據此可知，殹翁所記在壬午（1942 年）三月之後。

311 孔子家語八卷

明何孟春注本。半葉九行二十字，白口，四周雙邊，間有四周單邊，書名在版心上方。

孔子家語之一元集

大明正德二年歲次丁卯仲春二月壬寅後學郴陽何孟春子元謹序

正德辛巳夏仲後學見素林俊題于雲莊青野

正德辛巳辰月莆陽黃鞏謹識。《新刊孔子家語注》跋。是本先生自滇寄至，因托建寧郡伯張侯公瑞梓行書坊。

後學郴陽何孟春補注
聖府永明書院校刊

【案】此本為明正德間建寧書坊刻本，國家圖書館中華古籍資源庫收錄有同版本者，可供參考（17355）。

312　詞致錄十六卷

明本，半葉十行二十字，楷體字，白口，四周單邊，板心下有刻工姓名。陶承敦、徐安、趙聯璧書序、徐安刻、吏蔡應辰寫序、陶坤刊、俞亭、郎、王典、余滔、朱軒、蔡孝、孫宗刊、史化、王時。

萬曆丁亥孟春上浣巡撫浙江監察御史傅好禮撰。楷書，七行。祥字李公以觀風暇隙陳，陳上下千古，遂稽六朝，爰及唐宋，掇其四六之粹者，命之曰《詞致錄》。

萬曆丁亥午月古燕李天麟序。

萬曆丁亥端陽日奉敕提督軍務巡撫浙江等處地方兵部右侍郎兼督察院右僉都御史關西溫純撰。

巡撫浙江監察御史古燕李天麟彙輯[一]

杭　　州　　府知府豫章余良樞

兩浙都轉運鹽使司同知莆陽唐守欽

杭　　州　　府同知南郡姜奇方同校

[一] 核對哈佛燕京圖書館同版本藏書「巡撫」當作「巡按」。

313　皇極玄玄集六卷

明萬曆本，白棉紙，半葉十行二十字，白口，左右雙邊，下刻工姓名。目錄標題二、三、四、五行：沈鎧、葛文顯、段虎威、木仲的、楊經、劉欽、周欒、耿名、耿世傑、李木、陳欒、王九成、岳端、李士孝、張萬、袁廷臣、樊智、吉羊、崔子尨、李奉、呂天淇、楊銳、呂堂、李鸞、耿名、葛仲、鈩保、呂思賢、歐江。

【案】據《明代刊工姓名全錄》(第346頁)，明正德辛巳(1521年)朝邑知縣王道刊本《洪範圖解》的刻工中，周欒、耿名、耿世傑、李木、陳欒、葛文顯、樊智、楊經、楊銳、沈鎧、袁

314 唐詩紀事八十一卷

明本,半葉十行二十一字,白口,四周單邊,楷體字。

目錄後有張子立再識。

315 誠齋牡丹百詠 誠齋梅花百詠 誠齋玉堂春百詠

竹紙初印。

明本,半葉九行二十字,黑口,四周雙邊,每卷前後標題大字占二格。

宣德五年穀雨後五日書。 蘭雪 藩維《牡丹百詠詩引》。
　　　　　　　　　　　　軒 清暇

宣德五年十一月長至日書。《梅花百詠詩序》。

宣德六年歲在辛亥孟秋上澣識。《玉堂春百詠序》。

廷臣、岳端、張萬、吕思賢、歐江與此本刻工同。正德辛巳距離萬曆間(1573—1620)五十年以上,時間跨度已超過正常刻工工作年限,故可知弢翁所見本當為正德間刻本。《中國古籍總目》(第1140頁)著錄僅有明正德間刻本,且僅吉林省圖書館藏一部。

316 十七史詳節

白棉紙。

明本，半葉十行二十二字，四周單邊，書名在中縫上方，下方陰陽面各有一字刻工姓名。

正德戊寅夏四月朔日後學長汀李堅書。六行。建陽書坊重刻《十七史詳節》，點畫偏旁有誤，巡撫侍御程公時言屬郡守張侯公瑞請堅校訂以行。

隆慶庚午孟夏朔上黨後學栗永祿書。重刊《十七史詳節》序。我朝永樂初版厄回祿，逮正統中建陽始刊行。

嘉靖丙寅，侍御定侯方公按河隴政，暇出善本日：「盍鋟梓此傳？」隆慶己巳春仲始告竣事。

穆彰 白方　鶴舫 朱方　鶴舫一藏書一之印 朱方
阿印

【案】據國圖所藏同版本（04464），書中刻印共三方，尚有「河嵩」「高清」（白文）印一方。參見後 405 號。

317 何大復先生集三十八卷

白棉紙，楷體字，初印。

明本，半葉十行二十字，白口，四周單邊。

318 空同先生集

嘉靖十六年六月初伏日儀封王廷相子衡撰。通二十六卷,刻在滁州。

嘉靖三年三月既望蘭谿唐龍撰。

嘉靖三年二月甲子武功友生康海序。

嘉靖戊午後學吳郡王世貞撰。

白棉紙初印。

明本,半葉十一行二十字,白口,左右雙邊,板心下有一字刻工名。《空同先生集》刻工:王師禹、陸鉴、唐瓊、六三。每卷有子目,連正文。

319 義勇武安王集八卷

嘉靖九年春三月十六日五嶽山人吳郡黃省曾序。

北郡李夢陽撰 每卷第二行。

竹紙初印,明蘄陽顧問編輯。

明本,半葉十二行二十四字,白口,四周單邊。板心分上下卷,一之四上,五之八下。

嘉靖甲子元旦吳郡徐學謨序。

嘉靖四十三年甲子仲夏十日賜同進士出身中憲大夫貴州按察司副使蘄陽顧問頓首拜書。

《重編義勇武安王集序》。蘄二守,顧君寅齋捐俸鋟梓。

曹 朱方　　明善堂一覽書一畫印記 白長方　　安樂堂 朱長方

溶　　　　　　　　　　　　　　　　　　　　藏書記

【案】弢翁在此本前未加圈,但却爲弢翁購藏,見於《自莊嚴堪善本書影》(第315頁),著錄爲明嘉靖四十三年顧夢羽刻本二册。今藏國家圖書館,中華古籍資源庫收錄(08057)。

《壬午新收書目》六月條下有「武安王集,明本,同上(友仁)二本,三十元」。《弢翁藏書題跋(年譜)》(第184頁)所載同。

320　重廣補注黃帝內經素問二十四卷

白棉紙初印。

明仿宋本,半葉十行二十字,白口,左右雙邊,下刻工姓名。宋本刻工。陳安、陳德、林仁、王文、

鄭保、張詢、周賜、程保、薛惇、周才、鄭友、王太、付益、王椿、王與、林才、林宗、鄭俊。

國子博士臣高保衡光禄卿直秘閣臣林億等謹上。序

王冰序。

高保衡、孫奇、林億結銜三行。

王冰序後。又孫兆重改誤一行。

東吳劉任<small>朱長方</small> 劉原<small>白方</small> 此二印甚舊，當是明人印。
家藏圖書 弘印

321 文選纂注十二卷

白棉紙初印。

明本，半葉十一行二十二字，白口，左右雙邊，下間有刻工姓名。子愚刻。序下方。張右之刻。

昭明太子序下方。章甫言刻。目錄下方。顧子愚刻。卷一第一葉下方。

萬曆庚辰秋長洲張鳳翼伯起書。行書，八行序。

身齊逸民 名綴下士 處一賓一堂 二墨印在序後。

四二〇

322 孫尚書內簡尺牘編注十卷

明本，半葉十行十九字，白口，左右雙邊，書名在中縫上方。

宋龍圖閣待制戶部尚書孫覿撰

門　人　學　士　李祖堯注

明巡按直隸監察御史李時成訂正

河南按察司僉事朱東光參補

直隸廬州知府葉逢春繕校

卷一第二、三、四、五、六行。

成化十七年東吳錢溥序。其十世孫徵士封工部主事钜授其子仁，今任都御史，巡撫西蜀，始復刻之。萬曆八年庚辰孟夏姚江葉逢春序。浠水李公得建陽善本，以畀武寧朱公，朱公曰：「是可梓。」

【案】國家圖書館中華古籍資源庫收録有同版一部，著録爲明萬曆間刻本（11643）。

323 二禮集解

白棉紙初印。

明本，半葉九行十八字，四周雙邊，白口，板心下方有刻工姓名。王文、王迎之、王兵、易亮、胡宗、立成、何恩、大節、丘江、黎旭、王正、周仁、王益、范楷、范桐、陸敷、陸孜、王楠、夏晉。

錫山後學李黼著　第二行。

【案】《四庫存目叢書》（第107冊）影印北京大學圖書館藏同版書，著錄爲明嘉靖十六年常州府刻本，十二卷。

嘉靖七年戊子十一月朔日錫山後學李黼序。《三禮集》後序。

《木犀軒收藏舊本書目》（第355頁）著錄「三禮集解，十二卷，明李黼撰，（合《周禮》《儀禮》二種）明嘉靖十六年常州府刊本，六册一函」當即此本。下有佚名批注「35」(當指價格）。檢視影印本，北京大學所藏本刻工與弢翁所錄一致，卷內有「木犀軒藏書」「麋嘉館印」藏印，爲李盛鐸舊藏。不知弢翁所見是否即是此本。

324　史通訓詁二十卷[一]

竹紙。

明本，半葉十行二十字，白口，四周單邊，下字數。

明河南王惟儉訓卷一，第二行。

萬曆辛亥歲春三月己未中牟張民表序。里友任公夏子元甫書。六行行楷。

河南王惟儉序。

丙子中秋第四日，泊舟燕子磯，偶閲同舟長洲王與公、同邑錢越乙、蕭仲聯、孟芳舅氏、魏韓木。是日犯石尤風窮弘濟寺諸名勝，痛飲至二唱，濤聲澎湃，月色朦朧。毛子晉朱筆，在卷三末。

二十日，涉江風波洶湧。朱筆，卷四末。

廿一日，從金山至新豐。朱筆，卷五末。

廿二日，從新豐至毘陵。朱筆，卷六末。

廿三日，從毘陵至梁谿。朱筆，卷七末。卷八自八頁以下未加點閲。

【案】此本今藏上海圖書館，著録爲明萬曆三十九年刻本，《續修四庫全書·史部》第447冊據以影印。毛翁所録題跋亦在其中，據以核對，無誤。然上海圖書館所藏此版兩部，八册本（綫善762917-24）、四册本（綫善758582-85），不知孰爲影印之底本。

［一］原書書名爲《史通訓故》。

古書經眼錄四

自莊嚴堪古書經眼錄 壬午三月

325 鐵崖文集五卷

黄紙軟體字。

明本,半葉十行二十字,大黑口,四周闊雙邊。

弘治十四年十月賜進士第文林郎監察御史郴陽馮允中識。序七行。余按淮陽,歷海陵,同年儲少卿静夫出是集。爰走書毘陵,託舊友朱懋易校正,析爲五卷,用是捐廩餼之餘,付運司刻焉。

【案】國家圖書館藏同版一本,著録爲明弘治十四年刻本,兩册,爲趙元方舊藏,中華古籍資源庫收録(11206)。或即弨翁經眼之本。

326 陸清獻公文集十卷[一]

白棉紙,次印。

明本，半葉十一行二十字，大黑口，左右雙邊。

至治首元仲冬二十又六日蒙古晉人僧家奴鈞元卿拜跋。七行。過太末郡，郡乃清獻公之里也。

景定元年八月郡守天台陳仁玉謹序。訪得章貴永刊集本，旁搜散軼，以補足之。

二酉齋藏書朱長方　嚴蔚　豹人白文方印

[一] 弢翁書名記錄有誤，當是《趙清獻公文集》。

327　陶靖節集十卷

陶靖節集卷之一

郴　　何孟春注附

明何孟春注本。半葉十行二十字，四周單邊。

薄棉紙，軟體字。

海虞後學陳察原習拜書。何燕泉注陶靖節集序，比至昆明獲接談論。

正德戊寅陽月吉日燕泉何孟春子元父記。目錄後。

328 ○梅溪先生文集五十四卷 廷試策并奏議共五卷 詩文前集二十卷 詩文後集二十九卷

津逮樓朱文長方 金陵一甘氏藏一書白方 有朱扁方 闇然白方 居士 容

明本,半葉十一行廿一字,大黑口,四周雙邊。四庫底本,有校改處。板心下方有陰文刻工姓名:旻、仇海刊、仇方、土。

教授建昌何澣校正卷一第二行。

「胡」「虞」字前改易。

有「分校程琰」四字小楷書朱記浮簽。

天順六年冬十月朔日賜進士出身中憲大夫溫州府知府莆田周琰識。六行。劉珙序後。公之文集舊有刊本,而朱文公代劉共父爲序,前守何公文淵,劉公謙相繼撥拾,於蠹腐之餘重爲刊板,而少保黃文簡公淮爲序。

正統五年夏四月望日,榮祿大夫少保戶部尚書兼武英殿大學士知制誥國史總裁同郡黃淮書。

梅溪先生王忠文公文集序。 前御史劉公謙繼守是郡,乃得刻本於黃巖士族蔡玄可家,命郡學教授何澣重加訂正,鳩工刊刻。

翰林院典籍廳關防漢滿朱文記〔二〕

【案】此本爲弢翁購藏，見於《自莊嚴堪善本書影》（第1220頁），著錄爲明正統五年劉謙、何瀚刻天順六年重修本，四庫底本，二十冊。今藏國家圖書館，中華典籍資源庫收錄（08477）。《壬午新收書目》六月條下有「梅溪先生文集，明本，四庫底本，友仁，二百六十元」。《弢翁藏書題跋（年譜）》（第184頁）所記同。

329 龜山先生集三十五卷

白棉紙初印，大方體字。年譜一卷，咸淳黃去疾。明本，半葉十行二十字，黑口，四周雙邊，目錄題「龜山楊文靖公集目錄」。六行。重刊龜山先生文靖楊公全集序。正德十二年歲次丁丑冬十一月吉日通議大夫進階資善大夫南京工部右侍郎前都察院右副都御史奉敕巡撫廣地方兼贊理軍務致仕宜興沈暉序。龜山先生雖閩產而寓居毘陵十八年之久，故郡城有祠，《語錄》亦刻郡庠。予招致儒士于家塾分卷書寫，對讀無差，然後入梓。

330 呂氏春秋二十六卷

白棉紙初印。

明本，半葉十行二十字，白口，左右雙邊。

明雲間□宋邦乂□張邦瑩□徐益孫□何三畏校〔一〕每卷第二行。

王世貞序。雲間莫是龍書。楷書七行。

長洲張梗刻。序板心下方。

【案】國家圖書館藏同版書一部，著錄爲明刻本，六册，中華古籍資源庫收錄（19492）。

331　高漫士詩集十一卷

缺三四卷。

抄本，竹紙，半葉八行十八字。

　　晉安高棅廷禮著　吳郡姚宗甲昱初錄 每卷第二行。

吳興姚宗甲 朱長方　姚宗甲一字昱初一號剩頑 朱方　蕉林一梁氏書一畫之印 朱方

剩頑氏圖書 朱方

【案】此本今藏國家圖書館，著錄爲明刻本，三册，中華古籍資源庫收錄(10344)。書中另有邢之襄「南宫邢氏珍藏善本」(朱文)、「邢之襄印」(朱文)印，説明芚翁經眼本後爲邢氏收藏。

蕉林 朱方　　觀其 白方
藏書　　　大略

332 化書六卷

黄紙，字體圓健。

元本，半葉九行十八字，四周雙邊，白口，總目三葉。目中每卷上有黑花蓋子。

淮海秦昇刻梓家塾　目録第二行。

見居揚州大市念佛巷北街西面東開置打發書籍總鋪　此行在卷六末。

卷一《道化》，卷二《術化》，卷三《德化》，卷四《仁化》，卷五《食化》，卷六《儉化》。

333 河南程氏經説七卷

白麻紙初印。「敦」字不闕。

宋本，半葉十一行二十字，白口，左右雙邊，上大小字數，下刻工姓名。余欽、蕭韶刁、劉元、葉茂、潘才、裴榮、俞正、黃中、江僧、徐浩白地黑字、吳從、劉太白地黑字、俞政、徐佐、韶刁、張岩、劉六。總目及《易說》一、二兩葉清人補刻。

家住一雁山一之南 朱方　榮 朱方　房圖書 朱長方　別墅 朱長方　稱氏
季子　書畫印　登善 白方　藏書 朱白方　福氏 白方　沈士 白方
延陵 朱方　吳廷偉 朱長方　王氏 白方　鶴鹿山　西皋　芝閣　戎州　馮

【案】傅增湘《藏園群書經眼錄》（第470頁）、《藏園群書題記》（第39頁）亦著錄是本，但判定爲宋本。《經眼錄》注「辛巳十二月五日邢贊亭持示」。檢《中國古籍總目》，未有此本，不知今藏於何處。邢之襄生前已將所藏善本捐獻國家，而未見此本，説明是本或在此前流出，而弢翁經眼此書時間在辛巳（1942年），或即爲此書出讓之時抑未可知。

又，《群書題記》「據先祖壬午十二月初五日日記云：贊亭來，攜《程氏經說》相示，告以確爲宋刻，但少第八卷耳。則此書實不完本也」。

334 元公周先生濂溪集十二卷

宋本，白麻紙初印，大字方斬。

半頁八行十七字，白口，左右雙邊，上字數，下刻工。熊。

崑山徐氏家藏 朱長方　乾學 白方　健庵 白方　筠 朱方　臣 三晉 朱方　提刑　宋犖 朱文連珠　之印

【案】此本今藏國家圖書館（4522），《中華再造善本·唐宋編》據以影印，著錄為宋刻本，二十冊。《國家圖書館宋元善本圖錄》（第 5406 頁）收錄此本，著錄為宋刻先生濂溪集》二十卷，《年表》一卷，二十冊。《元公周

335 周易兼義

宋十行本，半頁十行十八字，小廿四字，白口，左右雙闌，上字數，下刻工。陳伯壽、善度、茂、君錫、君美、禔甫、余中、住、敬中。

336 周易本義十二卷

《彖》上傳第一第二全抄補。

337 大戴禮記

初印。元劉貞刻本。

序文後有朱筆一行：「據盧文弨召弓校定重校」。

晉府書畫之記　永瑆之印　皇十一字[二]　詒晉齋印　曾藏當湖徐梅似家　當陽徐眉似五十以後所見書　子怡所藏

【案】此本今不知藏於何處。今國家圖書館所藏天祿琳琅舊藏宋刻《周易本義》與此本為同一版本。

王文進《文祿堂訪書記》（第 7 頁）、傅增湘《藏園群書經眼錄》（第 10 頁）亦著錄此本，其中《訪書記》附錄俞樾刊題：「經眼錄》注有「文奎堂送閱 壬午三月六日」壬午即 1942 年。

[一] 弢翁筆誤，此印當為「汪氏文琛」。

宋本，劉聚卿景刻原本。通體墨筆描過。

得此書費辛苦後之人其監我白文　仲魚圖象有小像　澂印　鏡汀

金匱蔡氏醉經軒收藏章　平陽汪氏藏書　王氏文琛[一]　汪士鐘讀書　宋本　鱣讀

廷相　伯卿甫　濟陽蔡氏　陳鱣攷藏

[一] 核對原書鈐印，弢翁筆誤，當作「皇十一子」。

【案】此本今藏國家圖書館（10696），《中華再造善本·金元編》據以影印，著錄爲元至正十四年嘉興路儒學刻本，半葉十行行二十字，小字雙行，十三卷，四册。此本通篇有朱筆校語，據尾卷卷末有朱筆題識：「乾隆三十八年二月翰林院編修錫山嵇承謙受之校。」可知朱筆校語即爲嵇氏所作。書中尚有「劉世珩」（白文）印。

王文進《文禄堂訪書記》（第36頁）、傅增湘《藏園群書題記》（第48頁）亦著錄此本，其中《訪書記》附錄俞樾刊記，《經眼錄》注「文奎堂送閲壬午三月初六」壬午即1942年。

338 吳中水利通志

元方兄收書。

嘉靖甲申錫山安國活字銅板刊行　卷七末、卷九末

安氏活字本，半葉八行，大十六字，小字低一格，十五字，白口，左右雙邊，下有一字姓名。

盛印 白方　鳳 朱白方　西莊 白方　光禄卿 白方
王鳴 白方　　　　偕　　　居士　　之章

【案】此本今藏國家圖書館（05846），《中華再造善本·明代編》據以影印，著錄爲明嘉靖三年錫山安國銅活字印本，十七卷，六册。

書前有趙氏題識：「壬午七月得於故都。元方。」

339 北溪先生大全文集五十卷 外集一卷

白棉紙初印。

明宏治本，半葉十行二十一字，大黑口，四周雙邊，《四庫》底本。有「分校陳木」簽注條。四字朱楷記。

至元改元臘月漳州路儒學教授莆田宓軒王環翁舜玉父序。半葉七行十四字。

千頃一堂一圖書 白方　　溫陵黃一俞邰氏一藏書印 朱方　　黄虞稷印 白方

翰林院典一籍廳關防 漢滿文朱記　　燕越胡一茨邨氏一藏書印 白方　　渚園圖書 白方

【案】此本與前289號《北溪先生大全文集》在行款、版刻時代上相同，藏書印也多相同，當即一書。

340 妙法蓮華經七卷

「敬」字缺筆。

宋梵夾本，中版心，半葉五行十七字。字體方斬，當是浙本。

卷首佛像下方有「風涇徐禧刊」五字。

【案】此本與前209號《妙法蓮華經》行款一致，不知是否爲同一本。

341 人物志三卷

明本，半葉八行十六字，白口，四周單邊。

魏　散騎常侍劉　邵撰　每卷二行。

涼　儒林祭酒劉　昞注　每卷三行。

篇目。

嘉靖己丑秋九月既望上海後學顧定芳謹識。定芳獲覩抄本于儼山伯氏，請錄較鏤。

歸安陸一樹聲叔一桐父印 白方　　歸安陸一樹聲藏一書之印 朱方　　陸印 白方　　樹聲

342 論衡三十卷

明通津草堂本，半葉十行二十字，白口，左右雙邊，板心下方有「通津草堂」四字。傳錄孫潛夫校本。

麟見一亭讀一過 朱方　鄭印 白方　一字 朱方　炳熙　同父

己亥六月，用趙靈均校定本對讀，補寫缺葉一板，改正若干字。爾時海上用兵，虞山日夕洶洶，對校是書，頗自鎮靜也。七月十九日，潛夫。

趙本今藏葉林宗處，兵燹薦經，石渠、天祿之儲及諸名家所藏不知又復何如。執筆研朱，亦復惋悵耳。潛夫又志。朱筆，卷末。

【案】此本今藏上海圖書館，著錄爲明嘉靖十四年蘇獻可通津草堂刻本，六冊（759333-38）。《上海圖書館善本題跋真跡》（第9冊，第160頁）收錄此本題跋書影，據以核對，翁所錄無誤。書影中有董康「毘陵董康鑒定金石書籍之印」（白文）印。

343 忠愍公詩三卷

小草齋鈔本，白棉紙，墨格，板心下方陽面有「小草齋鈔本」楷書五字。上卷第二行題。

開府儀同三司太子少傅贈太傅中書令上柱國萊國公寇準。

孫抃旌忠碑。

新開寇公詩集序。宣和五年十二月朔濟南王汝翁序。道州本。

忠愍公詩序。范雍述。

再開萊公詩集後序。隆興改元七月　日長樂辛教書。

晉安謝氏　周雪客　朱長方
家藏圖書　　　　　　家藏書

朱長方　周一元亮　一抄本朱白方

【案】此本曾藏潘重規處，今藏芷蘭齋。王文進《文祿堂訪書記》（第 343 頁）亦著錄是本。

344 姬侍類偶不分卷

嘉定庚寅鄭域中卿時朝奉大夫幹辦行在諸軍糧料院序。

明抄本，白棉紙，綠格，半葉十行，四周雙邊。

陸沉 朱方 陸沉字 伯靖 朱方 陸僎字 樹蘭 朱方

之印 朱方 伯靖 冰筌 白方 樹蘭

嘉靖癸未次渠滕霄跋。

【案】傅增湘《藏園群書經眼錄》（第694頁）亦著錄此本，棉紙藍格，十行二十字，藏印著錄爲「陸沉」「靖伯」「陸僎」「字樹蘭」四印，當是傅氏簡記；著錄序爲「嘉定庚寅孟夏之望朝奉大夫幹辦行在諸軍糧料院事松窗鄭域中卿序」，亦與歜翁所記不同，原書不知所藏，無法核對。又，《經眼錄》著錄此本中尚有繆荃孫、許博明、蔣祖詒藏印，且注「壬午」。可知歜翁未著錄近人藏印。

345 白雪齋選訂樂府吳騷合編

明崇禎丁丑本。

白雪齋點定 朱記（一）
新鐫出相樂府 朱記（一）
吳騷合編 朱記（二）

白紙藍印封

武林張府藏板

繙刻千里追究 朱記一，長方。

詞餘之傳其來尚矣佳本之
獲世頗罕焉往刻吳騷諸集
海內風馳坊刻效顰終難繼
武第流行日久積漸模糊選
帙屢分未稱合璧茲特審音
選訂精心刪補寫麗情而務
除俗套搜窮工增一編之景
更加畫意舊曲而博覽新聲
色點板合法師九宮之淵源
敢云大雅之復興實彰騷壇
之全盛云爾　白雲齋謹識

朱記二，方。

346 順齋先生閒居叢稿二十六卷 目錄一卷

元本,白草筋紙,半葉九行十四字,白口,左右雙邊。

門生薛懿　校正　每卷第二、三行。
男　蒲機　類編

丙申十一月得之錢生,云周恭肅家藏舊物[1]。　墨筆,在總目標題下,此是張文通筆跡。

至正十年冬十月二十四日,前史官金華黃溍序。　半葉六行十字。

張雋之印　朱白方　　雋朱方

〔一〕核對原書,「肅」下脫「公」字。

【案】此本今藏上海圖書館,著錄爲元至正十年刻本,清張雋題識(828504-15)。《上海圖書館善本題跋真跡》(第13冊,第82頁)、《上海圖書館善本題跋輯錄》(第609頁)收錄此本題識,據以核對,菉翁所錄無誤。書影中尚鈐有周越然「曾留吳興周氏言言齋」(白文)印。

王文進《文禄堂訪書記》(第413頁)、傅增湘《藏園羣書經眼錄》(第1120頁)亦著錄

四四〇

347 岳陽風土記一卷

明本，半葉九行二十字，白口，左右雙邊。

宋宣德郎監岳州在城酒稅務范致明撰。

明進士岳州府通判錢唐許嶽重刊。第二行。

癸亥立冬吳郡徐學謨書於江夏舟中。第三行。

重刻岳陽風土記序。同年少崖許君襄由水部郎陞觀察大夫，竟遭讒黜，迴旋一倅。後序。

《岳陽風土記》紹興中刻於郡，淳熙再刻，予得抄本于鄉大夫石泉老人胥柳州家，同寅裘司理汝中請復付梓。

芝秀一草堂一珍藏朱方

此本，其中《經眼錄》注有「辛巳歲暮」，辛巳即 1941 年。

348 龍筋鳳髓判二卷

開化紙，抄本，無注，黑闌，無直格，半頁十行十八字。[二]

乾隆己亥從鮑氏知不足齋借鈔，訛字甚夥，雖宋版不足貴也。書存京邸，不能一

〔一〕一是正。它年尚當重校。七夕後一日，武林使署識。芸楣。 朱筆，在卷下末。

〔二〕核對原書行款，爲十行十六字。

南昌　知聖道　遇讀
朱方　朱長方　白方

彭氏　齋藏書　者善

【案】此本今藏國家圖書館，著録爲清抄本，十行十六字，二册，清彭元瑞校並跋。中華古籍資源庫收録（09833）。核對原書，叇翁所録題識不誤。傅增湘《藏園群書題記》（第673頁）亦著録此本，注「翰文齋見。丙寅」丙寅即1926年。

349 爾雅三卷

明本，半葉九行廿字，白口，四周單邊。郭樸序篆書，半葉六行十字。嘉靖乙酉秋九月甲子古鄏張景華著。《重刊爾雅序》，行楷，半葉五行。余甲戌試政，時得善本於書肆及按晉，儲谷泉已刊《釋名》，余怪夫若有所待也。付太原守黃子時庸校刊，與《釋名》並傳焉。

景泰七年馬諒書後。 隸書，半葉六行十三字。

孔印　孔子七十一世一孫昭薰一琴南氏印　繩繩齋一識
白方　　　　　　　　　　　　　　朱方　　　白方

繼涑

【案】此本雖未加圈識，但爲荍翁購藏，見於《自莊嚴堪善本書影》（第85頁），著錄爲明嘉靖四年張景華黃卿刻本，三冊。今藏國家圖書館，中華古籍資源庫收錄（07949）。此本尾卷末頁尚有「緩庵珍藏」（朱文）印、「韓德壽印」（白文）印以及荍翁「孝經一人家」（朱文印）。

傅增湘《藏園群書經眼錄》（第101頁）著錄一本，鈐印與此本相同，對卷端首葉描述亦與此本同，惟著錄行款爲十行（孔氏藏印作「孔子卅一世孫昭薰琴南氏印」，然清人孔昭薰實爲孔子七十一世孫，恐是筆誤）。且注「余藏」。據此可知當是荍翁得自傅氏處。

350 〇揭文安公文粹一卷

明天順本，有何義門朱筆校語，黃紙，半葉十一行廿字，黑口，四周寬雙邊，板心「揭文粹」三字。

《傳》五葉，《目錄》二葉，正文七十八葉。沈序缺。

曼碩文筆雄放，有過於伯生，稍冗爾。《全集》意必有可觀者，他人一去取即未畢當，而反遺其佳者所不免矣。

何氏朱筆，在目錄後。

譚公一度藏一書記 白方十字闌　度　公　譚 朱方
　　　　　　　　　　　　　　　　　公 朱方

【案】此本爲弢翁購藏，見於《自莊嚴堪善本書影》（第1316頁），著錄爲明天順五年沈琮廣州府學刻本，清何焯批校並跋，傅增湘跋，一冊。今藏國家圖書館，中華古籍資源庫收錄（08518）。

書中尚鈐有文禄堂主人王文進「寶绛閣藏書記」（朱文）、「任丘王文進字晉卿」（白文）印以及周叔弢「周暹」（白文）印，說明此本曾經書賈王文進收得，後歸弢翁。但却未見王氏《文禄堂訪書記》《文禄堂書影》著錄。（《文禄堂訪書記》1942年刊行。）

弢翁《癸未新收書目》正月條下有「揭文安文粹」，明天順本，文禄，一本，三百元」，癸未即1943年。《弢翁藏書題跋（年譜）》（第222頁）所記同。

傅增湘《藏園群書題記》（第1115頁）、《藏園群書經眼錄》（第802頁）亦著錄此本，其中《經眼》注「周叔弢新收之書，壬午冬閲」，壬午即1942年。

351　〇〇李衛公文集二十卷　別集十卷　外集四卷（韓氏書）

棉紙抄本，無格。半葉十行廿字，別集四卷，士禮居補抄，有黄蕘圃朱、墨筆校字數十。

《李文饒文集》六冊。咸豐六年六月一日得於滂喜園。

應 陛 白方　手記印　韓氏手書，在封面。

古婁韓氏應陛一載陽父子珍藏一善本書籍印記 朱文長方

松江讀有用書齋金山守山閣一兩後人韓德均錢潤夫夫婦之印 白文長方[一]

甲子丙寅韓德均錢潤夫一夫婦兩度攜書避難記 白文長方[二]

价 朱方　韓印 白方

藩 朱方　繩大

[一] 弢翁所記印文「錢潤夫」，當作「錢潤文」。

[二] 弢翁所記印文「錢潤夫」，當作「錢潤文」。

【案】《中國古籍總目》只著録有《李衛公文集》刻本，國家圖書館藏有抄本一部，行款於此不同。

鄒百耐《雲間韓氏藏書題識彙録》未著録此本。弢翁在此本書名前加雙圈，不知何意。

352 ○齊乘六卷

抄本，半葉八行十五字。

卷四補抄。

第二行題「前兵部侍郎郡人于欽思容纂修,後學四明薛晨子熙訂正。」

此册劉若愚處所鈔,三、四年來未經勘閱。今適有劉雪友錄本,偶對閱之,自晨至昏始畢。甲戌七月初六日也。今日秋雨淋漓,檐溜聲竟夕不絕,無人到門,故得閱此。談山人文藻記。 <small>李氏墨筆,在卷末。</small>

此跋書於乾隆甲戌,南澗是年二十五歲。越五年己卯,始登秋榜第二名。庚辰會試中式,辛巳殿試以見。南澗甫弱冠即好抄錄古書,殆天性然也。香亭記。 <small>閻氏</small>

此卷多李丈手跡,歲在閼逢攝格提,距李丈之歿十七年矣。七月庚子以歸李氏,俾李氏子孫世世守之,尚其寶諸。朗谷周震甲謹識。 <small>墨筆,在封面</small>

元于公欽嘗夢有趙先生者謂欽曰:「聞君修《齊志》,僕一良友葬安邱,其人節義高天下,今世所無也,請載之以勵末俗。」覺而異之,及閱《趙歧傳》,始悟爲孫寶石也。

賓石名嵩。乾隆辛丑七夕後二日,秀水盛百二書。 <small>秦朱方 墨筆,在杜恩序後。</small>

籍書<small>朱白文方印</small> 朗<small>白方</small> 谷 海<small>朱文圓</small> 容

園本 川

光緒庚寅五月據明嘉靖本鈔補。翰生記。

墨筆篆書，在卷四末。

鴻裁 朱方　翰生 白方

之印　　　鈔補

【案】弢翁雖在書名前加圈，但不見於《自莊嚴善本書影》。此本今藏國家圖書館，著錄爲清抄本，清李文藻校並跋，盛百二跋，六冊。中華古籍資源庫收錄（17866）。核對原書，弢翁所錄無誤，却無弢翁印。《癸未新收書目》三月條下有「《齊乘》，鈔本，李文藻校，茹香，六本，八十五元」。《弢翁藏書題跋（年譜）》（第 222 頁）所記相同。可知此本曾爲弢翁購藏，但後又流出。

353 ○新編孔子家語句解十卷

並依王肅注義詳爲句解

第二行，低七字。卷三、卷四、卷五、卷六、卷七、卷八、卷十，以上七卷第二行空一行。

元大德十一年本，黃紙。小板心，半葉十行十九字，黑口，四周單邊，上雙闌附注音及標題，題目低三格。

古書經眼錄四

四四七

清泉劉祥卿家　楷書牌子，在卷五末。
丁未春新刊行

孔子七十一世一孫昭薰琴南氏印朱方　南一海朱方

【案】此本爲弢翁購藏，見於《自莊嚴堪善本書影》（第484頁）。今藏國家圖書館（08137）。《中華再造善本·金元編》據以影印，著錄爲元至正二十七年清泉劉祥卿家刻，二冊。《癸未新收書目》五月條下有「《孔子家語句解》，元本，友仁，二本，五百五十元」。《弢翁藏書題跋（年譜）》（第223頁）所記同。傅增湘《藏園群書經眼錄》（第452頁）著錄相同版本一部，著錄藏印爲「孔子七十一世孔□□□□章」，注「癸未」癸未即1943年。

354 草堂雅集十卷

鈔本，半頁九行二十字。

白眉朱文長方　元功白方　名山一樓朱文長方　洞庭翁朱文長方　杙又張　鈞朱白文方　歐次朱方
之章
黃

嘉興新豐鄉人 朱文長方
唐翰題收藏印

355 漢書字句四冊

溧陽宋柴雪手抄本。

壬寅二月朔日南昌署齋録完。宋印 白方 其 朱方 卷末。
之繩 武

己亥客都門時書此冊，迄壬寅乃竣。其年三月廿三日病風，後稍愈。甲辰七月十五日病復發，遂不能書，平生所讀亦不記憶。至於搆思荒忽，累日不成一字，筆硯之事遂廢矣。嗟夫！丙午七月十七日，偶披此冊因記。其武。卷末。

風之爲症，諸醫書必首稱之，以冠諸篇，蓋言此症無愈法。後來醫家諱其名，巧其說，變爲「類中風」三字，以惑病者，病者亦樂其辭以自欺，可慨也！展觀前記，乃再發後所書，今三發矣。自丁未六月二十日手足廢朱，雖未卜長逝何日，心志之間，其病更甚。要皆自作之孽，于病乎何尤？戊申二月七日記。其武。宋之繩 朱文長方 卷末。
字其武

先嚴嘗訓小子謂《史》《漢》文章宜篇讀，不宜句摘，不可效經生作餖飣氣。小子

素守此解。己亥歲在都門,同胡學士予裒奉敕旨有所撰述,學士攜一册,則《史漢摘句》也。事浚後,至寓齋,遂有此録。本胡意而變化之,不敢背先訓也,然每自悔餒飣矣。大抵讀書而得字句如飲食,人之言難詆衹自知耳,不可以公同好。譬如此册,但可自怡,熟記字句猶能誦言始末,不然展卷且忘之,況欲以合轍乎?病中偶憶,爲之失咲。是日其武又記。 武 朱方 卷末。

戊申春在維揚,以此册授甫草。今年六月在武塘,甫艸攜觀展,前語殊不記憶,則病爲之也。以蒿箭射蒿中,此册得所歸哉。己酉六月初八,其武。 宋印 白方 卷末。 之繩

馮生道濟爲余言:先生讀書無一字苟且,見人摘觖其謬誤,輒歸疏其指於卷上曰「某人爲予云云」。其虛懷樂善如此,余恨不及見。蓋距先生歿時已二年矣。先生是日扁舟訪計子於學山草堂,出此卷相示,展紙慨然想見其生平。辛亥六月日記,明州後學姜宸英。 姜印 白方 宸英 西溟 朱方 卷末。

細玩此册,真得趙文敏遺法,非力學數十年不能到此。往于天中堂見此册,不獨剪裁之善、書法之佳,即圈點鈎乙亦森然著風範焉,相

某氏手跋,在卷末。

四五〇

與歎前老先生之學不可及。久之，請假手抄，菉村以夙契不余拒，而數數千里寄音，謂先公珍秘之書，不欲久留於外，趣遄歸令子藏弆。丞繕寫，依所圈點手校而歸之，并書其尾。康熙五十一年壬辰六月二十六日，秀水後學曾安世記。　臣　朱方　某

歲乙酉游溧陽，交先生冢孫奕長。造其門，薜蘿深矣，門上榜眼額猶在。以奕長不得至先生讀書處，時時往來于懷也。奕長爲人坦易，無城府，好酒，援筆爲詩文立就。上書稱其家學而食貧困，諸生中聞遍，亦棄去不復試矣。於戲，持梁刺肥，繡衣鼎食，彼何人哉！奕長名㟺，改亭先生弟子也。即日繪城安世又記。曾安世白長方　卷末。

雞蹠必一數一千而飽 白方

一郘 朱方　卷末。

【案】《中國古籍總目》未收錄此書。

356 附釋文互注禮部韻略五卷

《條式》缺。

宋本，半葉十行，四周雙邊，上字數下刻工姓名。刻工姓名與鐵琴銅劍樓本相

同。卷二第一頁非繆恭。

卷五末葉乃清初補刻，文字頗有刪節。

嘉定六年四月望

鋟版于雲間洞天 卷五末頁陰面隔四行。占四行。

宋本 朱欄

季印 朱方　　滄 朱方　　季振宜 朱文長方　　玉蘭一堂 白方　　梅豀 白方

振宜　　葦藏書　　　　　　　　　　　　　　　　　　精舍

乾 朱方　　王雲 白方

學　　私印

【案】此本今藏上海圖書館，著錄爲宋刻本，五册（線善 795534-38）。《弢翁藏書題跋（年譜）》中收錄有弢翁 1943 年題於影宋鈔本《附釋文互注禮部韻略》題識，將其中涉及此本部分抄錄如下：

今年春，聞北平書估王富晉從維揚故家收得宋雲間洞天本《禮部韻略》，當時以爲或是景宋本所從出，急馳書索閱。久之乃攜來。書凡五册，無《韻略條式》一卷，遞藏文衡山、季滄葦、徐健庵家。紙墨精美，固宋刻上駟，然實非雲間洞天本，仍是紹定本也。十四泰增會字，智、導二字下均有新制云云，巡馴二字皆黑地白文，與寶慶元

四五二

年諸牒文相應，其卷五末葉亦顯係補刻。審其時代，約在季氏之後，雲間洞天牌子亦屬補刻者所僞爲。更細檢刻工姓名，亦與瞿本相合，尤爲明證。惟下平第一葉刻工，瞿本作「繆恭」，新見宋本作「李□」，爲小異。此景宋本又止下平第十五一葉有刻工姓名，不見雲間洞天宋刻原本，恐無以解此惑矣。癸未五月發翁識。（第225頁）

傅增湘《藏園群書經眼錄》亦著録此本，附有按語如下：

此書爲揚州何氏舊藏，考爲第一刻本，瞿氏藏本恐尚在後，惜匆匆不及校勘。五卷末嘉定牌子恐是後人補刻，其實刻本尚在前，或是高、孝時所刊也。壬午冬文禄堂王進卿送閱，癸未正月二十五日閱畢還之。藏園。（第130頁）

又，陳先行先生在《古籍善本（修訂版）》（第154頁）中指出此本中「玉蘭堂」「梅谿精舍」藏印爲僞。

357 ○説苑二十卷[一]

存十一至二十。

明洪武清漳郡庠本，大版心，黃薄棉紙。半葉十行十九字，黑口，四周雙邊，下刻工姓

名。每卷題目大字占二行。壬午六月錢古訓跋。

清漳刊匠林季　歐 牌子在卷末，下半缺佚。

林季、宗、陳。

卷十三《權謀篇》「孔子與齊景公坐」條，「天何不殃其身」下空六格，他本已相連。

[一] 核對原書，書名爲《劉向說苑》。

【案】此本爲弢翁購藏，見於《自莊嚴堪善本書影》(第498頁)，著録爲明建文四年錢古訓刻本，二册，存十卷(卷十一至二十)。今藏國家圖書館，中華古籍資源庫收録(08140)。書中並無弢翁藏印，有「傭書堂藏」(朱文印)，謝國楨書室名「傭書堂」，或爲其舊藏。《癸未新收書目》四月條下有「《説苑》，洪武本，存十一至二十，同上(森玉)，二本，一百元」。《弢翁藏書題跋（年譜）》(第223頁)記録此本存卷爲「卷十一至十二」，當誤。

傅增湘《藏園羣書經眼録》(第461頁)亦著録一部同版本《劉向説苑》，存卷亦爲十一至二十，但注「北京圖書館藏書，戊午見」(戊午即1918年)，不知是否即是一本。

358 ○三教出興頌

四明石芝釋宗曉注。

日本五山本。本文半葉五行十四字，注半葉十行二十一字，白口，左右雙邊，下刻工姓名。方禮。

高山寺 朱文長方　楊印 白方　星吾海一外訪得一秘笈 朱方
守敬

【案】此本爲弢翁購藏，見於《自莊嚴堪善本書影》（第 867 頁），著錄爲日本刻本，一册。今藏國家圖書館，中華古籍資源庫收錄（08313）。

《癸未新收書目》四月條下有「《三教出興頌注》，日本五山本，同上（森玉），一本，三百元」。《弢翁藏書題跋（年譜）》（第 233 頁）所記同。

359 ○環溪詩話三卷

明抄本，竹紙，半葉九行十七字。

嘉靖己丑劉雋序。

360 欒城集八十四卷

【案】此本爲弢翁購藏，見於《自莊嚴堪善本書影》(第 1521 頁)，著錄爲明抄本，一册。今藏國家圖書館，中華古籍資源庫收錄(08612)。

《癸未新收書目》四月條下有「《環溪詩話》，明鈔本，森玉，一本，三百元」。《弢翁藏書題跋(年譜)》(第 223 頁)所記相同。

傅增湘《藏園群書經眼錄》(第 1323 頁)亦著錄是本，注「周叔弢藏。癸未」，癸未即 1943 年。

慶元庚申何異序。

翰林院官印 白方　彝尊 朱方　吳焯 朱白文連珠　吳城 朱方　緑 朱方　子_進_氏 朱扁方　音 朱方

私印 白方　願流傳 朱長方　詩龕一書畫印 朱方　侯 朱方

進 朱白方　勿損污

《欒城集》五十卷，九百七十二葉；《後集》二十四卷，三百四十三頁；《三集》十卷，一百○九葉。

明蜀王刻本，半葉十行廿字，白口，四周單邊，軟體字，白棉紙，版心上方有黑字，白

361 靖康孤臣泣血錄一卷

明萬曆本，半葉八行十六字。四周雙邊，白口。板心有「靖康元年」四字。

萬曆丙午歲中秋日玉峰王在公序。楷書，半葉六行十六字。

嘉靖辛丑六月四川按察司提督水利帶管提學僉事膠東崔廷槐書。

嘉靖二十年辛丑儀封劉大謨序。「石川」乃張子名，寰通政司右參議，直隸崑山人。蜀殿下號「適庵」。

字，一至十六。分冊數字。

362 宋丞相李忠定公奏議六十九卷 附錄九卷

明本，半葉十行廿二字，四周雙邊，黑線口。

此板藏邵武郡庫，而辦吏乃邵武人，攜至白下，余購藏之者。公雪朱方 墨筆，在卷首

此魏公仲雪諱浣初親筆，購之白下，豈官南吏部時耶？沈育萬以詒余，請爲其

《禮記》一書叙，因識。壬戌八月廿八日，陸燦。陸燦之印白方 墨筆

副頁。

【案】《中國古籍總目》著錄諸本中無錢氏題跋者。

363 吳越春秋十卷

明本，半葉九行十七字，白口，四周雙邊。

先曾祖鹿陽公歷官廿載，以廉惠聞。崇禎八年乞休，至不辦釜資，僑寓成柳。踰年，郡人相與饋賵，乃得啓行，至姑蘇，猶購書三千卷歸，元板《吳越春秋》其一也。鼎革後遭兵燹諸劫，百無一存，唯此書完好如新。至松凡歷四世矣，吾子孫若者，尚餘高、曾手澤，其謹守之勿失哉。康熙壬午暮春，蕭松識。

錢―燦印 白方　湘―靈 朱方　虞山―景氏―家藏 白方

九山 白方　蓼 白方　蕭齋 朱長方　墨筆，在副頁

磯　蕭松

藏之―名山傳―之其人 朱方　名山草堂蕭然―獨居

晉安蕭―蓼亭手―定書籍 白方

門無車馬―坐有圖書沈酣―枕籍不知其餘―俯仰今昔樂且―晏如蕭蓼亭銘 朱方　蕭印―

夢松 朱方

靜―居 白方　蕭蓼亭―四世家―藏圖籍 白方　蓼磯―真賞 朱方　蘭話―堂 白方　蕭齋

白長方

364 師山先生文集八卷 遺文五卷 附錄一卷

明本,半頁十行廿字,白口,單邊,板心下方有刻工姓名。曰、山、月、瑄、瑶、人、十、黃龍、龍、珏、積、玉。

文正曾孫―文清從孫―文恭家子 朱文方　劉印 白文方　燕庭 白文長方
劉印 朱文方　喜海 朱文方　大小四方　喜海　藏書
喜海　燕　庭
王印―士禎 白文方　阮 朱文圓　御書―堂―家藏 朱文　易安―園 朱文圓
香―居士 白方　風雨―名山 朱方　蘭話堂―書畫記 朱長方　蓉江―博士 朱方　士―堅 白方　谷 朱方　少　晚

【案】此本曾爲朱文鈞（1882―1937）收藏,《蕭山朱氏六唐人齋藏書錄》卷五著錄。

弢翁藏有元至正刻明修本《師山先生文集》一部,十一卷,二册,存九卷(卷一至四、六

今不知藏於何處。

365 四書或問

《大學》一卷、《中庸》一卷、《論語》二十卷、《孟子》十四卷。明本,半葉八行十八字,四周雙邊,大黑口,正行雙行[二]。《大學》《中庸》《論語》《孟子》卷末有牌子:

> 正德丁丑仲冬
> 吳興閔聞重刊

楷書。

至七、九至十一)十行二十三字。今藏國家圖書館。《辛巳新收書目》云「明初本,文禄,二本,三百元」。《蕘翁藏書題跋(年譜)》(第 179 頁)、王文進《文禄堂訪書記》(第 426 頁)著録。由著録行款、鈐印可知,蕘翁所藏本與此處所經眼者非是一本。

[二]「正行」當作「正文」。

366 翠屏集

成化本。

```
宗孔孟之源流
翠屏張學士
先生詩文集
闡程朱之蘊奧
```
```
舍書津雲
```

封面，黑寬邊。

【案】弢翁《丙子新收書目》十月條下有「《翠屏集》，明成化本，售陳，文祐，四册，七十元」。《弢翁藏書題跋（年譜）》（第128頁）所記相同。據《周叔弢一九四二年售予陳一甫明版書書影》（第1688頁），知弢翁所購藏《翠屏集》爲明成化十六年張淮刻本，半葉十一行二十二字。今藏國家圖書館。復檢弢翁《壬午鬻書記》（第573頁），詳記此本版本，然未提及此牌記。

弢翁《經眼錄》按時代排序，經眼此本時間已在壬午（1942年）後，當非丙子（1936年）其所購入者。

檢《中國古籍總目》，《翠屏集》刊於成化年間者爲成化十六年張淮刻本，然無此本牌記。

367 聞過齋集四卷

石井積翠軒藏書。

明西園精舍本,半頁十三行廿四字,黑口,四周雙邊,序後有牌子。

門人靈武王偁編次　卷一第二行。

進士永嘉胡寧校正　卷一第三行。

聞過齋集一書所謂道德之蘊
金石之文有非近代新書之葩
華嫵媚者此不敢私秘命工鋟
梓以廣其傳凡我同志君子幸鑒
辛巳秋八月西園精舍刊行

行草牌子,五行,在序後。

【案】此本爲明建文三年刻本,國內所存最早者爲成化年間邵銅刻本,分爲八卷(《王德沉澱在歲月時光中的古籍》https :// amma. artron. net / observation _ shownews. php? newid＝71768&p＝1)。網站上有此本牌記圖片,與弢翁所錄一致。

368 文場備用排字禮部韻注五卷

元至正本，半葉十三行，約十七、八字，上下黑口，左右雙邊，題大字占二行。第二卷以下題「善本排字通併禮部韻略」。

> 聖朝科試舉子所將一禮韻耳然唯張禮部敬夫定
> 本最善今復以諸韻參校每一韻爲增數字凡增
> 三千餘字釋焉而詳擇焉而精敬用梓行爲文場
> 寸晷之助云　　　　至正壬辰徐氏一山書堂

楷書牌子，在《文場備用禮部韻註分毫點畫正誤字樣》後，「至正壬辰」一行黑地白字。

> 至正壬辰臘月
> 一山書堂新刊

楷書牌子，在卷末。

> 元統本題「元統乙亥建安呂氏會文書堂謹誌」。

元統乙亥孟冬　呂氏會文堂刊〔二〕

蘇郡吳〔白文長方〕 姑蘇吳〔白文長方〕 士禮居藏〔白文長方〕

岫圖書 吳岫〔白文長方〕 岫家藏〔白文長方〕

書帶艸一堂祝君一藏書章〔白文〕 十經齋一藏書〔朱文長方〕 荊〔白文方〕

匏廬一藏書〔白方〕 石 良琛〔白方〕

另徐氏積學齋印不錄。 私印

《十駕齋養新錄》一段，黃蕘圃手錄。卷末。

右錢竹汀跋，載《十駕齋養新錄》卷十三，附錄於此。

〔一〕此爲元統本牌記。

【案】此本雖未加圈識，但鈐有蕘翁藏印知爲蕘翁所有，今不見於《蕘圃嚴堪善本書影》。今藏臺北「國家圖書館」著錄爲元至正十二年徐氏一山堂刻本，錢大昕、黃丕烈跋（過錄），二冊（01123）。傅增湘《藏園群書經眼錄》、《國立中央圖書館》善本題跋集錄》《國立中央圖書館》金元本圖錄》亦著錄此本，其中《金元本圖錄》（第 106 頁）著錄此本中有謝國楨「國楨藏書」（朱文）、「國楨私印」（白文）以及蕘翁「周暹」（白文）藏印。說明此本曾經謝國楨、周叔弢收藏。傅增湘《經眼錄》（第 132 頁）注「南陵徐積餘乃昌積學齋藏書」。

四六四

《甲申新收書目》云「《禮部韻略》,元徐氏一山堂本,贈謝剛主」二本,李十兄(李典臣贈)。《斅翁藏書題跋(年譜)》(第 231 頁)中,"斅翁 1944 年致趙萬里書:「剛主兄得《禮部韻略》(有吳岫方山印)當爲四種書中翹楚也。」吳岫字方山,斅翁經眼此本中有其藏印。同年另一致趙萬里札:

剛主兄所得《禮部韻略》,遑擬乞讓。此書在剛主兄書中可謂鶴立雞群。在遑書中,尚非甲觀,惟徐氏木記爲可喜耳。(第 232 頁)

斅翁在《甲申新收書目》後有題識:「元本《禮部韻略》得而復失,皆憾事也。」可知此本最終遂斅翁願,由謝國楨(字剛主)轉贈,但後來又從斅翁處流出。

369 論語集説十卷

常熟翁氏藏書。

宋淳祐本,白麻紙,四周寬大。半葉十行十八字,白口,左右雙邊,上字數下刻工姓名。余良、建安余良、建安游熙、葛楷、曹湜、外俞、錢瑜、劉申發。

淳祐丙午姜文龍序。手書上版,刻於湖頖。

淳祐伍年蔡節表。

李開 _{朱方} 欽賜名孚 _{白文長方} 東宮 _{朱方}

先印 敬字茂恭 書府

【案】此本今藏國家圖書館(06053)《中華再造善本·唐宋編》據以影印，著錄爲宋淳祐六年湖頖刻本，十册。

有此本中尚鈐有「成親王」白文印。

弢翁曾有意購藏此本，終未如願，詳見《弢翁藏書題跋(年譜)》中 1944 年弢翁致趙萬里一信札：

1944 年弢翁致趙萬里另一信札有：

近見淳祐原刻《論語集説》，白紙初印，四周寛大，有李中麓藏印及「東宮書府」印。書名不佳，書品絕頂。「東宮書府」是明代官印否？乞示知！(第 233 頁)

《論語集説》聞完全無缺，遷只見首册耳。此書主人視爲至寶，無出售之意。不知市值可估若干？似應在萬金以上也。(第 233 頁)

1945 年弢翁致趙萬里信札有：

一年以來，除翁氏書外，未見佳槧。《論語集說》《爾雅》曾商讓未許。（第240頁）

弢翁在《甲申新收書目》後有題識：「見宋湖頖本《論語集說》、元雪窗本《爾雅》而不能得。」

370 昌黎先生集 釋音一卷

殘本六册。翁氏藏書。

宋浙江小字本，半葉十三行廿字，左右雙邊，白口。下刻工姓名一字，白麻紙。

稽瑞樓 白文長方

每卷目錄連正文，墨筆批抹滿紙又厭。

淳熙改元錦谿
張鹽稅宅善本 楷書木記，在劉鈁序後。

【案】此本後由翁氏後人於1998年春通過嘉德拍賣公司拍賣，成交價爲101萬。

371 述異記

翁氏藏書。染紙。

弢翁古書經眼錄標注

明仿宋本，半葉十一行廿字。葉石君校，有跋。

臨安府太廟前經籍鋪尹家刊行序後。

【案】此本今藏國家圖書館，著錄爲明刻本，失名錄清葉萬校跋，一册。中華古籍資源庫收錄（06093）。

書中鈐有「文端文勤兩世手澤同龢敬守」（朱文）、「翁同龢印」（白文）印記。

卷末有佚名過錄葉氏題識：

壬寅夏，借從兄林宗藏本校具，書係抄本，以爲寒山趙氏所藏。趙靈均歿後，圖籍星散，此書爲吾兄購得。今因錢遵王廣搜小說，遂檢此本示之。還時便取以校并補錄數十字。洞庭東山清遠堂主人石君葉柟廣記。

王文進《文祿堂訪書記》（第 265 頁）著錄一部葉石君校明覆刻宋本，行款與此本一致，但其鈐印「葉樹廉」「石君」「徐錫玠」「少白」皆不見於此本中，且記錄之葉氏題跋也與此本有異同，非是一書。

四六八

372 元豐類稿

翁氏藏書。

顧抱沖錄何義門校宋本。

稽瑞樓白文長方

373 爾雅

翁氏藏書，臧鏞堂舊藏。

元本，半葉十一行廿一、二字，左右雙邊，上字數，書名大字占二行，每門上有黑蓋子，黃紙。

雪窗書院校正新刊 黑地白字牌子，序題下。

陳焯跋。[一]

〔一〕核對原書，陳氏跋文爲：

嘉慶辛酉，阮大中丞延拜經先生校經於節署西偏之紫陽書院，建校經亭以高異之。冬十

【案】此本今藏國家圖書館(07948)，《中華再造善本·金元編》據以影印，著錄爲元雪窗書院刻本，三卷，一册。

書衣有題識「元刻《爾雅》。雪窗書院刊本，藏在東手校」。書中鈐有藏氏「在東手校」「翁同書字祖庚」(白文)等印。書前有翁同書題識：

《爾雅》舊刻，惟宋槧單疏本最爲古雅，其經注本則宋本無傳者，僅有明吳元恭仿宋刻。此雪窗書院刊經注本，乃元槧之佳者，舊藏武進臧鏞堂家。鏞堂曾爲儀徵阮文達公著《爾雅校勘記》六卷，册內朱校即出鏞堂手，末有陳焯跋語，誤認爲宋刻，蓋未審也。鏞堂字在東，後改名庸，所居爲拜經堂，故亦稱拜經。又有何夢華、嚴杰二印，夢華名元錫，與杰竝錢塘人，皆好古博雅君子也。咸豐八年重三日，翁同書志。同書(白文)

翁在《甲申新收書目》後有題識：「見宋湖頖本《論語集說》、元雪窗本《爾雅》而不

能得。」《翳翁藏書題跋（年譜）》（第 240 頁）1945 年翳翁致趙萬里信札有…「一年以來，除翁氏書外，未見佳槧。《論語集說》《爾雅》曾商讓未許。」

374 資治通鑑

殘本十四冊，翁氏藏書。

宋建本，半頁十一行廿一字，白口，左右雙邊。

稽瑞樓白文長方

【案】此本今藏國家圖書館（03824），《國家圖書館宋元善本圖錄》（第 5 冊，第 2167 頁）收錄，著錄爲宋刻本（配其他兩種宋刻本）三十二冊，存九十二卷：卷三九—六八、七六—八七、一〇六—一〇九、一二一—一二三、一一二五—一一三一、一一三五—一四一。

據《善本圖錄》，此本遞經清常熟陳揆、翁同龢收藏，中華人民共和國成立後翁之憙捐獻國家。

375 昌黎先生文集

殘本六冊。翁氏藏書。疑是湖北本。

宋本，存九卷，一至九。白麻紙，半葉十行十六、七字，白口，左右雙邊，下刻工。章改、謝興、韓平、周清、張孩、秦孟、毛仙、鄭珣、劉益、黃淵。朱筆批點，疑出宋人手。紙背有朱記「模」字，楷書。「覯」字缺筆。

【案】此本今藏國家圖書館（4924），《國家圖書館宋元善本圖錄》（第 12 冊，第 5093 頁）收錄此本，著錄爲宋刻本，（卷十配另一宋本，卷十一至十六配另一宋本）劉庠、翁同書、汪鳴鑾跋，六册。

書中鈐印有：「黃孟錫家珍藏」「翁同書字祖庚」「祖庚在軍中所讀書」「借一瓻館」「同龢所藏」「常熟翁同龢藏本」「文端公遺書」「文端文勤兩世手澤同龢敬守」「京兆劉氏世家」「文印徵明」（僞）、「徵仲」（僞）諸印，經清黃孟錫、翁同書、翁同龢遞藏。

376 趙清獻公文集十六卷

九本，翁氏藏書，缺序目。

宋本元印，半葉九行十七字，白口，上字數，下刻工姓名。每葉二人或三、四人名：徐繼夫、周正甫、楊書夫、徐良朋、劉諒山、胡公權、徐志叔、張月舟、汪公溥、劉守中、徐主祠、世存、徐宅、德權、友梅、徐普、口玉。間有黑口，是補版。左右雙邊，白麻紙，毛氏原裝書面硃筆書籤，左角下方有「毛氏汲古閣藏」六

題簽「趙閱道集幾卷」，疑是毛子晉手跡。

毛晉 _{白方} 字 子晉 _{朱白} 宋筠 _{朱方} 蘭 _{白方} 商邱宋筠

私印 揮氏 蘭揮藏書 _{朱文長方}

字朱印。楷書。

【案】此本在《經眼錄》中雖未加圈，但實爲弢翁購藏。今藏國家圖書館（8443）。《再造善本·唐宋編》據以影印，著錄爲宋景定元年陳仁玉刻元明遞修本，九冊。書中有弢翁藏印。

書前副葉有弢翁所作《趙清獻公文集缺葉表》：

卷二，十八；卷四，四；卷七，二十一、二十五；卷九，十六；卷十，五、七、二十三；卷十一，二十；卷十六，十八、二十二_{前半}。

書前副葉另有翁斌孫錄趙抃《詩送張安道僑朝散赴闕》一首，鈐有「笏齋」朱文印。說明此本曾經常熟翁氏收藏。

《弢翁藏書題跋（年譜）》1944年弢翁致趙萬里書記錄弢翁購藏此書之經過：

（其一）趙元方兄來津已晤談，《趙清獻集》渠無意收之。此書剛主兄如有主權，

吾兄能為遲一商否？翁氏他書無法進行，殊惋惜也！(第235頁)

(其二) 昨日來薰閣送《趙清獻集》來，展閱數過，古拙有餘，精美不足。此書宋諱不缺筆，頗疑爲元覆宋本，而明初補刻者。中縫刻工姓名有多至四五人者，亦宋刻所無也。鄙見如是，尚乞吾兄有以教之。(第235頁)

弢翁又於1946年撰《趙清獻公集》跋稿：

《甲申新收書目》：「(1944)十一月，《趙清獻公集》，宋本，缺序目，汲古閣藏，來薰，九本，一萬四千五百元。」

《趙清獻公集》宋本，傳世甚稀，只朱氏結一廬著錄。北平圖書館藏兩殘帙，皆闕卷一至卷六。此毛氏藏書，見《汲古閣珍藏秘本書目》，題爲元版，蓋以元代補刻較多之故。原書十本，今佚首冊。書衣簽題，是毛子晉手跡。下方有朱印「毛氏汲古閣藏」六字。裝潢雖不甚精，仍是汲古之舊，而副葉爲綠君亭本花蕊夫人宮詞，棉紙初印，更饒別趣。甲申(一九四四)夏秋之際從常熟翁氏散出。是年歲暮，余以重值得之北平來薰閣。書中缺葉計十一番，北平館本可補者九番。其餘二番則不遇朱本無從鈔補。茲命工將影鈔之葉，依次補入，護以乾隆庫青紙書衣。餘悉存舊觀，不輕改

由此可知，弢翁于1944年經眼此本同年歲末由來薰閣購藏，原是常熟翁氏藏書。（《弢翁藏書題跋（年譜）》第242頁）

377 五朝名臣言行錄十卷前集 三朝名臣言行錄十四卷後集 皇朝名臣言行錄八卷續集 皇朝名臣言行錄十三卷別集 皇朝道學名臣言行外錄十七卷名臣言行錄別集下十三卷

元本，半葉十二行二十三字，人名大字占二行，黑線口，左右雙邊，下間有刻工姓名：付彥成、孟淳、侍者、陳魯、劉八、子高、宋文、六安、官永茂、彥正、汝啓、江子名、原禮、劉宣、周同、劉宗、范彥從、肖宗、景舟、佛林、葉松、貴全、景中、吳原禮、肖寄、士通、志道、張名遠、汝敬、景中、周青、郭名遠、虞亮、江同、劉本、江屋、葉松、魏右、周壽、辛豪、林安、付名仲、付資、付安、媿伯長、詹見、伯美、劉保、劉貫、虞子記、子得、劉復、虞子得。宋諱墨圍。語涉宋帝空一格。

景定辛酉人日浚儀趙崇砼平翁序。墨跡上版。太平老圖校八朝，外孫李士英云云。

五朝三朝目後：二行、三行。

續集：

晦庵先生朱熹纂集

太平老圃李衡校正

別集上下：

後學朋溪李幼武纂集

外集：

後學李幼武士英纂集

朋溪李幼武士英纂集

曾根_{朱文腰圓} 悥蘭堂_{白文長方} 向黃村_{白文長方}

書庫_{朱文腰圓} 圖書記 珍藏記

向山黃一村家藏一書之印_{朱文方}

以上日本藏書印。

玄 □_{朱文瓶形} 知_{朱文瓶形}

譽 子_{朱文鼎形墨印} 敬_{朱文鼎形墨印}

以上三印甚古。

378 周易參義

明初本。半葉十二行廿一字,黑口,四周單邊,板心下方陰面間有字數及人名。存三卷,卷一缺首葉;卷二題「周易下經第二」,第二行低十格題「後學梁寅參義」六字。板心作「易上」、「易下」。《周易離卦傳第十》板心作「易十」。

才、仲實、亨。

孔氏_{朱文方} 孔印_{朱白方} 少_{朱方}
家藏 貽詠 復

【案】此本今藏國家圖書館,著錄為明初刻本,存三卷:卷一、卷二、卷十,二冊,中華古籍資源庫收錄(05176)。

書中除毀翁所錄藏印外,尚有楊氏海源閣「宋存書室」(白文)、「彥合珍玩」(朱文)、「臣紹和印」(朱白文)印記。説明此本曾經海源閣楊氏收藏。

379 蜀檮杌 一卷

趙元方兄藏。

明抄本，竹紙，半葉十行廿六字。

《蜀檮杌》十卷，宋張唐英著。雖偏部短記，事跡微淺，而亦有可以廣見聞，備鑒戒者。但錄自吏人，訛舛十有四五。歸田多暇，輒為審定，蓋以三本互繆，乃稍諦當如此。子孫其存之。萬曆戊戌九月十八日，弱侯記。

天啓丁卯夏，假得馮己蒼本，命馮仲昭錄就。崇禎己巳秋七月二十九日雨夕校於迎暉閣。林宗。 吳國 白方 葉氏手跋，在卷末。
葉奕

此書先君嗣宗從焦竑太史家假抄，林宗葉君又從余家假抄，葉君輒錄兩本，因以副者贈余，崇禎甲戌夏日偶閱之，識顛末如右。 淵 朱扁方 馮知十讀一書記 馮彥一淵收 馮知十

手跋，在卷末。

藏記 朱扁方

馮彥一淵讀一書記 朱扁方 上鄘 朱胡盧形 握蘭 朱長方 某林一潘氏一家藏 朱長方 河陽一

葉一奕 白方 林一宗 白方 南葉世一家收藏一圖書記 朱方 知一印 白方 馮彥一淵收一十印

潘氏一圖書朱方

萬卷楼 白方、朱方　子華朱方　虞山一潘氏　寶藏朱方　海濱一漁父白方　荔園白長方　岡齋朱

　　〔一〕潘氏一藏本白方

【案】此本今藏國家圖書館，著錄爲明天啓七年馮仲昭抄本，一卷，一册（11005）。核對原書膠片，書中尚有「菊坨心賞」朱文印，「王氏二十八宿研齋秘笈之印」朱文印、「無悔齋校書記」朱文印、「元方審定」朱文印，可知在趙元方前曾經王蔭嘉收藏。

　　〔二〕核對原書膠片，此處印文當作「尙齋」。

380　杜審言集二卷

趙方元兄藏書。〔一〕

明活字本，半葉九行十七字，白口，左右雙邊。叙次與宋本不同。乾道庚寅冬十月甲辰廬陵楊萬里序。

竹泉一珍藏一圖籍白方　謏聞一齋白方　文玿讀過朱方　□陽一□西氏朱方　朱一作楊一〔印〕

無悔齋藏 白長方　幼仙 朱方　子和氏 白方

章白文

【案】此本今藏國家圖書館，著錄爲明正德銅活字本，一册。中華古籍資源庫收錄(18821)。

[一] 弢翁筆誤，「方元」當作「元方」。

此本書後有趙鈁(元方)所作題跋：

凡鑄銅活字，用銅必多，非富家不辦。明初鑄錢尚不給，何有于活字？其時商賈富家舊者已破，新者未興，亦無若大資力也。至弘、正之間，商力漸充，海上交易亦盛，而產銅日旺。故嘉靖初曾補鑄九朝之錢，足徵銅富。活字之興恰在此時，固有由也。厥後征榷日繁，銅產更減，萬曆礦稅苛政，安、華二家其能免乎？故木活字代之而起也。即一活字之興衰，亦可見上下之事矣。清代乾隆毀銅活字亦此故也。無悔題。趙（朱文）

書前亦有趙氏題跋：

予自收書以來，頗留意於明銅活字本。顧其排比多局，流布遂罕。二十年來重

價酬書，所得不過十九種，其中如安國活字《吳中水利通志》《古今合璧事類》，不見藏家著錄。華理活字《渭南文集》、金蘭館活字《西庵集》、五雲溪館活字《玉臺新詠》，今日藏弆亦鮮，皆鄰於孤本者也。一九五二年，以其十七種獻之文化部北京圖書館，餘二種：一爲萬曆活字包大炘《越吟》，一即此本。此爲活字唐集之一，以太宗爲首，凡五十家而不著刻印時代、姓氏，昔人或以充宋刻，或詫爲北宋膠泥活字，或以爲明初活字，以別于華、安諸家，蓋無定論。直至近年搜羅日富，審鑑日精，乃與《曹子建集》並定爲明中葉活字，然亦無他引證也。予亦有《曹集》，頗疑其同出一源，顧不得顯證，終不敢意必。昔歲得正德五年舒貞刻《曹集》，田瀾序云，舒曰往歲過長洲，得徐氏《子建集》百部，行且賣之，無餘矣。近亦多問此集，貞久無以應之，蓋彼活字版，初有數而今不可得也，云云。此可證《曹集》之刻時刻地刻氏而猶不得其名，且與唐集無涉也。一九六三年妻亡，復卧病，無以遣懷，乃取《四友齋叢說》閱之，于卷二十四詩中有云「李端古別離」條云「今徐崦西家印五十家唐詩，活字本《李端集》，云云。」乃恍然大悟，《曹集》、唐集同出於徐氏而刻于弘、正之間也。兩證犂然有當於心。顧黃門所謂「我輩定則定矣」，積年未解之結一旦得解，何快如之！書固離人，人終未離書也。當與同好共樂之。

一九六三月二十二日病中書此，又過三年矣。元方年六十二。趙鈁（白文）元方（朱文）。

381 元釋集

鈔本，半葉八行十八字，第二行題「克新著」。

【案】此本今藏國家圖書館，著錄爲清抄本，一册，中華古籍資源庫收錄（17174）。

高銓 白文　固 朱方　苕上 白方　包虎 朱方　吳興包子莊書一畫金石記 朱方　之印　叟　散人　臣藏

382 危太樸雲林集二卷

鈔本，半葉十行十九字。

結社 朱方　文瑞 白方　金星軺 朱長方　康 白方
溪山　　　樓　　　　藏書記　　　祚

【案】此本今藏國家圖書館，著錄爲清抄本，一册。中華古籍資源庫收錄（17139）。

原書除《危太樸雲林集》外，還附有《説學齋稿》。

書中尚有「琳琅精舍藏本」（朱文）等印記。

卷末有清人題跋一則：

康熙壬辰歲，楚殷錢子以是書屬鈔，余因自寫一本。然一百三十餘首原本魚貫到底，今分爲十卷，復加以目錄。自三月一日寫起，至四月九日而畢。仲雍山人張深存一氏識。

《豙翁藏書題跋（年譜）》著錄豙翁「孝經一卷人家」抄本，據文瑞樓鈔本補錄，有豙翁題跋：

明藍格鈔本《雲林集》，每半葉十行，每行十九字，崑山徐氏藏書。此兒子一良傳錄本，余復校閱一過，改正數字。戊辰二月豙翁。

明鈔本卷二末有缺佚，凡得詩七十二首。

癸酉七月，見文瑞樓鈔本，因命兒子鈺良補錄之。老豙。（第48頁）

此跋《自莊嚴堪善本書目》未收錄，所云其中「文瑞樓鈔本」或即此本。

又《蕭山朱氏六唐人齋藏書錄》卷五著錄一本，標注今藏國家圖書館，著錄爲清金星軺鈔本，有「乾隆丙子（二十一年）鮑廷博跋　鈐結社溪山文瑞樓金星軺　天都鮑氏困學

齋　潘祖蔭藏書記諸印」。檢《北京圖書館古籍善本書目‧集部》僅有一部版本特徵與《蕭山朱氏六唐人齋藏書錄》描述相近（索書號：17139），即此本，但未見鮑氏題跋、藏印以及潘氏藏印，疑有誤。

383　説學齋稿不分卷

與《雲林集》同裝一册。

鈔本，半葉十四行廿六字。

384　禮記

存十六卷，翁氏藏書。

宋建本，中版心，半葉十行十九字，白口，四周雙邊，上間有字數。附《釋文》。黑地白字，有句讀，宋諱加圈。

禮記卷第二

檀弓上第二　鄭氏注

385 監本纂圖春秋經傳集解

殘，翁氏藏書。

宋建本，半葉十行十八字，四周雙邊。

【案】翁氏後人翁之憙先生在建國初將家藏善本悉數捐獻北京圖書館，檢《北京圖書館善本書目·經部》(第89頁)，著錄此書名者僅一部，行款版式與弢翁所記相同(6062)。《國家圖書館宋元善本圖錄》(第2冊，第652頁)中收錄此本，存三卷(卷二、二十、二十三)，書中無鈐印、題跋，當即此本。

據《善本圖錄》，此本爲明代晉府舊藏，鈐有「子子孫孫永寶用」「敬德堂圖書印」等。後爲項氏萬卷堂珍藏，鈐有「萬卷堂」「項氏篤壽」「浙西項氏篤周萬卷堂圖籍印」「少谿主人」等印。

【案】此本今藏國家圖書館(4925)，《國家圖書館宋元善本圖錄》(第2冊，第516頁)收錄此本，著錄爲宋刻本，存十六卷(一至十六)，翁同書跋，四册。

項氏萬卷堂藏書印匆匆未錄。

386 潛虛一卷 以下五種張氏藏。〔一〕

明本，半頁九行廿字，白口，單邊，板心作「潛虛集」。

淳熙壬寅孟冬朔日迪功郎充泉州學教授陳應行謹跋。

乾隆原裝插套。

《潛虛》原一本，五十五年正月十六日一，暢春園發下，去襯紙，仍作插套一本一。宋太師溫國公司馬光著，前有自一序，後有監察御史張敦實《發微一論》並淳熙年泉州教授陳應行跋。楷書一紙，附書中。

晉安徐興 朱文長方
公家藏書

【案】檢《中國古籍總目》未著錄此本。國圖藏清影宋抄本一部，行款、時代不符。

〔二〕張氏或指民國初年軍閥張懷芝，說詳下 388《育德堂奏議》條。

387 韻補五卷

元本，白紙，半葉十行廿四字，白口，左右雙邊，第一頁下方陰面有「謝子芳刊」四字，

上方有大小字數。

乾隆原裝，藏經紙書籤，乾隆錦套。

承澤 白文長方　　天祿 繼鑑 白方　　乾隆 御覽 之寶 朱文橢圓　　天祿琳琅 朱文方

【案】此本今藏國家圖書館(1054)，《國家圖書館宋元善本圖錄》(第3冊，第1346頁)收錄，著錄爲元刻本，五冊。據《善本圖錄》所示書影，書中尚鈐有「蕙江□□」(朱文)印。

此本清初爲孫承澤收藏，後入清宮天祿琳琅，但《天祿琳琅書目》《天祿琳琅書目後編》均未著錄，爲「目外書」。翁氏後人翁之憙先生在建國初將其捐獻國家。

又，此本與收入《中華再造善本》之三部元刻《韻補》不同。

388　育德堂奏議六卷

蔡幼學撰。

宋本，半葉九行十八字，白口，左右雙邊，上字數下刻工姓名。

江正、共生、江德、余士、賴正、陳文、媿、意、余、酉、次升、劉甫、壬正、葉仁、劉生、樞。

永嘉 蔡昭祖 宗文印 朱文方　　蔡氏遺 書子子孫孫 永寶□ 朱文方

永嘉―蔡氏文―獻世家 朱文方　與―清―堂 白文方

以上四印是蔡氏子孫印。

在在處處―有神物―護持 白文方毛氏印　毛斧季收藏印 朱文方　汲古閣 白文方　毛扆之印 白文方

斧 朱方　叔鄭 白方

季　後人

【案】此本今藏國家圖書館(01049)，《中華再造善本・唐宋編》據以影印，著錄爲宋刻本。傅增湘《藏園群書經眼錄》(第281頁)亦著錄是本，記錄書中刻工名、改字、藏印，注「見於徐星署處。癸亥」。徐氏名禎祥，癸亥即1923年。據《中華再造善本總目提要》(第249頁)，此本曾經毛氏汲古閣、蔣廷錫、李振裕、查慎行、馬思贊、李秉誠遞藏，民國初年爲軍閥張懷芝所有，其後蹤跡全無。1956年，此本出現在書鋪修綆堂，由今北京圖書館購藏。然此本目錄葉中尚鈐有「國立北平圖書館收藏」(朱文)印，說明民國時期曾藏於國立北平圖書館，不知何以流入修綆堂書肆。

389 陸宣公文集

存奏議十卷，卷一之十。

宋蜀本，半葉十二行廿一字，白口，左右雙邊。

翰林國史院官書〔朱文長方大印〕 體志〔朱文連珠〕 劉印〔朱白長方〕 穎川－劉考功－藏書印〔朱文方〕 體仁〔朱文長方〕

【案】此本今藏國家圖書館（1051）《國家圖書館宋元善本圖錄》（第12冊，第5062頁）收錄，著錄爲宋刻本，卷十一至十二抄配，六冊。據《善本圖錄》，此本爲元代翰林院舊藏，清初歸劉體仁，後爲端方、徐星署所藏。《善本圖錄》所示卷一卷端書影中鈐有「國立北平圖書館收藏」（朱文）印。

390 箋注陶淵明集十卷

宋本，初印，半葉九行十六字，黑線口，左右雙邊，九、十兩卷抄配。

乾隆原裝插套。

沈岱子華 書畫府印〔朱文長方〕

南巡帶來《陶淵明集》，原一套四本，四十一年五月初一日，一暢春園發下去覷紙，改插套一本。是一晉彭澤令陶潛文集，未載刻書一年月、人名。〔二〕

楷書一紙，附書中。

391 道園遺藁六卷

金鏐手書本，元方兄藏。

元小字本，半葉十一行廿至廿字[一]，黑綫口，左右雙邊。板心作「道園稿幾」。

至正二十年黃溍序。[二]半葉七行十四字，行楷。

至正己亥楊椿序。半葉七行十四字。

至正十四年從孫堪跋。卷五末。

卷三，四十八頁缺詩一首。

【案】此本今藏國家圖書館，今尚有《總論》一卷（1053）。《國家圖書館宋元善本圖錄》(第12册，第4904頁)收錄，著錄爲元刻本，卷九至十配清鈔本，一册。傅增湘《藏園群書經眼錄》(第826頁)著錄是本，亦錄夾籤内容，末尚有「是宋板元印」一句，注云「見於徐星署處。癸亥」。

〔一〕傅增湘《藏園群書經眼錄》著錄此句後尚有「是宋板元印」一句。

〔二〕弢翁筆誤，核對同版書，當作「半葉十一行廿字」。

〔二〕叕翁筆誤，核對同版書，當作「黃潛」。

【案】此本今藏國家圖書館（11194）,《國家圖書館宋元善本圖錄》（第15冊，第6076頁）收錄，著錄爲元至正十四年金伯祥刻本，四册。據《善本圖錄》，此本鈐趙氏「人生一樂」「無悔齋藏」「元方審定」「曾居無悔齋中」「曾在趙元方家」諸印。又，《中華再造善本金元編》所收錄者爲同版，李盛鐸舊藏，今藏北京大學圖書館。傅增湘《藏園群書經眼錄》著錄。

392 司空表聖文集十卷

元方兄藏。

勞季言手抄，勞巽卿手校本。每半葉十一行廿一字，標題「司空表聖文集卷第幾」空三格題「一鳴集」三字。每卷子目連正文。

庚子十二月十二月宋刻校訖。〔一〕 _{朱筆。}

乾隆丙午七月，味辛居士校。〔二〕 _{藍筆。}

知不足齋主人借閱，重校一過。 _{藍筆。}

司空表聖《一鳴集》，世間罕傳，僅見父執汪魚亭家有二部，不知尚在振綺堂否。

余得此校正本極其精到，因約老友鮑淥飲傳鈔，復加較正。淥飲補宋刻《連珠》八段於八卷中，竟成完書。但未審與振綺堂所藏爲何如耳？素門識。道光壬午六月二日。 墨筆。以上四跋勞巽卿手錄。

《一鳴集》舊刻未得見，鈔本亦未薈，此本經諸家勘過，雖未能盡復其舊，亦妙矣。曩爲趙素門先生古歡堂書屋藏書，後歸何氏夢華館。今爲吾友高叔荃所得。前月家弟季言入城，從假歸，躬自影寫，每鈔一卷，余爲度校，[三]匝月而畢。鮑氏所據宋刻殊非佳書，趙氏所云「一本者」亦未知何本，其他校改之字似出思誤，非必盡有所據。季言思更見善本，援證它書重加覆校，殊甚善也。原本紙墨絕舊，[四]筆跡「雅潔」疋絜，[五]當出士人手。前有朱文「姚希孟印」大方章及「吳興姚宗甲剩頑氏藏書」雙行長方章，知爲前明舊鈔本。又有白文「趙輯寧印」，朱文「古歡書屋」二方印「輯寧」爲先素門先生原名，後易名「箕」，予曾從其嗣君次閒丈之琛見其書目，儲藏最富，惜已散落盡矣。覆校既畢，將付裝褫，漫識數語，記其所自。道光壬寅十一月七日，仁和勞權巽卿書於丹鉛精舍。 勞朱文長方

咸豐己未二月，季言客杭於徐有文寓，見明人棉紙鈔本 密行細字，《連珠》缺葉，末卷缺字俱全。書估居奇，堅不肯售，深爲悵惜。聞已歸海昌唐氏，直亦不印，未知能

宛轉借校否？庚申十一月五日，季言偶記。

| 丹鉛 朱文長方 | 實事是正 朱文長方 | 勞 朱方 | 季言 朱方 |
| 精舍 | 多聞闕疑 | 格言 | |

【案】此本今藏國家圖書館，著錄爲清道光二十二年抄本，清勞格校跋並錄、何焯題識、勞權跋並錄、趙輯寧題識、鮑廷博、趙懷玉、楊復吉、沈叔埏跋，一册。中華古籍資源庫收錄（11158）。彀翁所錄「庚子十二月」以下諸跋均在卷末。

（一）核對原書此跋，時間是「十二月十二日」，彀翁筆誤。

（二）核對原跋，此跋與下條爲同跋，「校」當作「從」。彀翁蓋因換行而誤作二條。

（三）核對原跋，「余」當作「予」。

（四）核對原跋，「紙墨絶書」作「紙絶墨舊」，其中「絶」「墨」二字旁有刪除符號，當作「紙舊」。

（五）核對原跋，知「雅潔」二字爲彀翁自注所加，原文無。

393 景德傳燈録三十卷

德化李氏書。

宋本，半葉十一行廿字，白口，左右雙邊，下刻工姓名。孫永、林明、王榮、陳賜、葉潤才、鄭言、張

明、鄭言、潘老、李廣、李石、鄭愨、王溢、陳堯、陳達、鄭言、高選、度、尚、蔡大、林愆、林才刁、榮、廣、昌。版心作「燈幾」或作「燈」。每卷目錄連正文。抄三卷半，有季、徐印。

宋本 朱文橢圓 汲古 朱方 主人 毛氏 朱方 東吳毛 朱長方 氏圖書 乾 朱方 健庵 徐 白方

季振宜 朱長方 泰山趙 朱 氏藏書 太山趙 氏拙庵 圖書 白方 閩南開 府所得之書 朱長方 泰州王氏雪驄藏書記

王印 朱白方 子文 一字 小亭 朱方 王雪 驄藏 書印 白方

朱長方 煥葉

陳守吾 經眼記 白長方 陳寶晉 白長方

守吾 平生 真賞 朱方 寶晉 印信 白方 守吾 白方 過眼 寶晉 父 陳印 白方 康 朱方

【案】此本爲李盛鐸舊藏，今藏北京大學圖書館，著錄爲刻本，十一冊，卷一至九爲日本貞和四年(元至正八年)刻，延文三年(元至正十八年)修補本；卷十至十八、卷二十二至二十七元延祐三年釋希渭刻本；卷十九至二十、卷二十八宋刻本；卷二十一、卷二十九至三十日本舊抄本(4694)。

《木犀軒藏書題記及書錄》《題記》第 25 頁，《書錄》第 236 頁）收錄是本，記錄版本特徵及李盛鐸題跋。

又，《木犀軒收藏舊本書目》（第 103 頁）著錄「《景德傳燈錄》，三十卷，北宋刊配元延祐刊并日本覆元本日本抄本百衲本，十一册一木箱」下有佚名批注「800」（當是價格），即指此本。

394 新刊名臣碑傳琬琰之集

德化李氏書。

眉山進士杜大珪編。

宋末本，半葉十五行廿五字，白口，左右雙邊。

漱六藝一文芬潤_{朱長方}

【案】此本爲李盛鐸舊藏，今不知藏於何處。《木犀軒藏書題記及書錄》（第 119 頁）著錄爲宋刊本，一百七卷，除弢翁所記藏印外，尚有「長谿守藏室史」「驪城徐氏家藏」白文印。

又，《木犀軒收藏舊本書目》（第 36 頁）著錄「《新刊名臣碑傳琬琰集》，前集二十七卷、

中集五十五卷、下集二十五卷,宋刊本,二十册四函」下有佚名批注「400?」(當是價格),即指此本。

395 丞相魏公譚訓十卷

元方兄藏。

抄本,白棉紙,無格,半葉九行十八字,語涉宋帝空格。

《蘇魏公譚訓》十卷,公之意第欲示訓子孫,不祈於傳世。[二]

《蘇魏公譚訓》世鮮傳本,近于郡故家試飲堂顧氏分居在濂溪坊者。玨既得之於公之曾孫無為判官煇,因刻之郡齋。紹興癸丑孟夏濟南周玨。[二]

巷壽松堂蔣氏歸去,楮墨精好,宋刻之佳者,思欲傳錄,功費浩繁,且恐物主未許也。適骨門書坊經義齋有精抄本,遂取歸,并乞蔣氏借出宋刻,竭一二日力粗校一過。抄本雖精,已非宋刻面目。宋刻原有缺失,其缺失之葉前後尚有餘剩殘文,或有頭無尾,或有尾無頭。後來傳錄,悉取完善者著錄,非特缺葉無存,即缺頁前後之殘文亦不見錄。若非親見宋刻,此抄本猶為無用之物矣。去冬但以殘楮記出,夾入每卷之紙腹。今秋無聊,以別紙錄出,較為完備,惜書之心尚復如是,殊自笑也。庚辰

白露日，黃丕烈跋，孫美鎬繕清。丕烈朱文方 鎬美白方

裝成後，因有前校模糊字，復借宋刻覆勘，又得幾處誤字應正者。長孫美鏐請附于後爲續校云。冬至日，復翁。[三] 黃氏手跋墨筆

以上二跋，《題識》未載。

此下皆美鎬手錄：

秦汝操、顧元慶藏宋刻《丞相魏公譚訓》，每葉二十行，目錄二葉，每行十九字，第一行目錄第二行與上行目字平，長孫美朝請大夫象先編。案，名上空一格，「編」下空二格。三行低一格起，第四行低三格起，後同。

卷一。二行「象先生云云」低二格，本書頂格。共九葉，全。

卷二。共六葉，全。

卷三，四葉後缺五、六、七，計三葉，八葉至十三葉。共七葉，全。

卷四。共七葉，全。

卷五。共五葉。

卷六。十葉後缺十一，第十二葉有止。

梁溪秦栖

此書爲蘇氏家藏珍寶宋刻,尤屬希有,謹題獲觀之歲月日於簡末以志激賞,時雍正戊申春仲,瑯琊王澍跋。_{宋刻有此跋。}

裝成覆閱,知校語尚有誤字,悉正於上方,中有缺筆,字謹避家諱也,并記。_{美鎬}

手跋,在校記末。

統計十卷,共八十二葉。_{內缺四葉。}

卷十。共十五葉,全。

卷九。共四葉,全。

卷八。共三葉,全。

卷七。共五葉,全。

荛翁古書經眼錄標注

士礼居_{朱方} 荛圃_{朱方} 黃印_{朱方} 荛_{朱方} 圃_{朱方} 平江一黃氏一圖書_{朱方} 華_{白方} 綺

手校_{朱方} 丕烈

天_{朱方} 鍔_豫章_{白朱文連珠} 武昌柯一逢時收一藏圖記_{朱方} 曾歸徐氏彊誃_{朱長方}

和_{朱方}

四九八

〔一〕核對原跋，「傳世」當作「傳也」。

〔二〕核對原跋，「孟夏」下脫「八日」。

〔三〕此跋在第一册末。

【案】此本今藏國家圖書館，著録爲清抄本，清黃丕烈、柯逢時跋、黃美鏐跋，二册。中華古籍資源庫收録（11013）。又，蕘翁所録題識有黃美鎬所作者，非僅美鏐一人。今所輯黃氏題跋集皆未收蕘翁所録之跋。

396 西庵集十卷

元方兄藏。

明宏治活字本，白棉紙，半葉十行廿一字，白口，左右雙邊。

板心上方有「弘治癸亥金蘭館刻」八字。

弘治十六年歲癸亥臘月朔〇賜進士廣東按察司僉事致仕吴郡張習書。序末題。

天一閣 朱文長方　　　古司 朱方　　　馬氏

【案】此本今藏國家圖書館（05862），《中華再造善本·明代編》據以影印，著錄爲明弘治十六年金蘭館銅活字印本，二册。

書中鈐印，除弢翁所錄及趙鈁藏印外，尚有董康「毗陵董康審定」朱文方印、「董康暨侍姬玉奴珍藏書籍記」朱文印、「傅增湘「藏園籍觀」朱文印、「傅增湘」白文印、「藏園」朱文印。是本後又有傅增湘作於庚辰（1940年）題跋，亦見於《藏園群書題記》（第836頁），略有異同。傅氏在題跋中記述董康以重金購藏此書，傅氏借以參校。

王文進《文禄堂訪書記》（第443頁）、傅增湘《藏園群書經眼錄》（第1162頁）亦著錄此本。

可知此本曾歸董康收藏，傅增湘經眼，後歸趙鈁。

397 吴下冢墓遺文三卷

元方兄藏。

知不足齋抄本，鮑以文手校，黄紙，黑格，半葉十行十九字，板心下方有「知不足齋叢書」六字。

乾隆辛丑三月，傅蓮涇王氏龍池山房本，知不足齋識。墨筆。是抄胥手跡。

四月初十日校勘一過。　　朱筆。鮑氏手跡。

鮑氏二印未錄。〔二〕

〔一〕核對原書膠片，弢翁所錄鮑氏題跋後鈐有藏印二：一爲鮑氏「依綠軒印」白文印；另一爲「勤藝堂鄒氏藏書記」朱文印，非鮑氏藏印。鄒氏，即鄒存淦（1819—1903）海寧人，字儷笙，號師竹廬主人，室名暇耕堂。清代醫學家、藏書家、詩人。

【案】此本今藏國家圖書館，著錄爲清鮑氏知不足齋抄本，鮑廷博校，一册（11042）。書中尚有移錄王聞遠跋一則：

歲己丑秋仲之七日，偕西賓翼暉汪兄、中表張禹嘉弟校讎一過。蓮涇王聞遠識。

398 渭南文集五十卷

元方兄藏〔一〕。

明華氏活字本，細白棉紙，白口，左右雙邊，半葉九行十八字，每行上空一字，卷四十三至四十八爲《入蜀記》，四十九、五十爲詞。半葉五行，墨跡上板。致光禄署丞事錫山華君汝德得之，乃嘉定中其弘治壬戌春三月，長洲吳寬書〔二〕。

子知溧陽縣子通初刻本也,因託活字字摹而傳之。

者盛爲之。翁之詩曰《劍南藁》,視此倍多,光禄得其八卷目并印傳焉。

吳郡祝允明書[三]。半葉六行,手跡上板。光禄懸車鄉社年踰七十。自沈夢溪《筆談》述活板法,近時三吳好事

鄭氏
小山 朱方
叢桂齋 朱方
圖書
陽城張氏省
訓堂經籍記 朱長方
審定 廣圻 朱方

余既得放翁《劍南續稿》,印之,而惜未見其文。無幾,又得渭南舊本,於是遂爲全帙,急命歸之梓墨。雖物之行塞有數,而一旦完璧,僉爲快覩。蓋不獨余之私幸而已。書完,漫識其末。

尚古生華理記[四]。半葉七行,上空一字,手跡上板。

[一] 書中有趙元方、趙季方兄弟印「趙鈁珍藏」「趙元方藏」「一廛十架」「趙季方」「北平季方藏書」等印。

[二] 核對原書膠片,此序在卷前,題《新刊渭南集序》。下行「致光禄署丞事」云云即序中摘句。

[三] 核對原書膠片,此記在卷末,題「書新本渭南集後」。下行「光禄懸車鄉社」云云即記中摘句,省略較多,原文如下:「光禄懸車鄉社年踰七十,而好學過於弁髦。畜典帙富若山嶽。又制活字版,擇其切於學者,亟翻印以利衆,此集之所以易成也。自沈夢溪《筆談》述活板法,近時三吳好事者盛爲之。然所印有當否,則其益有淺深。惟光禄心行高古,動以益人爲志。凡所圖類若此,與彼留情一草譜禽經者迥別於乎。人之識趣好尚有間,而事力需被相去果何如哉。翁

五〇二

【案】此本今藏國家圖書館，著録爲明弘治十五年錫山華珵銅活字印本，十册（05860）。

（四）核對原書膠片，此跋在祝允明序後。

之詩曰《劍南藁》，視此倍多，光禄得其八卷目并印傳焉。」

399 淵穎吳先生集十二卷

元方兄藏。

明洪武本，宋璲手寫，半葉十三行廿二字，黑口，左右雙邊。

至正十二年秋，金華胡翰序。

淵穎詩有覆刻元本而文闕如，先生之文鉅麗雄放，一直追秦漢，惜天下假年未能成耳。元文竞推四一家而不及吳，非知言者也，抑以見傳本者少耶？是一本有鮑庵白沙眉公墨林諸圖記，可見明時已傳一寶之，芙川持此以見示，因假録一本，冀志古之士有一轉刊而流布之者。道光乙未三月朔，李兆洛識。

兆落之印 白方

金星輅 朱長方　家在一黃山白一岳之間 白方　秋夏讀一書冬一春射獵 白方　蓮涇 朱方

藏書記

400　唐王右丞詩劉須溪校本六卷

明弘治呂夔本，白棉紙，半頁十行廿字，白口，左右雙邊。

重刊唐王右丞詩集序。

弘治甲子四月之望廣信呂夔爲之序。半葉七行，行楷。近刻於蜀云云。

星石山人　祖　西谿－竹林－深處

曾在東山－徐退庵處 朱長方　敦仁堂－徐氏－珍藏 白方　桃花仙館－舊風流 朱長方

藏書記 白長方　灌稼 郕翁 白方　黄印 丕烈 白方　復翁 白方　求古 朱方　清河 朱白方

太原叔子

蓉 朱方　郁印 白方　泰

鏡　　　松年　　峰 朱方

其餘各印及題字皆僞，爲佳書之累，可惜。

【案】《中國古籍總目》著録僅上海圖書館藏有一部明洪武本（綫善831385－90），信息不足，且無法目驗，不知是否即是此本。

王文進《文禄堂訪書記》（第412頁）著録此本。

401 婚禮新編二十卷

宋元之際刻本，半頁十二行二十一字，白口，左右雙邊。第一行「婚禮新編卷之幾」第二行低一格，「標目」二字。「殷」字缺筆。第三行低十字題「武夷丁□昇之□集」六字，又作「武夷丁昇之升伯集」八字。第四行題目低四格。標目如下：

卷一婚禮、書儀；二求允、答允；三謝婚；四至五媒答；六至七求親、答未允；八許親、定婚、答定、姑舅、答、世婚、九答、契書、答、女先男、答、兩姨、答、弟妹、答、師友、答、幼婚、答、宗姻、答、農工、答；十再娶、答、贅、答、取妾、答、娶倡、答、請期、答；卷十一慎婚、雜儀、禮制；十二前定、媒氏；十三自媒；十四擇婦、卜相擇婦門；十五不暇擇、慕婚、擇壻、女自擇；十六才學、及第後娶、娶後及第、門下士、容儀、十六師友；十七腹婚、幼婚、晚婚、詩婚、武勇、十八姑舅、舅甥、遊子、患難、寒素、有疾、十九報

姜氏〔白長方〕 文恪〔白方〕 師拙〔朱圓〕 大學〔朱方〕 白堤—唐氏—藏書〔朱方〕

所藏〔白長方〕 世家〔白方〕 士章〔朱方〕 璜谿—珍玩〔朱方〕

尚餘數〔白長方〕 南州〔朱方〕

卷殘書在 孺子

婚、財婚、棄華尚素、謙遜、連襟；十九繼婚、繼室；廿再醮、勢婚、誑婚、強婚、諫婚、神仙。

石隸沈氏藏書 朱長方　吳興沈氏淵公收藏書畫之印 朱文長方

香嚴 朱方　錫山安氏 朱文長方　西林 白方　祝印 白方　枝山 白方

審定　西林秘藏　爰居　允明　子
生

予性頗愛書一書未有必罄囊市之窘
於厥志未伸群書無由悉備凡所有者
不過薄於自奉以致之耳間有先世所
遺十不一二凡我子孫宜珍惜寶愛以
承厥志苟不思得之之難輕視泛借以
致狼藉散失不孝之罪莫大焉至於借
匿陰盜之徒又不仁不義之甚者矣予
故著之簡端使借者守者惕然知警云

大冢宰從孫句容曹淇文漢謹識 大黑方印，在副葉

昭明 白文方印
洞天

【案】此本今藏國家圖書館，《再造善本·唐宋編》據以影印，著錄爲宋刻元修本，五册（5443）。《國家圖書館宋元善本圖録》（第 9 册，第 3956 頁）亦收録是本，謂其中「祝允明印」「枝山子」二印爲僞。

書中尚鈐有「吴興沈氏公收藏書畫之印」朱文長方印、清末董恂「還讀我書之室」朱文印、「何克昌印」白文印、「紹庭」朱文印、「石埭沈氏藏書」朱文印、「頠公鑒藏書畫印」白文印等印記。

402 易傳六卷

小字浙本。

宋本，白麻紙初印，半葉十一行廿三字，白口，左右雙邊，上字數下刻工姓名。信、琪、言、同、菫、陳、柯、何、林、李、杏、童泳以、李用、以挂、孫。卷首題「易上經卷第一」，隔七字「程頤傳」。

乾隆御題。《天禄琳琅續編》著録。印不録。

宋諱缺筆加朱圈。

【案】此本即《天禄琳琅書目後編》經部著録之第一種，今不知藏於何處。據《書目後編》（第 233 頁），此本鈐有徐乾學「乾學」「徐健庵」「汪屋」「臣屋之印」等印記。

上海博物館藏1946年9月趙萬里先生致徐森玉先生殘函一通，云：

此函未發，今日又有人秘密送閲程頤《易傳》六卷（全書）《天祿續目》經部宋本第一部），六冊，一錦套，宋刻宋印，白麻紙，白口，刊工與《聖宋文選》相似，蓋婺州本也。有傳是樓及各御璽。索八百萬，里匆匆記行款後還之。此書不足動我心，然就書論書，亦宋刻上駟也，吾公以爲何如？（柳向春《趙斐雲先生致徐森玉先生函一通詮解》，《中國典籍與文化》2011年第3期。）據此可以推斷，弢翁經眼此書或亦在1946年。

403 春秋經傳三十卷

無注，宋本，「慎」字缺筆。

存廿四至卅卷，計四冊，白麻紙。天地頭寬大。初印。半葉八行十七字，白口，左右雙邊，上字數下刻工。正、老、蔡、余、葉生、中、劉文、岩、長、孚、丁生、詹週、升攵、吴孚。

《天祿琳琅續編》著録。印不録。

【案】此本爲宋刻本，《天祿琳琅書目後編》卷三著録，卷數作二十卷，《中國古籍善本書目》亦作二十卷，《天祿琳琅知見書録》（第57頁）經眼此本，指出此書實則三十卷。可

知羿翁著錄卷數不誤。

據《天祿琳琅知見書錄》(第56頁)，此本今散落各處：

存目錄一册，1996年嘉德春拍；目錄及卷十三、十四，三册，1996年嘉德秋拍；卷五至十二，凡八卷，計四册，1999年嘉德春拍；其中卷五至八，三册，現藏北京市文物公司；卷九、卷十、十一，北京瀚海2004年秋拍，現藏私人手中；卷十一至十二，計兩卷，一册，現藏中國印刷博物館；卷十三至十五，凡三卷，計兩册，1999年嘉德秋拍，現藏私人手中；卷十四至十五、二十至二十三，凡三卷，計兩册，芷蘭齋經眼；卷十六至十九、二十四至三十，凡十一卷，六册，現藏中國國家圖書館（索書號989）。

今藏國家圖書館者，《國家圖書館宋元善本圖錄》(第2册，第627頁)收錄此本，著錄存十一卷：卷十六至十九、卷二十四至三十，六册，鈐印有"東宫書府""五福五代堂古稀天子寶""八徵耄念之寶""太上皇帝之寶""乾隆御覽之寶""天祿琳琅""天祿繼鑒"諸印。

404 栖碧先生黄楊集三卷補遺一卷附錄一卷

弢藏，丙戌售去。

明本，半頁九行十八字，白口，左右雙邊。

戊午長水孫弘祖序，十世孫與進書。半頁五行，行書。

莘氏培元〔朱方〕 爾行一私印〔白方〕 培元〔朱方〕 萬育〔白方〕 弘〔朱方〕 萬育正之章〔白方〕

字一弘一正〔朱方〕 亘一鳳樓〔朱圓〕

十二世孫萬育珍藏。墨筆一行，在附錄末。

枚庵一流覽一所及〔朱方〕 吳翌鳳一家藏文苑〔白文長方〕 清娛〔朱長方〕 士禮居藏〔朱文長方隸書〕

愛日館收藏印〔朱長方〕 曉〔朱方〕 徐鈞〔白方〕 長林〔白方〕

霞 印 愛日

405　誠齋牡丹百詠一卷　誠齋梅花百詠一卷　誠齋玉堂春百詠一卷

弢藏，丙戌售去。

明本，半頁九行二十字，黑口，四周雙邊。

宣德五年序。

【案】弢翁《壬午新收書目》（第 711 頁）六月條下有「名花百詠三種，明本，丙戌售去，同上（友仁）」一本，三十元」。《弢翁藏書題跋（年譜）》（第 184 頁）所記同。壬午，即 1942

五一〇

年',丙戌',即 1946 年。

此本與前 315 號所著錄者在行款、版刻時代相同,但無其他可供參考信息,不知是否即爲同一本。

406 ○周禮

存卷三至六。

元本,鄭注附音,麻紙,四周寬大,半頁八行十七字,左右雙邊,黑線口,四周雙邊,上字數下刻工姓名。南父、鄧祥甫、王國用、垚父、陳元父、陳垚父、孟、君左、陳景、黄、德甫、景仁、陽明、景南、和孫、孫和、正叔。

每句有小圈,左闌外有耳。卷三末有鐘式墨記,未刻字。

文府 白文胡盧形　　清真 白方　　復 白方 此二印甚舊　　華夏 白方　　真賞 白方　　恩榮 白長方

百宋一廛 白長方　　黃印 白方　　丕烈 白方　　翁 白方　　居藏　　士礼 白方　　汪印 白方　　齋印　　閬源 朱方　　宋本 朱橢　　東沙 白方　　居士

【案】此本爲戩翁購藏,見於《自莊嚴堪善本書影》(第 40 頁)著錄爲元刻本,傅增湘跋,四册,存四卷(卷三至六)。今藏國家圖書館(7923)《國家圖書館宋元善本圖録》(第 1 册,第 413 頁)收録。

王文進《文禄堂訪書記》(第19頁)、傅增湘《藏園群書經眼録》(第38頁)亦著録是本，其中《經眼録》著録爲宋相台岳氏家塾刊本，傅氏按語如下：

此書字體粗鬆，印工亦不精，卷中宋諱不避，雖號稱宋刊，終不無疑議。然家無岳刻，存之備一格而已。已巳歲以四百金得之文友堂。

書中尚鈐有傅增湘「藏園秘籍孤本」(朱文)、「雙鑒樓珍藏」(朱文)等印，曾經傅氏收藏，後散出。此本遞經明代華夏、清代汪士鐘、黄丕烈、傅增湘、周叔弢遞藏。

《丁亥新收書目》(第731頁)三月條下有「周禮，元殘本，士禮居藏，文淵，四本，四百十萬元」。可知弢翁購藏此書的時間在丁亥(1947年)，「文淵」當是書店名，弢翁並未著録傅氏鈐印及題跋。

407　春秋經傳集解

白麻紙，重刊時初印。弢藏，丁亥售故宮。

宋撫州本，半葉十行十六字，四周雙邊，上字數下刻工姓名，板心有「癸酉刊」「癸酉重刊」「壬戌刊」「癸丑刊」字樣。

高安國癸丑、黃珍、占免癸丑、王彥壬戌、祝士正壬戌、吳仲壬戌、思敬壬戌、伯言癸酉、余章壬戌、劉浩癸酉、范從癸酉、劉明壬戌、陳中、余定刊、黎明癸酉、鄭才、周辛、余彥、余安、鄧成、陳辛、劉永、高安道、陳祥、張太、李高、志海癸酉、周新、俞先、李三。

白拙 白方　淵生 白方　《天祿》誤釋爲「潘未」。
居士　　　　私印

【案】此本《天祿琳琅書目後編》卷三著錄。爲宋淳熙撫州公使庫刻配乾道江陰郡本集明覆相台岳氏本。確有著錄「潘未私印」。卷一至二、十九，計三卷，三冊，現藏中國國家圖書館；卷三至十八、二十至三十，記二十七卷，現藏臺北「故宮博物院」。其中國家圖書館所藏者，卷一至二、十九，計三卷，即曾爲弢翁購藏，後轉讓故宮，見於《自莊嚴堪善本書影》(第1587頁)。

《國家圖書館宋元善本圖錄》(12345，第2冊，第635頁)收錄此本，著錄藏印有「五福五代堂寶」「八徵耄念之寶」「太上皇帝之寶」「乾隆御覽之寶」「天祿琳琅」「天祿繼鑒」。王文進《文祿堂訪書記》(第38頁)、傅增湘《藏園群書經眼錄》(第54頁)亦著錄此本，其中傅氏購藏首二卷，注「清宮佚書，癸亥歲得之東華門外冷肆，價一百五十金」。據此可知弢翁所購，首兩卷原是傅氏所藏。

《自莊嚴堪善本書目》收錄有弢翁題識於其藏本中的題跋三則,其中第三則,言及收得此本首卷的時間,抄錄如下:

丁亥春,余既獲岳刻首冊作延津之合,遂檢前得撫州本《左傳》二卷,宋汀州本《群經音辯》二卷,歸之故宮。此二書紙墨精美,宋刻上乘,《群經音辯》猶毛氏舊裝,所謂「宣綾包角藏經箋」者,宛在目前。然故宮所佚,得此即爲完書,余豈忍私自珍秘,與書爲仇耶!去書之日,心意惘然,因記其端委於此。弢翁。(第113頁)

由此可知,弢翁收得此本卷一的時間在丁亥(1947年),與《經眼錄》記錄的時間一致。

408 墨池編六卷

明本,半葉十行廿二字,四周雙邊。

萬曆庚辰夏孟梓于

維揚瓊花觀深仁祠

楷書木記,在目錄後。

409 〇爾雅三卷

元本。半葉十一行廿一、二字。左右雙邊,上字數。黃紙。「爾雅卷幾」大字占二行。

雪窗書院校正新刊 黑地白字牌子,序題下。

克勉 白文方印　怡府 朱文方　明善堂一覽書一畫印記 白文長方　宋存書室 白文方

楊紹和藏書 朱文長方　楊氏海源閣藏 白文長方　彥和 朱文長方　陶南布衣 白文方

楊保彝藏本 朱文方

【案】此本爲戤翁購藏,見於《自莊嚴堪善本書影》(第 83 頁),著錄爲元雪窗書院刻本,三十册。今藏國家圖書館(7948),《國家圖書館宋元善本圖錄》(第 3 册,第 1075 頁)收錄。此本爲怡親王府舊藏,散出後曾爲海源閣舊藏,《楹書隅錄初編》《楹書隅錄續編》未著錄。

《戊子新收書目》(第 737 頁)二月條下有「《爾雅》,元雪窗書院本,海源閣舊藏,藻玉,

一匣，三千六百萬元」。《欬翁藏書題跋（年譜）》（第248頁）所記相同。此本雖購自王子霖藻玉堂，但王氏《古籍善本經眼錄》未著錄。

又，後411號屬補記，可參。

410　宋季三朝政要六卷

元本，半葉十五行廿四字，黑口，四周雙邊。目錄標題大字占二行。

理宗國史載之過北無復可效今將理度兩朝聖政及幼主本末纂集成書以備它日史官之採擇云

至治癸亥

張氏新刊

行書二行牌子，在目錄後，占七行，前後各空一行。

行書木記，三行，在目錄標題後，占四行，前後各空一行。

明善堂一覽書一畫印記 白文長方　安樂堂 朱文長方　瀛海 白文方

東郡楊一紹和彥一合珍藏 朱文方　彥合 朱文方　楊印 白文方　珍玩 朱文方　紹和

東郡楊氏鑑藏金石書畫印〈白文長方〉　楊保彝〈朱文方〉　聊城楊一承訓鑒一藏書畫印〈朱文方〉

楊印〈白文方〉　海源〈朱文方〉　楊敬一夫一讀過〈朱文方〉

承訓　殘閣

【案】此本今不知藏於何處。《楹書隅錄初編》《楹書隅錄續編》未著錄，《訂補海源閣書目五種》之《海源閣宋元秘本書目補遺》（第693頁）著錄有「元本宋季三朝政要六卷二冊一函」，補「此本《隅錄》未收。散出後去向不明」，當即此本。

411 元雪窗書院本爾雅

翁氏藏本。

跋語藏印錄後：

嘉慶辛未，阮大中丞延拜經先生校經於節署西偏之紫陽書院，建校經亭以高異之。冬十一月，得見所裝宋槧《爾雅》，不勝欣幸。時學侶散歸，空山寂靜，焚海南香，啜顧渚茶，致足樂也。焯識。　陳焯〈朱文長方〉

《爾雅》舊刻惟宋槧單疏本最爲古雅，其經注本則宋本無傳者，僅有明吳元恭仿

宋刻。此雪窗書院校刊經注本，乃元槧之佳者，舊藏武進藏鏞堂家。鏞堂曾爲儀徵阮文達公著《爾雅校勘記》六卷，册內朱校即出鏞堂手，末有陳焯跋語，誤認爲宋刻，蓋未審也。鏞堂字在東，後改名庸，所居爲拜經堂，故亦稱藏拜經。陳焯字映之，烏程人，官鎮海訓導。又有何夢華、嚴杰二印，何夢華名元錫，與杰竝錢塘人，皆好古博雅君子也。咸豐八年重三日，翁同書志。

同 白文方
書

在東手校 朱長方　拜經一堂珍藏一圖書 朱方　庚子一日拜一五經 朱方　鏞堂 白方　在 朱方
藏印

何夢華 白文長方　嚴杰 白方　翁同一書字一祖庚 白方　祖庚在軍中一所讀書 白文長方
曾觀印　借觀

長生安一樂翁一同書印 白文方　龍吟一閱吏 白方　文端文勤一兩世手澤一同龢敬

翁斌 白方
孫印

守 朱方

【案】此本翁前409號已著錄，此處屬於補記。

412 新刊嵩山居士文全集五十四卷

翁氏藏十三冊,缺十一卷。

宋蜀本,白麻紙,半葉十一行廿二字,白口,左右雙邊。

乾道四年六月門生左宣教郎充嘉州州學教授師瓚謹序。

存五至廿五、卅二、卅七至五十四。

檀淵晁氏家藏圖籍 朱文長方。 明晁瑮 晁氏寶文堂楷書朱記。

葉氏一菉竹堂一藏書 朱文圓 燕庭一藏書朱方

【案】此本今藏上海圖書館(863313-25),《中華再造善本·唐宋編》據以影印,著錄爲宋乾道四年嘉州刻本,存四十二卷:卷五至二十五、三十至三十二、三十七至五十四及目錄,十三冊。

據《翁氏藏書與翁氏文獻》(第82頁),此本由翁萬戈先生於二〇〇〇年轉讓上海圖書館。

413 昌黎先生文集

殘本,翁氏藏。

宋本，存卷。[1]麻紙初印，半葉十一行廿字，上字數下刻工。鄧振、劉宗。左右雙邊。

南坡 鼎形 京兆 劉氏 世家 朱方 二印甚古。

[一]核對原書信息，四本四十卷中，卷十配另一宋本，卷十一至十六配另一宋本。

【案】此本翁已在前文記錄過，此處所記為與此前不同之所配宋本，故不復著錄，詳前文。

414 昌黎先生集[一]

殘本，翁氏藏。

宋本，存十一至十六，白麻紙初印，疑是江西本。半頁十行十八字，上字數下刻工。虞全、虞生、方志、李信、葛文、劉丙、陳文、杜奇、呈友、王元、何開、劉聰。

[一]此本書名似當作《昌黎先生文集》，說詳按語。

【案】《北京圖書館古籍善本書目·集部》（第 2084 頁）著錄一部宋刻《昌黎先生文集》，四十卷，卷十一至十六配另一宋刻，翁同書、劉庠、汪鳴鑾跋，六冊，卷一至九十行十六字，卷十一行二十字，卷十一至十六行十八字。今藏國家圖書館（4924）。

《國家圖書館宋元善本圖錄》(第 12 册,第 5093 頁)收録《北京圖書館古籍善本書目·集部》著録之本,且著録書中鈐印有「黄孟錫家珍藏」「翁同書字祖庚」「祖庚在軍中所讀書」「借一瓻館」「同書所藏」「常熟翁同龢藏本」「文端公遺書」「文端文勤兩世手澤同龢敬守」「文印徵明」(僞)、「徵仲」(僞)諸印,經清黄孟錫、翁同書、翁同龢藏。

415 洛陽伽藍記

翁氏藏。

毛斧季手校本,緑君亭本,戊子四月十七日見於翁氏。《洛陽伽藍記》,世傳如隱堂刻本内多缺字,第二卷中脱三紙,好事者傳寫補入,人各不同。余昔年……此跋見余藏張訒庵手校本,不録。[1]

黄跋見《題識》,不録。

丁卯正月,思適居士顧廣圻借校一過。斧季「惡似是而非」,自是我輩語。十三日燈下并記。墨筆。

虞山毛扆手校 朱文長方　西河 一季子 一之印 朱方　汲古 朱方　黃印 白方　復 白方　甍圃 朱

祥符周 一氏瑞瓜 一堂圖書 白方　星詒 朱長方　秦漢 一十印 一齋藏 朱方　不烈 白方　翁 白方　手校

方

乾隆十年九月一日，聞何小山先生示疾，亟往候之。談良久，出此本惠余曰：「君知我不復再過君蘆花淺水邊矣，聊以此爲誌。」閱七日果歸道山。「蘆花淺水邊」，余書齋名也。老峰雪。時年六十有五。朱筆

[二]

弢翁所藏本爲清張訒庵校清璜川吳氏本，今藏國家圖書館。核對弢翁所藏本，張氏原跋爲：

《洛陽伽藍記》，世傳如隱堂刻本內多缺字，第二卷中脫三紙，好事者傳寫補入，人各不同。余昔年于市肆購得抄本，取而校之，知從如隱堂版影寫者，行間字面爲朱筆改竄，大都須在心領神會，不可擅加塗乙也。顧寡薄自用，致誤非淺，恃才妄作，貽害更深。惡似而非，參以《御覽》《廣記》，其無佗書可考者，以意爲之；空白處妄自填補，大失此書本來面目矣。後又得何慈公抄本，則又從改本錄出，真僞雜投，竟無從辨。三本之中，此爲最劣。人著書，各成一家言。所見異辭，所聞異辭，所傳聞又異辭，故爵里姓氏，互有不同；魯魚後先。爲知孰是！士生千百世後，而讀古人流傳轉寫之書，苟非有善本可據，亦且依樣葫蘆，須知。馬書得市肆購得抄本，取而校之，知從如隱堂版影寫者。顧寡薄自用，致誤非淺，恃才妄作，貽害更深。惡似而非，似是處亦依增入，注一作者，即臆改字也。惜乎付梓之時，未見點竄筆跡，遂致涇渭不分，深痛此書之不幸。而今日者仍入余手，得以從流溯者，蓋以此也。家刻原稿，想從慈公所來，

源，考其致誤之由，則不幸之中又有深幸焉。校畢，漫記於此，并戒後之讀我書者。柔兆執徐之歲如月十日燈下。毛扆識。

【案】此本今藏國家圖書館，中華古籍資源庫收錄（08087）。《中華再造善本·明代編》據以影印，著錄爲明末毛氏綠君亭刻本，毛扆、黃丕烈、周星詒校並跋，薛雪、顧廣圻跋，二冊，半葉八行十八字，小字雙行同。

書中尚有翁氏「翁斌孫印」（白文）等印記，蕘翁未錄。

書後有蕘翁致翁之熹（克齋）手札一通，如下：

克齋道兄足下，昨奉手書，并《嵩山文集序》一通拜領，謝謝。宋本《孫子》、校本《洛陽伽藍記》，鄭重奉還，《伽藍記》張訒庵曾從黃蕘圃借校，張本今藏寒齋，閲一百卅年復聚於一堂，洵異數也。尊藏校籖五紙，即張氏手跡。專此敬請刻安。

弟周期叔蕘頓首。廿七。

可知蕘翁曾向翁氏借閱此本及宋本《孫子》，但宋本《孫子》蕘翁未錄於《古書經眼錄》中，説明蕘翁當是有選擇的記録。

又，翁氏所藏宋本《孫子》，今藏國家圖書館，書名爲《十一家注孫子》，三卷，一冊，宋

刻本，潘祖蔭跋，存一卷，半葉八行十七字，小字雙行二十六字。建國後由翁之憙捐獻國家。

416 因話録六卷

海源閣藏。藻玉堂。

水部員外郎趙璘撰。開花紙精抄本，畫烏絲欄，左右雙邊，半頁九行十八字。

席鑑 朱方　玉 朱方　夕陽淡 朱方　汲古得 朱長方　開卷 朱方　彭城 白方　印川 朱方

私印　照　秋景　修綆　一樂　仲子氏

讀古人一書見一天地性 朱方　裹古 朱欖圓

虞山錢退一之讀書記 朱長方　珍玩　竹州 朱方、朱白方　未 朱方　海源閣 朱長

　　　　　　　　　　　　　　　　　子

海源一閣藏書 朱白方　瓿安 白欖　壽珊　汾 朱白方　未 朱方　奭齡鑑藏 朱長

　　　　　　　　　　　　　　　　　　室印 白方　臣　　　儀

【案】此本今不知藏於何處。弢翁雖見於藻玉堂處，但玉藻堂主王子霖《古籍善本經眼録》並未著録此本。

417 嘉隆新例附萬曆

宏雅堂前數年送閱，此始記之。

明本，白棉紙。萬曆六年止。吏例、户例、禮例，三卷。半頁十一行廿字，白口，單邊。

《訂補海源閣書目五種》之《海源閣宋元秘本書目補遺》（第710頁）著錄有「校精鈔本《因話録》六卷三册一函」，補「此本《隅録》未收。散出後去向不明」。當即此本。

418 新編博物策會十七卷

宏雅堂前數年送閱。

屏石戴璟著。明萬曆本，白棉紙。半頁十二行廿一字，白口，單邊。

重刊博物策會序。萬曆元年西蜀見、嵩劉翻序。

萬曆元年戴洵序。姪孫。

嘉靖十七年洪洞對霍山人李復初序。

嘉靖戊戌滸西山人康海德涵序。

嘉靖戊戌河濱逸史段炅序。

419 臞仙肘後神樞三卷

缺中卷。

明成化本，題大字占兩行，半頁十二行廿三字，黑口，四周雙邊。第二行題「前南極沖虛妙道真君臞仙編集」。

成化壬辰孟夏

餘慶書堂新刊 楷書木記，在目錄後。

嘉靖關中張治道序。

【案】國家圖書館古籍資源庫收錄有成化間殘本一部（04499），亦缺中卷，版本特徵與弢翁所記相同，或即此本。

附錄　歷年收書目錄

丙子新收書目[一]

負債巨萬，尚有力收書耶？姑立此簿，已遲往昔半月之期矣。丙子元宵，弢翁記。

正月

　左傳　　　　宋于氏本卷十四　　文禄　　一册　　二百十元

二月

　曹子建集　　景宋鈔本　送象高　　文林　　一册　　四十五元

　周易正義　　景宋本　　　　　　　沅丈　　四册　　一百元

三月

　張司業集　　景宋鈔本，清宮舊藏，張師誠進書　文禄　四册　四百元

　玉楮集　　　明鈔本，王漁洋跋　　文禄　　一本　　一百六十元

〔一〕按，丙子即1936年。

又三月	五經文字	附《九經字樣》。戴東原手鈔本	東萊 四册 三元
	水經注釋	趙刻，白紙初印	二十册 四十五元
四月	傅與礪文集	明洪武本	文禄 四册 二百四十元
	續古逸叢書五種		商務 五十四元
	毛詩正義	上函 景宋本	文求 一函 七十五元
五月	京大景印舊鈔本	第三、第四	同 二函 五十元
	真福寺書影		同 一函 十五元
	唐求詩	宋本，海源閣舊藏，黃跋	庚丈 一函 一千元
六月	江月松風集	翁又張手抄本，黃跋	庚丈 二册 四百元
	文殊指南圖讚	宋本，賈官人刊	文求 一卷 五百六十元
	京大影印舊鈔本	第五、第六	同 二函 五十五元
八月	唐人詩集	鈔本	藻玉 十册 二百元
	法華經	宋本，沈八郎刊	文禄 一册 一百卅元

稽神錄	黑格抄本，汲古閣藏	遂雅	一册 一百八十元
九月 京大印舊鈔本	第七、第八	文求	二函 五十六元
唐百家詩	景宋本	同上	一函 十三元五角
古器款識	沈竹東手抄本，汲古閣藏	文禄	二册 三百元
十月 玉照新志	鈔本	文禄	一册 二十元
吹劍錄	鈔本	文禄	一册 二十元
翠屏集	明成化本　售陳	文祐	四册 七十元
景宋本毛詩正義	下函	文求	一函 七十四元
開元天寶遺事	明活字本，黃跋。敬夫贈，海源閣舊藏		一函 三百元
十二月 景宋本黃善夫刻史記		商務	四函 七十五元六角
左傳	宋興國軍本，卷二十二	澄中	一册 二百元
姜白石詩詞	王茨檐手抄本	澄中	二册 三百元

滮水文集　　張立人手抄本，　　文禄　　四冊　　一百四十元
　　　　　　陳蘭鄰跋[一]

經韻樓叢書　　　　　　　　　　　　文禄　　十三冊　　七十元

山堂考索　　　宋小字本　　　　　　斐英　　十冊　　一百六十元

宋　二二六〇；鈔　二二六八；明　六一〇；新　六六八三；共五七二一。

今年財力不足以收書，然仍費五千七百餘元，結習之深，真不易解除也。所收書中亦自有可喜者，但給值稍昂耳。弢翁記。丙子除夕。

[二] 按《文禄堂訪書記》（第 401 頁）著錄此本，書名作《閑老人滮水文集》，抄錄陳氏跋文。今藏國家圖書館，著錄爲清抄本，清陳徵芝跋，四冊，半葉九行十七字。中華古籍資源庫收錄（08501）。此本不見《自莊嚴堪善本書目》著錄，當是在弢翁捐獻藏書前售出。

丁丑新收書目[1]

今年財力更不如去年矣，慎之哉。一月十一日，老弢記。

正月

孟東野集　周香嚴校宋本、跋，黃跋　文祿　二册　四百元

清史稿　換新本　　　　　　　　　　　　　　一百元

熊士選集　明嘉靖本　售陳　藻玉　一册　二十元

二月

龜巢集　宋賓王手校本、跋，藝芸書舍藏　朱[2]　四册　二百四十元

張處士集　明抄本，吳虞臣跋，内二卷葉林宗手抄　朱　二册　二十元

丁卯集　毛奏叔校宋本、跋　朱　一册　一百元

賈長江集　錢求赤校本、跋　朱　一册　一百七十五元

〔一〕按，丁丑即1937年。
〔二〕按，弢翁所記"朱"，當指朱文鈞（1882—1937），其後人所編《蕭山朱氏六唐人齋藏書錄》著錄此本。下文皆同。

四月

杜詩	《古逸》本，宣紙印	遂雅	八冊 二十四元
莊子 老子 荀子	《古逸》本，宣紙印	文祐	十三冊 六十三元
竹汀日記抄	章式之錄潘、劉批閱本	文林	一冊 五元
戴石屏集	明弘治本	遂雅	十冊 一百七十元
北狩見聞錄 北狩行錄 建炎復辟記	盧抱經校本	遂雅	一冊 四十元
采石瓜洲斃亮記		文林	一卷 八十五元
豐人叔手卷		文祿	三卷 一百五十元
金刻藏經	《高僧傳》四、五，《般若圓集義》	子敏	一冊 七百元
河岳英靈集	宋書棚本，毛子晉、季滄葦藏	宏雅	一本 六十元
鶴山長短句	勞、朱、吳手校	同上	一本 六十元
相山居士詞	勞校本	同上	一本 四十元
蘭雪集	抄本		

十二月

論語注疏	日本景宋本	文求 一函	六十六元
席上輔談	明鈔本，黃蕘圃跋，金少章跋。缺一頁	文禄 二本	五百元
賓退錄	沅丈	二本	五百元
邵氏聞見錄	明鈔本，孫岷自跋	同上 二本	二百元
	陳西畇校宋本	同上 四本	三百元

以上三書，用王注《蘇詩》海源閣藏相易。丁丑十二月十二日。

草堂雅集	陶刻	文禄 二册	三十元
書史會要	陶刻	文禄 四本	十元
孝經義疏	汪刻	文禄 十本	二十元

今年本無力收書，入秋以後世事不變，衣食且有匱乏之虞，更不暇及此。然一年所得書中亦有可喜者，宋本《河岳英靈集》更無意中得之。歲暮復以宋本王注《蘇詩》從沅丈易三書，亦頗快意。獨小除夕敬夫擬以宋監本《毛詩》五册見歸，以無錢謝之，殊可歎也。老歿記。除夕。

宋 七〇〇；元 一五〇；抄 七六〇；校 一四五五；明 一九〇；精 二一三；字 八五；普 一〇〇。共三六五三。

戊寅新收書目[一]

今年立志必收好書，記之以當息壤，老弢記。戊寅元旦。

史記　　宋百衲本　　甲申三月售，一萬一千五百元，購銅印　一匣

王郎天女雨花圖　王漁洋像　　　　　　　　　　　　　　一匣

此二種方地山先生質余家，子母相權約萬二千金。今方先生逝已經年，余亦無力購書，特登之冊首，聊以快意云爾。

二月

嘉祐集　　顧千里校宋本　　沅丈　二冊　四百元

此書余以明景宋鈔本《文苑英華》與沅丈相易，《英華》買價四百元也。

吳郡圖經續記　貝簡香、唐鷦安校本　　遂雅　一冊　八十元

唐舊書[二]　岑刻補印　　付一良　同上　四十八冊　二十八元

[一] 按，戊寅即 1938 年。
[二] 按，弢翁所書如此，作「唐舊書」。

月份	書名	版本	備註	冊數	價格
八月	禮記	景印余仁仲本		文求	二函
	顏氏家訓	何義門校宋本，有跋		文求	一冊 八十元
	玉篇	明弘治詹氏進德書堂本		文求	四冊 三十元
	華嚴經	宋鄂州本，卷三十四		范成師	一冊 五十元
	演繁露	《續古逸叢書》四十五			十六元
	梅花喜神譜	《續古逸叢書》四十六			六元
九月	雞肋集	明鈔本，卷二十一至末		欣夫	一冊 一百元
	梅花衲	剪綃集 抄本		德友	一冊 十二元
	賈長江集	潘椒坡錄何校本		德友	一冊 三元
	建炎復辟記	張元之手抄本		景文	一冊 三十元
十月	戰國策摘抄〔一〕	馮開之手抄，馮文昌跋		景文	一冊 二十元

〔一〕此本即本書前所著錄之《國策節本》（098）。

十二月

月泉吟社〔一〕	抄本	同上	一册 十元
月泉吟社	韓淥卿手抄本	同上	一册 十元
五代史	宋本,十三、十四	斐英	一册 四十元
周禮	劉氏景宋本	景文	十二册 十元
閒居錄	東嘯軒鈔本	同上	一册 二元
樂圃餘稿	鈔本	欣夫	四册 六十元
唐甫里先生文集	明成化嚴氏本	藻玉	二册 一百六十元
書目及裝訂		文祿	二十二元
遏雲閣曲譜		藻玉	一函 六元
劉隨州文集	盧抱經手校本,內二卷抱經手鈔	宏雅	一本 四十元
范德機詩集	鈔本,何心友跋	修文	一本 七十元

〔一〕按,此二部《月泉吟社》,詳見本書所著錄（099）。

徐文清公家傳　附《毅齋詩集別錄》，明正德本　宏雅　一本　十六元

今年立志不買書，所見之書以海源閣藏宋本《周易本義》、金晦明軒本節本《通鑒》爲最佳。歲暮移新居，乃收書數種，亦頗不惡，聊以慰情耳。老弢記。除夕。

宋九〇；鈔二四四；校六七三；明二〇六；精五〇；普五六。共一三一九。

己卯新收書目[一]

今年書運或可轉亨耶？當視財之豐嗇爲進退耳。元旦書，弢翁。

正月

書苑菁華　明鈔本，嘉靖崔深跋　欣夫　六冊　二百五十元

西京雜記　野竹齋本　修文　一冊　五十元

洛陽伽藍記　張紹仁校本　修文　一冊　七十元

二月

通鑑節要[二]　金張氏晦明軒本，毛氏、季氏遞藏，海源閣藏　敬夫　一函　一千三百元

監本毛詩　宋本，海源閣藏，存一至十一　敬夫　一函　七百元

名賢小字錄　明弘治本　藻玉　一本　七十五元

吳窓齋尺牘　　　七本　七元二角

[一] 按 '己卯' 即 1939 年。

[二] 按，此本即本書前所著錄之《增節標目音注精義資治通鑒》(251)。

廣韻校勘記			五本 三元二角
新書		商務	一本 六元五角
支那古版畫圖錄	四種		一本 十三元
新書		日本	一本 十九元六角
三月 白文公年譜	三種	景文	一本 二十二元
四月〔一〕 《放光般若經》《觀經》			二軸 四十五元
九月 六朝人寫經	日本印		一本 十二元
指微韻鑑	《張丞相列傳》《酈生陸賈列傳》日本景印		二本 十元
史記	日本景印		一本 三元五角
白氏文集第三	日本景印，前田本		一卷 十八元
秘府略			一本 七元
十月 富岡文庫善本書影			

〔一〕按，此下弢翁曾寫有書一種，又鉤抹去掉。

附錄　歷年收書目錄

五三九

十一月

敦煌畫之研究	卷三、卷四	二本 二十二元
白氏文集		二本 八元五角
古文孝經	日本印	一本 八元五角
大清仕籍全編	乾隆丙戌	四本 三十元

十二月

蛻庵集	子敏	一本 一千元
邵氏聞見後錄	遠、黃蕘圃校跋	一本 六百元
	陸其清手抄，王聞	
	黃蕘圃校跋	
衍約說	同上	一本 六百元
	宋本，伊墨卿、宋	
	芝山、阮文達跋	二本 六百元
却埽編	張訒庵傳黃校本，有跋	斐雲 一本 二百元

今年本無力收書，乃春初遇《陸鑑》《毛詩》，歲暮遇《衍約說》《蛻庵集》，不得不售股票收之，孰得孰失，正不易言耳。十二月二十日，老弢記於自莊嚴堪。是日啓乾孫周歲，家人聚飲，亦亂世一樂也。

宋 二六〇〇；鈔 三一七；校 一八七〇；明 一一二五；精 三〇；普 一三

九。共五〇八一。

除夕　儒志編　　　　明弘治本　　　　宏雅　一本　十二元

附錄　歷年收書目録

庚辰新收書目[一]

收書以緣爲重，今年倘得瞿氏書數種，與海源舊藏同珍，斯云幸矣。元日，弢翁記。

三月

唐周昉《盥手看花圖冊》 高江村題 一冊 三百五十元

石谿松風茅屋立軸 甲申三月售二千元，購銅印 一軸 二百元

注十疑論 日本景印本 一本 七元五角

黃蕘圃書跋 三開 一百五十元 景文

老子億 日本景印本 二本 二十二元

四月

當麻曼陀羅緣起 日本印 一卷 二十八元

漢書食貨志 日本印 一本 六元五角

[一] 按，庚辰即1940年。

八月

兩京新記	日本印	一卷 二十八元
百萬塔陀羅尼	日本印	一函 十三元
一神論	卷三 日本印	一本 五元
雙虞壺齋銅印	吳	一萬二千五百元
十鐘山房印舉	吳	五百元
銅印八方	官印 吳、寶林	三千〇九十元
周禮	景宋黃唐本 文祿	十六本 一百七十元
禮記	景宋黃唐刻本，藍印 文祿	二十四本 一百二十元
集古印譜	明本 邢	六本 九十元
金壺記	日本景宋本 修文	三本 十二元
書舶庸談	刻本 文祿	五本 十六元
古籀彙編	文祿	十四本 十八元
銅印十三方 瓦印一方	私印 吳、寶林	一千六百元

扇面	彝古	一頁　八十元
古鏡拓片	同上	一本　一百元
	藻玉	二本　十元
銅印　俞元丞印	寶林	一方　三百卅元
銅印		
填蠻軍司馬 100		三方　二百五十元
太宰左司馬印 50、校尉之印章 100		
蘭根草舍印存	宏雅	四本　二十元
凝清室古官印存　附羅福頤刻印		四本　二十元
敦復齋藏印	邢	一本　十二元
古銅印譜舉隅	邢	四本　十元

九月

石濤《巢湖圖》　　孫　　一軸　一千八百元

印四十二方　私印　每方十六元　寶林　四十二方　六百四十元

澂秋館吉金錄

十月

銅印	私印 每方十二元	寶林	六十二方 七百元
吳天章墨	十笏	榮寶	一軸 二百廿元
楊雪橋聯		同上	一副 五十元
張大千仕女		傳古	一盒 三百八十元
銅印	四方 令、軍中司空、役栩丞、制中參軍都尉	寶林	二百元
博雅	兩罍軒印考漫存	宏雅	二本 二十元
印	顧千里、黃堯圃校跋	斐雲	一本 一千五百元
漆印	四方 鄉、良平之印、朱強之印	寶林	一百六十元
印	張英白事	寶林、吳	一方 一千一百元
	商務新書		二百六十元
	二方 萬信王憲私印	寶林、吳	二方 二百五十元

附錄 歷年收書目錄

十二月

墨	二十四丸	雅鑑
陳仁先畫山水	一軸	二二九 三百十元
糖霜譜 都城紀勝	斐雲	七十元
釣磯立談	一本	五百元
漢書 張紹仁校北宋本 堯圃校跋 何小山、黃	二十本	四百元
墨 一丸 曹素功	英古	三十元
印 七方 秦印二、四角胡王、私印三軍曲侯之印	雅鑑	三百元
困學紀聞	景文	四本 四十元 退
印譜七種	景文	一百廿五元
文徵明書盤谷序 張晴嵐補圖	集粹	一卷 三百元
沈子培詩箋	雲山	兩開 三十元
全相平話 景元本	斐雲	四本 十五元

今年收書只三種，而價極昂，可云運蹇矣。銅印字畫皆非所宿好，乃獨多費，豈初意哉？十二月二十七日，老弢誌。

校 二五九〇；印 二二一二〇（內吳一二五〇〇加六一六〇）；譜 七九七；墨 七二〇；畫 三三〇〇；景 四五四；新 二七六。共 二九一五七。

辛巳新收書目[一]

客歲耗財力於銅印、字畫，分買書之力，亦因未見好書耳。瞿氏書不知有緣得數種否？正月初十日，老弢誌。

一月

蒙求	日本景印卷子本	玉英	一卷	六元
神會錄	日本景印唐寫本	同上	一本	九元五角
法華經	日本照相本	同上	一函	五十元
尊經閣文庫漢籍書目		同上	一本	二十二元四角
天平文化展圖錄		宏雅	一本	七元
法華經	乾隆藏經紙本	同上	七本	七十元
金文拓本		雲山	一本	一百六十元
康熙書畫		金	二開	二百元

二月

[一] 按，辛巳即1941年。

三月

紫檀盒		一個	四十元
山谷詩注	宋本,十五至十七	金	一個 四十元
顧千里詩册		修綆	一本 六百元
文選卷		同上	一册 三百元

四月

古鉢	日本景印	同上	一册 三十元
○戴静齋遺書〔一〕		王	一方 三百五十元
封氏聞見記	秦刻	友仁	一本 十元
漢書地理志補注	景印本	友仁	一本 三十元

五月

三代吉金文存	景印本	友仁	二十本 一百十元
河南安陽遺寶		傅	二十本 二百四十五元
遊仙窟	景印本	玉英	一本 二十五元
漢書食貨志	景印本	同上	一本 八元五角
		同上	一本 八元五角

〔一〕按,弢翁在此本前加圈,《自莊嚴堪善本書影》未著録此本,當在後來賣出。

白氏文集第四 景印本	同上	一本　六元
篁齋集古印譜 神州國光社印	宏雅	一本　四十元
又	友仁	四本　十元
漢書地理志補注〔一〕 此册送徐丈	友仁	二十本　一百十元
戴靜齋遺書	同上	一本　三十元
漁陽說部精華	友仁	四本　二十元
印二方 漢溧陽侯、宜子孫玉印	寶林	二方　一百二十元
歷代紀年歷〔二〕 述古堂鈔本	修綆	一本　三百元
尚書通檢		一本　一元
古籀餘論		二本　三元
尚書駢枝		一本　一元二角

〔一〕按，此本已在是年四月記錄，此處重出，弢翁在書名右上加標，以示重複。

〔二〕按，此書書名爲《歷代紀元歷》，見於《自莊嚴堪善本書影》。

甲骨文編		五本 廿元
殷契卜辭		三本 十四元
頌齋吉金圖錄		一本 十四元
頌齋吉金續錄		二本 三十元
養齋彝器圖錄		三本 三十元
外海吉金圖錄		三本 四十二元
武英殿彝器圖錄		二本 三十元
西清彝器拾遺		一本 七元
新鄭彝器		二本 十二元
濬縣彝器		一本 八元
雙劍誃古器物圖錄		二本 六十元
歷代彝器通考		二本 七十元
四王鉢	上海	四方 一千三百元
伏盧攷藏鉢印	上海	十本 七十元

附錄　歷年收書目録

五五一

六月	河南安陽遺物研究	藻玉	一本　二十七元
	柗禁考古學的考察	同上	一本
	正倉院考古記	同上	一本
	二百家名賢文粹 宋本，二卷，付珏良	斐雲	一本　二百廿元
	夏劍丞畫		一軸　一百九十二元
又六月	印	雲山閣	五方　四百五十元
七月	玉印 十四年十一月給銀，吳賈之玉石一，泥二 妾詧	雅鑑	一方　九百千元
	玉牌	同上	一枚　二十元
	印盒	同上	八枚　四十元
	玉印 日本景印本	玉英	三十本　九十元
	藏經音義隨函錄	同上	二十元
	泰東巧藝百選 日本印本		
	十二金符齋印存	景文	二本　二百四十元

五五二

梅宛陵集	明正統本 售陳宏雅	七本	二百四十元
印譜二部	道州何氏、永年周氏 景文	二十本	二百元
開花紙	送巢十頁 景文	六百葉	一百八十元
貞松堂吉金圖	藻玉	三本	五十元
顧氏畫譜	修絸	四本	五十元
河南安陽遺物研究〔一〕	藻玉	一本	二十七元
枕禁考古學考察〔二〕	景印本	一本	九元

八月

中國板畫集	集粹	一卷	三百元
方蘭坻貞松介石卷	同上	四方	四十元
石印	雲山	一方	八十元
石硯	同上	一本	九元
印譜二部	修絸	二函	一百元
	初、二		

〔一〕按，此本屬於重複著錄，已見於同年六月，弢翁在書名前加符號提示。

〔二〕按，此本亦屬重複著錄，已見於同年六月。

附錄　歷年收書目錄

五五三

九月

古鈔本文選　日本景印本　一卷　二十七元

十二月

鈎印　　　　　　　　　　一枚　九十元

羅氏印書　　　　　　　　　　　三百元

盛明雜劇三編　　　　　　一函　一百元

師山先生文集　　明初本　二本　三百元

思庵文粹　　　　文祿　　二本　二百元

喜詠軒叢書　　　同上　　五套　一百廿元

百川書屋叢書　　　　　　一函　五十元

紫檀筆筒　　　　　曹彬侯手抄本

　　　　　　　　　董刻藍印

　　　　　　　　　修綆

金耿庵款　　　　雅鑑　　一枚　二十五元

雅鑑

今年收書極少，而書畫古印所耗且逾半數。惜哉見宋蜀本《莊子》、大字本李注《法言》、余仁仲本《禮記》爲財力所限，皆不能得。《禮記》更交臂失之，古緣不厚，無可如何耳。十二月二十三日，弢翁記。

宋 八二〇；元 三〇〇；明 二四〇；鈔 五〇〇；印 三三一〇；譜 五六

〇;畫 一一五二;玩 四二五;景 一四〇〇;精 三四〇;普 二二四。共…九一七〇。

景良所購敦煌寫本附記於此

論語　　四百五十元　　草書　　三百五十元

故舊帖　四百元　　　　戶口單　三百元

社轉帖　一百元　　　　信稿　　二百元

駱券　　二百元　　　　詩　　　五十元

六祖偈　五十元

附錄一 歷年收書目錄

五五五

壬午新收書目[一]

今年財力不足於衣食，豈能收書，恐成虛願耳。正月十七日，弢翁記。

正月　景君碑　明拓　　　　　　　　　一本　二百五十元

二月　古鉢　　　　　　　　　同上　　　一方　五百元
　　　印　　　　　　　　　　柏恭一、蠟封一　同上　二方　二百五十元
　　　見聞隨喜室印集　　　　　　　　　文求　　一本　六十元

三月　虞夏贖金考釋　　　　　手稿本，鮑子年、吳清卿跋　王氏　一冊　二百元
　　　○古錢　　　　　　　　永樂通寶金、至元通寶銀　王氏　二枚　二百元
　　　禮記　　　　　　　　　宋余仁仲本　　　富晉　三本　一萬元

[一] 按，壬午即1942年。

此書去歲爲友人所誤,失之交臂。今歲售明本書百種易錢收之,其值昂於去歲者二倍也。

五月

銅印	房梁	一方	一百十元
硯林脞錄		一函	四元
校碑隨筆	付景良	二本	五元
李賀歌詩	仿宋刻	二本	七元
虛齋名畫錄		十六本	十五元
魏三字石經集錄	茹蘅	一本	十二元
河南吉金圖志賸稿		一本	十八元
甲骨文錄		二本	十五元
續殷文存		二本	二十四元
漢武梁祠畫像錄		二本	十二元
誠齋殷墟文字		一本	十八元
廣雅疏義	日本景印本	十二本	三十六元

附錄　歷年收書目錄

五五七

天一閣書目内編		同上	四本 十元
聖武天皇宸翰賢愚經		日本	一本 五元
杜家立成雜書要略		日本	一本 五元
吉金文選		宏雅	三本 十一元
殷契遺珠		宏雅	三本 三十元
鐵雲藏龜零拾		同上	一本 五元
流沙墜簡	付珏良	同上	三本 二十六元
伊闕石刻圖錄		同上	二本 五十元
元明雜劇		景印本	六本 四元八角
六泉十布拓本		景印本	一本 一元六角
寶祐四年會天曆		景印本	一本 一元六角
○南畫大成		景印本 售	一本 文粹
古泉大辭典		茹香	二本 二百五十元
明清插圖本圖錄		同上	一本 五十六元
		同上	一本 十元

柏根氏藏甲骨		一本	八元
文字考釋			
六月			
梅溪先生文集	明本，四庫底本	同上	
武安王集	明本	友仁	二十本 二百六十元
○名花百詠三種〔二〕	明本 丙戌售去	同上	三十元
崔清獻言行錄	明本	同上	一本 十元
十竹齋箋譜	鄭氏覆本	同上	一函 一百廿元
中國版畫史	鄭氏印本，第三集		一函 五十元
八月			
周禮註疏	董刻藍印	藻玉	一函 一百二十元
○李山農金文拓本	送鼎甥	雅鑑	二本 六十元
景印舊鈔本	十九集	日本	二函 六十六元
九月			
玉印		雅鑑	二方 一千七百廿元
		郭建楊玉	

〔二〕據弢翁《古書經眼錄》，此三種爲：《誠齋牡丹百詠》一卷、《誠齋梅花百詠》一卷、《誠齋玉堂春百詠》一卷。

李山農金文拓本[一] 二本 六十元

十一月

鉛印、綠松石印 二方 二百八十元
銅印 二方 一百元
殷周青銅器 東亭武侯、探賢
銘文研究
銅押 送金、穆各一方
王兵戎器秦璽 藻玉 一函 十五元
明墨 寶山 六方 三十元
吕晚村家訓真跡 榷古 一方 二千元
葉公侶 雅鑑 二丸 五十五元
宋人寫經册 宏雅 二本 二十元

十二月

皮子文藪 渠宅 一册 二百三十元
明嘉靖本 同上 一本 三百四十五元

[一] 弢翁重複記錄，標注刪去。

賣書買書情其可憫，幸札記爲我所得，差堪自慰。衣食不足，非所計及矣。古印亦多佳品，雖費當弗校也。歲暮復得《皮子文藪》，爲十八年前易錢營奠之書。回首前塵，曷勝悽愴。小除夕，弢翁記。

宋 一〇〇〇；明 六七五；印 四九九〇；碑 七四〇；玩 三一五；景 九〇三；普 一二八。共 一七七五一。

癸未新收書目[一]

年來頗收古印，財力既分，古書所得益希。今年苟遇秘笈，不可輕易放過也。正月初三日弢翁記。

正月

揭文安文粹	明天順本	一本 三百元
范東明手跡	同上	一本 二百元
東洋美術論考	茹香	二本 四十四元
樂學軌範	景印高麗本	一函三本 二十一元
十朝詩乘	同上	十二本 二十元
山東金文集存	同上	一本 十元
甲骨叕存	同上	一本 八元
滄浪吟卷	鈔本，黃蕘圃跋	渠氏 二本 七百元

[一] 按，癸未即1943年。

二月	齊乘	明本	一甫丈	六本 三百元
	○明人尺牘	售去		一册 二百元
	所安遺集	鈔本，知不足齋藏	蜚英	一本 五十元
三月	齊乘	鈔本，李文藻校	茹香	六本 八十五元
	一神論	日本印本	同上	一本 十八元
	漢晉西陲木簡彙編	珂羅板	同上	一本 三十元
	書契淵源		同上	五函 五十五元
	十友名言		同上	一本 十五元
四月	環溪詩話	明抄本	森玉	一本 三百元
	三教出興頌注	日本五山本	同上	一本 三百元
	說苑	洪武本，存十一至二十	同上	二本 一百元
	蔡中郎集		同上	二本 一百元
	古逸叢書零本	徐森玉校本	同上	一百元

附錄　歷年收書目錄

五月	永樂大典	石印本	茹香 一本 五元
	孔子家語句解	元本	友仁 二本 五百五十元
	帶鉤研究		藻玉 一本 二十五元
	墨緣彙觀	日本印	同上 十二
	○瓦量	贈送北京大學	季木 四本 二千元
八月	簠齋尺牘		同上 五百元
	玄覽齋叢書		宏雅 三百元
	造像拓本		茹香 十二本 九百元
	唐人寫經		同上 五卷 六百五十元
十月	銅印	龍驤將軍章 銀印	王君 一方 一百五十元
			茹香 二本 三十元
十二月	東方文化研究所目錄		巢 一方 五百六十元
	玉印	明	巢 一方 二十元
	銅印	趙福印	
	甫田集	文休承手抄	謝 十冊 七百元

銀印　　　揚義都尉　　權古　一方　　一千五百五十元

明清藏書家尺牘　　　　修綆　四本　　一百元

高麗紙　　　　　　　　宏雅　十二張　一百四十四元

今年財力益窘，古書無銘心絕品，惟四弟瓦量幸不流入他人手，差足自慰耳。小除夕老弢志。

○○○；宋 三○○；元 五五○；明 八○○；鈔 二○三五；印 一三八○；瓦 二○○○；書 二三九○；紙 一四四；普 七九一。共…一一九○。

甲申新收書目[1]

舉債度日，遑論收書。雖見佳籍，恐亦無命可拌矣。正月初二日弢翁記。

三月

古銅印　膠西柯氏藏一百九十七方　一九七方　四萬元

○黃楊集　明本，士礼居藏。丙戌售去。　謝　四本　一百六十元

爾雅疏　開化紙印　同上　三本　一百元

馮定遠集　　同上　一函　五十元

呂氏春秋　朱彬校　同上　一函　二十元

又四月

心賦注　元本，又玄齋、海源閣藏　二本　李十兄贈

高太史大全集　明景泰本，葉文莊跋　十本　李十兄贈

[1] 按，甲申即1944年。

傅與礪詩集　　　　　　明洪武本，徐興公跋　　四本　李十兄贈

○禮部韻略　　　　　　元徐氏一山書堂
　　　　　　　　　　　本　贈謝剛主　　　　二本　李十兄贈

八月　銅印四方　　　　保虎圈、納言右
　　　　　　　　　　　命士中、魯典書
　　　　　　　　　　　令、漢匈奴左夫
　　　　　　　　　　　除渠日逐　　　　權古　　四方　　八千元

九月　中國板畫史　　　　　　　　　　　文彙　　一函　　三百元
　　　第四集

　　　鄭氏彙印傳奇　　　第一集　　　　　同上　　二函　　四百元

十一月　趙清獻公集　　　宋本，缺序目，
　　　　　　　　　　　汲古閣藏　　　　來薰　　九本　　一萬四千五百元

今年舉債以重值收柯氏藏印及《趙清獻集》，復貶價售啟新股票以償之，得計與？失計與？見宋湖頪本《論語集說》、元雪窗本《爾雅》而不能得，元本《禮部韻略》得而復失，皆憾事也。小除夕謝剛主兄介徐氏子以宋岳刻本《左傳》卷第一求售，此正余本所逸，索價

奇昂,未卜能珠還劍合否耳。除夕弢翁記。

宋 一四五〇〇,元 一六〇,明 四八〇〇〇,普 八七〇。共六三五三〇。

乙酉新收書目[一]

今年不求得新本,只願能保舊藏本。《左傳》卷一,初三日又爲徐氏取回,眠食不安者久之,結習之深如是。初六日未弢記。

六月　春秋繁露　　明蘭雪堂活字本　鼎甥　四本　二萬八千元
　　　○玉篇　　　　元建安蔡氏本　　翁一　　　二萬元
　　　○廣韻　　　　元余氏雙桂書堂本　氏匪

今年只收書二種,可歎之至,衣食尚有不足之虞,即有好書,力豈能勝哉。海源閣書九十餘種歲暮歸北平館,爲好書慶得所也。除夕記。弢翁。

[一] 按,乙酉即 1945 年。

附録　歷年收書目録

五六九

丙戌新收書目[一]

今年無收書之力，但不知書福何如耳。初三日老弢記。

四月　廣川書跋　叢書堂抄本，葉石　宏雅　二本　十萬元
　　　　　　　　君跋，士禮居藏

五月　廣川畫跋　明抄本，士禮居藏　同上　一本　五萬元
　　　韋蘇州集　宋棚本，存五至十　同上　一本　十二萬元

六月　〇雲麾碑　　　　　　　　　慶雲　二本　給一良
　　　　　　　　二部
　　　衛景武公碑　　　　　　　　　同上　一本
　　　歐陽詢小楷帖　　　　　　　　同上　一本
　　　緙絲麻姑　　　　　　　　　　同上　一軸

共五件，金一兩，合廿一萬元，現五萬元。

[一] 按，丙戌即1946年。

八月　漢曹氏六面印　　　　　　　　　　　慶雲　一方　　　　二十五萬元

九月　漢印　　　　　　　　　　　　　　　傅大祐　八十五方　五十二萬元

十月　漢印　　　　　　　　　　　　　　　顧德盛　三方　　　三萬元

十一月　唐人寫經　　
官印二方、銀印二方、私印十七方　　同上　　廿一方　五十一萬元

天保、開皇合一卷　劉氏　八卷　二百萬元

銅器泥坯　　　　　　　　　　　　　　　　　　　　　　　　　　　　　　　　　　　　　　
存泥、坯及雞首器餘送鼎甥　　　　　八種　　六十萬元

十二月　左傳　　　　　　　　　　　　　　宋岳刻本，卷一　徐氏　一本　合金一兩，四十萬元

今年收書四種，而《左傳》卷一來歸，尤可欣慰。惟以《永樂大典》二册易錢收銅器、泥坯、漢印、唐經，爲得爲失，未可知耳。除夕叜翁記，時雪花亂飛，庭院冷寂，意良適也。

丁亥新收書目[一]

今年收書之福不可知，但願天下太平，宇內無事，舊藏得永保耳。弢翁記。初

一日。

二月　銅印　　　　　　鼎甥購贈

三月　十二金符齋印譜　　　　　　柯　　　四冊　　二十萬元
　　　宋官印　　　　　　唐代收　一方　　十五萬元
　　　金官印　　　　　　同上　　二方　　十二萬元
　　　銅印　　　　　　　孔福楊惲　一方　　十萬元
　　　周禮　　　　　　　元殘本，士禮居藏　文淵　四本　　四百十萬元
　　　銅印　　　　　　　傅大祐　七方　　廿萬元
　　　銀印　　　　　　　同上　　四方　　十六萬元

銅印　　　　　　　　　　唐代收　十方　　三十二萬元

[一] 按，丁亥即1947年。

五月

隋唐官印	四方	唐代收 四方 一百一十八萬元
金官印	二方	同上 二方 十八萬元
古鉨	四方	傅大祐 四方 七十二萬元
漢印	五方 王留君等	同上 五方 二十萬元
漢印	五方	同上 五方 十五萬元
漢官印	屬儋左尉、屬始長、晉高句麗率善仟長	通古 三方 一百萬元
古鉨集林初、二集		柯代 十二本 十二萬元
古鉨	四方	傅 四方 六十萬元
官印	四方 宿夜間田宰、曲陽令印、樂鄉、定庫	柯代 四方 一百四十萬元
宋官印	永和縣印	唐代 一方 廿四萬元
明官印		蕭 一方 九萬元
金元官印		蕭 四方 五十萬元

附錄　歷年收書目錄　五七三

漢印		傅	四方 二十四萬元
古鉢	甫陽魯市鉢	蕭	一方 一百八十萬元
銀印	掃難將軍章、史勛	同上	二方 一百八十萬元
八月			
漢印十方 元印六方		同上	十六方 八十萬元
三十字漢印		蕭	一方 三百萬元
稽庵古印箋		柯	四本 二十五萬元
唐印	清河、柱國楊□□印	柯	二方 二十五萬元
九月			
印十二方		傅	十二方 九十五萬元
銅印	十二方，平陽君印 3、扁令之印 5	蕭	十二方 四百七十萬元
銅印	討薉辦軍印、瀘江亭間田宰	傅	二方 四百十萬元
十月			
運甓軒印存		柯	一本 二十萬元
瓦印	馬車舍	傅	一方 八十萬元

銅印　　　農司馬印　　　柯　　一方　　一百六十萬元

漢匈奴惡適姑夕且渠(200)、太醫司馬(200)、助郡都尉章(150)、禆將軍章(100)、晉歸義羌王(100)、平□將軍章(100)

十一月　銅印　　　六方　　八百五十萬元

將軍章、二百蘭亭齋印存、二百蘭亭齋官印考、印郵

十二月　印譜　　　　　　　四百萬元

今年耗財力於古印及印譜，而以明本書二種易米，良可歎也。弢翁除夕記。

戊子新收書目[一]

今年本無力收書，因見元本《爾雅》而拼命，遂賡續此簿。三月弢翁記。

二月　爾雅　　　　　　　　　　　一匣　三千六百萬元

三月　唐宋元官印　海源閣藏，藻玉　一匣　三千六百萬元

　　　五代人信稿　　　　　文禄　　一紙　三百萬元

　　　洗桐齋印譜　　　　　遂雅　　三本　一百萬元

　　　敦煌石室秘籍留真新編　　　　殘　　三本　鼎甥贈

九月　古鉢　　　　　　　燕匋館　　八十三方　銀一千元合金十兩

十月　清波雜志　　　　　宋本　　　四本　合金十六兩五錢
　　　　　　　　　　　　　　　　　　　　三千三百金元

〔一〕按，戊子即1948年。

瑟譜　　汲古閣鈔本，黃跋　忠厚　一本　　合金二兩五錢，五百金元。鼎甥贈

十一月

印三方　鞏右尉印（150）、武毅將軍印（100）、瑪瑙押（100）　顧雅鑑　　三百五十金元，合金一兩餘

印九方　左譽桃支、妾胥、北安邑丞私印六方　　九方　　一千一百金元，合金三兩餘

法幣改金元，黃金不能私藏，余手中僅存二十餘兩，遂用以換書與印，得乎？失乎？未可知也。十二月十三日圍城中弢翁記。

8612_7 錦
25 錦繡萬花谷別集　　215

8680_0 知
23 知稼詞　　　　　　088
　　知稼翁詞集　　　　092

8712_7 釣
12 釣磯立談　　　　　276

8810_2 簠
00 簠齋印集　　　　　285

8810_8 笠
36 笠澤叢書　　　　　048

8822_8 竹
77 竹居癡語　092

8850_3 箋
30 箋注陶淵明集　　　39

8856_2 籀

50 籀史　　　　　　　020

8872_7 節
44 節孝先生事實　　　014

8877_7 管
17 管子　　　　　　　047

8890_2 策
37 策選　　　　　　　191

8890_3 纂
60 纂圖互注南華真經　309

9

9022_7 尚
50 尚書　　　　　120,294

9188_6 類
23 類編層瀾文選　　　303

9488_1 烘
90 烘堂集

7621₅	朥	
22 朥仙肘後神樞		419

7722₀	月	
26 月泉吟社		099

7740₁	聞	
37 聞過齋集		367

7760₁	周	
35 周禮		406
60 周易參義		378
周易本義		336
周易兼義		335

7778₂	歐	
76 歐陽文忠公居士全集		094

7790₄	閑	
00 閑齋琴趣外篇		178
77 閑閑老人滏水文集		229

7790₇	閒	
30 閒適劇談		143

7810₂	監	
50 監本纂圖春秋經傳集解		385

7810₂	鹽	
83 鹽鐵論		278

8

8000₀	人	
27 人物志		341

8010₉	金	
10 金石古文		306
17 金子有集		188
44 金荃集		136
金華文統		304
72 金剛般若波羅蜜經		247

8022₁	前	
22 前後漢書		151

8022₇	剪	
29 剪綃集		249

8055₃	義	
17 義勇武安王集		319

8090₄	余	
50 余忠宣集		013

8315₀	鐵	
22 鐵崖文集		325

6090_6 景
24 景德傳燈錄　　　　393

6338_4 默
00 默庵安先生文集　　110
　　默齋遺稿　　　　112

6401_2 曉
00 曉庵先生遺書　　　126

6702_0 明
50 明書傳集　　　　　016

6706_2 昭
67 昭明太子集　　　　172

6708_2 吹
82 吹劍錄　　　　　　212

7

7121_2 歷
23 歷代紀元曆　　　　284
　　歷代鐘鼎彝器款識法帖 161

7178_6 頤
90 頤堂先生糖霜譜　　087

7210_0 劉

30 劉賓客文集　　　　141
74 劉隨州文集　　　　258

7222_1 所
30 所安遺集　　　　　071

7222_7 陶
05 陶靖節集　　　　　327

7277_2 岳
76 岳陽風土記　　　　347

7410_0 附
26 附釋文互注禮部韻略　356

7421_4 陸
23 陸狀元集百家註資治通鑒
　　詳節　　　　　　001
30 陸宣公文集　　　　389
35 陸清獻公文集　　　326

7424_7 陵
76 陵陽先生詩　　　　111

7529_5 陳
26 陳伯玉集　　　　　096
77 陳眉公吳寧野精校青蓮露
　　六牋　　　　　　237

5602₇ 揭
00 揭文安公文粹　　　350

5602₇ 揚
17 揚子法言　　　293

5811₂ 蛻
22 蛻巖詞　　　090

6

6010₄ 墨
34 墨池編　　　408

6011₃ 晁
72 晁氏琴趣外編　　　179

6012₇ 蜀
44 蜀檮杌　　　379

6015₃ 國
01 國語　　　004,152
50 國史唯疑　　　024
88 國策節本　　　098

6021₂ 四
00 四六談塵　　　056
50 四書或問　　　365
　　四書箋義　　　085

67 四明志　　　208

6022₇ 易
25 易傳　　　402

6033₆ 思
00 思庵文粹　　　298

60430 吳
10 吳下冢墓遺文　　　397
17 吳郡志　　　192
43 吳越春秋　　　363
44 吳地記　　　102
47 吳都文粹　　　190
50 吳中水利通志　　　338

6060₀ 昌
10 昌平山水記　　　274
27 昌黎先生文集　　　375,413
　　昌黎先生集　　　370,414

6060₂ 呂
50 呂忠穆公奏議　　　055
72 呂氏春秋　　　330

6080₄ 因
02 因話錄　　　416

00 增廣注釋音辯唐柳先生集		19 青瑣高議	121
	118, 167		
88 增節標目音注精義資治通鑒	251	5033_6 忠	
		78 忠愍公詩	343

4895_7 梅
07 梅詞	125	5060_3 春	
17 梅磵詩話	062	29 春秋經傳	403
32 梅溪先生文集	328	春秋經傳集解	407
44 梅花衲	249	春秋金鎖匙	223
77 梅屋詩餘	125, 175	春秋繁露	271

4930_2 趙
35 趙清獻公文集	376	5090_6 東	
		26 東泉誌	128
		33 東浦詞	082
		60 東國史略	028

4942_0 妙
27 妙絶古今	310	5320_0 咸	
34 妙法蓮華經	209, 340	10 咸平集	181
		30 咸淳臨安志	025, 184

5

5000_6 史		5322_7 甫	
07 史記集解	026	60 甫田集	146
37 史通訓詁	324		
		5402_1 猗	
5010_6 畫		77 猗覺寮雜記	168, 222
21 畫上人集	221		
		5408_1 拱	
5022_7 青		26 拱和居士詩集	195

4422₇ 蘭
00 蘭亭續考　　　　　115
10 蘭雪集　　　　　　134

4430₇ 芝
20 芝秀堂鈔澄懷錄　　079

4439₄ 蘇
77 蘇學士集　　　　　234

4440₆ 草
90 草堂雅集　　　　　354

42427 嫣
50 嫣蜼子集　　　　　194

4471₇ 世
24 世德堂六子　　　　156

4477₄ 甘
26 甘白先生文集　　　063

4491₄ 杜
30 杜審言集　　　160,380

4491₄ 桂
51 桂軒詩集　　　　　292

4492₇ 菊
51 菊軒樂府　　　　　092

4541₀ 姓
72 姓氏急救篇　　　　300

4599₂ 隸
24 隸續　　　　　153,288
26 隸釋　　　　　　　153

4690₀ 相
22 相山居士詞　　　　133
30 相宅管說　　　　　054

4691₄ 桯
50 桯史　　　　　　　022

4692₇ 楊
25 楊仲弘詩集　　　　207

4742₇ 朝
28 朝鮮志　　　　　　127
67 朝野類要　　　040,041

4750₆ 韋
44 韋蘇州集　　　　　231

4816₆ 增

詳解　　　　　　　　171
77 太學博士陳用之入經論語
　　全解十卷　　　　　　084

大
00 大唐西域記　　　　　066
20 大乘百法明門論解　　165
43 大戴禮記　　　　　　337
60 大易粹言　　　　　　296

4010₄ 圭
43 圭塘欸乃　　　　　　242

4010₆ 查
44 查藥師手鈔陶杜詩選　089

4022₇ 南
21 南征紀略　　　　　　267
30 南宋院畫錄　　　　　006
　　南濠居士文跋　　　　065
44 南華真經　　　　　　290

4040₇ 李
00 李文山詩集　　　　　144
10 李石疊集　　　　　　154
21 李衛公文集　　　203,351
17 李羣玉集　　　　　　257
72 李氏易傳　　　　076,077

4046₄ 嘉
77 嘉隆新例附萬曆　　　417

4060₀ 古
00 古文尚書冤詞補正　　149
50 古史　　　　　　　　116
77 古賢小字錄　　　　　264
80 古今律曆考　　　　　142
　　古今紀要　　　　　　010

4064₁ 壽
43 壽域詞　　　　　　　088

4094₈ 校
10 校正新刊標題釋文十八史略
　　　　　　　　　　　137

4141₂ 姬
24 姬侍類偶　　　　　　344

4196₄ 栖
16 栖碧先生黃楊集　　　404

4410₂ 藍
60 藍田呂氏遺書　　　　036

4412₇ 蒲
00 蒲庵集　　　　　　　273

20 漢雋		206	76 洛陽伽藍記		415
50 漢書		151			

3510₇ 津
50 津夫詩鈔　　　　　166

3521₈ 禮
07 禮記　　　　　　033,384
30 禮注彙辯　　　　　067

3522₇ 清
31 清河書畫舫　　　　078
34 清波別志　　　　　270

3530₈ 遺
22 遺山先生詩集　　　243

3612₇ 渭
22 渭川居士詞　　　　092
40 渭南文集　　　　　398

3711₇ 澠
12 澠水燕談錄　　　　282

3714₇ 汲
40 汲古閣題跋　　　　052

3716₄ 洛

3722₇ 初
30 初寮詞　　　　　　092

3780₆ 資
33 資治通鑒　　　　　374

3810₉ 瀅
12 瀅水文集　　　　　053

3830₆ 道
60 道園遺藁　　　　　391
95 道情鼓子詞　　　　125

3850₇ 肇
43 肇域記　　　　　　074

4

4000₀ 十
30 十家宮詞　　　　　283
40 十七史詳節　　　　316

4001₇ 九
43 九域志　　　　　　070

4003₀ 太
21 太上靈寶感應篇三教至言

3060_9 審
00 審齋詞　　　　　　088

3080_6 寶
10 寶晉英光集　　　　139

3080_6 寶
72 竇氏聯珠集　　　　027

3090_4 宋
10 宋元人詞七十家　　211
17 宋丞相李忠定公奏議　362
20 宋季三朝政要　　　410
21 宋貞士羅滄洲先生集　042
24 宋待制徐文清公家傳　262
35 宋遺民錄　　021,147,230
77 宋學士文粹　　　　145

3111_2 江
30 江淮異人錄　　　　269
40 江南野史　　　　　003

3112_0 河
72 河岳英靈集　　　　241

3116_1 潛
21 潛虛　　　　　　　386

3119_4 溧
76 溧陽路總管水鏡元公詩集
　　　　　　　　　　268

3212_0 淵
21 淵穎吳先生集　　　399

3214_7 浮
21 浮溪集　　　　　　297

3219_4 灤
00 灤京雜詠　　　　　091

3318_6 演
10 演雅　　　　　　　112
22 演山先生詞　　　　132
88 演繁露　　　　　　064

3330_9 述
60 述異記　　　　　　371

3411_3 湛
32 湛淵靜語　　　　　061

3413_1 法
50 法書攷　　　　　　008

3413_4 漢

2691₄ 程
72 程氏演繁露　　　　　　272

2710₂ 孟
17 孟子　　　　　　　　　299
50 孟東野詩集　　　　　　093

2710₂ 盤
32 盤洲樂府　　　　　　　176

2710₃ 丞
46 丞相魏公譚訓　　　　　395

2711₇ 龜
22 龜巢稿　　　　　196,227
　　龜山先生集　　　　　329

2721₀ 佩
20 佩觿　　　　　　　　　034

2721₂ 危
40 危太樸雲林集　　　　　382

2722₇ 角
44 角葉全譜　　　　　　　018

2733₇ 急
03 急就篇　　　　　　　　037

2762₇ 司
30 司空表聖文集　　　　　392

2772₀ 幻
00 幻庵詩　　　　　　　　273

2788₁ 疑
12 疑砭錄　　　　　　　　058

2795₄ 絳
10 絳雲樓書目　　　　　　005

2824₇ 復
40 復古編　　　　　　　　164

2829₇ 徐
44 徐孝穆文集　　　　　　109

3

3010₂ 空
37 空洞詞　　　　　　　　092
77 空同先生集　　　　　　318

3010₆ 宣
26 宣和奉使高麗圖經　　　219

3011₄ 注
33 注心賦　　　　　　　　012

2131₂ 經
30 經進新註唐陸宣公奏議　　245
87 經鉏堂雜志　　059

2172₇ 師
22 師山先生文集　　295, 364
88 師竹堂集　　279

2222₇ 僑
00 僑庵詩餘　　092

2224₇ 僑
34 後漢書　　151

2233₁ 熊
40 熊士選集　　233

2249₃ 孫
90 孫尚書內簡尺牘編注　　322

2271₀ 比
10 比玉集　　260

2277₀ 山
30 山窗餘稿　　124
80 山谷詩注　　281

2290₄ 樂

43 欒城集　　360

2290₄ 樂
00 樂府雅詞　　046

2421₂ 先
30 先進遺風　　265

2495₆ 緯
67 緯略　　187

2520₆ 使
10 使西日記　　081

2760₃ 魯
00 魯齋王文憲公文集　　287

2540₀ 建
90 建炎復辟記　　100, 238

2590₀ 朱
20 朱絃集　　197

2600₀ 白
10 白雪齋選訂樂府吳騷合編
　　345
　白雲集　　057

1660₂ 碧
10 碧雲集　　　　　　　257

1661₂ 硯
12 硯北雜錄　　　　　　122
88 硯箋　　　　　　　　246

1740₇ 子
45 子坤集　　　　　　　188

1740₈ 翠
77 翠屏集　　　　　169,366

1750₇ 尹
26 尹和靖論語解　　　　068

1814₀ 政
26 政和五禮新儀　　　　105

2

2010₅ 重
00 重廣眉山三蘇先生文集 131
　 重廣補注黃帝內經素問 320
40 重校添注音辯唐柳先生文集
　　　　　　　　　　　201

2071₄ 毛
04 毛詩　　　　　　　　210

　　毛詩白文　　　　　　002

2090₄ 采
10 采石瓜洲毙亮記　　　238

2090₄ 集
20 集千家注批點杜工部詩集
　　　　　　　　　　　183
30 集注太玄經　　　　　254

2108₆ 順
00 順齋先生閒居叢稿　　346

2110₁ 止
00 止齋先生奧論　　　　256

2121₀ 仁
22 仁山金先生文集　　　103

2121₇ 盧
80 盧仝詩集　　　　　　302

2122₇ 儒
40 儒志編　　　　　　　261
77 儒門經濟長短經　　　235

2125₃ 歲
30 歲寒堂詩話　　　　　255

02 石刻鋪叙	217
70 石壁精舍音注唐書詳節	
	015
77 石屏長短句	175

百
50 百夷傳	028

西
00 西庵集	396

1062₀ 可
00 可齋雜稿	177
可齋詞	177
可齋續稿前、後	177

1064₈ 醉
80 醉翁琴趣外編	180

1073₁ 雲
23 雲台編	277
27 雲峰胡先生文集	045
77 雲間清嘯集	292

1080₆ 賈
33 賈浪仙文集	189
賈浪仙長江集	248

1123₂ 張
00 張文潛文集	218
08 張說之文集	107
17 張司業詩集	200
40 張右史文集	226

1210₈ 登
10 登西臺慟哭記	079

1211₀ 北
22 北樂府	092
32 北溪先生大全文集	
	289, 339
43 北狩行錄	238
北狩見聞錄	238
44 北夢瑣言	193

1220₀ 列
40 列女傳	220

1241₀ 孔
17 孔子家語	253, 311

1280₁ 冀
43 冀越集記	054

1290₀ 水
21 水經注	039, 097

49 二妙集	050

1010₁ 三
10 三元延壽參贊書	148
12 三孔清江文集	051
三孔清江集	035
44 三蘇先生文粹	202
47 三朝北盟會編	119
三朝名臣言行錄	377
48 三教出興頌	358

1010₃ 玉
22 玉山名勝集	123
40 玉臺新詠	305
55 玉井樵唱	019
67 玉照新志	213

1010₄ 王
48 王梅邊集	291
80 王無功文集	150
王無功集	044
王公四六話	056

1010₄ 至
10 至正庚午唱和集	266

1010₇ 五
23 五代史記	308
27 五峰詞	125
五峰集	224
47 五朝名臣言行錄	377

1017₇ 雪
12 雪磯叢稿	101
22 雪崖先生詩集	216

1021₂ 元
00 元音	286
10 元雪窗書院本爾雅	411
元郭天錫手書日記真跡	023
22 元豐類稿	372
26 元釋集	381
37 元次山集	108
44 元草堂詩餘	225
80 元公周先生濂溪集	334

1022₇ 爾
10 爾雅	349,373,409,411
爾雅正義	204
爾雅注疏	029
爾雅義疏	205

1040₃ 平
31 平江記事	079

1060₀ 石

22 新刊山堂先生章宫講考索	232	0668₆ 韻	
		33 韻補	387
新刊大元混一平宋寔録	080		
新刊臨川王荊公先生文集	031	0724₇ 毅	
		07 毅齋詩集別録	262
新刊嵩山居士文全集	412		
新刊名臣碑傳琬琰之集	394	0762₀ 詞	
23 新編孔子家語句解	353	18 詞致録	312
新編博物策會	418		
新編翰苑新書	009	0861₆ 説	
30 新安志	017	44 説苑	357
新定三禮圖	182	77 説學齋稿	383
新定九域志	072		
70 新雕皇朝文鑒	117	0862₇ 論	
		01 論語集説	369
0365₀ 誠		21 論衡	342
00 誠齋玉堂春百詠	315, 405		
誠齋梅花百詠	315, 405	0864₀ 許	
誠齋牡丹百詠	315, 405	26 許白雲先生文集	073
0460₀ 謝		0968₉ 談	
30 謝宣城集	060	44 談藝録	049

1

0468₆ 讀		1010₀ 二	
60 讀四書叢説	086	10 二王帖目録評釋	217
		35 二禮集解	323
0512₇ 靖		44 二老堂雜誌	075
00 靖康孤臣泣血録	361		

書名索引

本索引依據《古書經眼錄》所著錄的書名,按照四角號碼檢字法編排。書名後標注其在正文中的編碼。

0

0021₅ 離
77 離騷經講錄　　　　　106

0022₃ 齊
20 齊乘　　　　　　　　352

0022₇ 高
11 高麗史　　　　　　　114
36 高漫士詩集　　　　　331
20 高季迪賦姑蘇雜詠　　032
50 高東溪文集　　　　　043

0022₇ 育
24 育德堂奏議　　　　　388

0026₅ 唐
04 唐詩紀事　　　　　　314
　 唐詩四十家　　　　　138
10 唐王右丞詩劉須溪校本　400

11 唐張處士詩集　　　　228
　 唐張司業詩集　　　　011
36 唐漫叟文集　　　　　236
53 唐甫里先生文集　　　252
74 唐陸宣公集　　　　　263
77 唐風集　　　　　　　198

0040₀ 文
10 文章正宗　　　　　　307
37 文選纂注　　　　　　321
46 文場備用排字禮部韻注　368
37 文選　　　　　　　　214
80 文公家禮會通　　　　007

0121₁ 龍
88 龍筋鳳髓判　　　　　348

0128₆ 顏
72 顏氏家訓　　　　　　244

0292₁ 新